Das bietet Ihnen die CD-ROM

 ## Mustertexte

Nutzen Sie u. a. diese Vorlagen zur direkten Übernahme in die
Textverarbeitung:

- Gesamt- und Einzelwirtschaftsplan
- Einladung zur Eigentümerversammlung
- Stimmrechtsvollmacht
- Beschlusssammlung

 ## Verträge und Gesetze

Alle wichtigen Muster und Gesetze, u. a.:

- Verwaltervertrag
- Betriebskostenverordnung
- Wohnflächenverordnung
- Wohnungseigentumsgesetz
- Energieeinsparverordnung

 ## Arbeits-Tools

Die Rechner unterstützen Sie bei der täglichen Arbeit:

- Instandhaltungsplaner
- Wirtschaftsplan
- Jahresabrechnung

Praxishandbuch Wohnungseigentum

Rudolf Stürzer, Rechtsanwalt und Vorsitzender von Haus und Grund
München

Michael Koch, Fachanwalt für Miet- und Wohnungseigentumsrecht,
stellvertretender Vorsitzender von Haus und Grund München

Georg Hopfensperger, Fachanwalt für Miet- und Wohnungseigentumsrecht

Melanie Kolbeck, Rechtsanwältin

Detlef Sterns, Rechtsanwalt

Claudia Ziegelmayer, Fachanwältin für Steuerrecht

Die Autoren sind Mitarbeiter in der Rechtsabteilung
von Haus und Grund München

Bibliographische Information Der Deutschen Bibliothek

Die Deutsche Bibliothek verzeichnet diese Publikation in der Deutschen National-
bibliographie; detaillierte bibliographische Daten sind im Internet über
http://dnb.ddb.de abrufbar.

ISBN 978-3-448-10109-6   Bestell-Nr. 06323-0003

1. Auflage 2007 (ISBN 978-3-448-06817-7)
3., aktualisierte Auflage 2010

© 2010, Haufe-Lexware GmbH & Co. KG, Munzinger Straße 9, 79111 Freiburg

Redaktionsanschrift: Fraunhoferstraße 5, 82152 Planegg/München
Telefon: (089) 895 17-0
Telefax: (089) 895 17-290
www.haufe.de
online@haufe.de
Lektorat: Jasmin Jallad

Lektorat und DTP: Text+Design Jutta Cram, 86157 Augsburg, www.textplusdesign.de
Umschlag: Kienle gestaltet, Stuttgart
Druck: Bosch-Druck GmbH, 84030 Ergolding

Zur Herstellung dieses Buches wurde alterungsbeständiges Papier verwendet.

Inhalt

Vorwort

„Herr der eigenen vier Wände" zu sein – wie es das Bundesverfassungsgericht einmal formuliert hat – wird in Zeiten, in denen aufgrund des demografischen Wandels in unserer Gesellschaft immer weniger Verlass auf die gesetzliche Rentenversicherung ist, zunehmend wichtiger. Probleme mit Mietzahlungen häufen sich erfahrungsgemäß dann, wenn beim Eintritt in das Rentenalter die Einkünfte oft drastisch sinken, der bisherige Wohnstandard aber unverändert bleiben soll. Wer frühzeitig vorgesorgt und eine Immobilie gekauft hat, ist im Alter mit erheblich geringeren Wohnkosten belastet als Mieter in einer vergleichbaren Immobilie. Allerdings können sich insbesondere in Ballungsgebieten mit hohen Grundstückspreisen nur noch wenige Bürger den Traum vom eigenen Haus im Grünen erfüllen. Viele wollen dies auch gar nicht und denken dabei an die oft arbeitsintensive Pflege des Gartens und der Außenanlagen, mühsames Treppensteigen, aber auch an hohe Energiepreise.

Diese Umstände haben in den letzten beiden Jahrzehnten dazu geführt, dass Eigentumswohnungen auf dem Wohnungsmarkt rasant an Bedeutung gewonnen haben – sowohl im Bereich der Selbstnutzung als auch auf dem Vermietungssektor. Große Wohnanlagen – wie z. B. in den 60er-Jahren – oder Mietshäuser, die einem Eigentümer gehören, werden nur noch ganz vereinzelt gebaut. Im Gegenteil: Solche Immobilien werden zunehmend in Eigentumswohnungen umgewandelt und dann an verschiedene Erwerber veräußert. Damit entstehen nicht nur im Bereich des Neubaus, sondern auch im Wohnungsbestand immer mehr Eigentumswohnungen. Die Kehrseite der Medaille: Wo immer mehr Menschen auf immer engerem Raum leben, entstehen zwangsläufig Konflikte.

Wohnungseigentümer, die ihre Rechte und Pflichten, aber auch die des Verwalters und des Verwaltungsbeirats kennen, vermeiden unnötige Konfliktsituationen. Wer weiß, wie er sich in einer Eigentümerversammlung verhalten soll, was er bei einer Vermietung beachten muss und wo im Steuer- und Versicherungsrecht die Fallstricke liegen, vermeidet teure Fehler.

Zu allen Fragen und Problemen, mit denen Wohnungseigentümer, Verwalter und Verwaltungsbeiräte konfrontiert werden, geben die Autoren – allesamt Praktiker mit langjähriger Erfahrung im Bereich Rechtsberatung/Prozessvertretung – praxisnahe Hinweise und Ratschläge, immer unter Berücksichtigung der am 1.7.2007 in Kraft getretenen Neufassung des WEG. Das neue Praxishandbuch wird seinen Benutzern häufig den Gang zum Anwalt ersparen können. Alle Probleme des individuellen Einzelfalls und seinen Besonderheiten lassen sich aber auch mit hochwertigen Ratgebern nicht immer lösen.

Professionelle Hilfe bieten dann Haus- und Grundbesitzervereine mit Geschäftsstellen in nahezu allen Städten und Gemeinden im Bundesgebiet. Haus und Grund München ist mit mehr als 22.000 Mitgliedern, über die ca. 400.000 Wohnungen in München und Umgebung organisiert sind, der größte örtliche Verein im Bundesgebiet. Haus und Grund Bayern ist mit 110 Ortsvereinen und über 110.000 Mitgliedern der größte Landesverband. Alle örtlichen Vereine sind rechtlich und wirtschaftlich selbstständig und über die jeweiligen Landesverbände in der Dachorganisation Haus und Grund Deutschland mit Sitz in Berlin zusammengeschlossen. Über diese Organisationsstruktur werden die Interessen der Mitglieder über die Stadtgrenzen hinaus auch landes- und bundesweit gegenüber den politischen Parteien und Gesetzgebungsorganen vertreten.

Rechtsanwalt Rudolf Stürzer
Vorsitzender Haus und Grund München

Abkürzungs- und Literaturverzeichnis

GKG	Gerichtskostengesetz
GmbHG	Gesetz betreffend die Gesellschaften mit beschränkter Haftung
GoA	Geschäftsführung ohne Auftrag
GVG	Gerichtsverfassungsgesetz
HeizkVO	Heizkostenverordnung
HGB	Handelsgesetzbuch
Hs.	Halbsatz
IR	Instandhaltungsrückstellung
i. S. d.	im Sinne des
KfW	Kreditanstalt für Wiederaufbau
KG	Kommanditgesellschaft
KostO	Kostenordnung
Langenberg	Langenberg, Betriebskostenrecht, 3. Aufl.
MaBV	Makler- und Bauträgerverordnung
MDR	Monatsschrift für Deutsches Recht
MEA	Miteigentumsanteil
Müller	Müller, Praktische Fragen des Wohnungseigentums, 4. Aufl., München 2004
n. F.	neue Fassung
NJW	Neue Juristische Wochenschrift
NJW-RR	Neue Juristische Wochenschrift – Rechtsprechung-Report Zivilrecht
Nr.	Nummer
NZM	Neue Zeitschrift für Miet- und Wohnungsrecht
m. w. N.	mit weiteren Nachweisen
OHG	Offene Handelsgesellschaft
o. g.	oben genannt(e/en/er/es)
OLG	Oberlandesgericht
OLGR	OLGReport
s.	siehe
S.	Satz
Schmidt-Futterer	Schmidt-Futterer, Mietrecht
SE	Sondereigentum
TOP	Tagesordnungspunkt
UStG	Umsatzsteuergesetz
WE	Wohnungseigentümer
WEG	Wohnungseigentumsgesetz
Weitnauer	Weitnauer, Wohnungseigentumsgesetz, 9. Aufl., München 2005
WuM	Zeitschrift für Wohnungswirtschafts- und Mietrecht
z. B.	zum Beispiel
ZMR	Zeitschrift für Miet- und Raumrecht
ZPO	Zivilprozessordnung
ZVG	Gesetz über die Zwangsversteigerung und Zwangsverwaltung

Die wichtigsten Änderungen der WEG-Reform auf einen Blick

Welcher Bereich ist betroffen?	Was ändert sich?	Hier finden Sie weitere Informationen
Abgeschlossenheitsbescheinigung und Aufteilungsplan, Ausstellung	Im Zuge der WEG-Reform hat der Gesetzgeber es den Bundesländern in § 7 Abs. 4 Satz 3 WEG ermöglicht zu bestimmen, ob und in welchen Fällen ein Bausachverständiger anstelle der Baubehörde den Aufteilungsplan ausfertigen und die Abgeschlossenheit bescheinigen kann.	Kap. 1.6.4.3
Anfechtungsklage, Begründung	Die Anfechtungsklage muss – wie bisher – innerhalb eines Monats nach der Beschlussfassung erhoben und – nach neuer Rechtslage – innerhalb von zwei Monaten nach der Beschlussfassung begründet werden. Eine Frist zur Begründung der Anfechtungsklage sah das Gesetz bisher nicht vor (§ 46 Abs. 1 WEG).	Kap. 9.1.3
Bauliche Veränderungen, Beschlusskompetenz	Durch die Neuregelung des § 22 Abs. 1 WEG können künftig auch bauliche Veränderungen, die über die ordnungsgemäße Instandhaltung des gemeinschaftlichen Eigentums hinausgehen, mehrheitlich beschlossen und verlangt werden. Nach wie vor müssen jedoch diejenigen Eigentümer zustimmen, deren Rechte über das in § 14 WEG bestimmte Maß hinaus beeinträchtigt werden Auch ein Einzeleigentümer hat nun einen Individualanspruch auf Durchführung baulicher Veränderungen. Diese Regelung wurde durch die WEG-Reform neu eingeführt.	Kap. 3.4.1
Berufungsverfahren	Auch nach der Reform des Wohnungseigentumsgesetzes ist künftig eine Überprüfung der Entscheidung des Amtsgerichts in zweiter Instanz möglich. Das Rechtsmittel der sofortigen Beschwerde ist weggefallen.	Kap. 9.1.11

Welcher Bereich ist betroffen?	Was ändert sich?	Hier finden Sie weitere Informationen
	Stattdessen ist künftig die Berufung gegen die erstinstanzliche Entscheidung der Amtsgerichte zulässig, wenn der Wert des Beschwerdegegenstands € 600,- übersteigt oder das Amtsgericht die Berufung im Urteil wegen grundsätzlicher Bedeutung oder zur Fortbildung des Rechts oder zur Sicherung einer einheitlichen Rechtsprechung zugelassen hat.	
Beschlusskompetenz der Eigentümerversammlung bei Zahlungsangelegenheiten	Durch den neu eingefügten § 21 Abs. 7 WEG kann die Eigentümergemeinschaft nun auch durch Mehrheitsbeschluss über • Art und Weise von Zahlungen, • Fälligkeit von Zahlungen (Jahresabrechnungen, Wirtschaftsplan, Sonderumlagen), • Folgen des Verzugs, • Bezahlung von Kosten für eine besondere Nutzung des gemeinschaftlichen Eigentums und • Zahlungen für einen besonderen Verwaltungsaufwand beschließen.	Kap. 4.10 Kap. 5.6.2.5
Beschluss-Sammlung	Im Rahmen der WEG-Reform wurde mit § 24 Abs. 7 und 8 WEG die Verpflichtung des Verwalters, eine Beschluss-Sammlung zu führen, völlig neu eingefügt. Sie dient der Information und der besseren Übersicht über die in einer Wohnungseigentümergemeinschaft gefassten Beschlüsse.	Kap. 5.10
Einberufungsfrist für Eigentümerversammlungen	Die Einberufungsfrist wurde im Zuge der WEG-Reform verlängert. Sie soll nun gemäß § 24 Abs. 4 WEG mindestens zwei Wochen anstatt wie bisher eine Woche betragen.	Kap. 5.1.3
Gemeinschaftliche Forderungen	Träger von gemeinschaftlichen Forderungen und Verbindlichkeiten ist immer die Wohnungseigentümergemeinschaft, da diese zum Verwaltungsvermögen gehören.	Kap. 6.1.5

Welcher Bereich ist betroffen?	Was ändert sich?	Hier finden Sie weitere Informationen
Gerichtskosten, Anwaltskosten	Nach Überleitung des Verfahrens nach der freiwilligen Gerichtsbarkeit in das Verfahren nach den Vorschriften der Zivilprozessordnung richtet sich die Kostentragungspflicht nun nach den §§ 91 ff. ZPO, also nach dem Verhältnis des Obsiegens und Unterliegens im Verfahren. Die gesamten Kosten des Rechtsstreits, insbesondere die Anwaltskosten der Gegenseite, werden nun demjenigen Eigentümer auferlegt, der im Verfahren verliert.	Kap. 4.5.5.2 Kap. 9.1.8
Gerichtsverfahren	Durch Überführung des Verfahrens in das Erkenntnisverfahren der Zivilprozessordnung hat sich in Wohnungseigentumssachen die Gerichtsbarkeit vollständig geändert.	Kap. 9.1.1
Gerichtsverfahren, Ermittlung des Gerichts	Die Beteiligten haben in einem Gerichtsverfahren sämtliche Tatsachen vorzutragen und unter Beweis zu stellen. Das Gericht hat nach der WEG-Novelle keine Verpflichtung mehr, von sich aus (von Amts wegen) zu ermitteln.	Kap. 9.1.2
Haftung	Bislang haftete jeder einzelne Wohnungseigentümer als Gesamtschuldner für sämtliche Verbindlichkeiten der Wohnungseigentümergemeinschaft mit seinem gesamten Privatvermögen. Nachdem die Wohnungseigentümergemeinschaft als Rechtssubjekt anerkannt ist, können Gläubiger im Hinblick auf gemeinschaftsbezogene Forderungen das Verwaltungsvermögen in Anspruch nehmen und gegebenenfalls ihre Forderungen gegen die Wohnungseigentümergemeinschaft als solche gerichtlich geltend machen. Haftungsmasse ist hierbei nicht das Gemeinschafts- oder Sondereigentum, sondern das Verwaltungsvermögen. Die Haftung des einzelnen Wohnungseigentümers wird durch die WEG-Reform außerdem der Höhe nach anteilig beschränkt auf seinen Miteigentumsanteil am Gemeinschaftseigentum.	Kap. 6.2
Kostenverteilung bei Instandhaltung, Instandsetzung, baulichen Veränderungen	Die neue Regelung des § 16 Abs. 4 WEG ermöglicht es den Wohnungseigentümern, eine von § 16 Abs. 2 WEG (nach Miteigentumsanteilen) abweichende Kostenverteilung bei konkreten Maßnahmen zur Instandhaltung, Instandsetzung und bei baulichen Veränderungen im Einzelfall zu beschließen.	Kap. 4.3.2 Kap. 5.6.2.2

Welcher Bereich ist betroffen?	Was ändert sich?	Hier finden Sie weitere Informationen
Kostenverteilungsschlüssel, Änderung	Nach dem neu eingeführten § 10 Abs. 2 Satz 3 WEG können nun auch einzelne Eigentümer die Änderung von Vereinbarungen (insbesondere in der Gemeinschaftsordnung) verlangen, wenn ein Festhalten an der geltenden Regelung aus schwerwiegenden Gründen unbillig erscheint.	Kap. 4.3.4
Kostenverteilungsschlüssel, Änderung	Bislang waren Änderungen der Lasten- und Kostenverteilung (§ 16 Abs. 2 WEG a. F.) nur durch Vereinbarung der Wohnungseigentümer möglich. Jetzt können Wohnungseigentümer gem. § 16 Abs. 3 WEG durch Stimmenmehrheit beschließen, dass die Betriebskosten des gemeinschaftlichen Eigentums oder des Sondereigentums im Sinne des § 556 Abs. 1 BGB, die nicht unmittelbar gegenüber Dritten abgerechnet werden, und die Kosten der Verwaltung künftig nach einem anderen Maßstab verteilt werden. Voraussetzung hierfür ist, dass die Kosten nach Verbrauch oder Verursachung erfasst werden können. Eine so mit Mehrheit zu beschließende Änderung der Kostenverteilung setzt weiterhin voraus, dass für die abweichende Kostenverteilung ein sachlicher Grund besteht, der ordnungsgemäßer Verwaltung entspricht.	Kap. 4.3.1 Kap. 5.6.2.1 Kap. 5.6.3
Kostenverteilungsschlüssel, Anspruch auf Änderung	Nach der WEG-Reform besteht jetzt im Gegensatz zur alten Rechtslage, bei der nur in absoluten Ausnahmefällen grober Ungerechtigkeit der Anspruch auf Änderung des Kostenverteilungsmaßstabs anerkannt wurde, jetzt ein gesetzlicher Änderungsanspruch unter den erleichterten Voraussetzungen des § 10 Abs. 2 Satz 3 WEG bzw. des § 16 Abs. 3 WEG.	Kap. 1.6.3
Modernisierungen, Beschlusskompetenz	Reine Modernisierungen, d. h. die Anpassung auf einen modernen Standard, ohne konkreten Instandsetzungsbedarf, waren bisher durch Mehrheitsbeschluss nicht möglich. Nach der Einführung des § 22 Abs. 2 WEG können künftig Modernisierungen auch ohne konkreten Reparaturbedarf wie im Mietrecht nach § 559 Abs. 1 BGB durch eine qualifizierte Mehrheit (3/4 aller stimmberechtigten Wohnungseigentümer, mehr als die Hälfte der Miteigentumsanteile) beschlossen werden. Gleiches gilt für Anpassungen an den Stand der Technik.	Kap. 3.4.8

Welcher Bereich ist betroffen?	Was ändert sich?	Hier finden Sie weitere Informationen
Nichtigkeit von Beschlüssen	Die im Rahmen der WEG-Reform neu gefasste Regelung von § 23 Abs. 4 WEG stellt fest, dass ein Beschluss, der gegen eine Rechtsvorschrift verstößt, auf deren Einhaltung rechtswirksam nicht verzichtet werden kann, nichtig ist.	Kapl. 5.8
Notverwalter	Bislang gab es für den Fall, dass der Verwalter fehlte, die Möglichkeit der Bestellung eines Notverwalters durch das Wohnungseigentumsgericht. Die Möglichkeit, einen Notverwalter zu bestimmen, der in diesen Fällen für die Einberufung der Eigentümerversammlung zuständig war, wurde jedoch im Zuge der Reform des WEG abgeschafft. Weiterhin kann jedoch nach wie vor gerichtlich nach § 43 Nr. 1 WEG n. F. die Bestellung eines Verwalters durchgesetzt werden, erforderlichenfalls durch einstweilige Verfügung nach §§ 935 ff. ZPO.	Kap. 5.1.1
Öffnungsklausel, Wirkung von Beschlüssen	Die Neufassung von § 10 Abs. 4 S. 2 WEG stellt klar, dass aufgrund einer Vereinbarung gefasste Beschlüsse, die vom Gesetz abweichen oder eine Vereinbarung ändern, nicht ins Grundbuch eingetragen werden müssen. Falls eine vorhandene Öffnungsklausel geringere Anforderungen (z. B. Zweidrittelmehrheit) an die Abänderung der Kostenverteilung stellt, ist bei einem Beschluss diese Regelung einschlägig (gem. § 16 Abs. 4 WEG n. F.). Werden jedoch nach der Öffnungsklausel höhere Anforderungen an eine Abänderung der Kostenverteilung gestellt, so ist die Bestimmung des § 16 Abs. 4 WEG n. F. vorrangig anzuwenden.	Kap. 5.6.3
Rückständige Zahlungen	Nach der WEG-Reform gilt, dass die Wohnungseigentümergemeinschaft als Verband Ansprüche wegen rückständiger Zahlungen geltend machen darf.	Kap. 6.1.5
Streitwert, Bemessung	Durch die WEG-Reform neu eingeführt wurde, dass der Streitwert grundsätzlich 50 % des Interesses der Parteien betragen soll, mindestens jedoch den Wert des Interesses des Klägers und der auf seiner Seite Beigetretenen. Zu hohe Streitwerte führen dazu, dass der Justizgewährungsanspruch einzelner Wohnungseigentümer nicht eingehalten werden kann. Der Streitwert ist daher in seiner Höhe begrenzt:	Kap. 7.4.2

Welcher Bereich ist betroffen?	Was ändert sich?	Hier finden Sie weitere Informationen
	Der Streitwert darf grundsätzlich den fünffachen Wert des Interesses des Klägers und der auf seiner Seite Beigetretenen sowie den Verkehrswert ihres Wohnungseigentums nicht übersteigen.	
Teilrechtsfähigkeit	Durch die WEG-Reform wurde die Teilrechtsfähigkeit der Wohnungseigentümergemeinschaft nun gesetzlich geregelt. Sinn und Zweck ist es, die Verwaltung zu erleichtern.	Kap. 6.1.1
Verwalter, Erstbestellung	Bei der Erstbestellung des Verwalters hat die WEG-Reform eine wichtige Änderung gebracht: Gemäß § 26 Abs. 1 Satz 2 2. Halbsatz darf die erste Bestellung nach Begründung von Wohnungseigentum höchstens auf drei Jahre vorgenommen werden.	Kap. 7.1.1
Verwalter, Informationspflicht über Rechtsstreit	Neu eingeführt ist die Bestimmung des § 27 Abs. 1 Nr. 7 WEG. Danach hat der Verwalter die Wohnungseigentümer unverzüglich über einen anhängigen Rechtsstreit gem. § 43 WEG zu unterrichten.	Kap. 7.4.1
Verwalter, Vollmachts-/ Ermächtigungsurkunde	Gemäß § 27 Abs. 6 WEG kann der Verwalter von den Wohnungseigentümern die Ausstellung einer Vollmachts- und Ermächtigungsurkunde verlangen, aus der der Umfang seiner Vertretungsmacht ersichtlich ist. Die bisherige Regelung in § 27 Abs. 5 a. F. war gleichlautend bis auf den Anspruch auf eine Ermächtigungsurkunde. Die Neuregelung wurde erforderlich, da § 27 Abs. 3 WEG eine gesetzliche Ermächtigung des Verwalters enthält.	Kap. 7.4.5
Verwaltungsvermögen, Zuordnung	Bislang war das Verwaltungsvermögen allein den Wohnungseigentümern zugeordnet. Die neue Bestimmung des § 10 Abs. 7 WEG ordnet nunmehr das Verwaltungsvermögen der teilrechtsfähigen Wohnungseigentümergemeinschaft zu.	Kap. 6.1.4
Wohngeldforderungen	Durch die Neuregelung in § 10 Abs. 1 ZVG hat die Eigentümergemeinschaft eine erhebliche Stärkung bei ausstehenden Wohngeldern erfahren. Nach bisherigem Recht waren in der Zwangsversteigerung die Grundpfandgläubiger – d. h. in der Regel die finanzierenden Banken – bevorrechtigt. Nach der Neufassung des § 10 Abs. 1 ZVG sind nunmehr die Forderungen der Wohnungseigentümer, insbesondere Wohngelder, Zahlungen aus Jahresabrechnungen und Rückstellungen bevorrechtigt.	Kap. 4.9

Welcher Bereich ist betroffen?	Was ändert sich?	Hier finden Sie weitere Informationen
Zustimmung der Gläubiger	Der Gesetzgeber hat durch die Einführung von § 5 Abs. 4 S. 2 und 3 WEG die Zustimmung der dinglich Berechtigten – also z. B. der Grundpfandrechtsgläubiger – zu Vereinbarungen der Wohnungseigentümer untereinander entbehrlich gemacht. Ist Wohnungseigentum mit einer Hypothek, Grund- oder Rentenschuld oder der Reallast eines Dritten belastet, ist dessen Zustimmung zu der Vereinbarung nur noch erforderlich, wenn ein Sondernutzungsrecht begründet wird oder ein bestehendes Sondernutzungsrecht aufgehoben, geändert oder übertragen wird.	Kap. 2.2.6
Zwangssicherungshypothek	Wurde bislang ein Wohnungseigentümer auf Zahlung von rückständigem Hausgeld verurteilt und sollte sein Sondereigentum im Grundbuch mit einer Zwangshypothek belastet werden, so war die Eintragung aller Eigentümer unter Angabe von Namen, Vornamen, Wohnort und des Berufs erforderlich (§ 15 Abs. 1 GBV). Waren die Angaben nicht vollständig, scheiterte die Grundbucheintragung. Nach neuem Recht gilt gem. § 10 Abs. 6 WEG, dass die Bezeichnung der Wohnungseigentümergemeinschaft gefolgt von der Angabe des gemeinschaftlichen Grundstücks ausreichend ist.	Kap. 6.1.5

27

1 Grundbegriffe des Wohnungseigentums

1.1 Warum Wohnungseigentum?

Das Wohnungseigentumsrecht geht von einem ganz anderen Eigentumsbegriff als das Bürgerliche Gesetzbuch (BGB) aus. Nach der Vorstellung des Gesetzgebers des BGB von vor über 100 Jahren muss das Eigentum an einem Gebäude dem Eigentum an dem Grundstück folgen (§ 94 BGB). Dabei sind die zur Herstellung des Gebäudes eingefügten Sachen wesentliche Bestandteile des Gebäudes. Die wesentlichen Bestandteile können nicht gemäß § 93 BGB Gegenstand besonderer Rechte sein. Die Folge dieser zunächst etwas kompliziert klingenden Eigentumskonstruktion des BGB ist, dass ein Grundstück und ein sich darauf befindliches Gebäude eine rechtliche Einheit bilden, die sich nicht in verschiedene Eigentumseinheiten aufteilen lässt. Damit unterscheidet sich das Verständnis von „Eigentum" des BGB grundlegend von dem des Wohnungseigentumsgesetzes.

Eigentumsbegriff des BGB

Der Gesetzgeber, der Anfang der Fünfzigerjahre das Wohnungseigentumsgesetz auf den Weg brachte, sah sich nach dem Zweiten Weltkrieg besonderen wohnungspolitischen Anforderungen gegenüber. Die Wohnungsnot, die schlechte Einkommenssituation großer Bevölkerungskreise und damit verbunden die geringe Eigentumsquote veranlasste den Gesetzgeber, die zwingende Einheit zwischen Gebäude und Grundstück nach der Vorstellung des BGB aufzuheben. Damit war der Weg dafür frei, dass innerhalb eines Gebäudes mehrere Eigentümer zu deutlich geringeren Kosten volles Eigentum an verschiedenen (Wohnungs-)Einheiten begründen konnten.

Aufhebung der Einheit von Grundstück und Gebäude

Um dieses Vorhaben umzusetzen, war es notwendig, in einem eigenen Gesetz – dem Wohnungseigentumsgesetz (WEG) – einen vom

BGB abweichenden Eigentumsbegriff zu schaffen, der die Bildung von Sonder- und Gemeinschaftseigentum ermöglichte.

1.2 Wohnungs- und Teileigentum

Erscheinungs-
formen des
Wohnungs-
eigentums

Wohnungseigentum ist das Sondereigentum an einer Wohnung in Verbindung mit dem Miteigentumsanteil an dem gemeinschaftlichen Eigentum, zu dem es gehört (§ 1 Abs. 2 WEG). Neben dem Sondereigentum gibt es das Teileigentum als weitere Erscheinungsform des Wohnungseigentums. Das Teileigentum unterscheidet sich vom Sondereigentum nur dadurch, dass es an gewerblich genutzten Einheiten, z. B. einer Ladeneinheit, besteht, also an nicht zu Wohnzwecken dienenden Räumen eines Gebäudes (§ 1 Abs. 3 WEG).

Sondereigentum und Teileigentum stellen Erscheinungsformen des Wohnungseigentums dar, die sich nur hinsichtlich der Zweckbestimmung unterscheiden, jedoch vom Gesetz gleich behandelt werden (§ 1 Abs. 6 WEG).

Beispiel für Teil- und Sondereigentum

In einer Teilungserklärung ist bestimmt, dass die Einheit Nr. 1 als Ladengeschäft genutzt werden soll. Aufgrund der Zweckbestimmung zu anderen als zu Wohnzwecken handelt es sich um Teileigentum. Ist dagegen für die Einheit Nr. 1 festgelegt, dass dort eine Nutzung zu Wohnzwecken vorgesehen ist, handelt es sich um Sondereigentum.

Inhaltsänderung
des Sonder-
eigentums

Soll zu einem späteren Zeitpunkt eine Umwandlung von Wohnungs- in Teileigentum oder umgekehrt erfolgen, ist dafür die Zustimmung aller anderen Wohnungseigentümer und eine entsprechende Eintragung in das Grundbuch erforderlich, weil damit eine Inhaltsänderung des Sondereigentums verbunden ist (vgl. BayObLG NZM 2002, 24).

1.3 Gemeinschaftseigentum

Zum Gemeinschaftseigentum zählen das Grundstück sowie die Teile, Anlagen und Einrichtungen des Gebäudes, die nicht Sondereigentum oder Eigentum Dritter sind (§ 1 Abs. 5 WEG). Dazu gehören auch die Teile des Gebäudes, die für dessen Bestand oder Sicherheit erforderlich sind, sowie Anlagen und Einrichtungen, die dem gemeinschaftlichen Gebrauch des Eigentums dienen (§ 5 Abs. 2 WEG).

Diese Gegenstände und Bauteile sind selbst dann nicht Gegenstand des Sondereigentums, wenn sie sich im Bereich der im Sondereigentum stehenden Räume befinden.

Beispiele für Gemeinschaftseigentum

Grundstück, tragende Wände und Decken, (Außen-)Fenster, Balkone, Dächer, Fassaden, Fahrstühle, Fundamente, Estrich, Heizungsanlagen, Hauptversorgungsstränge der Versorgungsleitungen, Schornsteine, Treppenhäuser, Terrassen.

1.4 Sondereigentum

Sondereigentum sind nach § 5 Abs. 1 WEG die gemäß § 3 Abs. 1 WEG beschriebenen Räume sowie deren Bestandteile, sofern diese verändert, beseitigt oder eingefügt werden können,

- ohne dass dadurch das gemeinschaftliche Eigentum oder das Sondereigentum eines anderen Wohnungseigentümers über das in § 14 WEG (siehe dazu Kap. 3.2) zulässige Maß hinaus beeinträchtigt oder
- die äußere Gestaltung des Gebäudes verändert wird.

Zum Sondereigentum gehört damit im Allgemeinen die Ausstattung des Wohnungs- oder Teileigentums, z. B. die Fußbodenbeläge, Innenwände oder Sanitärgegenstände.

Tabelle Gemeinschafts- und Sondereigentum

	Gemein-schafts-eigentum	Sonder-eigentum	Anmerkung
Abflussrohr (Hauptleitung)	x		
Abflussrohr (Zuleitung vom Sondereigentum zur Hauptleitung)		x	
Absperrventil (Strangabsperrung)	x		
Absperrventil (Wohnung)		x	
Abstellplatz (nicht Tiefgaragenplatz)	x		Sondernutzungsrecht möglich
Abwasserkanal	x		
Anschlussleitung, Hauptleitungen für Strom, Gas, Heizung und Abwasser	x		
Anschlussleitungen für Strom, Gas, Heizung und Abwasser ab Übergang in die Sondereigentumsräume		x	
Antenne (Gemeinschaftsantenne, Kabelanschluss, Satellitenschüssel)	x		
Antennensteckdose		x	OLG Köln, 31.5.89, 16 Wx 25/89
Armaturen		x	
Attika	x		BayObLG, 19.7.89, 1 b Z 29/88
Anstrich Fassade	x		BayObLG, 20.3.91, BReg 2 Z 8/91, NJW-RR 1991, 976
Aufzug	x		BGH, Urteil v. 10.10.80, V ZR 47/79, NJW 1981, 455 = ZMR 1982, 60

Außenjalousien, Rollläden	x		KG Berlin, 19.6.85, 24 W 4020/84
Außenputz	x		BayObLG, 20.3.91, BReg 2 Z 8/91, NJW-RR 1991, 976
Außenwand	x		OLG Zweibrücken, 2.2.00, 3 W 12/00
Bad- und Dusch- einrichtungen		x	
Badezimmertür		x	BayObLG, 21.12.99, 2Z BR 115/99, ZMR 2000, 241
Balkone			erfordert Abgrenzung
a) Balkonraum		x	OLG Düsseldorf, 21.12.98, 3 Wx418/98; OLG Karlsruhe, 5.5.00, Wx71/99
b) Konstruktive, der Sicherheit dienende Balkonbestandteile	x		BGH, 25.1.01, VII ZR 193/99; BayObLG, ZMR 1996, 503
c) Balkonplatte, -gitter, -decken, -geländer, -brüstung, -tür und -fenster (ohne Innen- seiten)	x		BGH 21.2.85, VII ZR 72/84; BayObLG16.5.90, 1 b Z 22/89; BayObLG, 25.9.96, 2Z BR 79/96, WuM 1997, 188; OLG Düsseldorf, 9.8.91,22 U20/91, ZMR 12/91,486
d) Boden-/Platten- belag, Balkonverklei- dungen		x	BayObLG, 5.5.93, 2Z BR 29/93; OLG Köln, 5.12.00,16 Wx 121/00
Belüftungsanlage	x		OLG Hamburg, 4.3.03, 2 Wx 2/00, ZMR 2003, 527
Bewässerungsanlage für gemeinschaftliche Gartenflächen	x		KG Berlin, 10.3.03, 24 W 3/03, NZM 2003, 319
Blitzschutzanlage	x		
Bodenbeläge (Fliesen, Parkett, Teppich) in- nerhalb der Wohnung		x	BayObLG 15.1.80, 2 Z 80/78; 16.12.93, 2Z BR 113/93; 17.12.93, 2ZBR 105/93

Begriff			Fundstelle
Brandmauer	x		BayObLG 19.8.71, 2Z 99/70
Briefkastenanlage	x		AG Pforzheim, 27.5.94, 2 UR 11 9/94 WEG
Carport	x		BayObLG, 6.2.1986, BReg 2 Z 70/85, NJW-RR 1986, 761
Dach, auch Dachbelag	x		BayObLG 30.3.00, 2Z BR 2/00
Dachrinne	x		BayObLG, 19.7.89, BReg 1 b Z 29/88, WuM 1989, 539; OLG Düsseldorf, 5.11.03, 1-3 Wx 235/03, ZMR 2004, 280; OLG Frankfurt, 9.7.86, 20 W357/85, OLGZ 1987, 23
Dachfenster	x		
Dachterrasse			Abgrenzung wie Balkone; BayObLG, 17.12.93, 2Z BR 105/93, WuM 1994, 152; OLG Hamm, 3.7.95, 15 W 93/95, DWE 1995, 127
Deckenverkleidung (Wohnung)		x	OLG Hamm, 13.8.96, 15 W 115/96, ZMR 1997,193
Duplexparker (Doppel-stockgaragen)			strittig; OLG Düsseldorf v. 22.3.99, 3Wx 14/99, WuM 1999, 426
Durchlauferhitzer		x	
Dusche		x	
Einbauküche		x	
Einbauschrank		x	BayObLG, 9.5.96, 2Z BR 18/96, WuM1996,491
Elektrizitätsleitungen, Hauptleitungen bis zur Sondereigentums-einheit	x		

Entlüftungsanlage	x		OLG Hamburg, 14.3.03,2 Wx 2/00, ZMR 2003, 527
Estrich	x		BGH 6.6.91, VII ZR 372/89; OLG München 12.3.85, 9 U 4773/84; OLG Hamm, 3.7.95, 15 W 93/95, DWE1995,127
Etagenheizung (wenn nur einer Sondereigentumseinheit dient)		x	AG München 20.12.94, UR 11 312/94
Fallrohr	x		AG München 20.12.94, UR 11 312/94
Fassade	x		BayObLG, 20.3.91, BReg 2 Z 8/91, NJW-RR 1991, 976
Fenster			
a) Fensterrahmen, -stöcke, -verglasung	x		BayObLG 3.8.00, 2Z BR 184/99; OLG Düsseldorf 23.11.98, 3 Wx 376/98
b) Innenanstrich und Beschläge		x	
c) Fensterbänke und -simse (nach außen gerichtet)	x		OLG Frankfurt 23.9.75,22 U 275/83
d) Fensterscharniere	x		OLG Köln 24.9.96, 16 Wx 86/96
Feuerlöscher	x		BayObLG, 12.6.91, BReg 2 Z 36/91; OLG Frankfurt/M., 27.4.04, 20 W183/02
Fundament	x		
Fußbodenbelag (Wohnung)		x	OLG Düsseldorf, 4.7.01, 3 Wx120/01, ZMR 2002, 70
Fußbodenheizung	x		BayObLG, 8.9.88, BReg 2 Z 55/87; KG Berlin, 14.11.88, 24 W 2933/88; LG Bonn 29.7.97, 8 T 27/97

Garage	Kann im Gemeinschaftseigentum, als auch als Ganzes im Sondereigentum stehen. Dach, Außenmauer, Boden, Bodenplatte, Garagentor sind jedoch zwingendes Gemeinschaftseigentum		
Garagenstellplätze			Begründung von Sondereigentum oder Sondernutzungsrechten möglich
Garten	x		Einräumung von Sondernutzungsrechten möglich
Gegensprechanlage (bis zur Abzweigung in die Sondereigentumseinheit)	x		OLG Köln 24.9.96, 16 Wx 86/96; 26.8.02, 16 Wx 126/02
Grundstücksfläche	x		zwingend!
Hauptversorgungsleitungen (Gas, Wasser, Abwasser, Wärme, Strom) bis zur Sondereigentumseinheit	x		
Hauszugangsweg	x		Einräumung von Sondernutzungsrechten möglich
Heizkörper		x	Jedoch Zuordnung zum Gemeinschaftseigentum durch Vereinbarung möglich
Heizkörperventil	x		LG München 1,17.2.87,1 T 10773/86; BayObLG 11.8.87, 2 Z 32/87
Heizkostenverteiler	x		OLG Karlsruhe 27.8.86, 11 W 39/86
Heizölvorrat	x		OLG Stuttgart, 17.1.83, 8 W 451/82

Heizungsanlage	x	x	beides möglich, abhängig davon, ob sie dem gemeinschaftlichen Gebrauch oder nur der Versorgung einer Sondereigentumseinheit dient
Heizungsraum	x		BGH, 2.2.79, V ZR 14/77, NJW 1979, 2391; BayObLG 25.3.92, 2Z BR 1/92
Hof			Einräumung von Sondernutzungsrechten möglich
Innenanstrich (Wohnung, Balkon)		x	
Innenputz (Wohnung)		x	
Isolierglasfenster, siehe auch Fenster	x		BayObLG 3.8.00, 2Z BR 184/99
Kabelanschluss ab Abzweigung in die Sondereigentumseinheit		x	
Kabelanschlussdose		x	OLG Köln, 31.5.89, 16 Wx 25/89, DWE 1990, 108
Kaltwasserzähler	x		Eichpflicht!
Kamin, bis Abzweigung in die Sondereigentumseinheit	x		BayObLG 20.8.98, 2Z BR 44/98
Kellerdecke	x		
Kinderspielplatz	x		BayObLG, 25.6.98, 2Z BR 10/98, ZMR 1998, 647
Klimaanlage (Haus)	x		OLG Hamburg, 14.3.03, 2 Wx 2/00, ZMR 2003, 527
Klimaanlage (dient nur Wohnung)		x	OLG Köln, 28.7.03, 16 Wx 37/03; BayObLG, 20.3.01, 2Z BR 45/01, ZMR 2001, 818

Klingelanlage, bis Abzweigung in die Sondereigentums- einheit	x		OLG Köln 24.9.96, 16 Wx 86/96; 26.8.02, 16 Wx 126/02
Lichtschacht	x		
Loggia			wie Balkone
Luftschacht	x		
Markise	x		da fassadengestalten- des Element; BayObLG, 11.9.1985, BReg 2 Z 63/85, NJW-RR 1986, 178; OLG Frankfurt/M., 14.5.85, 20 W 370/84, OLGZ 1986, 42
Mauerwerk	x		
Messgeräte	x		BGH, 25.9.03, V ZB 21/03, NJW 2003, 3476 = ZMR 2003, 937; OLG Hamm, 6.3.01, 15 W 320/00, NJW-RR 2002, 156 = ZMR 2001, 839
Rollladen	x		da fassadengestalten- des Element, nicht innenseitige Zugvor- richtungen
Schließanlage	x		
Schwimmbad	i. d. R.		Sondereigentum auch möglich
Speicher	x		
Tankraum	x		KG Berlin 14.11.88, 24 W 2207/88

Terrasse ebenerdig			Begründung: Sonder-eigentum möglich, wenn vertikale Abgren-zung, OLG Hamburg 4.3.03,2Wx 102/99. Ohne Abgrenzung kein Sondereigentum mög-lich, LG Frankfurt 4.3.92, 2/9 T 142/92, jedoch Einräumung Sondernutzungsrecht möglich
Thermostatventil	x		OLG Hamm 6.3.01, 15 W 320/00; OLG Karlsruhe 16.1.90, 11 W 233/89
Tiefgarage	x		
Tragende Wände	x		BGH, 21.12.00, V ZB 45/00, BGHZ 146, 241 = NZM 2001, 196 = NJW 2001, 1212; BayObLG, 2.2.95, 2Z BR 71/94, NJW-RR 1995, 649
Treppe	x		
Treppenhaus	x		BayObLG, 16.3.95, 2Z BR 12/95, NJW-RR 1996, 12 = WE 1996, 79
Türen, Wohnungsab-schlusstüren einschl. Türrahmen, Klinke und Beschläge	x		OLG Düsseldorf 10.9.99, 22 U 35/99; jedoch Vereinbarung, dass Sondereigentum mög-lich ist, OLG Düsseldorf 4.2.02, 3 Wx 293/01
Verbrauchserfassungs-geräte	x		OLG Hamburg 22.4.99, 2 Wx 389/99; KG Berlin 8.9.93, 24 W 5753/93
Verwaltungsunterlagen	x		

Wärmedämmung	x		BayObLG, 20.3.91, BReg 2 Z 8/91, NJW-RR 1991, 976 = NZM 1998, 408; 30.4.1982, BReg 2 Z 67/81, Rpfleger 1982, 278; OLG Hamm, 3.7.1995, 15 W 93/95, DWE 1995, 127
Waschbecken		x	
Waschküche	x		
Waschmaschine/Trockner im gemeinschaftlichen Gebrauch	x		
Wasserhahn		x	
Wasserleitungen (bis zur Abzweigung in die Sondereigentumseinheit)	x		
Wasseruhr	x		wenn sie der Erfassung und der Abrechung des Wasserverbrauchs der WEG dient
Zaun	x		BayObLG 3.8.00, 2Z BR 184/99
Zwischenwände, nicht tragend in Sondereigentumseinheit		x	

Tipp: Wenn sich ein Gebäudeteil nicht zuordnen lässt ...

Lässt sich ein Gebäudeteil nicht eindeutig zuordnen, spricht eine Vermutung dafür, dass dieser Bestandteil nicht dem Sondereigentum, sondern dem Gemeinschaftseigentum zuzurechnen ist. Als Faustregel gilt, dass zum Sondereigentum viel weniger Gebäudebestandteile gehören, als die meisten Wohnungseigentümer vermuten.

1.5 Welche Auswirkung hat die Zuordnung zum Sonder- oder Gemeinschaftseigentum?

Die Zuordnung von Anlagen- und Bauteilen oder Gegenständen zum Sonder- oder zum Gemeinschaftseigentum hat Auswirkungen auf die daraus resultierenden Rechte und Pflichten der Wohnungseigentümer und der Wohnungseigentümergemeinschaft. So hängt die Frage nach der Verantwortung für die Durchführung von Instandhaltungsmaßnahmen und der anschließenden Zuordnung der Kosten grundsätzlich mit der Eigentumsfrage zusammen – denn nach § 21 Abs. 5 Nr. 2 WEG ist es Aufgabe der Eigentümergemeinschaft, das Gemeinschaftseigentum auf ihre Kosten instand zu halten.

Auswirkungen auf Rechte und Pflichten

Beispiel

In der Eigentumswohnung von A lässt sich das Wohnzimmerfenster nicht mehr schließen. Im Ladengeschäft von Eigentümer B ist die Eingangstür verzogen. Beide Eigentümer verlangen vom Verwalter, dass er die nötigen Reparaturarbeiten auf Kosten der Eigentümergemeinschaft durchführen lässt. Zu Recht?

Lösung

Die Antwort, ob die nötigen Reparaturarbeiten auf Kosten der Gemeinschaft durchgeführt werden müssen, hängt davon ab, ob es sich dabei um Reparaturen am Gemeinschaftseigentum oder am Sondereigentum der einzelnen Wohnungseigentümer handelt. Nach § 21 Abs. 5 Nr. 2 WEG ist es Aufgabe der Eigentümergemeinschaft, auf ihre Kosten (§ 16 Abs. 2 WEG) das Gemeinschaftseigentum instand zu halten.

Die dazu erforderlichen Maßnahmen hat der Verwalter zu veranlassen (§ 27 Abs. 1 Nr. 2 WEG).

Die Eingangstür als Abschlusstür des Teileigentums von B gehört ebenso wie das Außenfenster in der Wohnung von A zum Gemeinschaftseigentum, weil Maßnahmen an ihnen u. a. den äußeren Eindruck des Gemeinschaftseigentums verändern würden (§ 5 Abs. 1 WEG). Darüber hinaus sind Abschlusstür und Außenfenster Teile des

Gebäudes, die für dessen Bestand bzw. Sicherheit erforderlich sind (§ 5 Abs. 2 WEG).

Die beiden Wohnungseigentümer können daher von der Eigentümergemeinschaft die Durchführung der notwendigen Reparaturen auf Gemeinschaftskosten verlangen, wenn die Gemeinschaftsordnung ausnahmsweise nicht eine andere, von § 16 Abs. 2 WEG abweichende Regelung für die Übernahme der Kosten vorsieht.

Häufig sind – insbesondere in neueren Gemeinschaftsordnungen – für gemeinschaftliche Bauteile wie Fenster, Türen, Balkone und Versorgungsleitungen Kostentragungsregelungen zulasten der jeweiligen Wohnungseigentümer vorgesehen, da sie wegen der räumlichen Lage ausschließlich von diesen genutzt werden können.

1.6   Wie entsteht Wohnungseigentum?

Teilungsvertrag und Teilungserklärung

Wohnungs- und Teileigentum sind echtes Eigentum im Sinne von § 903 BGB, BGH NZM 2004, 876. Wohnungseigentum kann auf unterschiedliche Weise gebildet werden. Es entsteht entweder durch einen Teilungsvertrag gemäß § 3 WEG oder durch eine Teilungserklärung nach § 8 WEG. Dabei dienen die Teilungserklärung bzw. der Teilungsvertrag der Bestimmung der Miteigentumsanteile sowie der Unterscheidung und Abgrenzung von Gemeinschafts- und Sondereigentum. Zusammen mit der Gemeinschaftsordnung legen sie die Zweckbestimmung des Wohnungs- und Teileigentums fest.

1.6.1   Bildung von Wohnungseigentum durch Teilungsvertrag

Sind mehrere Miteigentümer eines (Haus-)Grundstücks vorhanden, können sie durch einen (Teilungs-)Vertrag Wohnungseigentum begründen. So entsteht Sondereigentum an einer bestimmten Wohnung oder Teileigentum an bestimmten, nicht zu Wohnzwecken dienenden Räumen, die einem Miteigentümer nach der Begründung zugewiesen werden (§ 3 Abs. 1 WEG). Es ist nicht notwendig, dass sich zu diesem Zeitpunkt bereits ein Gebäude auf dem Grundstück befindet – es reicht aus, wenn die zu verteilenden Räume eindeutig den jeweiligen Eigentümern zugewiesen werden können. Das WEG nennt zwar diese Variante der Bildung von Wohnungseigentum zuerst, in der Praxis ist die Entstehung von Wohnungseigentum durch Teilungsvertrag jedoch eher die Ausnahme.

1.6.2 Begründung von Wohnungseigentum durch den Alleineigentümer

Im Regelfall erfolgt die Bildung von Wohnungseigentum dadurch, dass der alleinige Eigentümer eines Grundstücks durch Erklärung gegenüber dem Grundbuchamt das Wohnungseigentum begründet (§ 8 WEG). Der Eigentümer legt in einer Teilungserklärung fest, dass das Eigentum an dem Grundstück in Miteigentumsanteile so aufgeteilt werden soll, dass jeder Anteil mit dem Sondereigentum an einer bestimmten Wohnung oder an nicht zu Wohnzwecken dienenden Räumen in einem bereits errichteten oder noch zu errichtenden Gebäude verbunden wird. Man spricht hier von der sog. Vorratsteilung.

Vorratsteilung

Beispiel: Bauträger erwirbt Mehrfamilienhaus

Ein Bauträger erwirbt von einer Erbengemeinschaft ein Grundstück mit einem Mehrfamilienhaus. Um die bisher im Gesamthandseigentum stehenden Wohnungen einzeln weiterverkaufen zu können, begründet der Bauträger gemäß § 8 WEG Wohnungseigentum an dem Gebäude und veräußert anschließend einzelne Wohnungen an verschiedene Kaufinteressenten.

Achtung

Wohnungseigentum kann nur auf eine der o. g. Weisen gebildet werden. Gemeinschafts- oder Sondereigentum kann z. B. nicht durch Beschluss (vgl. Kap. 5.6) der Eigentümergemeinschaft begründet werden. Die Änderung der Verteilung von Gemeinschafts- oder Sondereigentum kann nur durch Vereinbarung (vgl. Kap. 5.6.1) mit allen Miteigentümern erfolgen.

1.6.2.1 Die faktische (werdende) Wohnungseigentümergemeinschaft

Eigentümer-
gemeinschaft
entsteht durch
Grundbuch-
eintrag

Wird durch die Vorratsteilung gemäß § 8 WEG Wohnungseigentum geschaffen, stellt sich die Frage, ob die Bestimmungen des WEG-Gesetzes auch dann auf die Erwerber als werdende Wohnungseigentümer anzuwenden sind, wenn aufgrund des zeitlichen Ablaufs des Entstehungsvorgangs im streng juristischen Sinne noch keine Wohnungseigentümergemeinschaft besteht. Denn die Wohnungseigentümergemeinschaft entsteht gemäß § 8 WEG u. a. erst dann, wenn der erste Erwerber beim Kauf vom Aufteiler (Bauträger) des Grundstücks als Wohnungseigentümer in das Grundbuch eingetragen wurde.

Grundbuch-
eintrag kann
sich verzögern

Es stellt sich also die Frage, welche Regelungen zwischen der Erstellung der Teilungserklärung und der Eintragung des ersten Erwerbers als Eigentümer im Grundbuch gelten sollen. In diesem Zeitraum haben bereits oft mehrere Käufer eine Wohnung erworben. Der Kauf ist jedoch erst durch eine Vormerkung im Grundbuch gesichert, der Eigentumserwerb ist also noch nicht vollendet. Die Gründe dafür liegen oft beim Grundbuchamt, das für den Vollzug der Eigentumseinträge noch Zeit benötigt. Ein anderer Grund kann darin bestehen, dass mit dem Bauträger noch Streit über Mängel besteht, weshalb dieser bis zur letzten Kaufpreiszahlung die Eigentumseintragung blockiert.

Was gilt in der
Zwischenzeit?

Bis der erste Erwerber ins Grundbuch als Eigentümer eingetragen worden ist, spricht die Rechtsprechung von der „faktischen" bzw. „werdenden Wohnungseigentümergemeinschaft". In der Rechtsprechung ist anerkannt, dass in diesem Zeitraum die Vorschriften des WEG-Gesetzes angewendet werden dürfen, damit eine gemeinschaftliche Verwaltung umgesetzt werden kann (BayObLG Z 1990, 101 ff., BayObLG NJW-RR 1997, 1443). Die Erwerber sind mit „richtigen" Wohnungseigentümern vergleichbar, da sie durch den Einzug in ihre Wohnung den Besitz an ihrem Sondereigentum erhalten und sie aus dem Erwerbsvertrag bereits zur Zahlung der Lasten und Kosten verpflichtet sind. Die Erwerber verhalten sich also de facto wie Wohnungseigentümer und sollen auch so behandelt werden, obwohl sie noch nicht als Eigentümer im Grundbuch eingetragen wurden.

Eine faktische (werdende) WEG liegt vor, wenn

* der Erwerber den mittelbaren und unmittelbaren Besitz an der Sondereigentumseinheit erlangt hat, d. h. es ist ausreichend, wenn der Erwerber in der Lage ist, die tatsächliche Gewalt über das Kaufobjekt auszuüben,
* zugunsten des Erwerbers im Grundbuch eine Auflassungsvormerkung eingetragen worden ist,
* ein wirksamer Erwerbsvertrag mit dem Erwerber vorliegt und
* die Wohnungseigentumsgrundbücher angelegt sind.

Sind diese Voraussetzungen erfüllt, ergeben sich daraus für die faktischen (werdenden) Wohnungseigentümer bereits vor Eigentumsübergang nachfolgende Rechte und Pflichten:

* Tragung der Lasten und Kosten des gemeinschaftlichen Eigentums,
* Stimmrecht in der Eigentümerversammlung,
* Rechte und Pflichten nach § 13 ff. WEG, wobei die faktischen Eigentümer u. a. auch bei Fragen der baulichen Veränderungen zu beteiligen ist,
* Anfechtung von Beschlüssen.

Beendet wird die faktische WEG durch die Eintragung des ersten Erwerbers als Eigentümer in das Grundbuch.

1.6.3 Form und Inhalt des Teilungsvertrags und der Teilungserklärung

Im Teilungsvertrag bzw. in der Teilungserklärung wird die Höhe der Miteigentumsanteile der zukünftigen Miteigentümer festgelegt. Je nach Größe der Wohnanlage erfolgt die Aufteilung üblicherweise in Tausendstel, Hundertstel oder Zehntel Miteigentumsanteile.

Miteigentums-anteile frei festlegbar

Eine gesetzliche Bestimmung, welche Größe diese Miteigentumsanteile (MEA) haben sollten oder dass die Miteigentumsanteile sich in einem bestimmten Verhältnis zur Größe des Wohnungs- oder Teileigentums zu befinden haben, existiert nicht. Der Gesetzgeber hat die Regelung dieser Frage bewusst offen gelassen, da er davon ausgeht, dass die Wohnungseigentümer selbst für eine zutreffende Zuordnung der Miteigentumsanteile sorgen.

Auf objektive Kriterien zurückgreifen

Der jeweilige Begründer des Wohnungseigentums kann daher nach eigenem Ermessen die Höhe der einzelnen Miteigentumsanteile festlegen. Um eine gerechte Lasten- und Kostenverteilung zu gewährleisten, sollte für die Festlegung der Höhe der Miteigentumsanteile auf nachvollziehbare und objektive Kriterien, wie z. B. die Wohn- oder Nutzfläche, die Lage der Räume im Gebäude etc., zurückgegriffen werden.

Auswirkungen auf Lasten, Kosten, Stimmrechte

Die Entscheidung über die Höhe der MEA hat z. B. unmittelbare Auswirkung auf die Verteilung der Lasten und Kosten gemäß § 16 Abs. 2 WEG, sofern keine davon abweichende Regelung vereinbart wurde. Auch spielt die Höhe der MEA bei der Ausübung von Stimmrechten eine Rolle, wenn abweichend von der gesetzlichen Regelung des § 25 Abs. 2 Satz 1 WEG (sog. Kopfprinzip, vgl. Kap. 5.3.1) vereinbart wurde, dass sich das Stimmrecht nach der Höhe der Miteigentumsanteile richten soll (sog. Wertprinzip, vgl. Kap. 5.3.2).

WEG-Reform: Änderungs-anspruch

Nach der WEG-Reform besteht im Gegensatz zur alten Rechtslage, bei der nur in absoluten Ausnahmefällen grober Ungerechtigkeit der Anspruch auf Änderung des Kostenverteilungsmaßstabs anerkannt wurde, jetzt ein gesetzlich normierter Änderungsanspruch unter den erleichterten Voraussetzungen des § 10 Abs. 2 Satz 3 WEG bzw. des § 16 Abs. 3 WEG.

1.6.4 Grundbucheintragung

1.6.4.1 Eintragungsbewilligung

Gemäß § 4 Abs. 1 WEG ist zur Einräumung – und im Übrigen auch zur Aufhebung des Sondereigentums – die Einigung aller Beteiligten über den Eintritt der Rechtsänderung und die Eintragung im Grundbuch erforderlich. Für die Einigung müssen alle Beteiligten vor dem Notar erscheinen (§ 925 BGB). Lässt sich einer der Beteiligten vertreten, kann dies durch eine Vollmacht in öffentlich beglaubigter Form nachgewiesen werden (§ 4 Abs. 2 Satz 1 WEG). Wird die notwendige Form nicht beachtet, führt das zur Nichtigkeit des Teilungsvertrags nach § 125 Satz 1 BGB.

Im Gegensatz dazu ist die einseitige Begründung von Wohnungseigentum durch den Eigentümer gemäß § 8 WEG formfrei. Jedoch muss die Teilungserklärung gemäß § 29 GBO dem Grundbuchamt in öffentlicher bzw. öffentlich beglaubigter Urkunde vorgelegt werden. In der Praxis wird daher die Teilungserklärung in der Regel notariell beurkundet.

Für jeden Miteigentumsanteil wird ein gesondertes Grundbuchblatt in Form des Wohnungsgrundbuchs (z. B. für eine Wohnung) bzw. des Teileigentumsgrundbuchs für ein Teileigentum (z. B. einen Laden) angelegt, auf den das zum jeweiligen Miteigentumsanteil gehörende Sondereigentum eingetragen wird. Außerdem wird als Beschränkung des Miteigentums die Einräumung der zu anderem Miteigentum gehörenden Sondereigentumsrechte festgehalten (§ 7 Abs. 1 WEG).

Eintragungen im Grundbuchblatt

1.6.4.2 Aufteilungsplan

Weitere Voraussetzung für die Eintragung von Wohnungseigentum ist, dass dem Grundbuchamt der sog. Aufteilungsplan vorgelegt wird. Es handelt sich dabei um die von der Baubehörde mit Unterschrift und Siegel oder Stempel versehene Bauzeichnung (§ 7 Abs. 4 Satz 1 WEG).

Meist werden
Baupläne
verwendet

Aus diesem Plan sind die Aufteilung des Gebäudes, die Lage und Größe der im Sonder- und Gemeinschaftseigentum stehenden Einheiten und Gebäude ersichtlich. Häufig werden die bereits bestehenden Baupläne, die für die Baugenehmigung erstellt wurden, als Aufteilungspläne verwendet. Diese Pläne enthalten Grundrisszeichnungen, Ansichten und Schnitte der Gebäude in einem Maßstab von 1:100. Sie müssen neben der Lage und Größe der Einheit im Sondereigentum auch alle Einzelräume mit der jeweils gleichen Nummer kennzeichnen, die zum selben Wohnungseigentum gehören. Zweck des Aufteilungsplans ist es – neben der Teilungserklärung – das Sondereigentum vom Gemeinschaftseigentum exakt abzugrenzen, damit dem Bestimmtheitsgrundsatz des Sachen- und Grundbuchrechts Rechnung getragen wird.

Tipp: Auf klare Zuordnung achten

Häufig werden die verschiedenen Räume, die zu einem Sondereigentum gehören, auch farbig gekennzeichnet und mit einer Nummerierung versehen. In der Praxis kommt es jedoch immer wieder vor, dass Markierungen oder Zuordnungen in den Aufteilungsplänen nicht eindeutig sind. Solche Unklarheiten sollten Sie unbedingt vor dem Erwerb des Wohnungseigentums klären. Lassen sich die Unstimmigkeiten nicht ausräumen, besteht die Gefahr von Rechtsnachteilen, wenn z. B. ein Raum, der zum Sondereigentum gehören und miterworben werden soll, wegen mangelnder Bezeichnung dem Gemeinschaftseigentum zugerechnet wird. Auch miterworbene Sondernutzungsrechte sollten vor Erwerb des Wohnungseigentums anhand ihrer farbigen Markierungen auf ihren genauen Verlauf und ihre eindeutige Zuordnung zum Wohnungseigentum überprüft werden.

1.6.4.3 Abgeschlossenheitsbescheinigung

Neben dem Aufteilungsplan ist der Eintragungsbewilligung für das Grundbuchamt noch die sog, Abgeschlossenheitsbescheinigung beizufügen (§ 7 Abs. 4 Nr. 2 WEG). Es handelte sich dabei bisher um eine Bescheinigung der Baubehörde, die bestätigt, dass die dem Sondereigentum zugeordneten Räume abgeschlossen sind (§ 3 Abs. 2 WEG).

Für die Frage der Abgeschlossenheit muss die allgemeine Verwaltungsvorschrift[1] für die Ausstellung von Bescheinigungen gemäß § 7 Abs. 4 Nr. 2 und § 32 Abs. 2 Nr. 2 WEG herangezogen werden. Danach ist jede Wohnung in sich abgeschlossen, wenn sie vollständig von anderen Wohnungen und Räumen durch bauordnungsrechtlich zulässige Wände und Decken getrennt ist und einen eigenen Zugang vom Gemeinschaftseigentum hat, also unmittelbar vom Freien oder vom Treppenhaus betreten werden kann. Zusätzlich muss die Wohnung die Führung eines Haushalts ermöglichen, insbesondere über eine Küche bzw. einen Raum mit Kochgelegenheit sowie über eine Wasserversorgung, ein WC und einen Stromanschluss verfügen. Ein Bad, eine Dusche oder eine Heizung müssen nicht vorhanden sein.

Definition: Abgeschlossenheit

Eine Ausnahme gilt für Garagenstellplätze. Sie sind bereits dann abgeschlossen, wenn sie eine dauerhafte Markierung, z. B. am Boden oder an den Wänden etc., aufweisen. § 3 Abs. 2 Satz 2 WEG unterstellt bei diesen Voraussetzungen für Garagenstellplätze die Abgeschlossenheit.

Ausnahme: Garagen

Im Zuge der WEG-Reform hat der Gesetzgeber es den Bundesländern in § 7 Abs. 4 Satz 3 WEG ermöglicht zu bestimmen, ob und in welchen Fällen ein Bausachverständiger anstelle der Baubehörde den Aufteilungsplan ausfertigen und die Abgeschlossenheit bescheinigen kann. Auch der Bausachverständige muss sich wie die Behörde an die Bestimmungen der Allgemeinen Verwaltungsvorschrift für die Ausstellung von Abgeschlossenheitsbescheinigungen halten. In der Praxis verspricht man sich von dieser Neuregelung, den bürokratischen und zeitlichen Aufwand für die Ausfertigung des Aufteilungsplans zu reduzieren.

WEG-Reform: Bausachverständiger statt Baubehörde

Derzeit ist noch nicht absehbar, welche Bundesländer von dieser neuen Möglichkeit Gebrauch machen. Es ist zu erwarten, dass sich in den Bundesländern eine unterschiedliche Genehmigungspraxis entwickeln wird. In den Fällen, in denen die jeweilige Landesregierung von der Neuregelung keinen Gebrauch macht, bleibt wie bisher die Baubehörde für die Ausfertigung des Aufteilungsplans und der Abgeschlossenheitsbescheinigung zuständig.

Unterschiedliche Praxis absehbar

---

[1] BAnz Nr. 58 vom 23.03.1974.

1.6.4.4 Zustimmung Dritter (dinglich Berechtigter) zur Bildung von Wohnungseigentum

Ist das zu teilende Grundstück als Ganzes vor der geplanten Aufteilung bereits mit einer Grundschuld oder einem anderen dinglichen Recht belastet, ist eine Zustimmung der dinglich Berechtigten nicht erforderlich, weil sich die am gesamten Grundstück bestehende Grundschuld in eine Gesamtgrundschuld gemäß §§ 1192, 1132, 1114 BGB an allen Anteilen umwandelt.

2 Nutzung und Gebrauch des Sonder- und Gemeinschaftseigentums

2.1 Regelungsinstrumente

Leben wie in einer Wohnungseigentümergemeinschaft die Eigentümer in gleichberechtigter Form auf relativ engem Raum zusammen, muss geregelt werden, auf welche Weise und in welchen Grenzen das Gemeinschafts- und Sondereigentum genutzt werden darf. Die gesetzliche Grundlage für solche Gebrauchsregelungen findet sich in § 15 WEG, der in gleicher Weise für das Sonder- und das Gemeinschaftseigentum gilt.

§ 15 WEG
Siehe CD-ROM

Danach können Gebrauchsregelungen durch Vereinbarung, Mehrheitsbeschluss (vgl. dazu Kap. 5.6.1) oder aufgrund eines Einzelanspruchs auf ordnungsgemäßen Gebrauch festgelegt werden. Einmal vereinbarte Zweckbestimmungen können jederzeit von den Wohnungseigentümern geändert oder aufgehoben werden, wobei die Wohnungseigentümer die Änderungen mit den gleichen Regelungsinstrumenten umsetzen müssen. Liegen schuldrechtliche Vereinbarungen der Wohnungseigentümer im Sinne von § 15 Abs. 1 oder Abs. 2 WEG vor, so können, sofern keine Öffnungsklausel (vgl. dazu Kap. 5.6.3) in der Teilungserklärung besteht, die vereinbarten Nutzungsbestimmungen nur durch eine weitere Vereinbarung geändert werden. Diese Vereinbarung muss nicht zwingend in das Grundbuch eingetragen werden. Im Hinblick auf etwaige Rechtsnachfolger (z. B. spätere Erwerber der Eigentumswohnung), die sonst an diese Regelung nicht gebunden wären (vgl. § 10 Abs. 2 WEG), sollte die Vereinbarung jedoch ins Grundbuch eingetragen werden. Solche Vereinbarungen können Wohnungseigentümer z. B. über die Tierhaltung oder Musikausübung eingehen.

Sind im Beschlusswege Gebrauchseinschränkungen nach § 15 Abs. 2 WEG vereinbart worden, können sich die Wohnungseigentümer mit der Thematik erneut in einem Beschluss befassen. Solche Zweitbeschlüsse sind grundsätzlich zulässig (BGHZ 113, 197).

2.1.1 Gebrauch des Sondereigentums

Zweck-
bestimmung in
der Teilungs-
erklärung

Der Gebrauch des Sondereigentums wird zunächst durch die Zweckbestimmung, die in der Teilungserklärung festgelegt ist, eingeschränkt. Ist vorgesehen, dass das Sondereigentum nur zu Wohnzwecken verwendet werden darf, dürfen die Räume auch grundsätzlich nur dazu genutzt werden. Selbstverständlich können die Wohnungseigentümer jedoch auch festlegen, dass Räume des Sondereigentums nur zu einem bestimmten Zweck etwa als Laden, Hobbyraum, Arztpraxis, Büro etc., genutzt werden dürfen. Diese Regelungen werden häufig bereits bei der Erstellung der Gemeinschaftsordnung festgelegt. Es handelt sich dabei um Vereinbarungen gem. §§ 10 Abs. 1 Satz 2 und 15 Abs. 1 WEG.

Diese Regelungen beschreiben den Umfang des zulässigen Gebrauchs des jeweiligen Sondereigentums. Ist in der Teilungserklärung lediglich bestimmt, dass das Sondereigentum Teileigentum sein soll, ist damit eine weite Nutzung vorgesehen, die nur vorgibt, dass die Räume nicht zu Wohnzwecken verwendet werden dürfen. Bei diesen Festlegungen des Gebrauchs handelt es sich also um eine sachenrechtliche Zweckbestimmung, die als grober Rahmen dient, wie die jeweiligen Räume nach Entstehen der Wohnungseigentümergemeinschaft genutzt werden dürfen.

Konkreter in der
Gemeinschafts-
ordnung

Regelmäßig ergibt sich jedoch aus der in der Teilungserklärung verankerten Gemeinschaftsordnung eine konkretere Zweckbestimmung der in der Wohnungseigentumsanlage vorhandenen Einheiten. Solche konkreteren Gebrauchsregelungen werden von der Rechtsprechung als „Zweckbestimmungen mit Vereinbarungscharakter" bezeichnet (vgl. BayObLG ZMR 2000, 689). Diese Gebrauchsregelungen mit Zweckbestimmung beschreiben konkret, wie das entsprechende Wohnungseigentum genutzt werden darf.

Beispiele für Gebrauchsregelungen des Teileigentums

- Abstellraum
- Arztpraxis, Architekturbüro, Rechtsanwaltspraxis
- Gaststätte, Restaurant, Café
- Hobbyraum
- Laden, Ladengeschäft, Lagerraum
- Werkstatt

Widersprechen sich Teilungserklärung, Gemeinschaftsordnung und Aufteilungsplan oder weichen die Zweckbestimmungen voneinander ab, so ist die Teilungserklärung letztendlich für die Zweckbestimmung maßgeblich (BayOblG ZMR 1999, 773).

Teilungs-erklärung maßgeblich

2.1.2 Gebrauch des gemeinschaftlichen Eigentums

Auch für das Gemeinschaftseigentum können durch Vereinbarung, Beschlussfassung oder Einzelanspruch Gebrauchs- und Nutzungsregelungen festgelegt werden. Häufig geschieht dies bereits in der Teilungserklärung bzw. der Gemeinschaftsordnung für bestimmte Räume des gemeinschaftlichen Eigentums.

Beispiele für Gebrauch des Gemeinschaftseigentums

Eine bestimmte Grundstücksfläche der Wohnungseigentümergemeinschaft wird als Kinderspielplatz ausgewiesen, eine andere Fläche als Parkplatz, ein Kellerraum ist als Fahrradraum oder als Waschküche vorgesehen.

Ist der vorgesehene Nutzungs- oder Gebrauchszweck zu unbestimmt oder fehlt ein entsprechender Hinweis, kann die Wohnungseigentümergemeinschaft mehrheitlich über den ordnungsgemäßen Gebrauch dieses Gemeinschaftseigentums unter Berücksichtigung der durch § 14 Nr. 1 WEG (vgl. Kap. 3.2.1) vorgegebenen Grenzen beschließen.

Beschluss über Zweck

2.1.3 Grenzen der Nutzung und des Gebrauchs

2.1.3.1 Sondereigentum

Der jeweilige Wohnungseigentümer darf sein Sondereigentum nur in den vorgegebenen Grenzen nutzen. Daher ist das Sondereigentum an einer Wohnung grundsätzlich nur zu Wohnzwecken zu nutzen. Einer davon abweichende Nutzung ist nur dann ausnahmsweise zuzustimmen, wenn die von der zweckbestimmungswidrigen Nutzung ausgehende Störung aufgrund einer typisierenden – d. h. verallgemeinernden – Betrachtungsweise noch als zulässig zu erachten ist (BayObLG NZM 1999, 80).

Abweichende Nutzung

Zulässig sind dann auch Nutzungen, die nicht mehr stören oder beeinträchtigen als die vorgesehene Nutzung (OLG Hamm, ZMR 2005, 219 – im Urteil ging es um die Nutzung als Büro). Auch wenn es in Eigentümerkreisen häufig auf Unverständnis stößt, legt die Rechtsprechung bei der Frage der Zulässigkeit einer Nutzung, eine typisierende Betrachtung zugrunde, sodass für die Frage der Zulässigkeit einer bestimmten Nutzung nicht darauf abzustellen ist, ob sie im konkreten Einzelfall Störungen verursacht (vgl. BayObLG NZM 2001, 137). Zumindest das OLG München (ZMR 2005, 727 ff.) berücksichtigt, trotz der gebotenen typisierenden Betrachtsweise, auch die konkreten Umstände des Einzelfalls.

Beispiel: Laden oder Gaststätte?

Die Nutzung einer Ladeneinheit als Gaststätte ist nicht zulässig. Die zeitliche Nutzung der Einheit als Laden ist durch bestimmte Öffnungszeiten geprägt. Im Gegensatz dazu gelten für die Gaststätte die sehr viel großzügigeren Sperrzeiten, was eine deutlich intensivere Beeinträchtigung der übrigen Wohnungseigentümer darstellen würde.

Zur Frage der Zulässigkeit einer bestimmten Nutzung gibt es zahlreiche (Einzelfall-)Entscheidungen der Gerichte.

- *Café:* Ist in der Teileigentumseinheit der Betrieb eines Cafés vorgesehen, so ist der Betrieb einer Gaststätte bis 04.00 Uhr morgens nicht zulässig (OLG Hamburg, MDR 1998, 1156).

- **Gewerberaum:** Wird eine Teileigentumseinheit als Gewerberaum bezeichnet, lässt diese Bezeichnung eine umfassende, gesetzlich zulässige gewerbliche Nutzung zu (BayObLG NZM 2000, 781).

- **Hobbyraum:** Die Nutzung eines Hobbyraums zu Wohnzwecken ist grundsätzlich unzulässig (BayObLG WuM 2004, 740, ZMR 2004, 925), weshalb dort auch keine Wasseranschlüsse und Toiletteneinrichtungen installiert werden dürfen.

- **Laden:** In einem Laden ist eine Gaststätten- oder Restaurantnutzung nicht zulässig (BayObLG WuM 2004, 117).

- **Wohnung:** Die Nutzung einer Wohnung als (Patent-)Anwaltspraxis ist bei geringem Publikumsverkehr zulässig (OLG Köln NZM 2002, 258). Anderes gilt dagegen, wenn in der Wohnung eine Arztpraxis mit erheblichem Patientenverkehr betrieben wird (BayObLG NZM 2001, 137).

2.1.3.2 Gemeinschaftseigentum

Auch der Gebrauch des Miteigentums ist eingeschränkt. Dies folgt aus § 13 Abs. 2 WEG, nach der jeder Wohnungseigentümer nur nach der Maßgabe der §§ 14 und 15 WEG zum Mitgebrauch am gemeinschaftlichen Eigentum berechtigt ist.

2.1.4 Verstöße gegen die Nutzungsregelungen

Nutzt oder lässt ein Wohnungseigentümer sein Sondereigentum zweckbestimmungswidrig nutzen, können die beeinträchtigten Wohnungs- oder Teileigentümer Unterlassung verlangen. Den Wohnungseigentümern steht ein Anspruch gemäß § 1004 Abs. 1 Satz 2 BGB, § 15 III, § 14 Nr. 1 WEG auf Unterlassung der Nutzung zu. Der Unterlassungsanspruch muss nicht zwingend von einem einzelnen Eigentümer geltend gemacht werden, es können auch einige Wohnungseigentümer zusammen gegen den Störer gerichtliche Schritte einleiten.
Unterlassungsanspruch

Die Anerkennung der Teilrechtsfähigkeit (zu diesem Begriff siehe Kapitel 6.1) der Wohnungseigentümergemeinschaft hat auf die Geltendmachung dieser Ansprüche keine Auswirkung, weil es um
Bei Teilrechtsfähigkeit

interne Ansprüche innerhalb der Wohnungseigentümergemeinschaft geht und nicht um Angelegenheiten des teilrechtsfähigen Verbandes gegenüber Dritten. Die Verfahrensbeteiligten in einer gerichtlichen Auseinandersetzung sind und bleiben damit die einzelnen Wohnungseigentümer (OLG München ZMR 2005, 733). Dennoch besteht die Möglichkeit, dass der teilrechtsfähige Verband von einzelnen Wohnungseigentümern ermächtigt wird, um über den Verwalter die Individualansprüche der Wohnungseigentümer geltend zu machen (OLG München ZMR 2005, 733).

Ansprüche auch gegen Mieter

Neben dem verantwortlichen Wohnungseigentümer haben die übrigen Mitglieder der Wohnungseigentümergemeinschaft noch die Möglichkeit, Unterlassungsansprüche direkt gegen den Mieter oder einen sonstigen Dritten, wenn von diesen Störungen ausgehen, geltend zu machen. Auch gegenüber einem solchen Dritten bestehen direkte Beseitigungs- und Unterlassungsansprüche, da der störende Mieter oder Dritte im Verhältnis zur Wohnungseigentümergemeinschaft nicht mehr Rechte für sich in Anspruch nehmen kann als der vermietende Wohnungseigentümer, nachdem der Mieter oder Dritte seine Rechtstellung nur von diesem Wohnungseigentümer ableitet.

Ansprüche zeitnah geltend machen

Solche Beseitigungs- und Unterlassungsansprüche sollten von den Wohnungseigentümern jeweils zeitnah geltend gemacht werden, auch wenn gem. § 195 BGB die Verjährungsfrist zwischenzeitlich drei Jahre beträgt, damit die Ansprüche nicht verwirken.

> **Achtung: Verwirkung!**
> Neben der Verjährung der Beseitigungs- und Unterlassungsansprüche, ist noch die „Verwirkung" zu berücksichtigen, die dann eine Rolle spielen kann, wenn über einige Jahre hinweg die zweckbestimmungswidrige Nutzung einer Sonder- oder Teileigentumseinheit von den übrigen Miteigentümern hingenommen wurde.

Verwirkung

Im Einzelfall können Ansprüche der beeinträchtigten Wohnungseigentümer bereits vor Ablauf der Verjährungsfrist verwirkt sein und damit nicht mehr erfolgreich geltend gemacht werden. Allerdings ist darauf hinzuweisen, dass an die Verwirkung eines Anspruchs erhebliche Bedingungen geknüpft sind (OLG Köln OLGR 2005, 261).

Das Rechtsinstitut der Verwirkung erfordert neben dem sogenannten Zeitmoment, d. h. der Hinnahme eines störenden Zustandes über einen längeren Zeitraum hinweg, der dadurch gekennzeichnet ist, dass der Anspruchsgegner in berechtigter Weise darauf vertrauen konnte, dass der Anspruchsinhaber seinen Unterlassungsanspruch nicht mehr geltend macht (vgl. BayObLG ZMR 2001, 987) das sog. Umstandsmoment.

Verwirkung: Zeitmoment

Grundsätzlich setzt das Umstandsmoment voraus, dass sich der Anspruchsgegner in berechtigter Weise darauf eingerichtet hat, dass der Anspruchsinhaber sein Recht nicht mehr geltend machen wird. Regelmäßig liegt diese Voraussetzung nur dann vor, wenn der Störer zu Recht im Vertrauen darauf bereits eine Vermögensdisposition (z. B. finanzielle Aufwendungen) vorgenommen hat.

Verwirkung: Umstandsmoment

Beispiel für Umstandsmoment bei der Verwirkung

Der Eigentümer verglast seine ohne Genehmigung errichtete, jedoch bis dato nicht beanstandete Pergola.

2.1.5 Schadensersatz

Verletzt ein Wohnungs- oder Teileigentümer die in § 14 Nr. 1 WEG geregelte Rücksichtsnahmeverpflichtung, ist er den übrigen Wohnungseigentümern für den daraus entstehenden Schaden gemäß §§ 280 Abs. 1 Satz 1, 249 ff. BGB verpflichtet.

2.2 Sondernutzungsrecht

2.2.1 Bedeutung

Das Sondernutzungsrecht hat eine große praktische Bedeutung im Wohnungseigentumsrecht. Bis zur WEG-Reform wurde es im Gesetzestext dennoch nicht erwähnt. Im neuen § 5 Abs. 4 S. 2 WEG

wird nun erstmalig das Sondernutzungsrecht ausdrücklich angesprochen, ohne dass es gesetzlich definiert wird.

2.2.2 Inhalt und Grenzen

Das Sondernutzungsrecht räumt einem oder mehreren Eigentümern
durch Vereinbarung nach § 10 Abs. 1 Satz 2 WEG das exklusive
Recht ein, einen Teil des Gemeinschaftseigentums unter Ausschluss
aller anderen Wohnungseigentümer zu nutzen. Es handelt sich dabei
um eine in der Praxis häufig anzutreffende Gebrauchs- und Nut-
zungsregelung nach § 15 Abs. 1 WEG.

Beispiel: Nutzung eines Gartenteils

Der Eigentümer der Erdgeschosswohnung A verfügt über ein Sondernutzungsrecht an dem seiner Terrasse vorgelagerten Gartenanteil. Die
übrigen Wohnungseigentümer dürfen diesen Teil des Gartens nicht
nutzen, obwohl der Garten als Grundstück zwingend gemeinschaftliches Eigentum ist (§ 1 Abs. 5 WEG).

Der begünstigte Wohnungseigentümer ist abweichend von § 13
Abs. 2 Satz 1 WEG zum alleinigen Gebrauch des ihm zugewiesenen
Teils des Gemeinschaftseigentums berechtigt. Dabei steht ihm als
Sondernutzungsberechtigten abweichend von § 13 Abs. 2 Satz 2
WEG auch die daraus zu ziehende Nutzung des Rechts zu: z. B. die
Einnahmen aus der Vermietung einer Fläche oder die Früchte des
Gartens.

Am besten lässt sich das Sondernutzungsrecht als ein umfassendes
Nutzungsrecht beschreiben, das mit den Befugnissen eines Alleineigentümers vergleichbar ist.

Beispiele für Sondernutzungsrechte

Sondernutzungsrechte werden in der Praxis typischerweise an Gar-
ten- oder Grünflächen, an Terrassen von Erdgeschosswohnungen,
PKW-Stellplätzen im Freien, an Garagen, Kellerräumen usw. eingeräumt.

2.2.3 Begründung von Sondernutzungsrechten

Sondernutzungsrechte können auf verschiedenen Wegen einge- **Bei der Teilung**
räumt werden. Zur Begründung ist die Eintragungsbewilligung des
Berechtigten erforderlich. Sondernutzungsrechte werden häufig bereits *bei* der Teilung des Grundstücks durch den Eigentümer gemäß
§ 8 WEG oder in der Teilungsvereinbarung der Miteigentümer gemäß § 3 WEG geschaffen. Der teilende Eigentümer hat auch die
Möglichkeit, sich die spätere Einräumung von Sondernutzungsrechten in der Teilungserklärung bzw. im Kaufvertrag vorzubehalten.

Werden Sondernutzungsrechte *nach* der Begründung des Woh- **Nach der**
nungseigentums eingeräumt, ist die Zustimmung aller im Grund- **Teilung**
buch eingetragenen Wohnungseigentümer erforderlich.

Achtung: Kein Beschluss über Sondernutzungsrechte möglich

Sondernutzungsrechte können nicht durch Mehrheitsbeschluss (vgl.
Kap. 5.6.1) begründet werden, da der Eigentümergemeinschaft die Beschlusskompetenz fehlt. Sollte sie dennoch über Sondernutzungsrechte
Beschlüsse fassen, verstoßen diese gegen die zwingenden Regelungen
der §§ 10 Abs. 1, 23 Abs. 1 WEG und sind daher nichtig.

Solche vereinbarungsändernden Mehrheitsbeschlüsse müssen nicht
zwingend vor dem Wohnungseigentumsgericht angefochten werden,
weil sie auch ohne Anfechtungsantrag wegen Verstoß gegen gesetzliche Bestimmungen nichtig sind (BGH NJW 2000, 3500). Dennoch ist
die Erhebung einer Beschlussanfechtung bzw. Nichtigkeitsklage in der
einmonatigen Klagefrist des § 24 WEG zu empfehlen.

Beispiel: Sondernutzungsrecht an Spitzboden

Die Eigentümergemeinschaft kann nicht durch Beschluss dem Eigen-
tümer einer Dachwohnung für den über seiner Wohnung liegenden
Spitzboden, der nur durch dessen Wohnung erreicht werden kann, ein
Sondernutzungsrecht zuweisen. Eine solche Beschlussfassung würde
zu einem Gebrauchsentzug der übrigen Miteigentümer an diesem im
Gemeinschaftseigentum stehenden Raum gemäß § 13 Abs. 2 Satz 1
WEG führen und ist nicht mehr von einer Gebrauchsregelung im Sin-
ne von § 15 Abs. 2 WEG erfasst.

Der richtige Weg zur Übertragung der ausschließlichen Nutzung an
diesem Raum wäre die Einräumung eines Sondernutzungsrechts

durch Vereinbarung (vgl. dazu Kap. 5.6.1). Ein Sondernutzungsrecht kann in diesen Fällen nur dann nachträglich entstehen, wenn alle Wohnungseigentümer mit dessen Einräumung einverstanden sind oder wenn bereits in der Teilungserklärung ein Vorbehalt für die nachträgliche Einräumung des Sondernutzungsrechts vorgesehen ist.

Tipp: Sondernutzungsrechte ins Grundbuch eintragen lassen

Werden Sondernutzungsrechte erst nach Entstehung der Wohnungseigentümergemeinschaft eingeräumt, sollte darauf geachtet werden, dass die entsprechende Vereinbarung aller Wohnungseigentümer als Inhalt des Sondereigentums ins Grundbuch gemäß § 10 Abs. 2 WEG eingetragen wird, da sonst die Gefahr besteht, dass ein späterer Erwerber das Sondernutzungsrecht nicht gegen sich gelten lassen muss.

2.2.4 Grenzen

Obwohl dem begünstigten Eigentümer durch das Sondernutzungsrecht an Teilen des Gemeinschaftseigentums ein umfassendes Nutzungsrecht eingeräumt wird, muss auch er sich bei der Wahrnehmung dieses Rechts an gewisse Spielregeln halten.

Umfang genau festlegen

Beschränkungen ergeben sich zuerst aus der zugrunde liegenden Vereinbarung über die Einräumung des Sondernutzungsrechts. Regelmäßig wird in dieser Vereinbarung festgelegt, was der Begünstigte zu tun und zu unterlassen hat. Auf eine genaue Festlegung des Umfangs des eingeräumten Sondernutzungsrechts sollte im Interesse aller Beteiligten großer Wert gelegt werden, da durch eine eindeutige und klare Regelung von vornherein Streitigkeiten in der Wohnungseigentümergemeinschaft vermieden werden können. Sollten Zweifel über den Umfang des eingeräumten Sondernutzungsrechts bleiben, ist der Umfang durch Auslegung zu ermitteln. In diesen Fällen wird auf die Ortsüblichkeit bzw. die Verkehrsanschauung der jeweils eingeräumten Nutzung abgestellt.

Beispiel: Sondernutzungsrecht an Gartenfläche

Besteht für eine Gartenfläche ein Sondernutzungsrecht, ist der Berechtigte – falls keine anderen Vereinbarungen vorliegen – befugt, die Fläche im üblichen Umfang einer gewöhnlichen Gartennutzung und

Gartengestaltung zu nutzen. Er kann Blumen, Sträucher und Bäume (streitig) anpflanzen, Beete anlegen und auf der Fläche Gartenmöbel und Spielgeräte für Kinder aufstellen. Gegebenenfalls muss er für Anpflanzungen die jeweiligen Grenzabstände der nachbarrechtlichen Vorschriften einhalten. Die Abgrenzung der Gartenfläche durch einen Zaun ist wegen der damit verbundenen baulichen Veränderung (optischer Gesamteindruck der Wohnanlage) grundsätzlich nicht zulässig (streitig) (vgl. BayObLG WuM 1999, 188).

Weitere Beschränkungen des Gebrauchs ergeben sich aus der im Zusammenhang mit der Begründung des Sondernutzungsrechts getroffenen Zweckbestimmung.

Zweckbestimmung

Beispiele für Einschränkungen durch Zweckbestimmung

- Wird ein Sondernutzungsrecht an einem Spitzboden eingeräumt, bedeutet das nicht, dass der Eigentümer diesen Dachraum zu Wohnzwecken nutzen kann.
- Besteht ein Sondernutzungsrecht an einem Kfz-Abstellplatz, heißt das nicht, dass es dem Berechtigten erlaubt ist, auf dieser Fläche sein Fahrzeug zu reparieren.
- Auch darf der Wohnungseigentümer sein Sondernutzungsrecht an einem „Hobbyraum" nicht dazu nutzen, ihn mit Sanitär- und Elektroanschlüssen zu versehen, um dort Wohnraum oder einen Büroraum für sich einzurichten (OLG Frankfurt, OLGR Frankfurt 2005, 58).

Das Sondernutzungsrecht berechtigt den Begünstigten, wie sich bereits aus der Bezeichnung des Rechts als Nutzungs- und nicht als Gestaltungsrecht ergibt, nur zur Nutzung des ihm überlassenen Teils des Gemeinschaftseigentums. Der Begünstigte hat nur das Recht, den Teil des Gemeinschaftseigentums im Rahmen der ihm eingeräumten Befugnisse zu nutzen, jedoch nicht, es zu verändern. Bauliche Veränderungen kann er nur dann vornehmen, wenn ihm diese in der Vereinbarung über das Sondernutzungsrecht gestattet wurden oder wenn die bauliche Veränderung nach § 22 Abs. 1 WEG unbeanstandet bleibt.

Nur Nutzung, nicht Veränderung zulässig

Eine Ausnahme von diesem Grundsatz ist jedoch dann anzunehmen, wenn der Sondernutzungsberechtigte wie ein Alleineigentümer des Gebäudes und des Grundstücks behandelt werden soll. Dies ist

Ausnahme

häufig bei Reihenhauswohnanlagen oder Doppelhäusern, deren Grundstücke aus öffentlich-rechtlichen Gründen nicht real geteilt werden können, der Fall. In diesen Fällen wird die Auslegung des Sondernutzungsrechts ergeben, dass § 22 WEG nicht gelten soll, damit der Sondernutzungsberechtigte bauliche Maßnahmen im Rahmen der öffentlich-rechtlichen Bestimmung vornehmen kann und nicht schlechter als ein Realeigentümer gestellt wird.

2.2.5 Übertragung von Sondernutzungsrechten

Recht an Sondereigentum gebunden

Nachdem das Sondernutzungsrecht untrennbar mit dem dazugehörigen Sondereigentum verbunden ist, kann es isoliert nur auf ein anderes Mitglied der Wohnungseigentümergemeinschaft übertragen werden. Selbstständig kann ein Sondernutzungsrecht ohne das zugehörige Sondereigentum z. B. an einem Garagenstellplatz nicht auf einen Dritten übertragen werden.

2.2.6 Neuregelung durch § 5 Abs. 4 WEG

WEG-Reform: Zustimmung der Gläubiger nicht mehr notwendig

Der Gesetzgeber hat durch die Einführung von § 5 Abs. 4 S. 2 und 3 WEG die Zustimmung der dinglich Berechtigten – also z. B. der Grundpfandrechtsgläubiger – zu Vereinbarungen der Wohnungseigentümer untereinander entbehrlich gemacht. Auch durch diese Regelung setzt der Gesetzgeber das Ziel der WEG-Reform um, die Willensbildung innerhalb der Wohnungseigentümergemeinschaft zu erleichtern.

Bisherige Regelung

Um Vereinbarungen und die ihnen gleichstehenden Regelungen in der Teilungserklärung bzw. Gemeinschaftsordnung ändern zu können, ist die Zustimmung aller im Grundbuch eingetragenen Wohnungseigentümer erforderlich. Zusätzlich war nach bisher herrschender Meinung die Zustimmung der Grundpfandrechtsgläubiger, also der Banken, erforderlich – nämlich dann, wenn deren Rechte nicht nur wirtschaftlich, sondern durch die Änderung auch rechtlich betroffen waren (§§ 877, 876; OLG Hamm, ZMR 1997, 34, BGHZ 91, 343). Dieses Zustimmungserfordernis hat der Gesetzgeber weitestgehend abgeschafft.

Ist Wohnungseigentum mit einer Hypothek, Grund- oder Rentenschuld oder der Reallast eines Dritten belastet, ist dessen Zustimmung zu der Vereinbarung nur noch erforderlich, wenn ein Sondernutzungsrecht begründet wird oder ein bestehendes Sondernutzungsrecht aufgehoben, geändert oder übertragen wird.

Zustimmung nur noch bei Sondernutzungsrecht notwendig

Entbehrlich ist die Zustimmung künftig bei

Keine Zustimmung erforderlich

- Verfügungsbeschränkungen (§ 12 WEG),
- Änderungen der Zweckbestimmung (§ 13 WEG),
- Gebrauchsbeschränkungen (§ 15 WEG),
- Kostentragungs- und Verteilungsregelungen (§ 16 WEG),
- Dienstbarkeiten,
- Vorkaufsrechten sowie
- Nießbrauchsrechten.

Der Gesetzgeber hat die in der Praxis so wichtigen Sondernutzungsrechte – wohl nicht zuletzt aus verfassungsrechtlichen Gründen – weitestgehend von den Neuregelungen ausgenommen.

Wird ein Sondereigentum mit einer Grundschuld belastet, bedarf die Eintragung eines Sondernutzungsrechts an diesem Wohnungseigentum auch der Zustimmung des betroffenen grundpfandrechtlichen Gläubigers oder desjenigen, zu dessen Gunsten eine Reallast eingetragen ist. Wird ein bestehendes Sondernutzungsrecht nachträglich zulasten des Berechtigten geändert, bedarf es auch dafür der Zustimmung der Grundpfandgläubiger. Hintergrund dieser Regelung ist, dass sich auch die Änderung von Sondernutzungsrechten auf den Wert der zugehörigen Wohnung auswirken kann.

Zustimmung bei Grundschuld oder Reallast

Nur ausnahmsweise ist nach § 5 Abs. 4 S. 3 WEG auch bei der Begründung von Sondernutzungsrechten die Zustimmung der Grundpfand- und Reallastgläubiger nicht erforderlich, wenn dem belasteten Wohnungseigentum bei der Begründung anderer Sondernutzungsrechte ein gleichwertiges Sondernutzungsrecht eingeräumt wird.

2.2.7 Kostentragungsregelung

Im Zusammenhang mit Sondernutzungsrechten sind häufig Kostentragungsregelung Anlass zu Auseinandersetzungen unter den Wohnungseigentümern. Viele Wohnungseigentümer verstehen nicht, dass sie Kosten für eine Instandhaltung oder Instandsetzung übernehmen zu müssen, die ausschließlich ein Bauteil betreffen, an dem ein Sondernutzungsrecht eines anderen Wohnungseigentümers besteht:

Beispiel: Boden des Kfz-Stellplatzes muss erneuert werden

Der Bodenbelag eines Kfz-Stellplatzes, an dem ein Sondernutzungsrecht ausgewiesen ist, muss instand gesetzt werden.

Liegt keine abweichende Vereinbarung für die Übernahme von Instandhaltungs- oder Instandsetzungsmaßnahmen oder die Kostentragung für solche Maßnahmen vor, gilt die gesetzliche Kostentragungsregelung des § 16 Abs. 2 WEG. Danach haben alle Wohnungseigentümer im Verhältnis ihrer im Grundbuch eingetragenen Miteigentumsanteile für die entsprechenden Kosten aufzukommen.

Diese auf den ersten Blick ungewöhnliche Regelung ist jedoch einleuchtend, wenn man sich vor Augen hält, dass es sich bei dem Bauteil um Gemeinschaftseigentum handelt, das lediglich der ausschließlichen Nutzung eines Wohnungseigentümers zugewiesen wurde. Unabhängig von dieser sachrechtlichen Sichtweise ist aber nachvollziehbar, dass eine solche Kostentragungsregelung von den übrigen Wohnungseigentümern als nicht gerecht empfunden wird.

Tipp: Vor Kauf Gemeinschaftsordnung prüfen

Um solche als ungerecht empfundenen Instandhaltungs- und Kostentragungsregelungen zu vermeiden, sollten Sie vor dem Erwerb einer Eigentumswohnung in der Gemeinschaftsordnung überprüfen, ob sich eine Kostentragungsregelung findet, die das Bestehen von Sondernutzungsrechten berücksichtigt. Nur dann sind Sie vor unliebsamen Überraschungen bei Sanierungsmaßnahmen an diesen Teilen des Gemeinschaftseigentums geschützt.

Als gerechter Verteilungsmaßstab ist eine solche Kostentragungsregelung anzusehen, die dem jeweiligen Sondernutzungsberechtigten die Kosten der Instandsetzung und Instandhaltung auferlegt, da nur er die Fläche oder den jeweiligen Gegenstand nutzen kann.

3 Rechte und Pflichten der Wohnungseigentümer

3.1 Rechte der Wohnungseigentümer

Das Gebrauchsrecht und die Nutzungsmöglichkeiten des Sondereigentümers sind in § 13 WEG geregelt. Die Befugnisse des Wohnungseigentümers sind mit denen eines Alleineigentümers gemäß § 903 BGB vergleichbar. Der Sondereigentümer kann sein Wohnungseigentum bewohnen, vermieten, verpachten oder in sonstiger Weise nutzen und andere von Einwirkungen ausschließen.

Siehe CD-ROM

Beschränkt werden die Rechte des Sondereigentümers durch die §§ 14 und 15 WEG, die dem Sondereigentümer Grenzen und zugleich Pflichten auferlegen.

3.1.1 Anspruch auf Nutzung des gemeinschaftlichen Eigentums

Wird das Gemeinschaftseigentum vermietet, z. B. eine Wandfläche für Werbezwecke, oder werden Einnahmen für einen Zigarettenautomaten auf dem Grundstück der Eigentümergemeinschaft erzielt, steht jedem der Wohnungseigentümer der Erlös in Höhe seines Miteigentumsanteils zu.

3.1.2 Rechte des Wohnungseigentümers auf ordnungsgemäße Verwaltung

Gemäß § 20 Abs. 1 WEG hat jeder Wohnungseigentümer das Recht, an Verwaltungsmaßnahmen und -entscheidungen mitzuwirken, soweit nicht die Zuständigkeit beim Verwalter oder beim Verwaltungsbeirat liegt.

Ordnungs-gemäße Verwaltung

Dabei hat der Wohnungseigentümer Anspruch darauf, dass die Verwaltungsentscheidungen Maßnahmen einer ordnungsgemäßen Verwaltung darstellen, weil der Gesetzgeber davon ausgeht, dass einzelne Wohnungseigentümer nur dann überstimmt werden können, wenn die (beschlossene) Maßnahme ordnungsgemäßer Verwaltung entspricht. Erfüllt eine Verwaltungsmaßnahme dieses Kriterium nicht, kann der einzelne Wohnungseigentümer den Beschluss binnen Monatsfrist vor dem Wohnungseigentumsgericht anfechten (§ 46 Abs. 1 Satz 2 WEG).

Beispiel: Auftragsvergabe bei Fassadensanierung

Eine größere Wohnungseigentümergemeinschaft plant eine umfangreiche Fassadensanierung. Die Kosten dafür belaufen sich laut Kostenvoranschlag des beauftragten Architekten auf ca. 250.000 €. Nach Erstellung des Leistungsverzeichnisses schlägt der Architekt eine Ausschreibung der zu vergebenden Arbeiten vor.

Die Verwaltung führt keine Ausschreibung durch, sondern benennt der Wohnungseigentümergemeinschaft eine ihr bekannte Handwerksfirma für die Durchführung der Arbeiten. Die Eigentümergemeinschaft beschließt die Auftragsvergabe an diese Firma, ohne zuvor weitere Kostenangebote von Mitbewerbern eingeholt zu haben.

Der Sanierungsbeschluss kann mit Erfolg angefochten werden, weil diese Vorgehensweise bei einer so umfangreichen Sanierungsmaßnahme nicht ordnungsgemäßer Verwaltung entspricht.

Die Rechtsprechung fordert bei größeren Sanierungsmaßnahmen, dass die Verwaltung mehrere Kostenangebote einholt und der Eigentümergemeinschaft zur Entscheidung vorlegt (BayObLG NZM 2002, 564 ff.).

Maßnahmen ordnungs-gemäßer Verwaltung

Weitere Maßnahmen ordnungsgemäßer Verwaltung sind im Gesetz ausdrücklich benannt: Nach § 21 Abs. 5 WEG handelt es sich dabei, um

- das Aufstellen einer Hausordnung (§ 21 Abs. 5 Nr. 1 WEG),
- die ordnungsgemäße Instandhaltung und Instandsetzung des gemeinschaftlichen Eigentums (§ 21 Abs. 5 Nr. 2 WEG),
- den Abschluss einer Feuer-, Haus- und Grundbesitzerhaftpflichtversicherung (§ 21 Abs. 5 Nr. 3 WEG),

- die Ansammlung einer Instandhaltungsrücklage (§ 21 Abs. 5 Nr. 4 WEG),
- das Aufstellung eines Wirtschaftsplans (§ 21 Abs. 5 Nr. 5 WEG),
- die Duldung von Anschlüssen (Telefon-, Rundfunk- oder Elektroanschlüsse) (§ 21 Abs. 5 Nr. 6 WEG).

3.1.3 Auskunftsrecht

Der Verwalter ist aufgrund seines Verwaltervertrags gemäß §§ 675, 666 BGB verpflichtet, jederzeit auf Verlangen der Wohnungseigentümergemeinschaft Auskunft über sein Verwaltungshandeln zu erteilen. Auskunftsansprüche, insbesondere gegen den Verwalter, stehen grundsätzlich der Wohnungseigentümergemeinschaft und nicht dem einzelnen Eigentümer zu.

Auskunftsanspruch der Eigentümergemeinschaft

In Ausnahmefällen erkennt die Rechtsprechung auch dem einzelnen Wohnungseigentümer einen Individualanspruch auf Auskunft zu, wenn er ein berechtigtes Interesse an der Aufklärung des Sachverhalts hat.

3.1.4 Einsichtsrecht

Einsichtsrechte des Wohnungseigentümers sind im WEG zum Teil gesetzlich geregelt.

- Gemäß § 24 Abs. 6 S. 3 WEG ist jeder Wohnungseigentümer berechtigt, in die Niederschriften Einsicht zu nehmen.

Niederschriften

- Nach der Einführung der Beschluss-Sammlung durch die WEG-Novelle hat gemäß dem neu geschaffenen § 24 Abs. 7 S. 8 WEG jeder Wohnungseigentümer oder ein Dritter, den der Wohnungseigentümer entsprechend ermächtigt hat, das Recht, Einsicht in die Beschluss-Sammlung zunehmen.

Beschluss-Sammlung

Das Einsichtsrecht ist ebenso wie der Auskunftsanspruch auf die Erlangung von Informationen gerichtet. Jedoch unterscheiden sich beide Ansprüche hinsichtlich der Mitwirkungspflicht des Verwalters. Der Verwalter muss beim Einsichtsrecht im Gegensatz zur Aus-

Verwalter muss keine Erklärungen abgeben

kunftserteilung keine Erklärungen abgeben, sondern lediglich Einsicht in die Verwaltungsunterlagen gewähren.

Einsicht in sämtliche Verwaltungsunterlagen

Der Einsicht unterliegen sämtliche Verwaltungsunterlagen, auch die (Einzel-)Abrechnungen sämtlicher Wohnungseigentümer, Buchungsunterlagen nebst den dazugehörigen Belegen, und zwar unabhängig von einem zeitlichen Zusammenhang – wie z. B. einem bestimmten Abrechnungszeitraum.

Das Einsichtsrecht besteht auch dann, wenn der Verwalter bezüglich der entsprechenden Verwaltungsvorgänge bereits von den Wohnungseigentümern entlastet wurde. Auch Datenschutzgründe können dem Einsichtsrecht nicht entgegengehalten werden.

Einsichtsrecht steht jedem Wohnungseigentümer zu

Das Einsichtsrecht kann individuell von jedem Wohnungseigentümer, auch von einem bereits ausgeschiedenen Wohnungseigentümer, unabhängig von der Wohnungseigentümergemeinschaft ausgeübt werden. Für die Geltendmachung des Anspruchs auf Einsicht ist auch nicht die Darlegung eines berechtigten Interesses erforderlich, da das Einsichtsrecht der individuellen Kontrolle des Verwalters durch die Wohnungseigentümer dienen soll.

Die Einsichtnahme selbst ist grundsätzlich am Sitz des Verwalters in dessen Geschäftsräumen gemäß § 269 BGB als Erfüllungsort und unter Berücksichtigung einer ausreichenden Ankündigungsfrist zu gewähren.

3.2 Pflichten der Wohnungseigentümer

Die umfassenden Gebrauchs- und Nutzungsrechte können bereits wegen der räumlichen Gegebenheiten einer Wohnungseigentumsanlage nicht jedem Wohnungseigentümer schrankenlos zur Verfügung gestellt werden. Einschränkungen und damit Pflichten können sich aus Vereinbarungen, die sich häufig in der Gemeinschaftsordnung finden, gefassten Beschlüssen oder aus der gesetzlichen Auffangregelung des § 14 WEG ergeben.

3.2.1 Instandhaltungspflicht des Sondereigentümers und Rücksichtnahmepflicht

Nach § 14 Nr. 1 WEG ist jeder Wohnungseigentümer verpflichtet, die im Sondereigentum stehenden Gebäudeteile instand zu halten.

Beispiel: Erneuerung des Dachterrassenbodenbelags

Ein Wohnungseigentümer hat den undichten Bodenbelag seiner Dachterrasse zu reparieren, um Feuchtigkeitsschäden in dem darunter liegenden Estrich bzw. der darunter liegenden Wohnung zu verhindern.

Auch ist der Wohnungseigentümer nach dieser Bestimmung verpflichtet, von dem gemeinschaftlichen Eigentum nur in der Weise Gebrauch zu machen, dass dadurch keinem anderen Wohnungseigentümer über das bei einem geordneten Zusammenleben unvermeidliche Maß hinaus ein Nachteil entsteht. Dabei ist der Nachteil, als jede nicht ganz unerhebliche Beeinträchtigung aus der Sicht eines objektiven Betrachters unter Berücksichtigung der Verkehrsanschauung (allgemeine Auffassung) zu verstehen (BayObLG WuM 2002, 160).

Anderen soll kein Nachteil entstehen

Nicht unerheblich ist der Nachteil nur, wenn über die zwangsläufig entstehenden Beeinträchtigungen bei einem geordneten Zusammenleben mehrerer Eigentümer hinaus Störungen auftreten.

Zu berücksichtigen ist dabei die jeweilige Besonderheit der Eigentümergemeinschaft hinsichtlich ihrer Größe, Lage und Zusammensetzung.

Beispiel: Kinderlärm

In einer Eigentumswohnanlage mit vielen Kindern können stärkere Geräuschemissionen akzeptabel sein. In einer anderen, ruhigen Eigentumswohnanlage würde ein solcher Geräuschpegel bereits einen nicht unerheblichen Nachteil bedeuten, wenn dort überwiegend ältere Leute ihren Wohnsitz haben.

Die Grenzen des zulässigen Gebrauchs sind jeweils im Einzelfall zu klären. Dazu einige Gerichtsentscheidungen als Beispiele:

- Bordell: nicht zulässig, OLG Frankfurt ZMR 2002, 616
- Haustiere: Einzelfallentscheidung, KG Berlin ZMR 1993, 440
- Kampfhunde: KG Berlin MDR 2003, 150, nicht zulässig
- Grillen: Einzelfallentscheidung, BayObLG NZM 1999, 575
- Hausmusik: Einzelfallentscheidung, BayObLG WE 1996, 439

3.2.2 Einwirkungspflicht auf Dritte

Die Verpflichtung, sein Sondereigentum schonend zu gebrauchen, obliegt nicht nur dem Wohnungseigentümer selbst, sondern auch den Personen, die ihm zuzurechnen sind. Es handelt sich dabei um Personen, die zu seinem Hausstand oder Geschäftsbetrieb gehören, oder denen er die Nutzung des Sondereigentums oder des gemeinschaftlichen Eigentums überlässt.

Vor allem bei Vermietung entscheidend

Diese Verpflichtung spielt vor allen Dingen bei der Vermietung von Sondereigentum eine große Rolle. Der Vermieter von Sondereigentum hat daher auf seinen Mieter so einzuwirken, dass dieser das ihm überlassene Sonder- und mitzubenutzende gemeinschaftliche Eigentum in zulässiger Weise gebraucht. Bei der Gestaltung des Mietvertrags sollte daher besonderes Augenmerk darauf gerichtet werden, dass das Maß der mietvertraglich zugesicherten Nutzung sich mit den WEG-rechtlichen Gebrauchs- und Nutzungsregelungen im Einklang befindet.

3.2.3 Duldungspflicht

Siehe CD-ROM

§ 14 Nr. 3 WEG sieht vor, dass jeder Wohnungseigentümer Einwirkungen auf die in seinem Sondereigentum stehenden Gebäudeteile zu dulden hat, soweit sie auf einem nach § 14 Nr. 1 und 2 zulässigen Gebrauch beruhen. Diese Verpflichtung bringt nochmals zum Ausdruck, dass ein Zusammenleben einer Vielzahl von Eigentümern auf engem Raum nur mit der Einschränkungen der Gebrauchsrechte des Einzelnen funktionieren kann.

3.2.4 Inanspruchnahme des Sondereigentums

Eine praktisch bedeutsame Regelung ist in § 14 Nr. 4 WEG angesprochen. Nach dieser Vorschrift muss der Sondereigentümer das Betreten und die Nutzung der in seinem Sondereigentum stehenden Bauteile gestatten, soweit dies zur Instandhaltung und Instandsetzung des gemeinschaftlichen Eigentums erforderlich ist.

Instandhaltung/ -setzung muss zugelassen werden

Diese Vorschrift ist in Zusammenhang mit der ordnungsgemäßen Instandsetzung und Instandhaltung des gemeinschaftlichen Eigentums, welches jeder Wohnungseigentümer nach § 21 Abs. 4 und 5 Nr. 2 WEG beanspruchen kann, zu lesen.

Beispiel: Sanierung des Kamins

Der Wohnungseigentümer muss den Zutritt zu seiner Wohnung gewähren, wenn der durch die Wohnung führende Heizungskamin der zentralen Heizungsanlage saniert werden muss.

Das Sondereigentum kann jedoch nur dann in Anspruch genommen werden, wenn dies zur Durchführung der Maßnahme zwingend notwendig ist. Andernfalls kann der Sondereigentümer die Duldung verweigern

Wird im Zuge der Instandhaltung oder Instandsetzung des gemeinschaftlichen Eigentums das Sondereigentum beschädigt, kann der betroffene Wohnungseigentümer den Ersatz des ihm entstandenen Schadens verlangen (§ 14 Nr. 4 WEG).

Schadensersatz

Beispiel: Reparatur einer undichten Dachterrasse

Um eine undichte Dachterrasse zu reparieren, muss auch in der darunter liegenden Wohnung des Wohnungseigentümers A die Wohnungsdecke geöffnet werden. Für den entstehenden Schaden in der Wohnung von A haben alle Wohnungseigentümer gemäß der geltenden Kostenverteilungsregelung einzustehen.

3.3   Bauliche Veränderungen

Bauliche Maßnahmen sind in vielen Wohnungseigentümergemeinschaften ausgesprochene Dauerbrenner. Die in diesem Zusammenhang auftretenden Probleme werden in der Gemeinschaft der Wohnungseigentümer oft äußerst konträr diskutiert und ausgetragen. Häufig gibt es verschiedene Lager von Wohnungseigentümern. Die einen sind der Auffassung, sie könnten quasi wie ein Alleineigentümer in ihrer Wohnung alles ändern, ohne dabei Rücksicht auf die Wohnungseigentümergemeinschaft nehmen zu müssen. In einem anderen Fall befürworten alle Wohnungseigentümer eine objektiv sinnvolle bauliche Maßnahme – und nur ein einziger Miteigentümer ist damit nicht einverstanden und blockiert die Durchführung.

Egal, zu welcher Fraktion man gehört, lohnt es sich, vorab zu prüfen, ob die geplante bauliche Maßnahme auch eine bauliche Veränderung im Sinne der gesetzlichen Bestimmungen darstellt.

3.3.1   Wann liegt eine bauliche Veränderung vor?

Keine Definition im WEG

Die bauliche Veränderung ist zwar in § 22 Abs. 1 WEG ausdrücklich angesprochen, dennoch hat der Gesetzgeber auf eine Definition verzichtet. Die Rechtsprechung hat daher Kriterien erarbeitet, um festzustellen, ob eine bauliche Maßnahme auch als eine bauliche Veränderung im Sinne von § 22 Abs. 1 WEG zu bewerten ist.

Kriterien für bauliche Veränderung

Eine bauliche Veränderung liegt vor, wenn folgende Voraussetzungen gegeben sind:

* eine auf Dauer angelegte Maßnahme,
* die nach Entstehung des Wohnungseigentums erfolgte,
* die zu einer Umgestaltung des gemeinschaftlichen Eigentums führt,
* die über eine ordnungsgemäße Instandhaltung oder Instandsetzung des gemeinschaftlichen Eigentums im Sinne von § 21 Abs. 3 WEG hinausgeht.

Fehlt eine dieser Voraussetzungen, liegt keine bauliche Veränderung im Sinne von § 22 Abs. 1 WEG vor.

Die Maßnahme muss auf Dauer angelegt sein, was jedoch nicht bedeutet, dass zwingend eine feste Verbindung mit dem Grundstück oder einem Bauteil vorhanden sein muss. Erforderlich ist allein, dass der Gegenstand dauerhaft in seiner Position, z. B. auf Balkon oder Terrasse, verbleiben soll. Die Rechtsprechung beurteilt bereits das Aufstellen von (mobilen) Parabolantennen als bauliche Veränderung (OLG Celle, OLGR 2006, 698). *Auf Dauer angelegt*

Eine bauliche Veränderung im Sinne von § 22 Abs. 1 WEG kann erst nach Entstehen der Wohnungseigentümergemeinschaft vorgenommen werden, weil § 22 Abs. 1 WEG das Vorhandensein einer Wohnungseigentümergemeinschaft voraussetzt. Werden bauliche Maßnahmen bereits vor diesem Zeitpunkt, z. B. noch vom teilenden Eigentümer in Abweichung von der Teilungserklärung durchgeführt, können die Wohnungseigentümer die erstmalige Herstellung eines ordnungsgemäßen Zustandes verlangen oder, nachdem keine bauliche Veränderung im Sinne des Gesetzes vorliegt, mit Mehrheit über diesen geänderten Status quo entscheiden. *Zeitpunkt*

Veränderungen oder Umbauten im Sondereigentum, z. B. die Entfernung von Innentüren, der Durchbruch einer nicht tragenden Innenwand, die Entfernung oder Änderung des Bodenbelags (ohne Estrich), stellen keine bauliche Veränderung dar.

Die bauliche Maßnahme muss schließlich die ordnungsgemäße Instandhaltung oder Instandsetzung des gemeinschaftlichen Eigentums gemäß § 21 Abs. 3 WEG überschreiten. Ist eine wesentliche Baumaßnahme geplant, die zur Umgestaltung des gemeinschaftlichen Eigentums führt, liegt dennoch keine bauliche Veränderung im Sinne von § 22 Abs. 1 WEG vor, wenn sich die Maßnahme im Rahmen einer ordnungsgemäßen Instandhaltung und Instandsetzung des Gemeinschaftseigentums bewegt. *Keine Instandhaltung und Instandsetzung mehr*

Für die Abgrenzung der baulichen Veränderung von Maßnahmen der Instandsetzung und Instandhaltung ist als Richtschnur darauf abzustellen, ob der ursprüngliche Zustand erhalten oder wiederher- *Abgrenzungsfragen* gestellt oder ob darüber hinausgehend ein neuer und geänderter Zustand geschaffen werden soll. Die mitunter schwierigen Abgrenzungsfragen (z. B. auch bei der sog. modernisierenden Instandsetzung) müssen jeweils im Einzelfall geprüft und entschieden werden.

Beispiele: Liegt eine bauliche Veränderung vor?

- Anbringung einer Parabolantenne am gemeinschaftlichen Eigentum: ja, BGH NJW 2004, 250.
- Einbau eines Dachflächenfensters: ja, weil der damit verbundene Eingriff in die Dachhaut die Wartungs- und Reparaturanfälligkeit des Daches erhöht, OLG Düsseldorf, NZM 2001, 136.
- Dachgarten: ja, MDR 2007, 419.
- Mauer- bzw. Deckendurchbrüche: ja, zur Schaffung der Verbindung zwischen zwei Wohneinheiten; stellt keine bauliche Veränderung dar, wenn nur eine nicht tragende, im Sondereigentum stehende Wand betroffen ist, BGHZ 146, 241. Eine bauliche Veränderung liegt jedoch vor, wenn durch den Mauer-/Deckendurchbruch Nachteile für die Statik des Gebäudes bzw. die Brandsicherheit drohen oder wenn damit eine intensivere Nutzung der Einheiten einhergeht.
- Absperrbügel auf Parkplätzen: ja, OLG Frankfurt NJW-RR 1993, 86.
- Außenkamin: ja.
- Balkonverglasung: ja, BayObLG WuM 2000, 687.
- Beseitigen von Bäumen: ja, wenn sie den Gesamteindruck der Wohnanlage prägen, OLG München ZMR 2006, 69. Im Übrigen kann das Fällen eines Baumes auch eine Maßnahme der Instandsetzung und damit der ordnungsgemäßen Verwaltung sein, wenn der Baum eine Gefährdung für das gemeinschaftliche Eigentum darstellt, vgl. BayObLG NJW-RR 1996, 1166, krank oder umsturzgefährdet ist.
- Carport: ja, OLG Düsseldorf, ZMR 2003, 955.
- Fahrstuhl: ja.
- Gewächs-/Gartenhäuser: ja, BayObLG ZMR 2002, 137. Ausnahmsweise ist eine bauliche Veränderung zu verneinen, wenn das Gartenhaus sich in den optischen Gesamteindruck der Wohnanlage einfügt oder nicht erkennbar ist, BayObLG ZMR 1999, 118 ff.
- Katzennetz oder Katzentreppen: ja, wenn optisch auffällig, OLG Zweibrücken NZM 1998, 376, sonst nein.
- Markise: ja.

- Pergola: ja, BayObLG ZMR 2001, 3262, OLG München, ZMR 2006, 800.
- Sichtschutzzaun/-matte: ja.
- Verlegung einer Mülltonnenanlage: ja.
- Terrassenanlage: ja.
- Wintergarten: ja.
- Anbringen von Schutzgittern: stellt wegen der Veränderung des optischen Gesamteindrucks eine bauliche Veränderung dar, OLG Zweibrücken ZMR 2000, 704, KG Berlin ZMR 2001, 59.
- Videokamera: ja, auch als Attrappe an der Außenfassade, ist aufgrund der optischen Auswirkung eine nachteilige bauliche Veränderung, OLG München NZM 2005, 668, anders hingegen bei einem kaum sichtbaren Videoauge, KG Berlin NZM 2002, 702.

3.3.2 Mögliche Rechtsfolgen einer festgestellten baulichen Veränderung

Die Feststellung, ob eine bauliche Maßnahme eine bauliche Veränderung darstellt oder nicht, kann für alle Beteiligten weitreichende Folgen haben.

3.3.2.1 Nachteil

3.3.2.1.1 Objektiver Bewertungsmaßstab

Steht fest, dass die beanstandete Maßnahme als bauliche Änderung im Sinne von § 22 Abs. 1 WEG zu werten ist, hängen die daraus resultierenden Konsequenzen für die Umbauwilligen und Umbaugegner davon ab, ob die gewünschte Umgestaltung des gemeinschaftlichen Eigentums zu einer Beeinträchtigung der Wohnungseigentümer führen.

Beeinträchtigung der Wohnungseigentümer?

Vorab ist jedoch zu prüfen, ob die Teilungserklärung für diese Fälle keine besondere Regelung vorsieht. Ist dies nicht der Fall, so bedarf auch nach der Novellierung des WEG die Durchführung der Maßnahme dennoch grundsätzlich der Zustimmung der jeweils betroffenen Miteigentümer.

Teilungserklärung prüfen

Definition:
Nachteil

Der Begriff des Nachteils ist nach der Rechtsprechung weit auszulegen und stellt sich im Hinblick auf den Verweis in § 14 WEG als jeder nicht unvermeidbare Nachteil eines geordneten Zusammenlebens dar. Die Eingriffsschwelle ist sehr niedrig anzusetzen, sodass jegliche nicht ganz unerhebliche Beeinträchtigung für einen Nachteil ausreichend ist. Nur belanglose Nachteile stellen keine Beeinträchtigung im Sinne von § 22 Abs. 1 WEG dar.

Objektive
Kriterien

Ob ein Nachteil vorliegt, ist anhand objektiver Kriterien zu messen, also danach, ob ein neutraler Dritter die Veränderung nach der allgemeinen Verkehrsanschauung als Beeinträchtigung empfinden kann. Subjektive Empfindlichkeiten einzelner Eigentümer sind nicht von Belang.

Öffentlich-
rechtliche
Normen

Zur Beurteilung einer Beeinträchtigung kann auf öffentlich-rechtliche Normen, wie z. B. die Landesbauordnungen, das BImSchG, DIN oder VDI-Normen, zurückgegriffen werden. Ein Verstoß gegen diese Bestimmungen liefert ein Indiz für einen Nachteil. Dennoch ist es erforderlich, im Einzelfall den objektiven Nachteil festzustellen (OLG München, ZMR 2006, 643).

3.3.2.1.2 Änderungen des optischen Gesamteindrucks

Konkrete
Umstände
berücksichtigen

In der Praxis wird sehr häufig eine Baumaßnahme als bauliche Veränderung gewertet, wenn damit der optische Gesamteindruck der Wohnungsanlage beeinträchtigt wird. Dabei sind nach der Rechtsprechung immer die konkreten Umstände des Einzelfalls zu berücksichtigen. Entscheidend ist für einen Nachteil, ob sich ein durchschnittlicher Wohnungseigentümer nachvollziehbar beeinträchtigt fühlen kann.

Auch hier tritt in der Praxis immer wieder die Schwierigkeit auf, dass es Eigentümer gibt, nach deren Geschmacksvorstellungen der optische Eindruck des Gebäudes oder der Wohnanlage durch bauliche Maßnahmen verbessert wird. Andere Eigentümer schließen sich dieser Meinung nicht an. Nach deren Auffassung liegt dann eine bauliche Veränderung vor, die den Gesamteindruck beeinträchtigt.

Zu berücksichtigen ist dabei, dass die Entscheidung, ob sich durch eine bauliche Maßnahme der optische Gesamteindruck verändert, grundsätzlich beim angerufenen Richter liegt.

> **Tipp: Einvernehmliche Lösung anstreben**
>
> Angesichts der vielgestaltigen baulichen Maßnahmen und der im Einzelfall nur sehr schwer zu prognostizierenden Entscheidungen des Tatrichters, sollte der umbauwillige Wohnungseigentümer immer damit rechnen, dass die von ihm geplante Änderung als bauliche Veränderung im Sinne von § 22 Abs. 1 WEG bewertet wird und er deshalb durch das WEG-Gericht zum Rückbau verurteilt wird.
>
> Angesichts des hohen Prozessrisikos und der zusätzlich entstehenden Rückbaukosten sollte im Vorfeld intensiv geprüft werden, ob nicht eine einvernehmliche Lösung mit den übrigen Wohnungseigentümern erreicht werden kann, um das Risiko eines nur sehr schwer einzuschätzenden Prozessverlaufs zu minimieren.

3.3.2.1.3 Möglichkeit einer intensiveren bzw. zweckwidrigen Nutzung

Führt eine bauliche Maßnahme dazu, dass ein Bauteil intensiver genutzt werden kann als vorher, liegt bereits in dieser Möglichkeit der Nachteil im Sinne von § 14 Nr. 1 WEG. Häufig liegt eine solche Nutzungsverstärkung vor, wenn z. B. bisher nicht zu Wohnzwecken genutzte Räume wie z. B. Speicherabteile, Hobby- oder Kellerräume nach dem Umbau zu Wohnzwecken oder gewerblichen Zwecken genutzt werden.

 Siehe CD-ROM

3.3.2.1.4 Entzug von Gebrauchsmöglichkeiten

Ein Nachteil im Sinne von § 14 Nr. 1 WEG liegt auch dann vor, wenn einem Wohnungseigentümer gemäß § 13 Abs. 2 WEG das ihm zustehende Recht zum Mitgebrauch des gemeinschaftlichen Eigentums entzogen wird. In der Praxis sind hier Fallgestaltungen anzutreffen, in denen z. B. gemeinschaftliche Gartenflächen eingezäunt oder eingefriedet werden, um damit „heimlich" ein bestehendes Sondernutzungsrecht zu erweitern. Durch diese Maßnahmen sind die übrigen Wohnungseigentümer von der Mitbenutzung der abgegrenzten Fläche ausgeschlossen oder ihnen ist zumindest der Zugang erschwert.

Beispiel: Schrank im Treppenhaus

Stellt ein Wohnungseigentümer im Treppenhaus einen Schrank oder eine Garderobe auf, sind die übrigen Wohnungseigentümer von der Nutzung dieser Flächen ausgeschlossen. Ein Nachteil im Sinne von § 14 Nr. 1 WEG liegt vor.

3.3.2.1.5 Immissionen/Entzug von Luft und Licht

Als Nachteil im Zusammenhang mit einer baulichen Veränderung können auch Immissionen zum Tragen kommen, wie z. B. Geruchs- und Lärmbelästigungen, oder auch der Entzug von Luft und Licht. In der Praxis treten diese Fälle z. B. bei der Errichtung einer Mobilfunksendeanlage, bei Betriebsgeräuschen von Fahrstühlen oder Klimaanlagen oder bei Geruchsbelästigungen durch einen Außenkamin auf.

DIN-Normen als Richtschnur

Häufig sind auch die Entfernung oder die Beschädigung des Estrichs und die Bildung von Schallbrücken bei der Neuverlegung eines Bodenbelags Ursachen für eine Lärmbelästigung. Dabei ist streitig, welche Bestimmungen zum Schutz vor Immissionen nach erfolgter baulicher Änderung gelten sollen. Hier wird die Auffassung vertreten, dass die zum Zeitpunkt der Durchführung der baulichen Änderung geltenden DIN-Normen heranzuziehen sind (BayObLG ZMR 2003, 312). Nach anderer Auffassung ist auf die jeweils geltende Vorschrift bzw. das besondere Gepräge im Einzelfall abzustellen, OLG München NZM 2008, 165.

3.3.2.1.6 Schäden am Gemeinschaftseigentum

Eine bauliche Maßnahme stellt auch dann eine Beeinträchtigung dar, wenn es dadurch zu Schäden am Gemeinschaftseigentum kommen kann. Regelmäßig wird dies bei Mauerdurchbrüchen, die in die Substanz und Statik des Gebäudes eingreifen, der Fall sein. Auch fallen darunter Einschnitte in die Dachhaut.

Nach der Rechtsprechung ist dabei bereits eine konkrete Gefähr- Gefährdung
dung des Gemeinschaftseigentums ausreichend, selbst wenn der bereits
Schaden nicht zwingend eintreten muss. Hierher gehören auch die ausreichend
Fälle, in denen mit einer gewissen Wahrscheinlichkeit aufgrund der
baulichen Veränderung die Wartungs- oder Reparaturanfälligkeit
steigt. Regelmäßig ist jedoch zur Prüfung der Frage, ob eine Erhöhung der Schadensanfälligkeit vorliegt, ein Sachverständiger hinzuzuziehen, vgl. BayObLG NZM 1999, 1146.

3.3.2.1.7 Gefährdung anderer Wohnungseigentümer

Eine nicht mehr akzeptable Beeinträchtigung und damit eine bauliche Veränderung liegt auch dann vor, wenn dadurch andere Wohnungseigentümer gefährdet werden. Häufig ist dies der Fall, wenn
die Baumaßnahme gegen nachbarschützende, öffentlich-rechtliche
Vorschriften, z. B. Brand- oder Schallschutzvorschriften, verstößt.

Die Rechtsprechung geht sogar so weit, dass bereits die Ungewissheit Ungewissheit
darüber, ob die durchgeführte Änderung zu einer gesundheitlichen über Gesund-
Gefährdung der betroffenen Mitbewohner führt, eine tatsächliche heitsgefährdung
Beeinträchtigung im Sinne des § 14 Nr. 1 WEG darstellt. Zum Bei- ausreichend
spiel wenn noch keine verlässlichen Aussagen über eine bestimmte
Technik der Wasseraufbereitung oder der Rohrsanierung vorliegen,
vgl. AG Dresden, ZMR 2006, 79 ff., oder die gesundheitlichen Auswirkungen des Mobilfunks noch nicht geklärt sind, vgl. OLG
Hamm, NJW 2002, 1730, OLG München 2007, 711.

3.3.2.2 Änderungsmöglichkeiten von § 22 Abs. 1 WEG durch Vereinbarung

Ist eine geplante bauliche Maßnahme als bauliche Veränderung im
Sinne von § 22 Abs.1 WEG zu beurteilen und ist mit einer Beeinträchtigung anderer Wohnungseigentümer zu rechen, sodass die
geplante bauliche Maßnahme deswegen gefährdet sein könnte, lohnt
es sich, die Teilungserklärung bzw. Gemeinschaftsordnung zu überprüfen: Hier könnte eine abweichende Regelung zu § 22 Abs. 1
WEG vereinbart worden sein. In der Rechtsprechung ist anerkannt,
dass die Vorschriften zur baulichen Veränderung durch eine Ver-

Siehe CD-ROM

einbarung geändert werden können, vgl. BayObLG ZMR 2005, 213, OLG München ZMR 2005, 726.

Häufig bei Doppel- oder Reihenhäusern

Häufig ist eine vom Gesetz abweichende Regelung z. B. bei Doppelhäusern oder Reihenhaussiedlungen sinnvoll, da die Eigentümer wenig Kontakt mit ihren übrigen Nachbarn haben und sich zumindest wirtschaftlich als Alleineigentümer fühlen wollen. Bei diesen Wohnungseigentümergemeinschaften ist häufig die Regelung anzutreffen, dass eine bestimmte Mehrheit (z. B. drei Viertel aller Wohnungseigentümer) für die Umsetzung einer baulichen Veränderung ausreicht.

Umgekehrt besteht jedoch auch die Möglichkeit, die Voraussetzungen für die Zulässigkeit einer baulichen Veränderung über die in § 22 Abs. 1 WEG bestehenden Anforderungen hinaus noch zu verschärfen.

3.3.2.3 Ansprüche gegen unzulässige bauliche Veränderungen

Anspruch auf Unterlassung oder Beseitigung

Stellt sich heraus, dass von einem Wohnungseigentümer eine bauliche Änderung vorgenommen wurde und diese weder unter Berücksichtigung etwaiger Bestimmungen der Teilungserklärung zulässig ist, noch der Maßnahme ausdrücklich oder stillschweigend zugestimmt wurde und auch kein positiver Mehrheitsbeschluss darüber gefasst wurde (also endgültig feststeht, dass sie nicht zulässige war), können die übrigen Miteigentümer Ansprüche auf Unterlassung oder Beseitigung gegen den Verursacher geltend machen.

Anspruch vor Fertigstellung geltend machen

Am effektivsten ist der Rechtsschutz, wenn der Umbaugegner bereits seine Ansprüche geltend macht, bevor die bauliche Veränderung bereits vollständig umgesetzt worden ist. Der oder die betroffene(n) Miteigentümer können ihren Unterlassungsanspruch auf § 1004 Abs. 1 Satz 2 BGB i. V. m. § 15 III, 14 Nr. 1 WEG stützen. Parallel zu einem auf dem Klageweg geltend gemachten Hauptsacheanspruch kann es zur Vermeidung der Schaffung vollendeter Tatsachen sinnvoll sein, durch eine einstweilige Verfügung gemäß §§ 935 ff. ZPO einen vorläufigen Baustopp zu erreichen.

Hat der umbauende Wohnungseigentümer die übrigen Wohnungseigentümer mit der Durchführung der baulichen Veränderung bereits vor vollendete Tatsachen gestellt, so bleibt diesen nur die Möglichkeit, gemäß § 1004 Abs. 1 Satz 1 BGB, § 15 III, § 14 Nr. 1 WEG
die Beseitigung der vorgenommenen baulichen Veränderung zu
verlangen.

Tipp: Eigentümer müssen Ansprüche selbst geltend machen

Die Geltendmachung der o. g. Ansprüche auf Beseitigung und Unterlassung ist ausschließlich Angelegenheit der übrigen Miteigentümer. Für
die Geltendmachung dieser Ansprüche ist nicht der Verwalter zuständig,
da es sich um Individualansprüche der Wohnungseigentümer handelt,
die nichts mit der gemeinschaftlichen Verwaltung zu tun haben (OLG
München, ZMR 2005, 734). Auch die Teilrechtsfähigkeit der Wohnungseigentümergemeinschaft hat darauf keine Auswirkungen.

Entschließen sich die Wohnungseigentümer im Wege der Beschlussfassung, den Verwalter zu ermächtigen, im Namen der Gemeinschaft gegen den umbauenden Wohnungseigentümer vorzugehen, entspricht der
Beschluss nicht ordnungsgemäßer Verwaltung, weil hierdurch die Kosten der Durchsetzung von Individualansprüchen auf die Wohnungseigentümergemeinschaft abgewälzt werden, die für diese Ansprüche jedoch nicht zuständig ist.

3.3.2.4 Wann verjähren Ansprüche auf Beseitigung baulicher Veränderungen?

Sieht man sich als umbauender Wohnungseigentümer mit einem
Anspruch auf Beseitigung der baulichen Veränderung konfrontiert,
so sollte immer geprüft werden, ob ggf. gegen diesen Anspruch die
Einrede der Verjährung erhoben werden kann.

Seit Inkrafttreten der Schuldrechtsreform im Jahre 2002 auf entsprechende Beseitigungs- bzw. Unterlassungsansprüche die dreijährige
Verjährungsfrist nach § 195 BGB anzuwenden. Danach verjähren
Beseitigungs- und Unterlassungsansprüche unabhängig von der
Kenntnis des Anspruchstellers nach § 199 Abs. 4 BGB spätestens
zehn Jahre nach Kenntnis, sonst nach drei Jahren. Die Verjährungsfrist beginnt allerdings erst zum Schluss des jeweiligen Jahres zu
laufen, in dem der Anspruch entstanden ist oder der Gläubiger von

der baulichen Veränderung Kenntnis erlangt hatte oder ohne grobe Fahrlässigkeit hätte erlangen müssen.

3.3.3 Verhaltenstipps bei baulichen Veränderungen

3.3.3.1 Beseitigungsklage

Siehe CD-ROM

Liegt eine bauliche Veränderung vor, kann jeder Wohnungseigentümer gemäß § 15 Abs. 3, § 14 Nr. 1 WEG i. V. m. § 1004 Abs. 1 BGB die Beseitigung verlangen, falls der Maßnahme nicht zugestimmt wurde.

3.3.3.2 Feststellungsantrag

Feststellungs-antrag bringt Sicherheit

Zeigt sich bereits im Vorfeld der Planung, dass unterschiedliche Auffassungen in der Eigentümergemeinschaft darüber bestehen, ob eine geplante bauliche Maßnahme als bauliche Veränderung im Sinne von § 22 Abs. 1 WEG zu beurteilen ist, mit der Folge, dass mit Widerstand zu rechnen ist, sollte in Betracht gezogen werden, ob nicht bereits im Planungsstadium eine gerichtliche Klärung herbeigeführt wird. Bei größeren und kostenträchtigen baulichen Maßnahmen – wie z. B. der Errichtung eines Wintergartens auf einer Dachterrasse – bringt ein Feststellungsantrag vor dem Wohnungseigentumsgericht nach § 43 Abs. 1 Nr. 1 WEG dem umbauwilligen Wohnungseigentümer Planungs- und Investitionssicherheit.

3.3.3.3 Einstweilige Verfügung

Einstellung der Bauarbeiten

Um nicht genehmigte bauliche Veränderungen in der Praxis zu verhindern, ist häufig zügiges Handeln gefragt. Das geeignete Mittel, um zu verhindern, dass vollendete Tatsachen geschaffen werden, ist die einstweilige Verfügung vor dem Wohnungseigentumsgericht gemäß §§ 935 ZPO. Mit diesem Antrag kann z. B. die vorläufige Einstellung der eigenmächtig durchgeführten Bauarbeiten erreicht werden. In einem späteren Hauptsacheverfahren muss dann endgültig die Frage geklärt werden, ob die beanstandeten Baumaßnahmen zustimmungspflichtig gewesen sind.

Zulässig sind solche Anträge nur dann, wenn zu befürchten ist, dass die Baumaßnahmen in Kürze umgesetzt werden oder bereits begonnen, aber noch nicht abgeschlossen sind. Sind die Baumaßnahmen bereits abgeschlossen, ist ein Antrag auf Erlass einer einstweiligen Verfügung nicht mehr zulässig.

Voraussetzungen für Antrag

3.4 Beschlusskompetenz für Maßnahmen am Gemeinschaftseigentum

Durch die Neufassung des § 22 WEG wird künftig die Beschlusskompetenz der Wohnungseigentümer für Maßnahmen am Gemeinschaftseigentum erheblich erweitert. Zunächst sind folgende Maßnahmen am Gemeinschaftseigentum zu unterscheiden:

3.4.1 Bauliche Veränderungen durch Mehrheitsbeschluss

Durch die Neuregelung des § 22 Abs. 1 WEG können nach der Reform des Wohnungseigentumsgesetzes auch bauliche Veränderungen (vgl. Kapitel 3.3), die über die ordnungsgemäße Instandhaltung des gemeinschaftlichen Eigentums hinausgehen, mehrheitlich beschlossen und verlangt werden. Nach wie vor müssen jedoch diejenigen Eigentümer zustimmen, deren Rechte über das in § 14 WEG bestimmte Maß hinaus beeinträchtigt werden (zum Nachteil im Sinne des § 14 WEG vgl. Kapitel 3.3.2.1.1). Liegt keine Beeinträchtigung vor, so ist deren Zustimmung entbehrlich. Die bauliche Veränderung kann in diesem Fall mehrheitlich beschlossen werden. Auch ein Einzeleigentümer hat nun einen Individualanspruch auf Durchführung baulicher Veränderungen.

WEG-Reform

Über bauliche Veränderungen kann grundsätzlich ein Mehrheitsbeschluss gefasst werden. Im Rahmen dieses Mehrheitsbeschlusses muss zusätzlich aber immer die Zustimmung aller benachteiligten Eigentümer im Sinne des § 14 WEG vorliegen.

Zustimmung der benachteiligten Eigentümer

Beispiel: Bau eines Wintergartens

Ein Wohnungseigentümer möchte einen Wintergarten errichten. Die Wohnungseigentümer stimmen dem mehrheitlich durch Beschluss zu. Ein anderer Wohnungseigentümer ist mit der Errichtung des Wintergartens nicht einverstanden. Er wendet ein, dass aufgrund der Maßnahme eine optische Beeinträchtigung vorliege.

Beschluss über bauliche Veränderung

In diesem Fall kann die bauliche Veränderung nicht mehrheitlich beschlossen werden, da nicht jeder Wohnungseigentümer, dessen Rechte durch die Maßnahme beeinträchtigt sind, zugestimmt hat. Wird dennoch ein Mehrheitsbeschluss über eine solche bauliche Veränderung gefasst, so kann der betroffene Wohnungseigentümer Anfechtungsklage gemäß § 46 WEG erheben, weil sonst der Genehmigungsbeschluss bestandskräftig wird.

Wie bisher sind Rechtsnachfolger – zum Beispiel Käufer – an derartige Eigentümerbeschlüsse gebunden, auch ohne dass die Beschlüsse im Grundbuch eingetragen sind.

Individualanspruch auf bauliche Veränderung

Eine grundlegende Neuerung liegt schließlich darin, dass nun auch Einzeleigentümer einen durchsetzbaren Individualanspruch auf Durchführung von baulichen Veränderungen haben. Voraussetzung ist aber auch hier, dass keiner der übrigen Wohnungseigentümer über das in § 14 Nr. 1 WEG bestimmte Maß hinaus beeinträchtigt wird.

Der Verwalter ist aufgrund des jetzt in das Gesetz aufgenommenen Individualanspruches verpflichtet, einen entsprechenden Beschlussantrag auf die Tagesordnung der Eigentümerversammlung zu nehmen.

3.4.2 Instandhaltungsmaßnahmen

Definition

Unter Instandhaltungsmaßnahmen versteht man alle Maßnahmen, die der Aufrechterhaltung des ursprünglichen Zustandes und der Beseitigung von Abnutzungserscheinungen dienen.

Beispiele

Pflegemaßnahmen, Wartungen, Vorsorgemaßnahmen zur Verhinderung von Schäden, Schönheitsreparaturen, kleinere Reparaturen sowie Inspektionen.

3.4.3 Instandsetzungsmaßnahmen

Bei Instandsetzungsmaßnahmen handelt es sich um die Beseitigung von Schäden und Mängeln am Gemeinschaftseigentum.   Definition

Beispiele

Altersbedingte Reparaturen, Sanierungen, Beseitigung von Brandschäden oder von Schäden infolge von Vandalismus am Gemeinschaftseigentum.

3.4.4 Modernisierende Instandsetzungen

Modernisierende Instandsetzungen sind Maßnahmen, die über reine Reparaturen hinausgehen und zusätzlich eine Anpassung an einen technisch oder wirtschaftlich besseren Standard vorsehen.   Definition

3.4.5 Modernisierungen

Unter Modernisierungen sind alle Maßnahmen im Sinne des § 559 BGB zu verstehen, die den Gebrauchswert nachhaltig erhöhen, die allgemeinen Wohnverhältnisse auf Dauer verbessern oder zu nachhaltigen Einsparungen von Energie oder Wasser führen.   Definition

3.4.6 Beschlüsse zu Instandhaltungs- und Instandsetzungsmaßnahmen

Beschlüsse zu Instandhaltungs- und Instandsetzungsmaßnahmen konnten als Maßnahmen ordnungsgemäßer Verwaltung durch einfachen Mehrheitsbeschluss geregelt werden.

3.4.7 Beschlüsse zu modernisierenden Instandsetzungen

Mehrheits-
beschluss bei
Instand-
setzungsbedarf

Auch konnten sogenannte modernisierende Instandsetzungen mehrheitlich beschlossen werden. Voraussetzung ist ein konkreter Instandsetzungsbedarf. Liegt dieser vor, so kann die Eigentümergemeinschaft mehrheitlich eine Anpassung der vorhandenen defekten Anlagen und Einrichtungen an einen technisch oder wirtschaftlich besseren Standard beschließen. Die ordnungsgemäße Instandhaltung und Instandsetzung ist nicht auf eine bloße Wiederherstellung des früheren Zustandes beschränkt. Eine ordnungsgemäße Instandsetzung schließt vielmehr auch eine sinnvolle Modernisierung mit ein, die die Vorteile neuer technischer Entwicklungen und verbesserter Standards unter Berücksichtigung einer vernünftigen Kosten-Nutzen-Analyse mit beinhaltet. Der Eigentümergemeinschaft steht dabei ein weiter Ermessensspielraum zu.

Beispiele für modernisierende Instandsetzungen

- **Erneuerung von Balkonbrüstungen**
  Es ist zulässig, schadhafte massive Balkonbrüstungen durch moderne Leichtmetallgeländer zu ersetzen (OLG München, 34 Wx 105/05, Beschluss vom 14.11.05).

- **Umstellung auf eine andere Heizungsart**
  Die in der Wohnanlage vorhandene Ölzentralheizung ist defekt. Die Eigentümergemeinschaft möchte künftig eine andere Beheizungsart, nämlich eine Gaszentralheizungsanlage mit einem modernen, energiesparenden Niederbrennwertkessel einbauen.
  Die Umstellung der Beheizungsart auf eine moderne, dem technischen Standard entsprechende Heizung ist zulässig (vgl. auch OLG Hamburg, Beschluss vom 21.07.05, 2 Wx 18/04 – zur Umstellung der Ölzentralheizung auf Fernwärme).

- **Anbringung einer Wärmedämmung**
  Als zulässige modernisierende Instandsetzung wurde auch angesehen, dass die Eigentümergemeinschaft im Rahmen der Sanierung einer durchfeuchteten Fassade gleichzeitig die erstmalige Anbringung einer Wärmedämmung beschließt.
  Kommen mehrere gleichermaßen Erfolg versprechende Sanierungsmaßnahmen in Betracht, so steht der Eigentümergemeinschaft bei der Auswahl ein Ermessensspielraum zu (OLG Düsseldorf, Beschluss vom 26.04.00, 3 Wx 81/00, NZM 2000, 1067).

- **Ersatz von alten Wasserboilern durch ein moderneres System**
  Der Ersatz von zwei 16 Jahre alten, je 750 l fassenden Warmwasserboilern, von denen einer defekt ist, durch einen neuen, 500 l fassenden Boiler aus Edelstahl, der durch sein besseres Heizsystem warmes Wasser in ausreichender Menge zur Verfügung stellt, ist keine bauliche Veränderung, sondern eine mit Mehrheit zu beschließende modernisierende Instandsetzung (OLG Düsseldorf, Beschluss vom 27.05.02, 3 Wx 40/02, NZM 2002 S. 705).

- **Austausch von Holzfenstern gegen moderne Kunststofffenster**
  Der Austausch von sanierungsbedürftigen Holzfenstern gegen ähnlich gestaltete moderne Kunststofffenster stellt in der Regel keine bauliche Veränderung dar, sondern eine modernisierende Instandsetzung, die mehrheitlich beschlossen werden kann (BayObLG 2 ZBR 177/04, Beschluss vom 11.02.05) Str. a. A. LG München I, ZMR 2009, 945: Modernisierung nach § 22 II WEG.

Wie nach bisherigem Recht genügt auch nach der WEG-Novelle ein einfacher Mehrheitsbeschluss zur Durchsetzung modernisierender Instandsetzungen.

Einfacher Mehrheitsbeschluss

3.4.8 Mehrheitsbeschlüsse zu Modernisierungen

Reine Modernisierungen, d. h. die Anpassung auf einen modernen Standard, ohne konkreten Instandsetzungsbedarf, waren bisher durch Mehrheitsbeschluss nicht möglich. Nach § 22 Abs. 2 WEG können künftig Modernisierungen auch ohne konkreten Reparaturbedarf wie im Bereich des Mietrechts nach § 559 Abs. 1 BGB durch eine qualifizierte Mehrheit (3/4 aller stimmberechtigten Wohnungseigentümer, mehr als die Hälfte der Miteigentumsanteile) beschlossen werden. Gleiches gilt für Anpassungen an den Stand der Technik.

WEG-Reform

Nachdem reine Modernisierungen nach altem Recht grundsätzlich als sogenannte bauliche Veränderungen zu qualifizieren waren, hatte die Wohnungseigentümergemeinschaft dazu keine Beschlusskompetenz. Diese steht ihr nun nach § 22 Abs. 2 Satz 1 WEG im Rahmen des doppelt qualifizierten Mehrheitsbeschlusses zu. Demnach kann die Eigentümergemeinschaft jetzt auch reine Modernisierungen beschließen.

Voraussetzungen

- Der Gebrauchswert des Gemeinschaftseigentums wird nachhaltig erhöht oder

- die allgemeinen Wohnverhältnisse werden auf Dauer verbessert oder

- die Maßnahme bewirkt eine nachhaltige Einsparung von Energie oder Wasser.

Die Voraussetzungen müssen nicht kumulativ, sondern können alternativ vorliegen. Wenn beispielsweise eine Verbesserung der allgemeinen Wohnverhältnisse vorliegt, wie es das Landgericht München I beim Austausch von Holz- gegen Kunststofffenster angenommen hat (LG München I, Urteil vom 27.04.2009, 1 S 20171/08, NJW RR 2009, 1672), kommt es nicht mehr darauf an, ob mit der Maßnahme gleichzeitig eine nachhaltige Einsparung von Energie verbunden ist.

Beispiele für Modernisierungen

- Einbau von Isolierfenstern (ohne konkreten Instandsetzungsbedarf, da sonst modernisierende Instandsetzung, vgl. oben).
- Einbau eines Fahrstuhls
- Einbau einer (Video-)Gegensprechanlage
- Anbringung einer Wärmedämmung

- Einbau von Kalt- oder Warmwasserzählern
- Aufstellen eines Mülltonnenhäuschens
- Einbau einer Zentralheizung
- Einbau von Rauchmeldern als Gebrauchswerterhöhung
- Einbau einer Alarmanlage
- Aufstellen von Fahrradständern

Modernisierungsmaßnahmen konnten bisher nicht mehrheitlich beschlossen werden. Hat sich ein Eigentümer z. B. gegen den Einbau einer Videoüberwachung gewehrt und einen entsprechenden Mehrheitsbeschluss angefochten, so konnte die Eigentümergemeinschaft diese Maßnahme nicht durchsetzen. Dies ist nun nach § 22 Abs. 2 WEG mit folgenden Einschränkungen möglich:

- *Keine Änderung der Eigenart der Wohnanlage*

Die Modernisierung darf die Eigenart der Wohnanlage nicht ändern.

- *Keine Umgestaltung der Wohnanlage*

Umgestaltungen der Wohnanlage sind auch nach wie vor nicht zulässig.

Beispiele für Umgestaltungen

Anbau eines Wintergartens, Aufstockung oder Abriss von Gebäudeteilen, Luxussanierung eines Wohnhauses von einfacher Wohnqualität, Ausbau eines nicht zu Wohnzwecken genutzten Speichers zu Wohnungen, Asphaltierung einer Grünfläche zur Schaffung von Abstellplätzen.

- *Keine nachteilige Veränderung des optischen Gesamteindrucks*

Eine Modernisierung kann ebenfalls nicht mehrheitlich beschlossen werden, wenn der optische Gesamteindruck der Wohnanlage nachteilig verändert wird.

Beispiele: Nachteilige Veränderungen des Gesamteindrucks

Einzelne Balkone an der Fassade sollen verglast werden, beim Bau von Dachgauben wird die Symmetrie des Hauses nicht eingehalten.

Derartige Maßnahmen sind keine Modernisierungen, sondern bleiben – wie nach bisherigem Recht – bauliche Veränderungen, sodass diese nur nach § 22 Abs. 1 WEG zulässig sind, wenn jeder Wohnungseigentümer zustimmt, dessen Rechte durch die Maßnahmen über das in § 14 Nr. 1 bestimmte Maß hinaus beeinträchtigt werden.

- *Keine unbillige Beeinträchtigung*

Die Modernisierungsmaßnahme darf ferner einen oder mehrere Wohnungseigentümer nicht unbillig beeinträchtigen. Ob eine solche unbillige Beeinträchtigung vorliegt, hängt von den jeweiligen Umständen des konkreten Einzelfalls ab (§ 22 I 1 WEG). Eine unbillige Belastung kann beispielsweise darin liegen, dass ein Wohnungseigentümer erhöhten Geräuscheinwirkungen durch Anbau eines Fahrstuhls ausgesetzt ist. Die Kosten der Modernisierungsmaßnahme können ebenfalls eine Beeinträchtigung darstellen. Sie werden aber nur im Ausnahmefall als erhebliche Beeinträchtigung anzusehen sein, wenn sie die Aufwendungen übersteigen, die dazu dienen, das gemeinschaftliche Eigentum in einen Zustand zu versetzen, wie er allgemein üblich ist. Mit allgemein üblichen Modernisierungsmaßnahmen muss jeder Wohnungseigentümer rechnen und erforderlichenfalls entsprechende private Rücklagen bilden, um sie zu finanzieren.

Erhebliche Beeinträchtigung

Im Einzelfall kann sich eine erhebliche Beeinträchtigung dann ergeben, wenn ein Wohnungseigentümer wegen der Kosten von Modernisierungsmaßnahmen gezwungen würde, sein Wohnungseigentum zu veräußern. Nachdem die unbillige Benachteiligung von Wohnungseigentümern von den jeweiligen Umständen des konkreten Einzelfalls abhängt, wird hier eine genauere Ausgestaltung durch die Rechtsprechung erfolgen. Dabei wird unter Berücksichtigung des Eigentumsgrundrechtes (Art. 14 GG) eine unbillige Benachteiligung im konkreten Einzelfall auch dann anzunehmen sein, wenn der einzelne Eigentümer noch nicht gezwungen ist, sein Eigentum zu veräußern.

3.4.9   Kein Individualanspruch

Ein Individualanspruch des einzelnen Eigentümers auf Durchführung einer Modernisierung besteht nicht.

Ausnahme

Eine Ausnahme besteht beim Anspruch auf Barrierefreiheit: Behinderte haben einen Anspruch auf Durchführungen von Maßnahmen, die einen sogenannten barrierefreien Zugang zu ihrem Wohnungseigentum ermöglichen. Aus dem Verbot der Benachteiligung Behinderter folgt ein Anspruch auf Durchführung der erforderlichen Maßnahmen.

Beispiele für Maßnahmen, die der Barrierefreiheit dienen

- Bau einer Rollstuhlrampe im Eingangsbereich
- Bau eines Schräglifts im Treppenhaus

Einbau eines Treppenlifts

Der Einbau eines Treppenlifts ist zwar eine bauliche Veränderung. Der gehbehinderte Eigentümer hat aber ein Recht auf barrierefreien

Zugang zu seiner Wohnung. Wenn die Behinderung so stark ist, dass ihm ein Verlassen und Wiederaufsuchen seiner Wohnung ohne mechanische Steighilfe nur noch unter erschwerten Bedingungen möglich ist, überwiegt das Interesse des behinderten Eigentümers. Deshalb ist sogar hinzunehmen, dass die nach öffentlich-rechtlichen Vorschriften erforderliche Mindestbreite des Treppenhauses teilweise nicht mehr eingehalten wird (OLG München, 32 Wx 51/05 vom 12.07.2005).

3.4.10 Beschlusskompetenz

Ein einfacher Mehrheitsbeschluss ist nicht ausreichend. Nach § 22 Abs. 2 WEG ist ein Beschluss über Modernisierungsmaßnahmen nur durch eine sogenannte doppelt qualifizierte Mehrheit möglich: Modernisierungen können nur durch Mehrheit von 3/4 aller stimmberechtigten Wohnungseigentümer und zusätzlich mehr als der Hälfte aller Miteigentumsanteile beschlossen werden. Wird dieses sogenannte Quorum nicht erreicht, ist der Beschluss nicht nichtig, sondern nur anfechtbar. Will sich ein Wohnungseigentümer gegen beschlossene Modernisierungsmaßnahmen zur Wehr setzen, so muss er innerhalb der Anfechtungsfrist von einem Monat Anfechtungsklage beim zuständigen Amtsgericht erheben. Andernfalls wird der Beschluss bestandskräftig.

Doppelt qualifizierte Mehrheit erforderlich

Im Rahmen der Anfechtungsklage ist der anfechtende Kläger darlegungs- und beweispflichtig dafür, dass die erforderliche doppelt qualifizierte Mehrheit nicht erreicht worden ist. Dies bereitet erhebliche Schwierigkeiten, wenn etwa das Abstimmungsergebnis nicht schriftlich festgehalten wurde.

> **Tipp: Abstimmungsergebnis schriftlich festhalten**
>
> Ein Wohnungseigentümer sollte daher im Rahmen einer Beschlussfassung über Modernisierungen in der Versammlung einen Antrag zur Geschäftsordnung stellen, dass das Abstimmungsergebnis schriftlich und namentlich festgehalten wird.

Denn es reicht nicht aus, dass der Kläger pauschal bestreitet, dass das Abstimmungsergebnis richtig festgehalten wurde. Erst wenn der

Kläger konkret dargelegt und ggf. Beweis angeboten hat, dass das Abstimmungsergebnis unrichtig ist, müssen die Beklagten (im Anfechtungsverfahren die übrigen Wohnungseigentümer) darlegen und unter Beweis stellen, weshalb ihrer Ansicht nach das Abstimmungsergebnis zutreffend ist.

Tipp für Wohnungseigentümer

Wenn in der Eigentümerversammlung die Herbeiführung eines Geschäftsordnungsbeschlusses zum schriftlichen Festhalten des Abstimmungsergebnisses nicht gelingt, sollte der Wohnungseigentümer selbst – möglichst unter Zuhilfenahme von anderen, ihm gewogenen Miteigentümern – das Abstimmverhalten schriftlich festhalten.

Tipp für Verwalter

Bei Feststellung eines das Quorum nicht erreichenden Beschlussergebnisses ist auf die Anfechtbarkeit derartiger Beschlüsse hinzuweisen.

Tipp: Kostenverteilung nach Gebrauch(smöglichkeit)

Fasst die Eigentümergemeinschaft einen Beschluss über bauliche Veränderungen, Modernisierung oder Instandhaltungen und Instandsetzungen, so ermöglicht § 16 Abs. 4 WEG (vgl. dort) auch Beschlüsse über abweichende Kostenverteilungsregelungen. Der abweichende Maßstab muss aber für den konkreten Fall geregelt sein und dem Gebrauch oder der Möglichkeit des Gebrauchs Rechnung tragen.

Auch hierzu ist erforderlich, dass 3/4 aller im Grundbuch eingetragenen Wohnungseigentümer nach Köpfen und gleichzeitig mehr als die Hälfte der Miteigentumsanteile zustimmen.

4 Lasten und Kosten des Wohnungseigentums

4.1 Lasten und Kosten des gemeinschaftlichen Eigentums

Nach § 16 Abs. 2 WEG ist jeder Wohnungseigentümer verpflichtet, die Lasten des gemeinschaftlichen Eigentums sowie die Kosten der Instandhaltung, Instandsetzung, sonstigen Verwaltung und eines gemeinschaftlichen Gebrauchs des Gemeinschaftseigentums nach dem Verhältnis seines Anteils zu tragen (§ 16 Abs. 1 Satz 2 WEG).

Welche Kosten gehören dazu?

Nicht dazu gehören die Kosten des Sondereigentums, also diejenigen Kosten, die die konkrete Eigentumswohnung betreffen. Diese hat jeder Eigentümer selbst zu tragen, z. B. Grundsteuer, individueller Stromverbrauch. Folgende Kosten werden unterschieden:

4.1.1 Instandhaltung

Instandhaltung ist die dauerhafte Aufrechterhaltung des ordnungs-, gebrauchs- und funktionsfähigen Zustandes durch Pflege und Wartung.

Beispiele
Wiederkehrende Schönheitsreparaturen, Malerarbeiten, Inspektionen.

4.1.2 Instandsetzung

Instandsetzung ist die Wiederherstellung eines ordnungsgemäßen Zustandes.

> **Beispiele**
>
> Beseitigung von Mängeln, Schäden, Sanierungsarbeiten, notwendige Erneuerungen, z. B. Fensteraustausch.

4.1.3 Kosten der sonstigen Verwaltung

Kosten der sonstigen Verwaltung sind alle Kosten, die zu einer ordnungsgemäßen Verwaltung erforderlich sind.

> **Beispiele**
>
> - Verwalterhonorar
> - Kontoführungsgebühren
> - Telefongebühren
> - Porto

4.1.4 Laufende Bewirtschaftungskosten des gemeinschaftlichen Eigentums

Siehe CD-ROM

Betriebskosten

Bei den laufenden Bewirtschaftungskosten handelt es sich vor allem um die sogenannten Betriebskosten im Sinne des § 2 BetrKV, soweit sie das gemeinschaftliche Eigentum betreffen, insbesondere

- öffentliche Lasten des gesamten Grundstücks, z. B. Gebühren für den Anschluss an die Kanalisation,
- Kosten der Wasserversorgung,
- Kosten der Entwässerung,
- Kosten des Betriebs des Personenaufzugs,
- Kosten der Straßenreinigung und Müllbeseitigung,
- Kosten der Gebäudereinigung und Ungezieferbekämpfung,
- Kosten der Gartenpflege,
- Kosten der Beleuchtung von Gemeinschaftsflächen (Außenbeleuchtung, Flure, Keller),
- Kosten der Schornsteinreinigung,
- Kosten der Sach- und Haftpflichtversicherungen, insbesondere Feuerversicherung (Brand, Explosion, Blitzschlag, Rauch), Haus- und Grundbesitzerhaftpflichtversicherung, Versicherung gegen Sach- und Personenschäden (z. B. Verletzung der Räum- und

Streupflicht), Leitungswasserschadenversicherung, Sturm- und Hagelversicherung, Glasversicherung,

- Kosten für den Hauswart – Hausmeisterkosten sowie
- Kosten des Betriebs der Gemeinschaftsantennenanlage/Kabelgebühren.

Vorstehende Bewirtschaftungskosten sind gleichzeitig diejenigen Betriebskosten, die nach § 2 BetrKV auf den Mieter umgelegt werden können.

Siehe CD-ROM

Zu den Kosten des gemeinschaftlichen Eigentums gehören ferner

- Anwalts- und Gerichtskosten,
- Kosten zur Durchführung von Eigentümerversammlungen, Sondervergütungen des Verwalters,
- Kosten für einen angemieteten Raum,
- Beiträge zur Instandhaltungsrücklage,
- Aufwandsentschädigung des Verwaltungsbeirats und
- Schadensersatzleistungen nach § 14 Nr. 4.

Beispiele für Schadensersatzleistungen

Mietausfall eines Eigentümers wegen Arbeiten am Gemeinschaftseigentum, die ein Betreten seiner vermieteten Wohnung (Balkonsanierung) erforderlich machen.

4.1.5 Sonderumlagen

Grundsätzlich ergibt sich die Höhe des vom jeweiligen Eigentümer monatlich zu zahlenden Wohngeldes aus dem beschlossenen Wirtschaftsplan. Oftmals stellt sich im Laufe des Wirtschaftsjahres aber heraus, dass die vorhandenen finanziellen Mittel nicht ausreichend sind. Die Gründe hierfür sind vielfältig. Hervorzuheben sind z. B. plötzlich auftretender Reparaturbedarf oder Wohngeldrückstände bei Insolvenz eines Miteigentümers. Mithin können alle nicht vorhergesehenen Ausgaben zu Liquiditätsengpässen der Eigentümergemeinschaft führen. In solchen Fällen entspricht es ordnungsgemäßer Verwaltung, Liquiditätsschwierigkeiten durch eine sogenannte Sonderumlage zu beseitigen.

Ergänzung zum
Wirtschaftsplan
Die Sonderumlage ist eine nachträgliche Ergänzung zum Wirtschaftsplan. Sie dient der Befriedigung von außergewöhnlichen oder nicht vorhergesehenen Finanzierungslücken, die im Lauf eines Wirtschaftsjahres auftreten. Da die Sonderumlage eine Ergänzung des Wirtschaftsplans ist, hat sie sich hinsichtlich formaler und inhaltlicher Kriterien am Wirtschaftsplan zu orientieren. Die Sonderumlage muss deshalb die anteilsmäßige Beitragsverpflichtung jedes einzelnen Wohnungseigentümers enthalten.

Ein Eigentümerbeschluss über eine Sonderumlage muss den Gesamtbetrag und den auf jeden einzelnen Eigentümer entfallenden Betrag ausweisen. Nur in Ausnahmefällen genügt es, wenn der Gesamtbetrag und der Verteilerschlüssel angegeben werden, sofern daraus der jeweilige Einzelbetrag ohne Weiteres errechnet werden kann (BayObLG Beschluss vom 20.11.02, 2 Z BR 144/01, NZM 2003, 66).

Höhe der
Sonderumlage
Die Höhe der Sonderumlage hat sich im Übrigen am geschätzten Finanzbedarf auszurichten. Die Wohnungseigentümergemeinschaft hat hierzu einen weitreichenden Ermessensspielraum.

Eine Sonderumlage kann aber ordnungsgemäßer Verwaltung widersprechen, wenn die Eigentümergemeinschaft über genügend liquide Mittel verfügt. Dies ist beispielsweise dann der Fall, wenn die Instandhaltungsrücklage bereits höher ist, als ursprünglich vereinbart wurde. In diesen Fällen können Reparaturen vorrangig auch aus der Instandhaltungsrücklage bezahlt werden. Da die Instandhaltungsrücklage zweckgebunden ist, verbietet es sich in der Regel auch, andere Kosten als für Instandhaltungsmaßnahmen aus dieser zu bezahlen.

Eine Sonderumlage ist auch dann zulässig, wenn bereits feststeht, dass Wohngeldrückstände eines säumigen Eigentümers nicht beigetrieben werden können (Insolvenz).

Ein Beschluss, der für eine Sonderumlage einen von der Gemeinschaftsordnung abweichenden Verteilerschlüssel festlegt, ist gültig, wenn er nicht innerhalb eines Monats angefochten wird (BayObLG Beschluss vom 27.02.03, 2Z BR 135/02). Die Anfechtungsklage hat keine aufschiebende Wirkung, sodass Sonderumlagen in jedem Fall zum beschlossenen Fälligkeitszeitpunkt zu bezahlen sind. Eine Zahlungspflicht entfällt erst dann, wenn der Beschluss von einem Gericht rechtskräftig für ungültig erklärt worden ist. Der Anspruch der Eigentümergemeinschaft auf Zahlung der Sonderumlage ergibt sich aus § 16 Abs. 2 WEG i. V. m. dem Mehrheitsbeschluss über die Erhebung der Sonderumlage (OLG Frankfurt am Main, Beschluss vom 07.12.05, 20 W 60/05).

4.1.5.1 Beispiele für ungültige Beschlüsse über Sonderumlagen

Eine Sanierungsmaßnahme, die nicht erforderlich ist, kann auch nicht ordnungsgemäßer Verwaltung entsprechen. In einem solchen Fall ist deshalb auch der Beschluss über die Sonderumlage für ungültig zu erklären. Wenn bereits der Beschluss über die Durchführung der Maßnahme als solche für ungültig zu erklären ist, folgt automatisch auch die Ungültigerklärung des Beschlusses über die Sonderumlage (OLG München, 32 Wx 125/06).

Nicht erforderliche Sanierungsmaßnahme

Eine Sonderumlage zur Bezahlung von Rechtsanwaltskosten ist auf Antrag für ungültig zu erklären, wenn nicht genau festgestellt wurde, um welche Anwaltskosten es sich dabei handelt. Als Kostenschuldner kommt beispielsweise die Wohnungseigentümergemeinschaft als Verband (vgl. Teilrechtsfähigkeit der Wohnungseigentümergemeinschaft, Kap. 6.1) in Betracht. Möglicherweise sind auch alle Miteigentümer an entsprechenden Rechtsanwaltskosten zu beteiligen. Anwaltskosten werden nicht zwingend nach dem Verhältnis der Miteigentumsanteile umgelegt. Eine andere Umlage ist z. B. dann erforderlich, wenn eine abweichende gerichtliche Kostenentscheidung ergangen ist. In diesen Fällen muss konkret festgestellt werden, wer überhaupt Kostenschuldner ist. Ein Beschluss, der ganz allgemein den Ausgleich von Rechtsanwaltskosten zum Inhalt hat und sich nicht am konkreten Kostenschuldner orientiert, ist daher auf Antrag für ungültig zu erklären (OLG München, Beschluss vom 16.11.06., 32 Wx 125/06).

Unklare Anwaltskosten

Wird eine Sonderumlage wegen Insolvenz eines Miteigentümers erhoben, so hat die Wohnungseigentümergemeinschaft einen Ermessensspielraum, ob die Sonderumlage lediglich in Höhe der offe-

Insolvenz eines Miteigentümers

nen Forderungen erfolgt oder im Hinblick auf den mit an Sicherheit grenzender Wahrscheinlichkeit zu erwartenden (gesamten) Zahlungsausfall des Eigentümers (Kammergericht, Beschluss vom 26.03.03, 24 W 177/02, NJW NR 2003, 1020).

4.1.5.2 Fälligkeit von Sonderumlagen

Der Beschluss über eine Sonderumlage hat zweckmäßigerweise einen Fälligkeitszeitpunkt zu enthalten. Bei dringenden Reparaturmaßnahmen ist davon auszugehen, dass die Sonderumlage sofort fällig ist.

Enthält der Eigentümerbeschluss über die Sonderumlage keinen konkreten Fälligkeitszeitpunkt, so wird die Sonderumlage mit Abruf durch den Verwalter fällig. Kann ein Eigentümerbeschluss über eine Sonderumlage wegen besonderer Dringlichkeit (Notmaßnahme) nicht rechtzeitig herbeigeführt werden, so kann der Verwalter ausnahmsweise nach § 669 BGB – ohne Eigentümerbeschluss – einen Vorschuss von den Eigentümern verlangen.

4.1.6 Instandhaltungsrücklage

Kostendeckung für Reparaturen etc.

Jede Immobilie muss – je nach Alter – laufend instand gehalten und im Falle notwendiger Reparaturen instand gesetzt werden. Altersabhängig können hier hohe Kosten auf die Wohnungseigentümer zukommen, etwa wenn die Heizungsanlage erneuert werden muss oder Fassaden- und Balkonsanierungen, Dachsanierungen oder Fensteraustausch anstehen. Derartige Reparaturen bedeuten einen hohen finanziellen Aufwand. Nachdem es sich um Instandhaltungsmaßnahmen am Gemeinschaftseigentum handelt, haben sich alle Miteigentümer hier entsprechend ihrem Anteil zu beteiligen.

Siehe CD-ROM

Damit die Eigentümer vor einmaligen Ausgaben, die ihre Leistungsfähigkeit unter Umständen überschreiten, geschützt sind und um die ordnungsgemäße Instandhaltung und Instandsetzung des gemeinschaftlichen Eigentums zu gewährleisten, sieht § 21 Abs. 5 Nr. 4 WEG die Ansammlung einer sogenannten Instandhaltungsrücklage vor.

Eine gesetzliche Verpflichtung zur Bildung einer Instandhaltungsrücklage wird von der Rechtsprechung und herrschenden Meinung in der Literatur verneint. Allerdings kann jeder Eigentümer nach § 21 Abs. 4 WEG als Maßnahme ordnungsgemäßer Verwaltung verlangen, dass eine Instandhaltungsrücklage gebildet wird. Dies ist auch unbedingt empfehlenswert, allein um Liquiditätsengpässe der Wohnungseigentümergemeinschaft und ein Herunterkommen der Immobilie zu vermeiden.

Keine gesetzliche Verpflichtung

4.1.6.1 Höhe der Instandhaltungsrücklage

Die Höhe der Instandhaltungsrücklage ist nach objektiven Maßstäben zu bestimmen. Entscheidend ist, was ein verständiger und vorausschauender Eigentümer zur Pflege seines Eigentums zurücklegen würde. Bei Neubauten ist die Instandhaltungsrücklage deshalb entsprechend niedriger zu bemessen, als bei Altbauten. Hinsichtlich der Höhe der zu beschließenden Instandhaltungsrücklage haben die Wohnungseigentümer einen weiten Ermessensspielraum. Dieser ist von den Gerichten nur eingeschränkt überprüfbar.

Objektive Maßstäbe

Die Eigentümergemeinschaft hat auch einen Spielraum, ob sie eine vorhandene Instandhaltungsrücklage zur Finanzierung von Sanierungsmaßnahmen vollständig oder teilweise in Anspruch nimmt. Ein Anspruch auf vollständige Ausschöpfung der Instandhaltungsrücklage besteht nicht. Die Eigentümergemeinschaft kann deshalb neben der Entnahme aus der Instandhaltungsrücklage auch beschließen, dass ein Teil der Maßnahme über Sonderumlagen finanziert wird (BayObLG, Beschluss vom 22.09.04, 2Z BR 142/04, NZM 2005, 747).

Unterlässt die Wohnungseigentümergemeinschaft notwendige Beschlüsse zur Durchführung von dringend erforderlichen Instandsetzungsmaßnahmen, kann sie sich gegenüber einem einzelnen Wohnungseigentümer, der hierdurch Schaden erleidet, ersatzpflichtig machen. Lehnt die Gemeinschaft durch Beschluss (Negativbeschluss) die Durchführung von Instandsetzungsmaßnahmen ab, entsteht der Schadensersatzanspruch auch ohne Anfechtung dieses Beschlusses (vgl. Jennißen, NJW 2006, 2163).

Vorsicht, Schadenersatzpflicht

4.1.6.2 Zweckbestimmung der Instandhaltungsrücklage

Es herrscht eine Zweckbestimmung der Rücklage – sie ist grundsätzlich für Instandhaltungen zu verwenden. Ein einzelner Wohnungseigentümer kann deshalb die Auszahlung seines Anteils an der Instandhaltungsrücklage nicht verlangen.

Zulässig sind Eigentümerbeschlüsse zur Beauftragung eines Sachverständigen zu weiteren Sanierungsuntersuchungen. Ebenso kann die Beauftragung eines Rechtsanwalts mit der rechtsberatenden Begleitung einer Sanierungsmaßnahme beschlossen werden. Die Honorare für Sachverständige und Rechtsberater können in diesen Fällen grundsätzlich auch aus der Instandhaltungsrücklage entnommen werden (OLG München, Beschluss vom 25.1.2006, Az. 34 Wx 114/05). Aufgrund der Zweckbindung der Instandhaltungsrückstellung darf der Verwalter jedoch nicht seine Honoraransprüche aus der Rücklage befriedigen (Jennißen „Die Verwalterabrechnung nach dem WEG", 6. Auflage, Rnr. 428).

Zweckwidrige Verwendung

Ein Eigentümerbeschluss, der eine zweckwidrige Verwendung der Instandhaltungsrücklage vorsieht, entspricht nicht ordnungsgemäßer Verwaltung und ist auf Anfechtung hin für ungültig zu erklären.

Auch ein ausscheidender Wohnungseigentümer kann nicht die Auszahlung seines Anteils an der Instandhaltungsrücklage verlangen, da sie Teil des Verwaltungsvermögens geworden ist.

4.1.6.3 Anlage der gemeinschaftlichen Gelder aus der Instandhaltungsrücklage

Siehe CD-ROM

Die Wohnungseigentümergemeinschaft entscheidet durch Mehrheitsbeschluss über die Art der Anlage der Instandhaltungsrücklage. Nachdem die Instandhaltungsrücklage aber Teil des Verwaltungsvermögens ist, ist eine sichere Anlage zu wählen. Spekulative Anlagen verstoßen gegen die Grundsätze ordnungsgemäßer Verwaltung (§ 21 Abs. 3 und 4 WEG).

Umstritten: Bausparvertrag

Umstritten ist, ob die Anlage der Instandhaltungsrücklage im Rahmen eines Bausparvertrags zulässig ist. Gegen einen Bausparvertrag spricht jedenfalls, dass bei dieser Anlageform die Gelder nicht immer frei und sofort verfügbar sind.

4.1.7 Verwaltervergütung

In aller Regel wird in einer Wohnungseigentumsanlage ein Verwalter bestellt. Er muss nicht zwangsläufig ein professioneller Hausverwalter sein. Die Verwaltung kann auch durch Einzeleigentümer oder durch mehrere Eigentümer gemeinschaftlich erfolgen. Ist ein professioneller Verwalter bestellt, so erhält er für seine Tätigkeit eine Verwaltervergütung bzw. ein Verwalterhonorar. Die Höhe des Verwalterhonorars richtet sich nach dem Verwaltervertrag zwischen der Wohnungseigentümergemeinschaft und dem Verwalter. Die Parteien sind in der Höhe der Vereinbarung grundsätzlich frei.

Eine Richtlinie kann die Zweite Berechnungsverordnung sein, die direkt allerdings nur auf öffentlich geförderte Wohnungen anwendbar ist. Aus § 41 Abs. 2 der Zweiten Berechnungsverordnung ergibt sich demnach ein Richtwert von € 275,00 pro Jahr und pro Wohnung. Aus § 26 Abs. 2 der Zweiten Berechnungsverordnung beträgt dieser Wert für Garagen € 30,00 pro Jahr.

Richtlinie: Zweite Berechnungs- verordnung

Derzeit liegen die Verwalterhonorare für Wohnungen zwischen € 15,00 und € 35,00 pro Monat und zwischen € 1,50 und € 2,50 monatlich pro Garage, jeweils zzgl. Mehrwertsteuer. Da die Höhe des Verwalterhonorars aber der freien Parteivereinbarung unterliegt, können diese Werte jeweils unter Berücksichtigung der besonderen Gegebenheiten der Eigentumswohnanlage erheblich differieren. Stehen beispielsweise größere Instandhaltungsmaßnahmen an, wird ein neu zu bestellender Verwalter, der auch mit der Bauaufsicht beauftragt werden soll, diesen Arbeitsaufwand bei der Höhe seines Verwalterhonorars entsprechend berücksichtigen.

4.1.7.1 Zusatzvergütungen des Verwalters

Möglich und in der Praxis üblich sind auch sogenannte Zusatzvergütungen. Der Verwalter lässt sich dazu im Verwaltervertrag eine Pauschalvergütung für bestimmte Grundleistungen einräumen und eine Sondervergütung für Zusatzaufgaben, die im Vertrag genau definiert sind.

Beispiele

- Bauüberwachung
- Geltendmachung von Mängeln gegenüber den Bauträgern
- Zustimmung zur Veräußerung des Wohnungseigentums durch den Verwalter, vgl. § 12 Abs. 1 WEG
- Prozessführung durch den Verwalter als sogenannter Prozessstandschafter der Wohnungseigentumsgemeinschaft

Orientierung an Rechtsanwaltshonoraren zulässig

Bestimmt der Verwaltervertrag, dass sich die Höhe der Zusatzvergütung – z. B. für die Beitreibung von rückständigen Wohngeldern – nach der Höhe von Rechtsanwaltshonoraren richtet, so ist dies nicht zu beanstanden. Als zulässig anzusehen ist eine Vergütung, die sich an den Gebühren des Rechtsanwaltsvergütungsgesetzes (RVG) orientiert (BayObLG 2Z BR 11/04, BGH NJW 1993, 1924).

Mehrheitsbeschluss über Zusatzvergütung nötig

Ist im Verwaltervertrag keine Regelung über eine Zusatzvergütung enthalten, so hat der Verwalter grundsätzlich keinen Anspruch auf eine zusätzliche Vergütung. Die Wohnungseigentümer können allerdings durch Mehrheitsbeschluss bestimmen, dass der Verwalter für bestimmte Tätigkeiten eine Zusatzvergütung erhält. Ein solcher Mehrheitsbeschluss entspricht dann nicht ordnungsgemäßer Verwaltung, wenn die Zusatzvergütung für eine Tätigkeit vorgesehen ist, die nach dem Verwaltervertrag auch ohne zusätzliche Vergütung zu erbringen ist.

4.1.7.2 Erhöhung der Verwaltervergütung

Eine Erhöhung der Verwaltervergütung während der Laufzeit des Verwaltervertrags entspricht in der Regel nicht ordnungsgemäßer Verwaltung (BayObLG, Beschluss vom 19.02.04, 2Z BR 219/03, NZM 2004, 794). Es entspricht ferner nicht ordnungsgemäßer Verwaltung, einen durch einen laufenden Vertrag gebundenen Verwalter ohne Notwendigkeit zu begünstigen (BayObLG, NZM 2003, 204).

Enthält der Verwaltervertrag aber eine Erhöhungsklausel, so kann die Erhöhung ordnungsgemäßer Verwaltung entsprechen. Der Verwalter hat aber auch in solchen Fällen keinen Anspruch darauf, dass durch eine nachträgliche Erhöhung Umstände berücksichtigt werden, die bereits bei der ursprünglichen Vereinbarung der Vergütung hätten mit einkalkuliert werden können (BayObLG NZM 2004, 794).

Erhöhungsklausel

Grundsätzlich bedarf es für die Erhöhung der Verwaltervergütung eines Mehrheitsbeschlusses. Ist ein solcher vorhanden, muss außerdem ein Änderungsvertrag zwischen den Wohnungseigentümern und dem Verwalter geschlossen werden.

Mehrheitsbeschluss notwendig

Keinesfalls darf der Verwalter seine Vergütung dadurch erhöhen, dass er den erhöhten Betrag einfach in den Wirtschaftsplan einstellt (vgl. OLG Düsseldorf, NZM 2005, 628).

Eine Klausel, die bestimmt, dass die Verwaltergebühr der Verwaltungskostenentwicklung angepasst wird, ist unwirksam. Sie benachteiligt den Vertragspartner entgegen den Geboten von Treu und Glauben in unangemessener Weise (§ 307 Abs. 1 BGB). Da es eine allgemeine Verwaltungskostenentwicklung nicht gibt, lässt sich nicht feststellen, woran die Erhöhung der Verwaltervergütung geknüpft werden soll. Eine entsprechende Klausel ist daher unwirksam (OLG Düsseldorf, 25.01.05, 3 Wx 326/04, NZM 05, 628).

Anpassungsklausel unwirksam

Zulässig sind aber sogenannte Staffelvereinbarungen, wonach sich das Verwalterhonorar jeweils zu einem bestimmten Zeitpunkt um einen bestimmten Betrag ändert.

Staffelvereinbarungen zulässig

4.1.7.3 Häufige Fehler im Zusammenhang mit der Verwaltervergütung

Die Verwalterverträge sehen in der Regel vor, dass die Verwaltervergütung pro Wohneinheit/Garage zu bezahlen ist. Demgegenüber sehen die Gemeinschaftsordnungen häufig vor, dass Kosten und Lasten nach Miteigentumsanteilen zu verteilen sind. Verteilt der Verwalter seine Kosten in der Jahresabrechnung dennoch und abweichend von der Gemeinschaftsordnung nach Wohneinheiten, so widerspricht dies dem gültigen Verteilerschlüssel. Eine solche Abrechnung ist daher auf Anfechtung hin für ungültig zu erklären.

Keine Zusatz-
vergütung für
erschwerten
Zahlungs-
verkehr

Einzelne Eigentümer können durch Mehrheitsbeschluss nicht verpflichtet werden, dem Verwalter dafür eine zusätzliche Vergütung zu zahlen, dass sie nicht am Lastschriftverfahren teilnehmen. Zwar ist es möglich, die Eigentümer zu verpflichten, am Lastschriftverfahren teilzunehmen. Eine solche Verpflichtung kann aber allenfalls über eine Änderung des Verwaltervertrags durch Mehrheitsbeschluss erfolgen. Eine Änderung des Verwaltervertrags verpflichtet dann die gesamte Eigentümergemeinschaft als teilrechtsfähigen Verband. Deshalb kann die „Strafgebühr" für die Nichtteilnahme am Lastschriftverfahren nur anteilig auf alle Eigentümer umgelegt werden. Der Zweck, nämlich die Einzeleigentümer, die sich weigern, am Lastschriftverfahren teilzunehmen, zu sanktionieren, wird deshalb nicht erreicht.

Provision steht
Eigentümerge-
meinschaft zu

Erhält der Verwalter Provisionen, etwa für den Abschluss eines Versicherungsvertrags, so steht diese Zahlung der Wohnungseigentümergemeinschaft zu und ist daher vom Verwalter herauszugeben. Unterlässt der Verwalter dies, so kann ein Fall der strafbaren Untreue vorliegen, was wiederum dessen Abberufung rechtfertigen kann.

Vergütung nicht
aus Rücklage
nehmen

Keinesfalls darf der Verwalter seine Vergütung der Instandhaltungsrücklage entnehmen. Die Instandhaltungsrücklage ist zweckgebunden. Wenn die Mehrheit der Eigentümer eine solche Vorgehensweise billigt, ist ein entsprechender Eigentümerbeschluss anfechtbar und ggf. für ungültig zu erklären.

4.2   Der Kostenverteilungsschlüssel

Wie werden die
Kosten verteilt?

Jede Immobilie verursacht Kosten. In welcher Höhe der Miteigentümer an den Kosten zu beteiligen ist, regelt für das Gemeinschaftseigentum § 16 Abs. 2 WEG. Danach hat jeder Wohnungseigentümer die Lasten des gemeinschaftlichen Eigentums sowie die Kosten der

Instandhaltung, Instandsetzung oder sonstigen Verwaltung nach dem Verhältnis seines Anteils zu tragen.

Die Größe des Miteigentumsanteils bestimmt das Gesetz nicht. In der Regel orientiert sich der aufteilende Eigentümer oder Bauträger, der die Teilungserklärung erstellt hat, an der Wohnungsgröße. Zwingend ist dies aber nicht. Eine Wohnung mit Dachterrasse kann zum Beispiel mit einem höheren Miteigentumsanteil bewertet werden als eine im Erdgeschoss liegende Wohnung.

Größe des Miteigentumsanteils

Da die Vorschrift des § 16 WEG durch Vereinbarung veränderbar ist, enthalten die Gemeinschaftsordnungen üblicherweise Regelungen zum Kostenverteilungsschlüssel. Die in der Gemeinschaftsordnung vorgesehenen Kostenverteilungsschlüssel sind zwingend und gehen dem gesetzlichen Verteilungsschlüssel nach § 16 WEG vor.

Kostenverteilungsschlüssel in der Gemeinschaftsordnung

Beispiele für Kostenverteilungsschlüssel in der Gemeinschaftsordnung:

Beispiele für Kostenverteilungsschlüssel

- *Tausendstel-Anteile*

  In der Praxis findet sich häufig die Aufteilung nach Tausendstel-Miteigentumsanteilen.

- *Wohnfläche*

  In Betracht kommt auch der Verteilungsschlüssel nach Wohnfläche in Quadratmetern.

- *Verteilung nach Köpfen*

  Danach werden die Kosten nach der Anzahl der jeweiligen Bewohner verteilt. Dies ist aber nicht praktikabel, da sich der Bestand der Wohnungseigentümer regelmäßig ändert. Im Sinne einer gerechten Kostenverteilung wäre jeweils festzustellen, wie viele Bewohner im Wirtschaftsjahr in der Wohnung gelebt haben. In größeren Wohnungseigentumsanlagen wird dies regelmäßig nicht möglich sein, zumindest aber erhebliche Schwierigkeiten bereiten.

- **Anzahl der Wohnungen**

  In Betracht kommt auch eine Abrechnung nach der Anzahl der Wohnungen. Diese führt jedoch nur dann zu Kostengerechtigkeit, wenn alle Wohnungen in etwa gleich groß sind.

- **Verteilung nach Verbrauch**

  Zulässig ist ferner jede Kostenverteilung nach dem tatsächlichen Verbrauch, sofern die entsprechenden Verbrauchserfassungsgeräte vorhanden sind (Beispiel: Kaltwasserzähler, Warmwasserzähler). Aufgrund ständiger technischer Neuerungen ist es zum Beispiel auch möglich, über Wiegeeinrichtungen und Chipkarten Müll nach dem tatsächlichen Verbrauch abzurechnen.

4.2.1 Häufige Fehler bei Anwendung des Kostenverteilungsschlüssels

Aufteilung der Verwaltervergütung

Häufig sieht die Gemeinschaftsordnung die Kostenverteilung nach Miteigentumsanteilen vor. Dies gilt dann für sämtliche Kostenarten. Ein oft anzutreffender Fehler in Jahresabrechnungen ist es, dennoch die Verwaltervergütung nach der Anzahl der Wohnungen und nicht nach Miteigentumsanteilen aufzuteilen. Grund dafür ist, dass die Verwalterverträge oftmals vorsehen, dass die Verwaltervergütung nach einzelnen Wohneinheiten bemessen wird. Auch die Verwaltergebühr ist aber in diesem Falle nach Miteigentumsanteilen zu verteilen. Die Vereinbarungen im Verwaltervertrag ändern daran nichts, da der Verwaltervertrag gegenüber der Gemeinschaftsordnung nachrangig ist. Viele Jahresabrechnungen können mit diesem Argument erfolgreich angefochten werden.

4.2.2 Verteilung der Heiz- und Warmwasserkosten

Siehe CD-ROM

Gem. den §§ 3 und 4 der Heizkostenverordnung ist die Eigentümergemeinschaft bei den Heizkosten verpflichtet, Geräte zur Verbrauchserfassung einzubauen.

Beispiele für Verbrauchserfassungsgeräte

Heizkostenverteiler nach dem Verdunstungsprinzip, Wärmezähler nach dem Durchflussprinzip, Heizkostenverteiler mit Funksystem zur Fernablesung, Warmwasserzähler.

Die Heizkostenverordnung schreibt zwingend eine verbrauchsabhängige Abrechnung vor. In der Praxis werden diese Kosten von professionellen Abrechnungsfirmen abgelesen und abgerechnet. Zweck der Heizkostenverordnung ist die Einsparung von Heizenergie und die Minderung von Schadstoffbelastungen.

Verbrauchsabhängige Abrechnung zwingend

Auch wenn die Gemeinschaftsordnung eine abweichende Regelung zur Verteilung von Heiz- und Warmwasserkosten enthält, sind diese zwingend nach dem tatsächlichen Verbrauch abzurechnen. Dies ergibt sich aus § 3 der Heizkostenverordnung.

Siehe CD-ROM

Nach § 7 Heizkostenverordnung sind von den Kosten des Betriebs der zentralen Heizungsanlage mindestens 50 %, höchstens 70 % nach dem erfassten Wärmeverbrauch des Benutzers zu verteilen. Die übrigen Kosten sind nach der Wohn- oder Nutzfläche oder nach dem umbauten Raum zu verteilen. Die Kosten des Warmwassers sind mindestens zu 50 %, höchstens zu 70 % nach dem erfassten Warmwasserverbrauch, die übrigen Kosten nach der Wohn- oder Nutzfläche zu verteilen.

Verteilung der Kosten

Entspricht die Jahresabrechnung nicht diesen gesetzlichen Vorgaben, so ist sie anfechtbar und auf Anfechtungsklage beim zuständigen Amtsgericht für ungültig zu erklären.

Da die Heizkostenverordnung zwingend eine verbrauchsabhängige Abrechnung der Heiz- und Warmwasserkosten vorschreibt, kann jeder Wohnungseigentümer die Anbringung von Heizkosten- und Warmwasserzählern verlangen. Lehnt die Eigentümergemeinschaft dennoch ab, so kann der Einbau gerichtlich erzwungen werden. Haben die Wohnungseigentümer beschlossen, Verbrauchserfassungsgeräte einzubauen, so muss jeder einzelne Eigentümer den Einbau nach § 14 Nr. 3 WEG dulden.

Anspruch auf Einbau von Zählern

4.3 Änderung des Kostenverteilungsschlüssels

Bisherige
Regelung

Bestimmt die Gemeinschaftsordnung einen Kostenverteilungsschlüssel, so konnte dieser bisher grundsätzlich nur durch die Änderung der Gemeinschaftsordnung selbst geändert werden. Dazu war es erforderlich, dass sämtliche Eigentümer die Änderung des Schlüssels vereinbarten. Damit eine entsprechende Änderung auch gegenüber Rechtsnachfolgern/Erwerbern galt, war eine Eintragung in das Grundbuch erforderlich. Ein Mehrheitsbeschluss über die Änderung des Kostenverteilungsschlüssels gehörte zu den sogenannten Zitterbeschlüssen (NJW 2000, 3500) und war nach bisheriger Rechtsprechung regelmäßig nicht nur anfechtbar, sondern nichtig.

4.3.1 Änderung des Kostenverteilungsschlüssels für Betriebs- und Verwaltungskosten

WEG-Reform:
Mehrheits-
beschluss
ausreichend

Durch § 16 Abs. 3 WEG wird der Eigentümergemeinschaft die Kompetenz eingeräumt, durch einfachen Mehrheitsbeschluss die Verteilung der Betriebskosten im Sinne des § 556 Abs. 1 BGB und der Verwaltungskosten sowohl für das Gemeinschafts- als auch für das Sondereigentum zu ändern. Dabei handelt es sich im Wesentlichen um Betriebskosten nach § 2 der Betriebskostenverordnung, die laufend entstehen:

Betriebskosten

Siehe CD-ROM

- laufende öffentliche Lasten des Grundstücks – z. B. Grundsteuer (§ 2 Nr. 1 BetrKV)

- Kosten der Wasserversorgung (§ 2 Nr. 2 BetrKV)

- Kosten der Entwässerung (§ 2 Nr. 3 BetrKV)

- Kosten des Betriebs der zentralen Heizungsanlage einschl. der Abgasanlage (z. B. Heizöl, Gas), Kosten des Betriebsstroms der Zentralheizung, Bedienungskosten, Überwachung und Pflege der Anlage, Wartungskosten, Kaminkehrerkosten

- Kosten der eigenständig gewerblichen Lieferung von Wärme (z. B. Fernwärmeversorgung) (§ 2 Nr. 4c BetrKV)

- Kosten des Betriebs des Personen- oder Lastenaufzuges (§ 2 Nr. 7 BetrKV)

- Kosten der Straßenreinigung und Müllbeseitigung (§ 2 Nr. 8 BetrKV)
- Kosten der Gebäudereinigung und Ungezieferbekämpfung (§ 2 Nr. 9 BetrKV)
- Kosten der Gartenpflege (§ 2 Nr. 10 BetrKV)
- Kosten der Beleuchtung (z. B. Außenbeleuchtung, Zugänge, Flure, Treppen, Keller, Waschküchen) (§ 2 Nr. 11 BetrKV)
- Kosten der Schornsteinreinigung (§ 2 Nr. 12 BetrKV)
- Kosten der Sach- und Haftpflichtversicherung (§ 2 Nr. 13 BetrKV)
- Kosten für den Hauswart (§ 2 Nr. 14 BetrKV)
- Kosten des Betriebs der Gemeinschaftsantennenanlage (§ 2 Nr. 15a BetrKV, Nr. 15b – Breitbandkabelnetz)

Ein entsprechender Mehrheitsbeschluss über eine abändernde Kostenverteilung kann sich z. B. am tatsächlichen Verbrauch bzw. an der Verursachung orientieren.

Beispiel

Eine am Verbrauch orientierte Kostenverteilung ist immer dann möglich, wenn Messeinrichtungen (z. B. Wasseruhren) vorhanden sind.

Eine an der Verursachung orientierte Kostenverteilung kann auch darin liegen, dass künftig nach Personenanzahl, Objekten oder aber auch nach der konkreten Nutzungsdauer der Gemeinschaftseinrichtung (Schwimmbad, Sauna etc.) abgerechnet wird.

Für die Ordnungsgemäßheit eines entsprechenden Beschlusses ist die Orientierung am Verbrauch oder an der Verursachung jedoch nicht zwingend. Nach § 16 III WEG kommt auch eine Kostenverteilung nach einem „anderen Maßstab" in Betracht. Insoweit ist nicht zwingend, dass die Kosten nach Verbrauch oder Verursachung erfasst werden. Dazu entschied das Landgericht München I (Urteil vom 10.06.2009, 1 S 10155/08), dass auch unterschiedliche Gebrauchsmöglichkeiten ein geeigneter Grund für eine Abänderung des Kostenverteilungsschlüssels darstellen. Danach ist es möglich, die Kosten für den Winterdienst überwiegend auf die Eigentümer von Wohnungen zu verteilen und gleichzeitig die „Nur-Stellplatzeigentümer" mit diesen Kosten deutlich weniger zu be-

Kosten-
verteilung

lasten. In dem vom LG entschiedenen Fall wurde allerdings festgestellt, dass eine Kostenverteilung im Verhältnis von 90 zu 10 zulasten der Wohnungseigentümer an den Gesamtkosten des Winterdiensts nicht mehr ordnungsgemäßer Verwaltung entspricht. Die WEG hatte hierzu beschlossen, dass die vier Wohnungseigentümer jeweils 22,5 % der Kosten des Winterdiensts tragen sollten, wohingegen die fünf Stellplatzeigentümer jeweils nur 2 % tragen sollten. Diese Kostenverteilung wurde als nicht mehr angemessen erachtet. Gleichzeitig wies das Gericht darauf hin, dass eine Kostenbeteiligung am Winterdienst von über 50 % durch die Wohnungseigentümer angemessen sei. Nicht zulässig sei allerdings, dass ein Wohnungseigentümer mit mehr als dem Zehnfachen eines Nur-Stellplatzeigentümers belastet werde.

Voraussetzung für abweichende Kostenverteilung

Voraussetzung für eine abweichende Kostenverteilung der Betriebs- bzw. Verwaltungskosten ist demnach:

- Erfassung nach Verbrauch oder
- Erfassung nach Verursachung oder
- Erfassung nach einem anderen Maßstab

Eine abweichende Kostenverteilung ist auch dann möglich, wenn die Teilungserklärung (TE) eine andere Kostenverteilung vorsieht. Eine Einschränkung, dass § 16 III WEG nur die Abänderung von sinnlosen oder unklaren Kostenverteilungsschlüsseln der TE gestatte, ist mit § 16 V WEG nicht vereinbar (LG München I, Urteil vom 10.06.2009, 1 S 10155/08).

Bei Abänderung des Kostenverteilungsschlüssels nach § 16 III WEG steht den Eigentümern im Übrigen ein weiter Ermessensspielraum zu, der durch die Gerichte nur eingeschränkt überprüft werden kann. Die Grenzen des Ermessens sind anhand aller Umstände des Einzelfalls zu bestimmen (Spielbauer/Then, WEG, § 16 Rnr. 49).

Einzelne Eigentümer dürfen nicht unzumutbar von der Mehrheit benachteiligt werden.

Sachlicher Grund

Die Entscheidung darf außerdem nicht willkürlich sein. Daher muss ein sachlicher Grund für die Änderung des bisher geltenden Kostenverteilungsschlüssels vorliegen. Ein sachlicher Grund liegt nicht vor,

wenn die Mehrheit eine Änderung des bislang vereinbarten Kostenverteilungsschlüssels nach Kopfanteilen in eine Kostenverteilung
nach Miteigentumsanteilen allein deshalb beschließt, weil sie dadurch – auf Kosten der Minderheit – finanziell entlastet würde (LG
München I, a. a. O.).

Ein sachlicher Grund liegt allerdings in den unterschiedlichen
Gebrauchsmöglichkeiten der Eigentümer, somit beispielsweise darin, dass die Nur-Stellplatzeigentümer die gemeinsamen Wohnwege
nur in untergeordnetem Umfang nutzen.

Kommen mehrere Verteilerschlüssel in Betracht, so müssen die
Eigentümer denjenigen auswählen, der den Interessen der Gemeinschaft und des einzelnen Wohnungseigentümers angemessen ist und
nicht zu einer ungerechtfertigten Benachteiligung einzelner führt
(Bundestag Drucksache 16/887).

Die Neuregelung, den Kostenverteilungsschlüssel durch Mehrheitsbeschluss zu ändern, ist für die Eigentümergemeinschaft fakultativ,
das heißt, die Gemeinschaft kann ihn ändern, sie muss dies aber
nicht. Eine Vereinbarung oder Öffnungsklausel (vgl. Kap. 5.6.3) ist –
im Gegensatz zum bisherigen Recht – nicht mehr erforderlich. Die
Eigentümergemeinschaft kann die Verteilung der eben erwähnten
Kosten in einzelnen Kostenpositionen ändern.

Beispiel: Moderne Müllerfassung

Die Eigentümergemeinschaft beschließt, die Kosten der Müllentsor-
gung künftig nicht nach Miteigentumsanteilen, sondern durch Einführung eines modernen Wiegesystems mit Chipkarten nach dem tatsächlichen Verbrauch umzulegen.

Beispiel: Zusätzlicher Wohnraum

Ein Miteigentümer baut das Dachgeschoss zulässigerweise zu Wohnraum aus. Die Gemeinschaftsordnung sieht allerdings noch eine Kostenverteilung der Betriebskosten wie vor Ausbau des Dachgeschosses
vor. Es besteht ein sachlicher Grund zur Änderung des Verteilungsschlüssels, da auch die neu hinzugekommenen Wohnflächen anteilsmäßig an den Betriebs - und Verwaltungskosten zu beteiligen sind.

Grundsätze ordnungsgemäßer Verwaltung

Die Änderung muss ferner ordnungsgemäßer Verwaltung entsprechen. Eine Kostenverteilung nach dem tatsächlichen Verbrauch oder der tatsächlichen Verursachung entspricht grundsätzlich immer ordnungsgemäßer Verwaltung.

> **Tipp: Anfechtung innerhalb eines Monats**
>
> Sind Sie der Ansicht, dass die Änderung des Kostenverteilungsschlüssels nicht den Grundsätzen ordnungsgemäßer Verwaltung entspricht, so müssen Sie den Mehrheitsbeschluss durch Anfechtungsklage beim zuständigen Amtsgericht binnen Monatsfrist anfechten.

Änderung der Verwaltungskosten

Die neu eingeführte Beschlusskompetenz nach § 16 Abs. 3 WEG gilt auch für die Verwaltungskosten, z. B. Verwalterhonorar, Aufwandsersatz für den Verwaltungsbeirat

Beispiel: Verteilung der Verwaltungskosten

Die Eigentümergemeinschaft beschließt, dass das Verwalterhonorar nicht nach Miteigentumsanteilen, sondern künftig pro Wohneinheit abgerechnet soll. Dafür besteht ein sachlicher Grund, da der Verwaltungsaufwand pro Wohnung grundsätzlich unabhängig von der jeweiligen Wohnungsgröße gleich ist.

Überprüfung durch das Wohnungseigentumsgericht

§ 16 Abs. 3 WEG gibt ausdrücklich vor, dass Beschlüsse zur Änderung der Kostenverteilung auch ordnungsgemäßer Verwaltung entsprechen müssen (s. o.). Deshalb unterliegen diese Beschlüsse künftig vollumfänglich der richterlichen Überprüfung, sofern sie binnen Monatsfrist durch Klage angefochten werden.

Die Änderungskompetenz gilt nicht für Kosten, die unmittelbar gegenüber Dritten abgerechnet werden.

Beispiel: Abrechnung mit Versorgungsunternehmen

Kosten, die direkt vom Versorgungsunternehmen gegenüber dem einzelnen Wohnungseigentümer abgerechnet werden, können durch Mehrheitsbeschluss nicht geändert werden.

Achtung: Haftung auf Miteigentumsanteil begrenzt

Die Beschlusskompetenz erfasst die Kostenverteilung der Eigentümer im Innenverhältnis, d. h. untereinander. Davon zu unterscheiden ist die Haftung des Eigentümers für Schulden der Gemeinschaft gegenüber Dritten. Diese ist nach der Entscheidung des BGH zur sogenannten Teilrechtsfähigkeit der Wohnungseigentümergemeinschaft (vgl. Kap. 6) sowie durch Einführung des § 10 Abs. 8 WEG grundsätzlich nur auf die Höhe des Miteigentumsanteils beschränkt.

Gemäß § 16 Abs. 5 WEG kann die neu eingeführte Beschlusskompetenz zur Änderung des Kostenverteilungsschlüssels durch eine Vereinbarung der Wohnungseigentümer nicht eingeschränkt oder ausgeschlossen werden. Eine Erweiterung der Befugnisse ist jedoch möglich.

Unabdingbarkeit

4.3.2 Änderung der Kostenverteilung bei Instandhaltung, Instandsetzung und baulichen Veränderungen

Die Änderung des in der Gemeinschaftsordnung festgelegten Kostenverteilungsschlüssels war bisher grundsätzlich nur durch die Änderung der Gemeinschaftsordnung selbst, d. h. durch eine Vereinbarung aller Wohnungseigentümer, möglich. Eine weitere Ausnahme sieht § 16 Abs. 4 WEG vor.

Siehe CD-ROM

Nach § 16 IV WEG können nun die Kosten für

Welche Kosten sind erfasst?

• Instandhaltungen (§ 21 V Nr. 2 WEG),

• Instandsetzungen (§ 21 V Nr. 2 WEG),

• bauliche Veränderungen (§ 22 I WEG) sowie

• Modernisierungen (§ 22 II WEG)

abweichend vom geltenden Kostenverteilungsschlüssel geregelt werden. Sofern die Gemeinschaftsordnung eine Vereinbarung zum Kostenverteilungsschlüssel enthält, kann dieser aufgrund der Beschlusskompetenz der Eigentümer nach § 16 IV WEG abgeändert werden. Sofern die Gemeinschaftsordnung keine Vereinbarung über den Kostenverteilungsschlüssel enthält, kann auch der gesetzliche Kostenverteilungsschlüssel (§ 16 II WEG) abgeändert werden.

Konkreter
Einzelfall

Die Voraussetzung dafür ist: Es muss sich um einen konkreten Einzelfall handeln. Der Kostenverteilungsschlüssel kann also nicht generell geändert werden, sondern nur im Hinblick auf einen ganz bestimmten zu regelnden Einzelfall.

Beispiele für Einzelfälle

Die Eigentümer beschließen,

- das Streichen von Fenstern nach deren Anzahl abzurechnen,
- die Reparatur der im Gemeinschaftseigentum stehenden Teile von Balkonen nur den Wohnungseigentümern in Rechnung zu stellen, zu deren Wohnung ein Balkon gehört, oder
- die Instandsetzungskosten für Garagen oder Stellplätze nur auf die Nutzungsberechtigten zu verteilen (BT-Drs. 16/887, S. 23).

Im Gegensatz zu § 10 I 3 WEG, der eine generelle Änderung des Kostenverteilungsschlüssels zulässt, muss sich ein Beschluss nach § 16 IV WEG auf den Einzelfall beziehen, d. h. der Kostenverteilungsschlüssel wird nicht generell und dauerhaft abgeändert, sondern nur für die konkrete Instandsetzung.

Im Fall einer Balkonsanierung können beispielsweise nach einer Entscheidung des Amtsgerichts Oldenburg, Urteil vom 19.02.2008, Az. 10 C 10016/07, NZM 2008, 495, die Kosten für die Sanierung eines einzelnen Balkons – obwohl beispielsweise Brüstung, Geländer und Bodenplatte zwingend Gemeinschaftseigentum sind – allein dem Eigentümer der Wohnung auferlegt werden.

Ein konkreter Einzelfall im Sinne des § 16 IV WEG liegt nicht mehr vor, wenn die Kosten der Instandhaltung, z. B. von Terrassenfenstern und -türen, nicht nur für die einzelne, konkret anstehende Reparatur, sondern dauerhaft auf die einzelnen Wohnungseigentümer abwälzt werden sollen.

Derartige Regelungen sind von der Beschlusskompetenz nach § 16 IV WEG nicht mehr umfasst. Den Wohnungseigentümern fehlt die Kompetenz, eine solche Regelung im Wege eines Beschlusses zu treffen. Nachdem hierdurch unzulässigerweise die TE geändert werden soll, sind entsprechende Beschlüsse nichtig, BGH, Urteil vom 25.09.2009, Az. V ZR 33/09.

Nachdem ein Beschluss nach § 16 IV WEG nur im Rahmen eines konkreten Einzelfalls möglich ist, können in nachfolgender Konstellation durchaus unbillige Ergebnisse entstehen:

Unbilliges Ergebnis

In einer Eigentümerversammlung soll über die Instandsetzung der reparaturbedürftigen Fenster an der Westseite des Anwesens beschlossen werden. Die Eigentümer beschließen die Instandsetzung, gleichzeitig mit doppelt qualifizierter Mehrheit, dass diese Kosten nur von den Eigentümern getragen werden sollen, deren Wohnung zur Westseite liegt. Die Eigentümer stellen zwei Jahre später fest, dass nun auch die übrigen Fenster des Anwesens marode sind. Sie beschließen auch hier die Instandsetzung. Eine gesonderte Kostenverteilung nach § 16 IV WEG wird allerdings nun nicht mehr beschlossen, sodass die Kosten nach dem gesetzlichen Maßstab, § 16 II WEG, d. h. nach Miteigentumsanteilen zu verteilen sind. Die Eigentümer der nach Westen gelegenen Wohnungen fühlen sich hierdurch benachteiligt, da sie ihrerseits ihre Fensterreparaturen selbst gezahlt haben und nun trotzdem an den Fensterreparaturen der übrigen Wohnungen beteiligt werden sollen. Tatsächlich liegt hierin ein unbilliges Ergebnis. Aus dem Gleichbehandlungsgrundsatz wird aber eine Pflicht der Wohnungseigentümer bestehen, bei künftigen Fenstersanierungen gleichartige Beschlüsse zu fassen (Bub/Bernhard, FD-MietR 2009, 282273). Auch die Einhaltung der Maßstabskontinuität bei späteren Fenstersanierungen gebietet, dass diejenigen Eigentümer, die ihre Fensterreparaturen bereits selbst bezahlt haben, nicht mehr an den anderen Reparaturen beteiligt werden.

4.3.3 Orientierung am individuellen Gebrauch

Der abweichende Maßstab muss dem individuellen Gebrauch oder der Möglichkeit des Gebrauchs Rechnung tragen (§ 16 IV WEG). Strittig ist derzeit, ob nur bei einer exklusiven Gebrauchsmöglichkeit die Abänderung des Kostenverteilungsschlüssels nach § 16 IV WEG in Betracht kommt oder auch, wenn die Gebrauchsmöglichkeit sowohl für den konkreten Wohnungseigentümer als auch für die Gemeinschaft besteht. Dazu folgendes Beispiel:

Mehrhaus-
anlage

Im Rahmen einer sogenannten „Mehrhausanlage", bestehend aus einer Altbauvilla und zwei Neubauten, beschließen die Wohnungseigentümer, dass die Dachsanierung des Altbestands nur durch die Eigentümer der im Altbau gelegenen Wohnungen zu tragen ist. Die Eigentümer der im Altbau gelegenen Wohnungen fechten diesen Beschluss an mit dem Ziel, dass die Gesamtheit der Wohnungseigentümer die Kosten der Dachsanierung zu tragen hat. Das Amtsgericht München (Urteil vom 18.09.2008, Az. 483 C 470/08) vertritt die Auffassung, dass der Beschluss über die abweichende Kostenverteilung ordnungsgemäß ist. Zwar gebe es Gebäudebestandteile, die einen mehrfachen Zweck erfüllen, beispielsweise die Fenster. Der Wohnungseigentümer nutze sie beim Öffnen. Für die Wohnungseigentümer insgesamt seien die Fenster für die Abgeschlossenheit von Bedeutung. Beim Dach verhalte es sich ähnlich. Das Dach der Villa bezwecke den Schutz und die Abgrenzung der in der Villa gelegenen Wohnungen. Darüber hinaus sei es für die Abgeschlossenheit und das äußere Erscheinungsbild der Villa verantwortlich. Nach dem Wortlaut des § 16 IV WEG reiche es jedoch, wenn der beschlossene abweichende Maßstab der Möglichkeit des Gebrauchs Rechnung trage. Eine exklusive Gebrauchsmöglichkeit sei nicht erforderlich. Der Beschluss über die Kostentragung sei daher ordnungsgemäß zustande gekommen.

Das Landgericht München vertritt in der Berufungsinstanz die gegenteilige Auffassung (LG München I, Urteil vom 30.07.2009, Az. 36 S 18003/08). Der Beschluss, lediglich die Eigentümer der Wohnungen der Altbauvilla mit Kosten zu belasten widerspreche, ordnungsgemäßer Verwaltung. Denn das Dach der Altbauvilla biete keine exklusiven Gebrauchsmöglichkeiten für die Eigentümer der in der Altbauvilla gelegenen Wohnungen. Es diene insgesamt dem Gemeinschaftseigentum. Ohne Dach gäbe es kein Gebäude und somit auch kein Gemeinschaftseigentum. Es diene dem Nutzen für alle übrigen Eigentümer, auch denjenigen der Neubauten. Außerdem habe es für die Gesamtanlage eine prägende optische Funktion. Deshalb könne eine abweichende Kostenverteilung mangels exklusiver Gebrauchseigentümer für die Eigentümer der in der Villa gelegenen Wohnung nicht beschlossen werden. Die Kosten müssen daher von sämtlichen Wohnungseigentümern, d. h. auch von denjenigen der Neubauten, getragen werden.

Das Urteil ist nicht rechtskräftig. Das LG München hat wegen der Unsicherheit über die Reichweite des Ermessens der Wohnungseigentümer im Rahmen eines Beschlusses nach § 16 IV WEG die Revision zum BGH zugelassen.

Urteil nicht rechtskräftig

Das Beispiel zeigt jedoch, wie schwierig es ist vorauszusagen, ob ein Beschluss über die Kostenverteilung nach § 16 IV WEG noch ordnungsgemäßer Verwaltung entspricht oder nicht. Der Gesetzgeber hat ausweislich der Gesetzesbegründung (BT-Drs 16/887, S. 23) z. B. explizit die Abrechnung der Instandsetzungskosten nach der Anzahl der Fenster angeführt. Überträgt man dies auf die vorliegende Fallkonstellation, handelt es sich hier ebenfalls um eine konkrete Nutzungsmöglichkeit durch den jeweiligen Einzeleigentümer, gleichzeitig aber auch um einen gemeinschaftlichen Gebrauch (Abgeschlossenheit/optisch-architektonischer Eindruck der Fassade). Überträgt man diese Erwägungen auf das hier streitige Dach, so wäre der Ansicht des Amtsgerichts beizupflichten. Insoweit bleibt die Entscheidung des BGH abzuwarten.

4.3.4 Doppelt qualifizierte Mehrheit

Es muss eine qualifizierte Mehrheit von drei Vierteln aller stimmberechtigten Wohnungseigentümer nach Köpfen (gem. § 25 Abs. 2 WEG) vorliegen, die gleichzeitig mehr als der Hälfte aller Miteigentumsanteile (sog. Quorum) entsprechen muss.

Doppelt qualifizierte Mehrheit

§ 16 Abs. 4 WEG verweist auf § 25 Abs. 2 WEG, das sog. Kopfprinzip. Danach hat jeder Wohnungseigentümer (nur) eine Stimme, auch wenn er Eigentümer mehrerer Wohnungen ist. Mehrere Miteigentümer müssen ihr Stimmrecht einheitlich ausüben, das heißt, ihnen steht ebenfalls nur eine einzige Stimme zu.

Kopfprinzip

> **Tipp: Anfechtungsklage bei Nichterreichen des Quorums**
>
> Wird das Quorum bei der Abstimmung nicht erreicht, ist der Beschluss anfechtbar, aber nicht nichtig. Sie müssen also gegebenenfalls innerhalb eines Monats Anfechtungsklage beim zuständigen Amtsgericht einreichen. Ansonsten wird der Beschluss bestandskräftig und kann grundsätzlich nicht mehr angegriffen werden.

Die Neuregelung ist für die Eigentümergemeinschaft im Übrigen fakultativ, das heißt die Gemeinschaft kann die Kostenverteilung im Einzelfall ändern, sie muss dies aber nicht.

Beispiel einer Instandsetzung

Die Eigentümergemeinschaft fasst einen Beschluss zur Sanierung der Tiefgarage und bestimmt dabei einen von der Gemeinschaftsordnung abweichenden Kostenschlüssel: Nur die Eigentümer von Stellplätzen haben die Kosten der Sanierung zu tragen.

Beispiel einer Modernisierung

Die Eigentümergemeinschaft beschließt, einen Fahrstuhl einzubauen. Es handelt sich dabei um eine Modernisierungsmaßnahme im Sinne des § 22 Abs. 2 WEG sowie des § 559 Abs. 1 BGB. Im Rahmen des Beschlusses über den Lifteinbau selbst beschließen die Eigentümer, dass alle an den Kosten beteiligt werden.

Auch die Eigentümer der Erdgeschosswohnungen können an den Kosten des Lifteinbaus beteiligt werden, da auch das Kellergeschoss angefahren wird, denn nach § 16 Abs. 4 WEG ist ausreichend, dass der geänderte Verteilungsschlüssel der Möglichkeit des Gebrauchs Rechnung trägt.

Beispiel zur baulichen Veränderung

In einer Eigentumswohnanlage verfügt nur ein Teil der Wohnungen über Balkone. Die Eigentümergemeinschaft beschließt nun, dass an die Wohnungen, die bisher noch keine Balkone hatten, Balkone angebaut werden dürfen. Die Kosten sind nach dem Beschluss nur von denjenigen Eigentümern zu tragen, deren Wohnungen Balkone erhalten sollen.

Unabdingbar-
keit

Gemäß § 16 Abs. 5 WEG können die Befugnisse nach § 16 Abs. 4 WEG, d. h. die Kompetenz der Eigentümergemeinschaft zur Änderung der Kostenverteilung bei Instandhaltung, Instandsetzung und baulichen Veränderungen durch Vereinbarung der Wohnungseigentümer nicht eingeschränkt oder ausgeschlossen werden. Eine Erweiterung der Befugnisse ist jedoch möglich.

Beispiel: Öffnungsklausel

Die Gemeinschaftsordnung enthält bereits eine sogenannte Öffnungsklausel (siehe auch Kap. 5.6.3): Der Kostenverteilungsschlüssel kann im konkreten Einzelfall bereits mit einer Mehrheit von 2/3 aller Wohnungseigentümer geändert werden.

4.3.5 Kostenbefreiung

Gem. § 16 Abs. 6 WEG muss ein Wohnungseigentümer, der einer baulichen Veränderung oder einer Aufwendung, die über die ordnungsgemäße Instandhaltung oder Instandsetzung des gemeinschaftlichen Eigentums hinausgeht, nicht zugestimmt hat, auch keine Kosten daran tragen. Etwas anderes gilt, wenn die Eigentümergemeinschaft aufgrund der Beschlusskompetenz nach § 16 Abs. 4 WEG (neu) durch das sogenannte Quorum (3/4 aller stimmberechtigten Wohnungseigentümer und zusätzlich mehr als die Hälfte aller Miteigentumsanteile) den Kostenverteilungsschlüssel im konkreten Einzelfall geändert hat. In diesem Fall sind auch diejenigen Eigentümer an den Kosten zu beteiligen, die der konkreten Maßnahme nicht zugestimmt haben. Voraussetzung ist hierfür allerdings immer, dass diejenigen Wohnungseigentümer, die die Kosten zu tragen haben, auch die Nutzungen beanspruchen können.

Siehe CD-ROM

Tipp: Änderung auch ohne Öffnungsklausel möglich

§ 16 WEG betrifft die Kosten des Gemeinschaftseigentums. Bereits bisher war es möglich, verbrauchsabhängige Kosten des Sondereigentums, das heißt der jeweiligen einzelnen Wohnungen, durch Mehrheitsbeschluss zu regeln, auch wenn die Gemeinschaftsordnung dazu keine sog. Öffnungsklausel (vgl. Kap. 5.6.3) enthielt.

Beispiel: Einbau von Kaltwasserzählern

Die Eigentümergemeinschaft beschließt, Kaltwasserzähler einzubauen und die Wasserkosten künftig nach dem individuellen Verbrauch abzurechnen. Dies ist durch Beschluss möglich, da nur die Kosten des Sondereigentums und nicht des Gemeinschaftseigentums betroffen sind. Auch unter Berücksichtigung des Gedankens der Energieeinsparung (Abrechnung nach individuellem Verbrauch) sind Mehrheitsbeschlüsse dazu möglich.

Es steht aber im Ermessen der Wohnungseigentümergemeinschaft, ob sie ganz oder teilweise verbrauchsabhängige Abrechnungen einführen will. Eine künftige verbrauchsabhängige Abrechnung widerspricht allerdings dann ordnungsgemäßer Verwaltung, wenn die Kosten für den Einbau, einschließlich laufender Wartungskosten, Ablesekosten, Eichgebühren etc. in keinem angemessenen Verhältnis zu der voraussichtlichen Einsparung an Wasser stehen.

Ein Mehrheitsbeschluss über den Einbau von Kaltwasserzählern und eine künftige verbrauchsabhängige Abrechnung ist allerdings dann nicht möglich, wenn die Gemeinschaftsordnung - ausnahmsweise - eine ausdrückliche Regelung zur Abrechnung des Wasserverbrauchs auch im Hinblick auf die jeweiligen Sondereigentumseinheiten enthält. Ist dies der Fall, so muss gegebenenfalls die Gemeinschaftsordnung geändert werden, wozu eine Vereinbarung aller Wohnungseigentümer erforderlich ist.

4.3.6 Änderung des Kostenverteilungsschlüssels bei Unbilligkeit

WEG-Reform

Nach dem neu eingeführten § 10 Abs. 2 Satz 3 WEG können nun auch einzelne Eigentümer die Änderung von Vereinbarungen (insbesondere in der Gemeinschaftsordnung) verlangen, wenn ein Festhalten an der geltenden Regelung aus schwerwiegenden Gründen unter Berücksichtigung aller Umstände des Einzelfalls, insbesondere der Rechte und Interessen der anderen Wohnungseigentümer, unbillig erscheint. Dies betrifft grundsätzlich alle „schuldrechtlichen Vereinbarungen" der Wohnungseigentümer untereinander. Darunter sind zunächst einmal die Regelungen der Gemeinschaftsordnung zu verstehen, ferner Gebrauchsregelungen im Sinne des § 15 Abs. 1 WEG.

Beispiel

Vereinbarungen der Wohnungseigentümer über Verkehrssicherungs-
pflichten, Reinigungs- und Streupflichten, Nutzungsregelungen über
Gemeinschaftsräume (z. B. Waschküche).

Eine Vereinbarung liegt vor, wenn sämtliche beteiligten Wohnungseigentümer der Regelung zugestimmt haben.

Beispiel

Alle Eigentümer vereinbaren allstimmig ein sogenanntes Tierhal-
tungsverbot in der Wohnungseigentumsanlage.

An dieser Stelle soll jedoch nur der Anspruch auf Änderung des Kostenverteilungsschlüssels erörtert werden. Nach der bisherigen ober-
landesgerichtlichen Rechtsprechung bestand ein Änderungsanspruch grundsätzlich nur dann, wenn die geltende Regelung der
Kostenverteilung zu grob unbilligen, mit Treu und Glauben nicht zu
vereinbarenden Ergebnissen führte. Im Einzelfall haben die Ober-
landesgerichte dies angenommen bei einer Kostenmehrbelastung
eines Wohnungseigentümers von 253 % (BayObLGZ 1991, 396, 399)
von 171 % (BayObLGZ 1987, 66, 69) und von 87,5 % (BayObLG
WuM 1997, 61, 62). Verneint worden ist eine grobe Unbilligkeit bei
einer Kostenmehrbelastung zwischen 12 % und 50 % durch das
BayObLG und von 27 % durch das OLG Düsseldorf.

Der BGH stellte mit Beschluss vom 07.10.04 (BGH, V ZB 22/04)
heraus, dass es dazu keine starren prozentualen Grenzen gibt und
das Maß der Kostenmehrbelastung nicht alleiniges Kriterium einer
groben Unbilligkeit sei. Die bisherige Rechtsprechung war zu etwai-
gen Ansprüchen eines Einzeleigentümers auf Änderung des Kostenverteilungsschlüssels äußerst zurückhaltend.

Nach der jetzigen Einführung des § 10 Abs. 2 Satz 3 WEG wurde
dem einzelnen Eigentümer dazu ein gesetzlich verankerter Anspruch
auf Änderung von Vereinbarungen/Gemeinschaftsordnungen zugebilligt. Danach hat der Einzeleigentümer einen Anspruch auf Änderung der Vereinbarung (hier des Kostenverteilungsschlüssels), wenn
das Festhalten an der geltenden Regelung unbillig erscheint, § 10
Abs. 2 Satz 3 WEG. Liegt diese Voraussetzung vor, so kann der Ein-

Anspruch auf
Änderung

zeleigentümer die Änderung der Gemeinschaftsordnung – hier des Kostenverteilungsschlüssels – verlangen.

Vertreten wird, dass bei einer Kostenmehrbelastung von über 25 % zwischen Wohn- und Nutzfläche sowie dem für die Verteilung maßgeblichen Miteigentumsanteil die Grenze überschritten sei und ein Anspruch auf Abänderung des Kostenverteilungsschlüssels bestehe. Dem Gesetzeswortlaut ist diese Zahl aber nicht zu entnehmen (Spielbauer/Then, § 10 WEG Rnr. 21). Allerdings entstammt die Auffassung, dass bei einer Kostenmehrbelastung von etwa 25 % eine Unbilligkeit naheliegen dürfte, der Begründung zum Gesetzesentwurf der Bundesregierung (BT-Drs 16/887, S. 17 ff.).

Dieser Wert kann jedoch nur einen groben Richtwert darstellen. Im Übrigen ist die Frage der Unbilligkeit immer unter Berücksichtigung aller Umstände des konkreten Einzelfalls zu beurteilen. Sie kommt nur in Betracht, wenn ein Festhalten an der geltenden Regelung aus schwerwiegenden Gründen, insbesondere aufgrund der Rechte und Interessen der anderen Wohnungseigentümer, unbillig erscheint, § 10 II 3 WEG. Nachdem also jeweils eine konkrete Einzelfallbetrachtung zu erfolgen hat, dürfte eine starre 25 %-Grenze zu verneinen sein. In Einzelfällen kann eine unbillige Benachteiligung sowohl unter als auch über 25 % durchaus vorliegen.

Im Fall einer Unbilligkeit kann auch ein einzelner Eigentümer die Änderung der Vereinbarung (TE/GO) verlangen, es besteht also ein Individualanspruch. Der Anspruch richtet sich nicht gegen den teilrechtsfähigen Verband der Wohnungseigentümer, sondern gegen die übrigen Miteigentümer und geht auf Abänderung – hier: des Kostenverteilungsschlüssels. Sind die Anspruchsvoraussetzungen gegeben, so muss jeder einzelne Wohnungseigentümer an der Abänderung durch Zustimmung zum geänderten Kostenverteilungsschlüssel mitwirken. Die Änderung des Kostenverteilungsschlüssels gilt nur für die Zukunft. Sie ist im Rahmen von Jahresabrechnungen oder Wirtschaftsplänen erst dann zu berücksichtigen, wenn die Änderung des Kostenverteilungsschlüssels tatsächlich vollzogen wurde (Niedenführ/Kümmel/Vandenhouten, § 10 WEG Rnr. 46).

4.4 Der Wirtschaftsplan

Jeder Wohnungseigentümer muss seinen Beitrag zu den Kosten und Lasten des gemeinschaftlichen Eigentums leisten (Beitragspflicht). Dies erfolgt im Allgemeinen durch monatliche Wohngeldzahlungen, bzw. durch Ausgleich des Nachzahlungsbetrags aus der Jahresabrechnung.

Die Verpflichtung der Wohnungseigentümer zur Zahlung von Wohngeld sowie dessen Fälligkeit (in der Regel monatlich) wird im Wirtschaftsplan festgelegt. Der Wirtschaftsplan wird regelmäßig anhand der letzten Jahresabrechnung erstellt. Da der Wirtschaftsplan eine Prognoseentscheidung ist, werden die Einzelpositionen in aller Regel aus der letzten Jahresabrechnung übernommen. Dabei werden voraussichtliche Kostenerhöhungen, bereits feststehende Zusatzkosten (z. B. Rechtsverfolgungskosten) oder aber bereits feststehende Wohngeldausfälle im Wege der Schätzung ermittelt und in den Wirtschaftsplan eingestellt. **Erstellung des Wirtschaftsplans**

In den Wirtschaftsplan sind alle jeweiligen Gesamtkosten einzustellen. Ferner ist der Verteilungsschlüssel nach der Gemeinschaftsordnung oder – wenn diese einen Verteilerschlüssel nicht enthält – nach dem Gesetz aufzunehmen. Schließlich ist der hieraus resultierende und auf den einzelnen Wohnungseigentümer entfallende Betrag auszuweisen. **Inhalt des Wirtschaftsplans**

Das Ergebnis ist die monatliche Wohngeldzahlung für den jeweiligen Einzeleigentümer. Der Wirtschaftsplan wird durch Mehrheitsbeschluss der Wohnungseigentümer genehmigt. Die Rechtsgrundlage für den Wirtschaftsplan ist § 28 Abs. 1 WEG. **Genehmigung durch Mehrheitsbeschluss**

4.4.1 Einnahmen und Ausgaben

Nach § 28 Abs. 1 WEG enthält der Wirtschaftsplan die voraussichtlichen Einnahmen und Ausgaben bei der Verwaltung des gemeinschaftlichen Eigentums (§ 28 Nr. 1 WEG). Den Einnahmen, insbesondere aus dem Wohngeld, sind die voraussichtlichen Bewirtschaftungskosten gegenüberzustellen – wie etwa Brandversicherungen, **Wohngeld und Bewirtschaftungskosten**

123

Gebäudeversicherungen, Haftpflichtversicherung, Hausmeister- und Reinigungskosten, Verwalter-, Wasser-, Kanal- und Abfallbeseitigungsgebühren etc. Hinsichtlich der zu erwartenden Kostenpositionen kann auf § 2 BetrKV zurückgegriffen werden.

Voraussichtliche Beiträge zur Instandhaltung
Getrennt von den vorgenannten Kostenpositionen hat der Wirtschaftsplan auch die voraussichtlichen Beiträge in die Instandhaltungsrücklage aufzunehmen. Dabei hat der Verwalter anhand des Objektzustandes sowie allgemeiner Erfahrungswerte zu schätzen, welche Zahlungen in die Instandhaltungsrücklage voraussichtlich erforderlich sein werden.

4.4.2 Kostenverteilungsschlüssel

Siehe CD-ROM

Im Wirtschaftsplan ist die anteilsmäßige Verpflichtung zur Lasten- und Kostentragung auszuweisen (§ 28 Abs. 1 Nr. 2 WEG). Dabei ist der in der Gemeinschaftsordnung vorgesehene oder, wenn ein solcher nicht existiert, der gesetzliche Kostenverteilungsschlüssel zugrunde zu legen. Widerspricht der Wirtschaftsplan diesen Anforderungen, so ist er auf Anfechtungsklage hin für ungültig zu erklären.

4.4.3 Der Einzelwirtschaftsplan

Berechnung für einzelne Eigentümer
Der Wirtschaftsplan muss einen sog. Einzelwirtschaftsplan, das heißt für jeden Eigentümer eine konkrete Berechnung unter Berücksichtigung des gültigen Verteilungsschlüssels, enthalten. Der Einzelwirtschaftsplan gehört zu den unverzichtbaren Bestandteilen des Wirtschaftsplans. Fehlt der Einzelwirtschaftsplan, ist die Genehmigung des Wirtschaftsplans auf Antrag für ungültig zu erklären (BGH, NZM 2005, 543 = NJW 2005, 2061; BayObLGZ 2004, 374).

4.4.4 Pflicht des Verwalters zur Aufstellung eines Wirtschaftsplans

Der Verwalter muss zur Aufstellung eines Wirtschaftsplans nicht gesondert aufgefordert werden. Er ist gemäß §§ 28 Abs. 1, 21 Abs. 5 Nr. 5 WEG verpflichtet, für jedes Kalenderjahr ohne Aufforderung und ohne Beschluss der Wohnungseigentümer als Maßnahme ordnungsgemäßer Verwaltung einen Wirtschaftsplan aufzustellen. Unterbleibt die Aufstellung durch den Verwalter, so kann jeder Wohnungseigentümer die Anfertigung gerichtlich durchsetzen (§ 43 Nr. 3 WEG).

Wirtschaftsplan gehört zu ordnungsgemäßer Verwaltung

4.4.5 Genehmigung des Wirtschaftsplans durch Eigentümerbeschluss

Der Wirtschaftsplan wird von der Wohnungseigentümergemeinschaft mehrheitlich genehmigt (§ 28 Abs. 5 WEG). Gemäß § 29 Abs. 3 WEG wird der Wirtschaftsplan vor der Abstimmung durch die Wohnungseigentümergemeinschaft vom Verwaltungsbeirat geprüft und mit dessen Stellungnahme versehen. Sofern diese Stellungnahme schriftlich vorliegt, ist sie dem Wirtschaftsplan beizufügen. Regelmäßig erfolgt ein mündlicher Hinweis des Verwaltungsbeirats in der Eigentümerversammlung, dass der Wirtschaftsplan geprüft und für ordnungsgemäß befunden wurde.

Siehe CD-ROM

Die Beschlussfassung über den Wirtschaftsplan erfolgt in der Eigentümerversammlung. Der Verwalter hat die beabsichtigte Beschlussfassung in der Tagesordnung anzukündigen. Er hat den Wirtschaftsplan den Eigentümern zugänglich zu machen, was in der Regel dadurch geschieht, dass der Wirtschaftsplan zusammen mit der Tagesordnung übersandt wird. Der Wirtschaftsplan ist Rechtsgrundlage für den Abruf der monatlichen Wohngelder durch den Verwalter. Aus dem Beschluss über den Wirtschaftsplan muss sich unmittelbar die Höhe der jeweiligen Beteiligung des Eigentümers ergeben.

4.4.6 Fortgeltung des Wirtschaftsplans

Wirtschaftsplan gilt grundsätzlich für ein Jahr

Der Wirtschaftsplan gilt grundsätzlich nur für das Kalenderjahr, für das er aufgestellt wurde. Die Eigentümer können jedoch beschließen, dass der Wirtschaftsplan über das Kalenderjahr hinaus fortgelten soll. Ein solcher Beschluss entspricht ordnungsgemäßer Verwaltung, da gesichert ist, dass die monatlich von den Eigentümern zu bezahlenden Wohngelder auch weiterhin fällig werden. Die Eigentümergemeinschaft kann aber nicht generell beschließen, dass jeder Wirtschaftsplan so lange gilt, bis ein neuer aufgestellt wird, da dies den gesetzlichen Vorgaben, wonach ein Wirtschaftsplan jeweils für ein Kalenderjahr aufzustellen ist, widerspricht.

4.4.7 Fehlerhafte Wirtschaftspläne – Anfechtungsgründe

Erstellung darf nicht delegiert werden

Der Wirtschaftsplan ist vom Verwalter aufzustellen. Die Aufstellung kann durch Beschluss nicht an den Verwaltungsbeirat delegiert werden. Ein entsprechender Mehrheitsbeschluss ist nichtig. Nachdem der Wirtschaftsplan Rechtsgrundlage für die monatlichen Wohngeldzahlung ist, müssen die Eigentümer keine Wohngelder bezahlen, wenn der Wirtschaftsplan nichtig ist.

Unzutreffender Verteilerschlüssel

Enthält der Wirtschaftsplan einen unzutreffenden Verteilerschlüssel, so kann jeder Eigentümer den Wirtschaftsplan erfolgreich mit einer Anfechtungsklage angreifen.

Beispiel: Kostenverteilung

Der Wirtschaftsplan sieht die Kostenverteilung nach Wohnfläche vor. Die Gemeinschaftsordnung schreibt demgegenüber eine Kostenverteilung nach Miteigentumsanteilen vor. Auf Anfechtung hin hat das Gericht einen solchen Wirtschaftsplan für ungültig zu erklären.

Fehlender Verteilerschlüssel

Der Wirtschaftsplan hat die auf die einzelnen Wohnungseigentümer entfallenden Kosten auszuweisen. Es muss daher der Kostenverteilungsschlüssel angegeben werden. Fehlt der Verteilungsschlüssel, so entspricht der Wirtschaftsplan nicht ordnungsgemäßer Verwaltung und kann erfolgreich angefochten werden.

Ein Wirtschaftsplan entspricht ferner nicht ordnungsgemäßer Verwaltung, wenn er zu wesentlich überhöhten Vorschüssen oder zu erheblichen Nachzahlungen führt (BayObLG, NZM 1998, 334). Werden die Kosten im Wirtschaftsplan zu niedrig bemessen, so führt dies im Falle der Anfechtung durch einen Eigentümer allein noch nicht zur Aufhebung des Wirtschaftsplans. Eine voraussichtliche Unterdeckung führt aber dann zur Ungültigerklärung, falls dies zu erheblichen Liquiditätsengpässen der Wohnungseigentümergemeinschaft führen wird. Ein solcher Wirtschaftsplan entspricht nicht ordnungsgemäßer Verwaltung.

Zu hohe oder zu niedrige Ansätze im Wirtschaftsplan

Allerdings muss der Eigentümer im Anfechtungsverfahren konkrete Tatsachen vortragen, die das Gericht in die Lage versetzen, einen neuen Wirtschaftsplan – mit höheren Vorauszahlungen – ersatzweise an die Stelle des alten Wirtschaftsplans zu setzen. Andernfalls würde der Eigentümergemeinschaft die Rechtsgrundlage für die monatlichen Wohngeldvorauszahlungen fehlen.

Kleinere Ungenauigkeiten führen nicht zur Ungültigerklärung des Wirtschaftsplans. Der Wirtschaftsplan ist eine Schätzung der voraussichtlichen Kosten, sodass Ungenauigkeiten hinzunehmen sind. Nach der Rechtsprechung des Bayerischen Obersten Landesgerichts (NZM 2001, 754) entspricht es noch ordnungsgemäßer Verwaltung, wenn der Wirtschaftsplan zu einer bestimmten Position überhaupt keinen Kostenansatz enthält, obwohl der Anfall von Kosten zu erwarten ist. Die Grenze kleinerer Ungenauigkeiten ist allerdings überschritten, wenn der Wirtschaftsplan mit Wahrscheinlichkeit zu erheblichen Nachzahlungen oder Überzahlungen führen wird.

Kleinere Ungenauigkeiten

Es entspricht ebenfalls nicht ordnungsgemäßer Verwaltung, wenn der Verwalter eine Erhöhung seiner Vergütung im Wirtschaftsplan vorsieht. Der Verwalter darf seine Vergütung nicht einfach in der Weise erhöhen, dass er den erhöhten Betrag in den Wirtschaftsplan einstellt. Hierfür bedarf es eines Mehrheitsbeschlusses (OLG Düsseldorf, Beschluss vom 25.01.05, I – 3 Wx 326/04).

Unzulässige Erhöhung der Verwaltervergütung

Wirtschaftsplan bleibt bei Anfechtung zunächst gültig

Solange der Beschluss über den Wirtschaftsplan von einem Gericht noch nicht rechtskräftig für ungültig erklärt worden ist, bleibt es bei dessen Gültigkeit. Die monatlichen Wohngeldzahlungen sind bis zur Ungültigerklärung fällig und müssen bezahlt werden. Die Anfechtungsklage hat keine aufschiebende Wirkung. Sinn dieser Regelung ist im Falle der Anfechtung des Wirtschaftsplanes bzw. der Jahresabrechnung vor allem, dass die Eigentümergemeinschaft zahlungsfähig bleibt. Wohngelder dürfen daher nicht zurückgehalten werden.

4.4.8 Muster eines Beschlusses zur Genehmigung des Wirtschaftsplans

Siehe CD-ROM

„Der Wirtschaftsplan für das Wirtschaftsjahr 2010 wird mit einer Gesamtsumme der Ausgaben und Einnahmen von 250.000 € beschlossen. Die den Eigentümern vorgelegten Einzelwirtschaftspläne werden beschlossen. Die darin festgestellten Wohngeldzahlungen sind jeweils zum dritten Werktag eines Monats fällig."

Muster eines Gesamt- und Einzelwirtschaftsplans 1.1. 2010 bis 31.12.2010

I. voraussichtliche Wohngeldeinnahmen					60.040,00
II. Kosten	**Betrag EUR**	**Schlüssel**	**Ihr Anteil**	**Gesamt**	**Betrag EUR**
Wasser	4.000,00	MEA	100/1000	1000/1000	400,00
Entwässerung	4.000,00	MEA	100/1000	1000/1000	400,00
Liftkosten	1.500,00	MEA	100/1000	1000/1000	150,00
Müllbeseitigung	3.000,00	MEA	100/1000	1000/1000	300,00
Gebäudereinigung	2.500,00	MEA	100/1000	1000/1000	250,00
Gartenpflege	800,00	MEA	100/1000	1000/1000	80,00
Allgemeinstrom	2.500,00	MEA	100/1000	1000/1000	250,00
Brandversicherung	2.500,00	MEA	100/1000	1000/1000	250,00
Haftpflichtversicherung	1.800,00	MEA	100/1000	1000/1000	180,00
Gebäudeversicherung	4.200,00	MEA	100/1000	1000/1000	420,00

Sonstige Versicherungen (Öltank)	700,00	MEA	100/1000	1000/1000	70,00
Hausmeister	8.000,00	MEA	100/1000	1000/1000	800,00
Hausreinigung	1.200,00	MEA	100/1000	1000//1000	120,00
Kabelanschluss	700,00	Anschlüsse	1	10	70,00
Straßenreinigung	1.000,00	MEA	100/1000	1000/1000	100,00
Heizung/Warmwasser	15.000,00	MEA	100/1000	1000//1000	1.500,00
Bankspesen	3.500,00	MEA	100/1000	1000/1000	350,00
Verwaltungskosten	2.500,00	Einheiten	1	10	250,00
Kleinreparaturen	300,00	MEA	100/1000	1000/1000	30,00
Sonstige Betriebskosten	700,00	MEA	100/1000	1000/1000	70,00
Gesamtkosten	**60.400,00**			**Ihre Kosten**	**6.040,00**
III. Instandhaltungsrücklage	8.000,00	MEA	100/1000	1000/1000	800,00
		Wohngeld	Jahr		6.840,00
		Wohngeld	Monat		570,00

4.5   Die Jahresabrechnung

Häufiger Streitpunkt zwischen Verwalter und Wohnungseigentümergemeinschaft ist die Jahresabrechnung. Dies ist ohne Weiteres nachvollziehbar, da die Jahresabrechnung regelmäßig auch finanzielle Belastungen der einzelnen Eigentümer zur Folge hat.

| **Tipp**
Prüfen Sie die Jahresabrechnung kritisch!

Die Praxis zeigt, dass Jahresabrechnungen häufig mit Fehlern behaftet sind. In diesen Fällen muss der Eigentümer gegen den Genehmigungsbeschluss über die Jahresabrechnung innerhalb der Anfechtungsfrist von einem Monat Anfechtungsklage nach § 46 WEG beim zuständigen Amtsgericht stellen. Versäumt er dies, so werden die Jahresabrechnungen bestandskräftig. Die Korrektur von Fehlern in der Jahresabrechnung ist dann nicht mehr möglich.

Anfechtung innerhalb eines Monats

129

Grundsatz ordnungsgemäßer Buchführung

Die Jahresabrechnung wird vom Verwalter erstellt und von der Eigentümergemeinschaft durch Mehrheitsbeschluss in der Eigentümerversammlung genehmigt. Sie muss den Grundsätzen einer ordnungsgemäßen Buchführung entsprechen. Die Einnahmen und Ausgaben müssen vollständig sein. Alle Einnahmen und Ausgaben müssen zeitlich und nach Sachgruppen geordnet sein.

4.5.1 Einnahmen und Ausgaben nach dem Zu- und Abflussprinzip

Einnahmen- und Ausgabenrechnung

Die Jahresabrechnung ist nicht in Form einer Bilanz zu erstellen, sondern als reine Einnahmen- und Ausgabenrechnung aufzustellen. Es gilt das so genannte Zu- und Abflussprinzip. Alles, was im Wirtschaftsjahr eingenommen und ausgegeben wird, ist in die Jahresabrechnung einzustellen. Forderungen und Verbindlichkeiten haben in der Jahresabrechnung grundsätzlich nicht aufzutauchen (z. B. Geldschulden säumiger Miteigentümer). Wohngeldvorauszahlungen sind – anders als im Wirtschaftsplan (vgl. Kap. 4.4) nur in tatsächlicher geleisteter Höhe in die Jahresabrechnung einzustellen. Die Jahresabrechnung muss die Gesamteinnahmen und Gesamtausgaben enthalten.

„Unberechtigte" Ausgaben

Auch unberechtigte Ausgaben gehören in die Jahresabrechnung. Es kommt nicht darauf an, ob die Ausgaben getätigt werden dürfen oder nicht. Maßgeblich ist allein, ob die Ausgaben tatsächlich erfolgt sind. Dies ist Folge des Zu- und Abflussprinzips. Selbst wenn der Verwalter also unberechtigte Ausgaben getätigt hat, müssen diese in der Jahresabrechnung erscheinen.

Korrekte Kostenzuordnung

Sind diese Kosten allerdings nur einem oder mehreren Eigentümern zuzuordnen, dürfen die Kosten auch nur auf diese Eigentümer verteilt werden. Andernfalls ist die Abrechnung auf Anfechtung hin für ungültig zu erklären.

Schadenersatzpflicht des Verwalters

Hat der Verwalter Ausgaben getätigt und gibt es dafür keine gesetzliche Grundlage oder keinen Beschluss der Eigentümer, so macht er sich möglicherweise schadensersatzpflichtig. Dennoch gehören entsprechende Ausgaben in die Jahresabrechnung und berühren die formale Richtigkeit der Abrechnung nicht.

Die Rechtsprechung fordert eine geordnete und übersichtliche Zusammenstellung aller Einnahmen und Ausgaben. Die Abrechnung muss im Übrigen klar und übersichtlich sein. Sie muss aus sich heraus verständlich und nachprüfbar sein. Klarheit und Übersichtlichkeit

4.5.2 Verteilungsschlüssel

Die Jahresabrechnung muss für jede einzelne Kostenposition den Kostenverteilungsschlüssel erkennen lassen. Es muss der nach der Gemeinschaftsordnung geltende Kostenverteilungsschlüssel oder – sofern ein solcher nicht besteht – der gesetzliche Kostenverteilungsschlüssel (§ 16 WEG) angewandt werden. Wird der Jahresabrechnung ein unzutreffender Verteilungsschlüssel zugrunde gelegt, so ist die Abrechnung auf Anfechtung hin für ungültig zu erklären.

Siehe CD-ROM

4.5.3 Gesamt- und Einzelabrechnung

Die Jahresabrechnung besteht aus einer Gesamtabrechnung sowie den Einzelabrechnungen. Die Einzelabrechnung weist das Ergebnis, konkret für die jeweilige einzelne Wohnung aus: Darin werden die Ausgaben unter Mitteilung des jeweiligen Verteilungsschlüssels auf die einzelnen Wohnungseigentümer aufgeteilt (BayObLG, Beschluss vom 09.08.1990, NJW RR 1991, 15).

Gleichzeitig mit der Einzelabrechnung hat der jeweilige Eigentümer eine Heizkosteneinzelabrechnung zu erhalten. Die Einzelabrechnung ist aus der Jahresgesamtabrechnung abzuleiten. Heizkosten

4.5.4 Kontenstand

Eine vollständige Jahresabrechnung muss den Stand der gemeinschaftlichen Konten zu Anfang und zu Ende des Wirtschaftsjahres mitteilen. Die Jahresabrechnung ist rechnerisch nachvollziehbar und schlüssig, wenn der Saldo zwischen den tatsächlichen Einnahmen Anspruch auf Ergänzung und Ausgaben mit dem Saldo der Kontenstände von Jahresanfang und Jahresende übereinstimmt. Die Darstellung der Kontenentwicklung ist deshalb wesentlicher Bestandteil einer Jahresabrechnung. Fehlen diese Angaben, so ist die Jahresabrechnung zwar nicht für ungültig zu erklären, es besteht aber ein Anspruch auf Ergänzung.

Forderungen und Verbindlichkeiten

Der einzelne Wohnungseigentümer hat aber keinen Anspruch auf Ergänzung der Jahresabrechnung um eine Aufstellung über Forderungen und Verbindlichkeiten der Wohnungseigentümergemeinschaft, denn eine solche Aufstellung gehört nicht zu den wesentlichen Bestandteilen der Jahresabrechnung (BayObLG, Beschluss vom 21.12.1999, 2Z BR 79/99, NZM 2000, 280).

Forderungen und Verbindlichkeiten gehören ebenso wenig in die Jahresabrechnung wie Zahlungen, die im Vorjahr eingegangen sind oder erst im nächsten Jahr erwartet werden. Dennoch ist es sinnvoll und teilweise zum Verständnis der Kontenentwicklung notwendig, dass diese Posten vom Verwalter mitgeteilt werden (BayObLG, Beschluss vom 21.12.1999, 2Z BR 79/99, NZM 2000, 280).

4.5.5 Sonderfälle

4.5.5.1 Heiz - und Warmwasserkosten

Grundsätzlich gilt, dass sämtliche im Wirtschaftsjahr entstandenen Einnahmen und Ausgaben in die Jahresabrechnung einzustellen sind. Im Umkehrschluss heißt das: Einnahmen- und Ausgaben außerhalb eines Wirtschaftsjahres haben in der Abrechnung grundsätzlich nichts verloren. Eine Ausnahme gilt bei den Heizkosten.

Heizkosten sind verbrauchsabhängig für das Wirtschaftsjahr abzurechnen. Sie müssen sich nicht – wie sonst bei der Jahresabrechnung vorgeschrieben – ausschließlich an den bezahlten Rechnungen im Kalenderjahr orientieren. Für die Heizkostenabrechnung werden daher Rechnungsabgrenzungsposten zugelassen, etwa dann, wenn Zahlungen für einen im Kalenderjahr angefallenen Verbrauch erst im Folgejahr geleistet werden (BayObLG, Beschluss vom 07.08.03, 2Z BR 47/03, NZM 2003, 900).

Auch wenn die Gemeinschaftsordnung eine abweichende Regelung zur Verteilung von Heiz- und Warmwasserkosten enthält, sind diese zwingend nach dem tatsächlichen Verbrauch abzurechnen. Dies ergibt sich aus § 3 der Heizkostenverordnung.

Immer tatsächlichen Verbrauch abrechnen

Die Heizkosten sind zwingend verbrauchsabhängig abzurechnen, vgl. Kap. 4.2.2.

Kostenverteilung

Entspricht die Jahresabrechnung nicht diesen gesetzlichen Vorgaben, so ist sie anfechtbar und auf Antrag beim zuständigen Amtsgericht für ungültig zu erklären.

4.5.5.2 Anwalts- und Gerichtskosten

Grundsätzlich gilt § 16 Abs. 8 WEG: Die Kosten eines gerichtlichen Beschlussanfechtungsverfahren gehören nicht zu den Kosten der Verwaltung im Sinne des § 16 Abs. 2 WEG. Maßgeblich ist grundsätzlich die gerichtliche Entscheidung über die Verteilung der Kosten.

Anfechtungskosten sind keine Verwaltungskosten

Nach bisherigem Recht bestand der Grundsatz, dass unabhängig vom Ausgang eines Beschlussanfechtungsverfahrens jede Partei ihre außergerichtlichen Kosten (Rechtsanwaltskosten) selbst zu tragen hat. Die Gerichtskosten wurden in der Regel demjenigen auferlegt, der im gerichtlichen Verfahren unterlag.

Bisherige Regelung

Dieser Grundsatz hat nun durch die WEG-Novelle eine entscheidende Änderung erfahren: Wohnungseigentumsrechtliche Streitigkeiten sind künftig nicht mehr nach dem Verfahren der freiwilligen Gerichtsbarkeit, sondern nach dem Erkenntnisverfahren (vgl. Kap. 9.1) der Zivilprozessordnung durchzuführen. Für die gerichtliche Kostenentscheidung folgt daher, dass derjenige, der im Gerichtsverfahren unterliegt, künftig auch die gesamten Gerichtskosten sowie die Rechtsanwaltskosten der Gegenseite und auch die eigenen zu tragen hat.

WEG-Reform: Unterlegene Partei muss bezahlen

Vorrang vor einer Verteilung der Kosten im Innenverhältnis der Wohnungseigentümer untereinander hat immer die gerichtliche Kostenentscheidung. Wenn also das richterliche Urteil im Kostenpunkt lautet: „Die Beklagten tragen die Kosten des Rechtsstreits", so

Gerichtliche Entscheidung maßgebend

darf der Kläger weder über die Jahresabrechnung noch über eine Sonderumlage oder Ähnliches an den Kosten des Rechtsstreits – auch nicht anteilsmäßig – beteiligt werden.

Verteilung der Anwalts- und Gerichtskosten nach Schlüssel

Bereits seit der Entscheidung des Bundesgerichtshofs zur sogenannten Teilrechtsfähigkeit sind grundlegende Änderungen eingetreten: Ist der teilrechtsfähige Verband am Verfahren beteiligt und wird dieser verurteilt, die Kosten des Rechtsstreits zu tragen, so hat die Verteilung der Anwalts- und Gerichtskosten im Innenverhältnis der Wohnungseigentümer grundsätzlich nach dem gültigen Kostenverteilungsschlüssel zu erfolgen.

4.5.5.3 Instandhaltungsrücklage

Die Entwicklung der Instandhaltungsrücklage, insbesondere die Höhe sowie die Verwendung der Mittel, ist ebenfalls in der Jahresabrechnung darzustellen. Bisher wurden teilweise Ausnahmen vom Zu- und Abflussprinzip zugelassen. Danach war es zulässig, die Instandhaltungsrücklage in der Jahresabrechnung mit demselben Betrag anzusetzen wie im Wirtschaftsplan, auch wenn einzelne Eigentümer ihre Beiträge zur Instandhaltungsrücklage nicht oder nicht vollständig bezahlt haben. Deshalb war es zulässig, dass die Instandhaltungsrücklage mit dem Soll-Betrag wie im Wirtschaftsplan vorgesehen in die Jahresgesamtabrechnung aufgenommen wird und in den Einzelabrechnungen die jeweiligen Rückstände der Einzeleigentümer dargestellt werden (BayObLG, Beschluss vom 09.08.1990, 2Z BR 79/90, NJW RR 91, S. 15).

Diese Praxis wurde nun durch Urteil des BGH vom 04.12.09, Az. V ZR 44/09 aufgegeben.

Danach dürfen bei der Verbuchung von Zahlungen auf die Instandhaltungsrücklage nur die tatsächlichen Zahlungen berücksichtigt werden. Zahlungen auf die Instandhaltungsrücklage sind dabei weder als Ausgabe noch als sonstige Kosten auf der Aufgabenseite zu verbuchen, sondern ausschließlich als Einnahme. Sollbeträge dürfen nun nicht mehr eingestellt werden, sondern ausschließlich tatsächlich erfolgte Zahlungen. Bisher war es üblich, Zahlungen, die von Wohnungseigentümern auf das Gemeinschaftskonto geleistet wurden, im Rahmen der Jahresabrechnung als Ausgabe des Gemeinschaftskontos und als Einnahme bei der Instandhaltungsrücklage zu verbuchen. Der BGH stellte in der zitierten Entscheidung fest, dass eine Darstellung als Ausgabe nun nicht mehr in Betracht kommt, sondern ausschließlich als Einnahme. Sofern die Jahresabrechnung diesen neuen Grundsätzen nicht entspricht, kann sie jedenfalls im Hinblick auf die Position „Darstellung der Instandhaltungsrücklage – sonstige Kosten" mit der Anfechtungsklage angefochten werden.

4.5.5.4 Muster einer Jahresgesamtabrechnung

Jahresabrechnung vom 01.01.2009 bis 31.12.2009
WEG Elbstraße 411, Mannheim

Siehe CD-ROM

Einnahmen	EUR	EUR	EUR
Laufende Einnahmen aus Wohngeldern	+70.000,00		
Laufende Zahlungen auf die Instandhaltungsrücklage	+8.000,00		
Nachzahlungen auf die Abrechnung Kj. 2008	+ 9.000,00		
Wohngelder insgesamt	87.000,00	**+ 87.000,00**	
Weitere Einnahmen:			
Zinserträge	+600,00		
Mieten	+2.000,00		
Versicherungsleistungen	+ 3.000,00		
Zwischensumme	5.600,00	**+5.600,00**	
Zufluss aus Instandhaltungsrücklage	+30.000,00	+30.000,00	
Gesamteinnahmen			**+ 122.600,00**

Ausgaben	EUR	EUR	EUR
Wasser	-4.000,00		
Entwässerung	-4.000,00		
Liftkosten	-1.500,00		
Müllbeseitigung	-3.000,00		
Gebäudereinigung	-2.500,00		
Gartenpflege	-800,00		
Allgemeinstrom	-2.500,00		
Brandversicherung	-2.500,00		
Haftpflichtversicherung	-1.800,00		
Gebäudeversicherung	-4.200,00		
Sonstige Versicherungen (Öltank)	-700,00		
Hausmeister	-8.000,00		
Hausreinigung	-1.200,00		
Kabelanschluss	-700,00		
Straßenreinigung	-1.000,00		
Heizung und Warmwasser	-15.000,00		
Bankspesen	-3.500,00		
Verwaltungskosten	-2.500,00		
Kleinreparaturen	-300,00		
Sonstige Betriebskosten	-700,00		
Betriebskosten gesamt	**-60.400,00**	**-60.400,00**	
Balkonsanierung (aus Instandhaltungsrücklage gedeckt € 30.000,00)	-30.000,00	-30.000,00	
Auszahlung von Guthaben aus der Abrechnung 2008	-2.000,00		
Heizung und Warmwasser 2008	-3.000,00		
	-5.000,00	-5.000,00	
Gesamtausgaben			**-95.400,00**

Saldo			27.200,00
Kontenentwicklung:			
Girokonto Hausbank:			
Stand 01.01.2009	5.000,00		
Stand 31.12.2009	32.200,00		
Saldo	**27.200,00**		
Festgeldkonto Rücklage Hausbank			
Stand 01.01.2009			50.000,00
Zufluss auf das Rücklagenkonto			+ 8.000,00
Abfluss an das Girokonto für Balkonsanierung			-30.000,00
Stand 31.12.2009			**28.000,00**

4.5.5.5   Muster einer Jahreseinzelabrechnung

Siehe CD-ROM

Jahreseinzelabrechnung vom 01.01.2009 bis 31.12.2009
WEG Elbstraße 411, Mannheim

Verteilung der Ausgaben					
Wasser	4.000,00	MEA	100/1000	1000/1000	400,00
Entwässerung	4.000,00	MEA	100/1000	1000/1000	400,00
Liftkosten	1.500,00	MEA	100/1000	1000/1000	150,00
Müllbeseitigung	3.000,00	MEA	100/1000	1000/1000	300,00
Gebäudereinigung	2.500,00	MEA	100/1000	1000/1000	250,00
Gartenpflege	800,00	MEA	100/1000	1000/1000	80,00
Allgemeinstrom	2.500,00	MEA	100/1000	1000/1000	250,00
Brandversicherung	2.500,00	MEA	100/1000	1000/1000	250,00
Haftpflichtversicherung	1.800,00	MEA	100/1000	1000/1000	180,00
Gebäudeversicherung	4.200,00	MEA	100/1000	1000/1000	420,00
Sonstige Versicherungen (Öltank)	700,00	MEA	100/1000	1000/1000	70,00
Hausmeister	8.000,00	MEA	100/1000	1000/1000	800,00
Hausreinigung	1.200,00	MEA	100/1000	1000/1000	120,00
Kabelanschluss	700,00	Anschlüsse	1	10	70,00
Straßenreinigung	1.000,00	MEA	100/1000	1000/1000	100,00
Heizung/Warmwasser	*gemäß Abrechnung Fa. Ableser*				1.300,00
Bankspesen	3.500,00	MEA	100/1000	1000/1000	350,00
Verwaltungskosten	2.500,00	Einheiten	1	10	250,00
Kleinreparaturen	300,00	MEA	100/1000	1000/1000	30,00
Sonstige Betriebskosten	700,00	MEA	100/1000	1000/1000	70,00
Gesamtkosten	**60.400,00**			**Ihre Kosten**	**5.840,00**
Einnahmen					
Mieten	3.000,00	MEA	100/1000	1000/1000	<u>300,00</u>
Ihre Kosten					5.540,00
Ihre Vorauszahlungen 570,00 × 12					<u>-6.840,00</u>
Guthaben					**<u>1.300,00</u>**

4.5.6 Fehlerhafte Jahresabrechnungen

Ist eine Jahresabrechnung fehlerhaft, so muss der Eigentümer, wenn er eine Bestandskraft der Abrechnung verhindern will, den Genehmigungsbeschluss innerhalb eines Monats durch Anfechtungsklage nach § 46 WEG beim zuständigen Amtsgericht angreifen. Sonst können Fehler in der Abrechnung grundsätzlich nicht mehr korrigiert werden.

Anfechtung innerhalb eines Monats

Beispiel: Jahresabrechnung außerhalb eines Jahreszeitraums

OLG Düsseldorf, 3 Wx 120/06 - Beschluss vom 6.9.06:
Eine Abrechnung gemäß § 28 Abs. 3 WEG muss das gesamte Kalenderjahr umfassen. Legt der Verwalter keine Gesamtjahresabrechnung vor, sondern stattdessen vier Quartalsabrechnungen, so entspricht der Genehmigungsbeschluss der Eigentümergemeinschaft nicht ordnungsgemäßer Verwaltung.

Beispiel: Abweichungen von der Heizkostenverordnung

Ein Beschluss, die Heizkosten - abweichend von § 7 Heizkostenverordnung - zu 100 % nach Verbrauch umzulegen, entspricht nicht ordnungsgemäßer Verwaltung (OLG Hamm, Beschluss vom 22.12.2005, Aktenzeichen 15 Wx 375/04).

Beispiel: Keine Möglichkeit zur Belegeinsicht

Ein Beschluss über die Genehmigung der Jahresabrechnung ist auf Anfechtungsklage hin für ungültig zu erklären, wenn zuvor keine Möglichkeit bestand, in zumutbarer und ausreichender Weise auch in die Einzelabrechnungen der anderen Wohnungseigentümer Einsicht zu nehmen (OLG Köln, Beschluss vom 24.08.2005, Aktenzeichen 16 Wx 80/05).

Beispiel: Fehlende Posten

Ein ordnungsgemäßer Eigentümerbeschluss über die Jahresabrechnung muss die Gesamtabrechnung einschließlich aller Einzelabrechnungen zum Gegenstand haben. Zu diesen gehört auch die Mitteilung über die Kontostände der Gemeinschaftskonten zu Beginn und am Ende des Abrechnungszeitraums sowie die Entwicklung der Instandhaltungsrücklage. Fehlt einer dieser Bestandteile, ist die erklärte Entlastung des Verwalters für ungültig zu erklären.

Die Genehmigung einer Einzelabrechnung ist ferner anfechtbar, soweit sie Positionen ausweist, die nicht aus der Gesamtabrechnung abgeleitet werden können.

Fehlt die Angabe des Kostenverteilungsschlüssels, die sich auf alle Einzelabrechnungen auswirkt, führt dies zur Anfechtbarkeit im Ganzen (WuM 1994,568 - BayObLG).

4.5.7 Durchsetzung des Anspruchs auf Jahresabrechnung

Verpflichtung zur Jahresabrechnung

Der Verwalter ist verpflichtet, die Jahresabrechnung zu erstellen. Kommt er dieser Verpflichtung nicht nach, kann er dazu gerichtlich gezwungen werden. Außerdem kann die Weigerung des Verwalters, die Jahresabrechnung zu erstellen, seine Abberufung rechtfertigen.

Ausscheidender Verwalter

Der ausscheidende Verwalter ist zur Erstellung der Jahresabrechnung nur verpflichtet, wenn sie zum Zeitpunkt des Ausscheidens bereits fällig war. Sofern die Jahresabrechnung noch nicht fällig ist, hat sie der neue Verwalter nach Rechnungslegung durch den alten Verwalter zu erstellen.

Beispiel

Die Verwaltertätigkeit endet zum 30.03.2007. Der ausscheidende Verwalter hat die Jahresabrechnung 2006 noch zu erstellen, da diese bereits fällig ist.

4.6 Aufrechnung/Zurückbehaltungsrecht von Wohngeldforderungen

Die Eigentümergemeinschaft ist aus Liquiditätsgründen darauf angewiesen, dass Wohnungseigentümer ihre Wohngelder pünktlich und vollständig bezahlen. Die Zahlungsfähigkeit darf daher nicht durch eine Auseinandersetzung mit Gegenansprüchen gefährdet werden. Deshalb ist die Aufrechnung eines Wohnungseigentümers gegen Beitragsansprüche (Wohngelder) nach gefestigter Rechtsprechung nicht zulässig (BayObLG NZM 1999, 1059, BayObLG NZM 1998, 918).

Beispiel

Ein Wohnungseigentümer ist der Ansicht, er hätte selbst einen Anspruch gegen die Wohnungseigentümergemeinschaft in Höhe von EUR 500,00, und verrechnet diesen mit den laufenden Wohngeldern. Dies ist grundsätzlich nicht zulässig.

Die Einschränkung von Aufrechnung und Zurückbehaltungsrecht gilt nicht nur für Wohngeldvorschüsse, sondern auch für Nachforderungen aufgrund einer Jahresabrechnung (BayObLG, Beschluss vom 28.09.00, 2Z BR 102/00). Gegen Wohngeldforderungen kann wirksam nur mit anerkannten oder rechtskräftig festgestellten Gegenforderungen sowie mit Ansprüchen aus Notgeschäftsführung aufgerechnet werden (BayObLG, Beschluss vom 23.04.1998, 2Z BR 162/97).

Tipp: Gerichtliche Durchsetzung statt Zurückbehaltung

Ein Eigentümer, der meint, Ansprüche gegen die Eigentümergemeinschaft zu haben, sollte seine Ansprüche gerichtlich durchsetzen. Die Zurückhaltung des Wohngeldes ist nicht zulässig.

Die Zurückbehaltung von Wohngeld birgt die Gefahr, dass die Eigentümergemeinschaft ihre Ansprüche auf Wohngeld/Nachzahlungen aus der Jahresabrechnung gerichtlich gegen den Eigentümer durchsetzt. In einem solchen Verfahren wird der Eigentümer mit behaupteten Zurückbehaltungsrechten/Aufrechnungen nicht gehört. Ihm werden regelmäßig die gesamten Verfahrenskosten einschließlich der Rechtsanwaltskosten auferlegt.
Wohngeld nicht zurückbehalten

Auch Nachzahlungsbeträge aus Jahresabrechnungen dürfen nicht zurückgehalten werden. Dies gilt auch dann, wenn die Jahresabrechnung angefochten ist. Denn ein Beschluss über die Jahresabrechnung ist so lange wirksam, bis er nicht rechtskräftig für ungültig erklärt worden ist.
Nachzahlungen nicht zurückhalten

Ausnahmen:

- rechtskräftig festgestellte Ansprüche des Wohnungseigentümers
- von der Wohnungseigentümergemeinschaft durch Mehrheitsbeschluss anerkannte Ansprüche

§

Siehe CD-ROM

- Anspruch aus Notgeschäftsführung nach § 21 Abs. 2 WEG

Der Anspruch aus Notgeschäftsführung ergibt sich aus §§ 21 Abs. 2 sowie 683 BGB. Danach ist jeder Wohnungseigentümer berechtigt, ohne Zustimmung der anderen Wohnungseigentümer diejenigen Maßnahmen zu treffen, die zur Abwendung eines dem gemeinschaftlichen Eigentum unmittelbar drohenden Schadens notwendig sind (Beauftragung eines Dachdeckers zur Noteindeckung nach einem Sturmschaden; Beauftragung eines Handwerkers zur Beseitigung eines Wasserrohrbruchs oder einer Rohrverstopfung; Beauftragung eines Gasnotdienstes; Beauftragung eines Schlüsseldienstes nach Einbruch und Beschädigung der Hauseingangstüre).

§

Siehe CD-ROM

- Schadensersatzansprüche nach § 14 Abs. 4 WEG

Jeder Eigentümer ist verpflichtet, das Betreten der in seinem Sondereigentum stehenden Gebäudeteile zu gestatten, soweit dies zur Instandhaltung und Instandsetzung des Gemeinschaftseigentums erforderlich ist, § 14 Nr. 4 WEG. Nach § 14 Nr. 4 2. Hs. WEG steht dem Wohnungseigentümer jedoch ein verschuldensunabhängiger Schadensanspruch zu. Die Gemeinschaft hat dem Eigentümer alle Schäden zu ersetzen, die infolge der Arbeiten an seinem Sondereigentum entstehen. Dazu gehören nicht nur die Kosten der Wiederherstellung des ursprünglichen Zustands – etwa der Neuverfliesung –, sondern auch der entgangene Gewinn, z. B. Mietausfall.

Beispiel: Arbeiten nach Rohrverstopfung

Werden infolge einer Rohrverstopfung Arbeiten im Sondereigentum erforderlich – etwa Abschlagen von Fliesen, Wandaufbrüche etc. –, so ist der Einzeleigentümer verpflichtet, dies zu dulden.

Zurückbehaltungsrecht kann ausgeschlossen werden

Ein Zurückbehaltungsrecht eines Wohnungseigentümers gegen Wohngeldforderungen kann in der Gemeinschaftsordnung allerdings vollständig wirksam ausgeschlossen werden (BayObLG, 2Z BR 24/01, NZM 2001, 766). Eine Aufrechnung bzw. ein Zurückbehaltungsrecht ist in diesem Fall überhaupt nicht möglich.

4.7 Die Entlastung des Verwalters

Im Allgemeinen ist mit dem Beschluss über die Jahresabrechnung auch die Beschlussfassung zur Entlastung des Verwalters verbunden. Durch den Entlastungsbeschluss bestätigt die Eigentümergemeinschaft, dass die Tätigkeit des Verwalters im zurückliegenden Zeitraum ordnungsgemäß war. Sie spricht dem Verwalter für die Zukunft gleichzeitig das Vertrauen aus.

Ein Anspruch des Verwalters auf Entlastung besteht jedoch nicht. Beschließt die Eigentümergemeinschaft aber (freiwillig) die Entlastung, so hat dies die Wirkung eines „negativen Schuldanerkenntnisses" (§ 397 Abs. 2 BGB). Dies hat zur Folge, dass Schadensersatzansprüche gegen den Verwalter nicht mehr geltend gemacht werden können (OLG München, Beschluss vom 06.03.06, 34 Wx 29/05). Ein negatives Schuldanerkenntnis umfasst grundsätzlich alle Ersatzansprüche gegen den Verwalter – mit Ausnahme von Ansprüchen aus einer Straftat –, soweit sie den Wohnungseigentümern bekannt waren oder bei sorgfältiger Prüfung hätten erkannt werden können (BGH NJW 2003, 3124 BGH Beschluss vom 17.07.03, V ZB 11/03 = NZM 03/764). Ein Eigentümerbeschluss, der dem Verwalter Entlastung erteilt, widerspricht dann ordnungsgemäßer Verwaltung, wenn bereits erkennbar ist, dass Ansprüche gegen den Verwalter in Betracht kommen, und nicht aus besonderen Gründen Anlass besteht, auf diese Ansprüche zu verzichten (BGH, Beschluss vom 25.09.03, 5 ZB 40/03, NZM 2003, 951).

Negatives Schuldanerkenntnis

Wird dem Verwalter zusammen mit der Jahresabrechnung Entlastung erteilt, so widerspricht die Entlastung ordnungsgemäßer Verwaltung, wenn die Jahresabrechnung nicht korrekt ist. Fehlt z. B. der Stand der Gemeinschaftskonten, insbesondere der Instandhaltungsrücklage, so ist die Jahresabrechnung nicht ordnungsgemäß (BGH, Beschluss vom 25.09.03, V ZB 40/03, NZM 2003, 950, [952]).

Tipp: Jahresabrechnung und Entlastung anfechten

Um zu einer ordnungsgemäßen Jahresabrechnung zu gelangen, ist dem Eigentümer zu empfehlen, sowohl die Jahresabrechnung als auch den Entlastungsbeschluss innerhalb eines Monats durch eine Anfechtungsklage beim zuständigen Amtsgericht anzufechten. Andernfalls wird beides bestandskräftig, sodass der Einzeleigentümer weder eine Neuberechnung noch eine Ergänzung/Korrektur der Jahresabrechnung geltend machen kann.

4.8   Die Entlastung des Verwaltungsbeirats

Die Ausführungen zur Entlastung des Verwalters gelten gleichermaßen für die des Verwaltungsbeirats. Zwar sind Beiratsmitglieder nicht verpflichtet, jede einzelne Rechnung, die der Jahresabrechnung zugrunde liegt, zu überprüfen. Es genügt eine stichprobenartige Rechnungs- und Belegprüfung. Ist die Jahresabrechnung allerdings nicht vollständig, etwa weil der Verwalter es versäumt hat, die Kontenstände zu Beginn und am Ende des Wirtschaftsjahres darzustellen, so widerspricht auch die Entlastung des Verwaltungsbeirats ordnungsgemäßer Verwaltung (OLG Düsseldorf, Beschluss vom 03.12.04, 3 Wx 261/04). Die Entlastung des Verwaltungsbeirats ist nach § 21 Abs. 4 WEG rechtswidrig, wenn Ansprüche gegen den Verwaltungsbeirat in Betracht kommen und kein Grund ersichtlich ist, auf diese Ansprüche zu verzichten. Dieser Fall ist insbesondere dann anzunehmen, wenn die vom Beirat geprüfte Abrechnung fehlerhaft ist und geändert werden muss (BGH-Urteil vom 04.12.09, Az: V ZR 44/09; BGHZ 156, 19).

4.9 Begrenztes Vorrecht für Wohngeldforderungen in der Zwangsversteigerung

Es ist keine Seltenheit mehr, dass einzelne Wohnungseigentümer ihre Wohngelder nicht bezahlen. Hierdurch kann die Wohnungseigentümergemeinschaft erheblichen Schaden erleiden. Häufig mussten bisher Wohngeldausfälle durch Sonderumlagen von den übrigen Wohnungseigentümern mitgetragen werden. Durch die Neuregelung in § 10 Abs. 1 Nr. 2 ZVG hat die Eigentümergemeinschaft nun eine erhebliche Stärkung erfahren. Nach bisherigem Recht waren in der Zwangsversteigerung die Grundpfandgläubiger – d. h. in der Regel die finanzierenden Banken – bevorrechtigt. Nach der Neufassung des § 10 Abs. 1 Nr. 2 ZVG sind nunmehr die Forderungen der Wohnungseigentümer, insbesondere Wohngelder, Zahlungen aus Jahresabrechnungen und Rückstellungen bevorrechtigt. Das bedeutet: Aus dem Versteigerungserlös werden erstrangig diese Forderungen der Wohnungseigentümer bedient.

Neu: Forderungen der Wohnungseigentümer bevorrechtigt

Es handelt sich allerdings um ein begrenztes Vorrecht. Es erfasst die laufenden und die rückständigen Beträge aus dem Jahr der Beschlagnahme und den letzten zwei Jahren. Das Vorrecht ist ferner begrenzt auf 5 % des im Zwangsversteigerungsverfahren festgesetzten Verkehrswerts. Darüber hinausgehende Forderungen können wie bisher nur nachrangig geltend gemacht werden.

Begrenztes Vorrecht

Tipp: Zahlungstitel

Sofern Wohngelder (§ 16 Abs. 2 WEG) oder Zahlungen aus dem laufenden Wirtschaftsplan (§ 28 Abs. 2, Abs. 5 WEG) tituliert werden sollen, ist unbedingt darauf zu achten, dass im Zahlungsantrag aufgenommen wird, dass es sich bei der Zahlung um Wohngelder/Gelder aus dem Wirtschaftsplan handelt. Wenn der Titel nur „Zahlung eines Geldbetrags" lautet, kann das Vollstreckungsgericht im Rahmen der Zwangsversteigerung nicht ohne Weiteres feststellen, dass es sich um bevorrechtigte Ansprüche im Sinne des § 10 ZVG handelt. Bei der Anmeldung zum Zwangsversteigerungsverfahren wird grundsätzlich nur der Zahlungstitel, nicht aber die Klageschrift berücksichtigt. Wenn in diesem

Zahlungstitel ein entsprechender Vermerk, dass es sich um bevorrechtigte Ansprüche im Sinne des § 10 ZVG handelt, nicht enthalten ist, riskiert man, dass die Ansprüche als nicht bevorrechtigt eingestuft und insoweit lediglich nachrangig berücksichtigt werden.

4.10 Beschlusskompetenz in Zahlungsangelegenheiten

WEG-Reform: Regelung durch Mehrheits- beschluss

Durch den im Rahmen der WEG-Novelle eingeführten § 21 Abs. 7 WEG kann die Eigentümergemeinschaft nun auch durch Mehrheitsbeschluss über

- Art und Weise von Zahlungen,
- Fälligkeit von Zahlungen (Jahresabrechnungen, Wirtschaftsplan, Sonderumlagen),
- Folgen des Verzugs,
- Bezahlung von Kosten für eine besondere Nutzung des gemeinschaftlichen Eigentums und
- Zahlungen für einen besonderen Verwaltungsaufwand

beschließen.

Beispiele für Beschlüsse in Zahlungsangelegenheiten

Beschluss über die Höhe von Verzugszinsen bei Wohngeldrückständen, Umsatzvergütungen des Verwalters für Sonderleistungen, Umzugskostenpauschale, Einführung des Lastschriftverfahrens.

Ein Mehrheitsbeschluss ist nun auch möglich, wenn die Gemeinschaftordnung bereits Regelungen zu Zahlungsangelegenheiten enthält.

4.11 Wer haftet bei einem Eigentümerwechsel?

Wird Wohnungseigentum während eines laufenden Wirtschaftsjahres veräußert, so stellt sich die Frage, wer – Veräußerer oder Erwerber – gegenüber der Eigentümergemeinschaft für Kosten und Lasten und ggf. zu welchem Anteil haftet. Oder umgekehrt: Wem steht ein Guthaben aus einer Jahresabrechnung zu, dem Veräußerer oder dem Erwerber?

Es sind folgende Grundsätze zu beachten:

Grundsätze

- Monatliche Wohngeldzahlungen werden nur dann fällig, wenn die Eigentümergemeinschaft einen Wirtschaftsplan beschließt, wonach Wohngelder in bestimmter Höhe zu einem bestimmten Zeitpunkt fällig werden (vgl. Wirtschaftsplan, Kap. 4.4).

- Nachzahlungsbeträge oder Guthaben aus der Jahresabrechnung werden grundsätzlich erst durch den Beschluss der Wohnungseigentümer über die Jahresabrechnung fällig (vgl. Jahresabrechnung, Kap. 4.5).

- Ein Eigentümerwechsel bewirkt eine Zäsur. Mit Eintragung des neuen Eigentümers im Grundbuch ist dieser verpflichtet, die Lasten des gemeinschaftlichen Eigentums zu tragen.

Der im Kaufvertrag vereinbarte Übergang von Besitz, Nutzen und Lasten ist für die Kostentragungspflicht des Eigentümers im Verhältnis zur Wohnungseigentümergemeinschaft nicht maßgeblich, sondern allein die Eintragung des neuen Eigentümers in das Grundbuch.

Grundbuch-
eintrag
entscheidend

4.11.1 Fälligkeitstheorie

Nach der Fälligkeitstheorie hat der neue Eigentümer die Kosten, die nach der Eigentumsumschreibung fällig werden, zu tragen.

Beschließt die Eigentümergemeinschaft über die Fälligkeit von Zahlungen nach Eigentumsumschreibung, so hat der Erwerber (also der neue Eigentümer) diese Kosten zu tragen. Er ist zum Zeitpunkt der Beschlussfassung bereits Eigentümer, sodass die Kostenschuld während seiner Zeit als Eigentümer entstanden ist. Da er Eigentümer ist, kann er entsprechende Beschlüsse ggf. auch anfechten (vgl. Anfechtungsklage, Kap. 9.3).

Beschluss kann
angefochten
werden

Wird eine Verpflichtung zur Kostentragung bereits vor Eintragung des neuen Eigentümers in das Grundbuch beschlossen, sieht der Beschluss aber eine Fälligkeit zu einen späteren Zeitpunkt – nach Eintragung in das Grundbuch – vor, so haftet der neue Eigentümer ebenfalls für die bereits beschlossenen Kosten.

Beispiel: Sonderumlage zur Fassadensanierung

Die Eigentümergemeinschaft beschließt eine Sonderumlage zur Fassadensanierung, die in monatlichen Raten von je € 200 zu bezahlen ist. Der Erwerber hat diese Raten zu bezahlen, sobald er im Grundbuch als Eigentümer eingetragen ist. Dies ergibt sich aus § 10 Abs. 6 WEG, da der neue Eigentümer als Sondernachfolger an die bereits gefassten Beschlüsse der Wohnungseigentümer gebunden ist.

Ein neuer Eigentümer ist ausnahmsweise an solche Beschlüsse dann nicht gebunden, wenn die Eigentümergemeinschaft die Fälligkeit treuwidrig auf einen späteren Zeitpunkt hinausgeschoben hat, um den Eintritt des neuen, finanzkräftigeren Eigentümers abzuwarten.

In der Regel wird sich der neue Eigentümer aber gegen solche Beschlüsse nicht wehren können, da ein entsprechender Beschluss innerhalb der Monatsfrist angefochten werden muss. Eine Anfechtung durch den neuen Eigentümer ist aber nur möglich, wenn er bereits im Grundbuch eingetragen ist.

4.11.2 Jahresabrechnung nach Eigentümerwechsel

Keine zeitanteilige Berechnung

Nach herrschender Rechtsprechung ist eine zeitanteilige Berechnung der Jahresabrechnung zwischen Veräußerer und Erwerber jedenfalls im Verhältnis gegenüber der Wohnungseigentümergemeinschaft nicht vorzunehmen.

> **Tipp: Bezahlung des Wohngelds regeln**
>
> Im Innenverhältnis zwischen Käufer und Verkäufer empfiehlt es sich, im notariellen Kaufvertrag eine Regelung dazu aufzunehmen, dass der Erwerber bereits ab Besitzübergabe der Eigentumswohnung, die meistens deutlich vor der Eigentumsumschreibung liegt, verpflichtet ist, die monatlichen Wohngelder zu bezahlen. Einen solchen Anspruch kann der ehemalige Eigentümer an die Wohnungseigentümergemeinschaft abtreten. Letztere kann dann bei Bedarf direkt aufgrund des abgetretenen Anspruchs gegen den Erwerber vorgehen.

4.11.3 Abrechnungsspitze

Wie Erwerber und Veräußerer am Ergebnis einer Jahresabrechnung zu beteiligen sind, wird nach der sog. Abrechnungsspitze ermittelt. Unter „Abrechnungsspitze" ist die Differenz aus dem Ergebnis der Jahresabrechnung abzüglich der nach dem Wirtschaftsplan und den Beschlüssen über die Sonderumlagen erbrachten oder zu erbringenden Vorauszahlungen zu verstehen. An der Abrechnungsspitze haben sich Veräußerer und Erwerber je nach Fallkonstellation wie nachfolgend beschrieben zu beteiligen:

Beispiel: Alle Wohngeldzahlungen werden geleistet

Das monatliche Wohngeld beträgt € 200. Der Erwerber wird am 01.07.07 als Eigentümer eingetragen. Bis zum 30.06.07 hat der Voreigentümer alle Vorauszahlungen geleistet, somit € 1.200.

Ab dem 01.07.07 hat der neue Eigentümer die Vorauszahlungen von monatlich € 200 aufgenommen. Die Jahresabrechnung endet mit einer auf die Eigentumswohnung entfallenden Nachzahlung von € 2.600 und wird im Januar 2008 beschlossen.

Abzüglich der von Veräußerer und Erwerber geleisteten Vorauszahlung von jeweils € 1.200 ergibt sich ein Nachzahlungsbetrag von € 200.

Ergebnis: Der Erwerber hat den Nachzahlungsbetrag von € 200 in voller Höhe allein zu tragen.

Beispiel: Veräußerer schuldet Wohngeld für zwei Monate

Der Erwerber hat wie oben nach Eintragung in das Grundbuch sämtliche Vorauszahlungen ab 01.07.07, somit € 1.200, bezahlt. Das Abrechnungsergebnis weist die gleiche Nachzahlung wie oben (€ 200,00) aus.

Der Veräußerer hat die monatlichen Wohngelder jedoch lediglich bis 30.04.07 bezahlt. Der Eigentümergemeinschaft fehlen daher:

- Wohngeld in Höhe von € 400, das der ehemalige Eigentümer für Mai und Juni 07 nicht bezahlt hat, sowie

- der Nachzahlungsbetrag aus der Jahresabrechnung von € 200.

Ergebnis: Der Erwerber haftet wiederum für die sogenannte Abrechnungsspitze in Höhe von € 200 (€ 2.600 abzüglich des Wohngeldsolls in Höhe von € 2.400 = € 200). Der ehemalige Eigentümer haftet aus dem gültigen Wirtschaftsplan für seine nicht erbrachten Vorauszahlungen Mai und Juni 07 in Höhe von € 400.

Beispiel: Erwerber zahlt Wohngeld nicht

Der Veräußerer hat bis 01.07.07 sämtliche Wohngelder die er nach dem Wirtschaftsplan schuldet, erbracht, somit € 1.200. Der neue Eigentümer hat nach Eintragung in das Grundbuch noch keine Wohngeldzahlungen geleistet. Die Jahresabrechnung endet wiederum mit einem Nachzahlungsbetrag von € 200.

Ergebnis: Der Erwerber haftet für die Nachzahlung von € 200 und die von ihm nach dem Wirtschaftsplan geschuldeten Wohngeldvorauszahlungen, somit weitere € 200 × 6 = € 1.200 (Zeitraum 01.07.07 bis 31.12.07), insgesamt also € 1.400.

Der Veräußerer muss nichts bezahlen, da er seine geschuldeten Wohngelder von monatlich jeweils € 200 in voller Höhe erbracht hat.

Beispiel: Erwerber und Veräußerer zahlen Wohngeld nicht

Weder Erwerber noch ehemaliger Eigentümer haben Wohngelder geleistet. Die Jahresabrechnung endet mit einem Nachzahlungsbetrag von € 200.

Ergebnis: Der Erwerber hat seine nicht bezahlten Wohngelder in Höhe von € 200 × 6 = € 1.200 zu bezahlen, ebenso den in der Jahresabrechnung festgestellten Nachzahlungsbetrag von € 200, somit insgesamt € 1.400.

Der Verkäufer der Wohnung hat seine bisher nicht geleisteten Wohngelder zu zahlen, somit jeweils € 200 im Zeitraum 01.01.07 bis 30.06.07, insgesamt € 1.200. Die Verpflichtung des ehemaligen Eigentümers ergibt sich aus dem beschlossenen Wirtschaftsplan.

Beispiel: Guthaben am Ende des Jahres

Ehemaliger sowie neuer Eigentümer haben jeweils ihre Vorauszahlungen geleistet, insgesamt € 2.400. Die Abrechnung ergibt ein Guthaben von € 500.

Ergebnis: Das Guthaben steht allein dem Erwerber zu, weil der Veräußerer zum Zeitpunkt der Beschlussfassung über die Jahresabrechnung nicht mehr Eigentümer war. Deshalb hat der Beschluss über die Jahresabrechnung keine Wirkung für den ehemaligen Eigentümer, er wird am Guthaben nicht beteiligt.

Beispiel: Guthaben kann mit Wohngeld verrechnet werden

Der ehemalige Eigentümer hat sämtliche nach dem Wirtschaftsplan geschuldeten Wohngelder, somit monatlich € 200 im Zeitraum 01.01.07 bis 30.06.07 erbracht. Der Käufer hat keine Wohngelder gezahlt. Die Abrechnungsspitze weist ein Guthaben aus.

Ergebnis: Die Eigentümergemeinschaft hat das Guthaben an den Erwerber auszubezahlen. Sie hat gleichzeitig einen Anspruch gegenüber dem neuen Eigentümer auf Zahlungen seiner fälligen Wohngelder in Höhe von € 1.200 (01.07.07 bis 31.12.07).

Die Eigentümergemeinschaft kann das an den neuen Eigentümer auszuzahlende Guthaben aus der Jahresabrechnung mit den fälligen Wohngeldern verrechnen.

Beispiel: Wenn kein Wirtschaftsplan existiert ...

Es gibt keinen Wirtschaftsplan. Wohngelder wurden nicht bezahlt. Die Jahresabrechnung endet mit einem Fehlbetrag von € 2.600.

Ergebnis: Diesen Betrag hat allein der Erwerber zu bezahlen, da es keinen Beschluss über den Wirtschaftsplan gibt und damit auch keine Wohngelder fällig waren. Im Ergebnis trägt damit der Erwerber auch diejenigen Kosten, die auf den Zeitraum entfallen, als er noch nicht Eigentümer war (01.01.07 bis 30.06.07).

4.11.4 Zusammenfassung

Im Falle eines Eigentümerwechsels bleibt der ausgeschiedene Miteigentümer zu den Wohngeldzahlungen nach dem Wirtschaftsplan verpflichtet. Nachzahlungen oder Guthaben aus der Jahresabrechnung stehen dem Erwerber zu, da er zum Zeitpunkt der Beschlussfassung über die Jahresabrechnung Alleineigentümer ist und ein nach Eigentumsübergang gefasster Beschluss den ehemaligen Eigentümer rechtlich nicht mehr binden kann. Deshalb ist der ausgeschiedene Wohnungseigentümer zur Beschlussanfechtungen auch nicht mehr berechtigt, was sowohl für die Jahresabrechnung als auch für alle anderen Eigentümerbeschlüsse gilt.

5 Die Wohnungseigentümer- versammlung

Die Wohnungseigentümerversammlung ist das oberste Verwaltungsorgan der Wohnungseigentümergemeinschaft. Gemäß § 23 WEG werden dort die Angelegenheiten geregelt, über die die Wohnungseigentümer nach dem Gesetz oder nach Vereinbarung der Wohnungseigentümer durch Beschluss entscheiden können. Darüber hinaus dient die Versammlung dem Informations- und Meinungsaustausch zwischen den Wohnungseigentümern und dem Verwalter und schafft die Möglichkeit, Konflikte und Meinungsverschiedenheiten auszutragen.

Oberstes Verwaltungs- organ

5.1 Wie wird die Eigentümerversammlung einberufen?

5.1.1 Wer darf die Versammlung einberufen?

Die Eigentümerversammlung muss gemäß § 24 Abs. 1 WEG mindestens einmal im Jahr vom Verwalter einberufen werden.

Außerdem kommt eine Einberufung in Betracht, wenn

Siehe CD-ROM

- eine Vereinbarung der Wohnungseigentümer die Einberufung einer Versammlung für bestimmte Fälle vorsieht (§ 24 Abs. 2, 1. Halbsatz WEG) oder

- mehr als ein Viertel der Wohnungseigentümer schriftlich unter Angabe des Zwecks und der Gründe die Einberufung verlangt (§ 24 Abs. 2, 2. Halbsatz WEG) – hier spricht man vom „Minderheitenquorum". Bei der Bemessung von „einem Viertel" kommt es allein auf die Kopfzahl der Wohnungseigentümer an. Dies gilt auch dann, wenn die Gemeinschaftsordnung ein abweichendes Stimmrechtsprinzip vorsieht.

Minderheiten- quorum

Beispiel: Eigentümer wollen Verwalter kündigen

Ein Viertel der Eigentümer plant, den Verwalter aus wichtigem Grund abzuberufen. Liegen die Voraussetzungen für die Einberufung durch das Minderheitenquorum gemäß § 24 Abs. 2 WEG vor, ist der Verwalter verpflichtet, die Versammlung einzuberufen. Tut er dies nicht, kann seine pflichtwidrige Weigerung einen wichtigen Grund zu seiner Abberufung darstellen.

Muster Antrag auf Einberufung einer Eigentümerversammlung von mehr als einem Viertel der Wohnungseigentümer

Siehe CD-ROM

An den Verwalter
der Wohnungseigentümergemeinschaft ...

Anschrift

Einberufung außerordentliche Eigentümerversammlung

Sehr geehrter Herr ...,
als Eigentümer der Wohnungseigentümergemeinschaft ... fordern wir Sie gemäß § 24 Abs. 2 WEG auf, eine außerordentliche Eigentümerversammlung der Wohnungseigentümergemeinschaft ... bis spätestens ... einzuberufen.

Auf der Tagesordnung sollen folgende Angelegenheiten aufgenommen werden:

1. Kündigung des Hausmeistervertrags

2. Neubestellung eines Hausmeister

Begründung: In der Wohnungseigentumsanlage besteht seit längerer Zeit erhebliche Unzufriedenheit mit der Ausführung der Hausmeistertätigkeiten. Zudem wurde nun bekannt, dass der Hausmeister reglmäßig die Einnahmen aus Waschmünzen zum Teil veruntreut sowie seine eigene Waschmaschine an den Stromkreis der Eigentümergemeinschaft angeschlossen hat und dieser hiermit rechtswidrig Strom entzieht. Beide Sachverhalte haben strafrechtliche Relevanz und das Verhalten wird von der Eigentümergemeinschaft nicht länger hingenommen. Der Vertrag mit dem Hausmeister soll daher umgehend beendet werden.

Im Folgenden haben sechs von 20 Wohnungseigentümern unterzeichnet:

Unterschriften

Wohnungseigentümer 1 .... Wohnungseigentümer 2 ....

Wohnungseigentümer 3 .... Wohnungseigentümer 4 ....

Wohnungseigentümer 5 .... Wohnungseigentümer 6 ....

Fehlt ein Verwalter oder weigert er sich pflichtwidrig, so kann der Vorsitzende eines bestellten Verwaltungsbeirats oder sein Stellvertreter die Versammlung einberufen (§ 24 Abs. 3 WEG). In dringenden Fällen kann auch das Wohnungseigentumsgericht bestimmen, dass der Verwalter zur Einberufung einer Versammlung verpflichtet ist. Das Gericht kann auch einen einzelnen Eigentümer, der einen entsprechenden Antrag gestellt hat, ermächtigen, die Versammlung einzuberufen.

§

Siehe CD-ROM

Muster: Einberufung durch den Verwaltungsbeiratsvorsitzenden bei Fehlen eines Verwalters

Siehe CD-ROM

An die Wohnungseigentümer
Name und Anschrift

Ort, Datum

Einladung zur Eigentümerversammlung der Wohnungseigentümergemeinschaft ...

Sehr geehrte Eigentümer,

das Amtsgericht ... hat den Beschluss der Wohnungseigentümerversammlung vom ... unter TOP ... über die Bestellung der Fa. ... zur Wohnungseigentumsverwalterin durch Urteil vom ... für unwirksam erklärt. Das Urteil ist bestandskräftig.

Da ein Verwalter fehlt, berufe ich daher als Vorsitzender des Verwaltungsbeirats gemäß § 24 Abs. 3 WEG eine Wohnungseigentümerversammlung ein. Die Versammlung findet statt am:

Datum und Zeit: ....

Ort: ....

Die Eigentümerversammlung hat folgende Tagesordnung:

TOP 1: Bestimmung des Versammlungsleiters

TOP 2: Bestellung eines Verwalters

TOP 3: Abschluss des Verwaltervertrags

Der Verwaltungsbeiratsvorsitzende weist darauf hin, dass die Versammlung nur beschlussfähig ist, wenn die erschienenen stimmberechtigten Wohnungseigentümer mehr als die Hälfte der Miteigentumsanteile vertreten.

Mit freundlichen Grüßen
Vorsitzender des Verwaltungsbeirats

Wiederholungs-
versammlung

Sind bei Eröffnung der Erstversammlung nicht mehr als die Hälfte der stimmberechtigten Miteigentumsanteile vorhanden, so bestimmt § 24 Abs. 4 WEG, dass eine sog. Zweitversammlung oder Wiederholungsversammlung mit gleichem Gegenstand einzuberufen ist. Die Einladung kann erst erfolgen, wenn die Beschlussunfähigkeit der ersten Eigentümerversammlung festgestellt wurde.

Diese Versammlung ist dann ohne Rücksicht auf die Höhe der vertretenen Anteile beschlussfähig. Hierauf ist in der Einladung zur Wiederholungsversammlung hinzuweisen.

> **Achtung:**
> Die Zweitversammlung muss mit dem gleichen Gegenstand, also mit der gleichen Tagesordnung einberufen werden.

Außer-
ordentliche
Versammlung

Neben der ordentlichen Eigentümerversammlung, die nur einmal jährlich stattfindet, kann bei eilbedürftigen Entscheidungsprozessen eine außerordentliche Versammlung erforderlich werden.

Beispiele: Gründe für eine außerordentliche Versammlung

- Bei einer beschlossenen und sich gerade in der Ausführung befindlichen Reparaturmaßnahme treten Probleme auf, mit denen ein erheblicher Kostenmehraufwand verbunden ist.
- Über eine dringende Sonderumlage muss ein Beschluss gefasst werden.
- Es stellt sich die Frage, ob ein Rechtsmittel eingelegt oder ob ein gerichtlicher Vergleich geschlossen werden soll.

Muster einer Einladung zur Eigentümerversammlung

Josef Steinmann
Hausverwaltungs GmbH

Arnoldstr. 30
80123 München
Tel. 089-123456
Fax. 089-123457

Siehe CD-ROM

Herrn
Max Mustereigentümer
Tannstr. 100
80123 München

München, den 08.03.2010

Wohnungseigentümergemeinschaft Tannstr. 100, 80123 München
Einladung zur ordentlichen Eigentümerversammlung 2010

Sehr geehrter Herr Mustereigentümer,

als Verwalter laden wir Sie zu der

am   **Donnerstag, dem 29.03.2010 um 18 Uhr**

in der   **Gaststätte „Zur Eiche", Tannstr. 1, 80123 München, Nebenraum**

tagenden Eigentümerversammlung ein.

Die Tagesordnung ist rückseitig vermerkt. Wenn Sie an der Versammlung nicht teilnehmen können, bitten wir mit dem beigefügtem Vordruck eine Vertretungsvollmacht zu erteilen.

Mit freundlichen Grüßen
Josef Steinmann Hausverwaltungs GmbH

Anlagen
Wohngeldgesamt- und Einzelabrechnung 2009
Wirtschaftsplan 2010
Vollmachtsvordruck

5.1.2 Wer ist einzuladen?

Übersicht

Einzuladen sind:

- Wohnungseigentümer
- Insolvenzverwalter
- Testamentsvollstrecker
- Nachlassverwalter
- Zwangsverwalter
- Gesetzlicher Vertreter bei Minderjährigen oder Betreuten
- Gesetzlicher oder rechtsgeschäftlich bestellter Vertreter bei Kapital- oder Personengesellschaften

Nicht zu laden sind:

- Nießbrauchsberechtigte
- Grundschuld- und Hypothekengläubiger, denen kein Stimmrecht zusteht
- Mieter oder Pächter
- Grundstückseigentümer mit Erbbaurechtsbelastung und nachfolgend begründeten Wohnungserbbaurechten
- Dauerwohnungsberechtigte oder Wohnungsrechtsinhaber im Sinne des § 1093 BGB

Zur Wohnungseigentümerversammlung sind alle im Grundbuch eingetragenen Wohnungseigentümer einzuladen. Dies gilt, wenn es die Teilungserklärung nicht anders vorsieht, auch für Teileigentum – also sind auch Gewerbe- und Garageneigentümer einzuladen. Steht das Eigentumsrecht mehreren Personen gemeinschaftlich zu, so sind diese alle einzeln zu laden. Bei einer juristischen Person als Eigentümerin muss ihr gesetzlicher Vertreter eingeladen werden.

Eigentümer-
wechsel

Der Erwerber einer Eigentumswohnung, der noch nicht im Grundbuch eingetragen ist, ist nicht einzuladen, selbst dann nicht, wenn sein Anspruch auf Übereignung durch eine Vormerkung im Grundbuch gesichert ist und Besitz, Nutzen und Lasten auf ihn übergegangen sind (BGH, 1.2.1988, V ZB 6/88). Jedoch kann der zukünftige

Eigentümer vom Veräußerer mit der Vertretung und Ausübung des Stimmrechts bevollmächtigt werden.

Abweichendes gilt für den sogenannten Ersterwerber. Ein Erst- erwerb liegt vor beim Kauf vom teilenden Alleineigentümer (z. B. Bauträger). Liegt zwischen dem Alleineigentümer und dem Erwerber ein gültiger Erwerbsvertrag vor, ist der Übergang von Nutzen und Lasten auf den Erwerber erfolgt und hat er die Wohnung in Besitz genommen, so ist er als Mitglied der künftigen Wohnungseigentümergemeinschaft als sog. faktische Eigentümer zur Versammlung einzuladen (BGH, 5.6.08, V ZB 85/07). Weitere Voraussetzung ist jedoch, dass die Wohnungsgrundbücher angelegt sind und darin für den Erwerber eine Auflassungsvormerkung eingetragen ist.

Ersterwerb

Dem Eigentümer, dessen Wohnung unter Zwangsverwaltung steht, ist es untersagt, die Verwaltung selbst vorzunehmen. Daher ist es erforderlich, den Zwangsverwalter einzuladen. Wenn über das Vermögen des Eigentümers das Insolvenzverfahren beantragt oder eröffnet ist oder wenn eine zum Nachlass gehörende Wohnung unter die Testamentsvollstreckung fällt, muss der Insolvenzverwalter bzw. Testamentsvollstrecker eingeladen werden.

Bei Zwangs- verwaltung

> **Achtung:**
> Ist über ein Wohnungseigentum die Zwangsversteigerung angeordnet, ist der jeweilige Eigentümer noch so lange zu laden, bis durch Zuschlag in der Versteigerung der Eigentumswechsel stattfindet.

Wird die Versammlung nicht durch den Verwalter einberufen, sondern durch den Vorsitzenden des Verwaltungsbeirats oder den hierzu gerichtlich ermächtigten Wohnungseigentümer, so ist der Verwalter dennoch zu laden, denn er hat gemäß § 24 Abs. 5 WEG den Vorsitz in der Versammlung zu führen.

Ansonsten gilt der Grundsatz der Nichtöffentlichkeit der Versammlung: Dritte Personen haben regelmäßig keinen Zugang zur Versammlung. Interne Angelegenheiten der Wohnungseigentümergemeinschaft sollen vertraulich behandelt werden. Dies gilt insbesondere für Nießbrauchsberechtigte (vgl. BGH 7.3.2002, V ZB 24/01,

Grundsatz der Nicht- öffentlichkeit

WuM 2002, 277) und Grundschuld- und Hypothekengläubiger, denen kein Stimmrecht zusteht; weiterhin Mieter oder Pächter, Erbbauverpflichtete (BayObLG NZM 2001, 141), Dauerwohnungsberechtigte oder Wohnungsrechtsinhaber im Sinne des § 1093 BGB. Siehe hierzu auch Kap. 5.4.

Keine Einladung: Anfechtungsgrund

Werden Eigentümer vergessen oder vorsätzlich nicht eingeladen, sind die in der Eigentümerversammlung getroffenen Beschlüsse zwar deshalb nicht nichtig (BGH 23.9.1999 V ZB 17/99; OLG Frankfurt, ZWE 2006, 104). Sie sind jedoch gerichtlich anfechtbar. Die Anfechtung führt dann zum Erfolg, wenn durch die ordnungsgemäße Einladung und Stimmrechtsausübung des Betroffenen das Zustandekommen des Beschlusses hätte beeinflusst werden können und dessen Beteiligung zu einem anderen Ergebnis hätte führen können.

5.1.3 Form und Frist

Siehe CD-ROM

> **§ 24 Abs. 4 WEG**
> „Die Einberufung erfolgt in Textform. Die Frist der Einberufung soll, sofern nicht ein Fall besonderer Dringlichkeit vorliegt, mindestens zwei Wochen betragen."

Bei der Ladung zur Eigentümerversammlung sind bestimmte Formalitäten zu beachten. Zunächst ist immer zu prüfen, ob die Gemeinschaftsordnung hierzu besondere Vereinbarungen enthält – sie können auch von den gesetzlichen Regelungen abweichen.

Form

Die Ladung bedarf gemäß § 24 Abs. 4 Satz 1 WEG i. V. m. § 126b BGB der Textform. Erforderlich ist, dass die Person des Einladenden erkennbar ist, die Einladung muss jedoch nicht eigenhändig unterschrieben sein. Ausreichend ist daher die maschinelle Erstellung der Einladung und Versendung als Kopie, Fax, SMS oder E-Mail.

Zugang

Die Einladung muss dem Wohnungseigentümer zugehen (§ 130 Abs. 1 BGB). Dies bedeutet, dass die Einladung so zum Empfänger gelangen muss, dass unter normalen Umständen mit der Kenntnisnahme gerechnet werden kann.

Tipp: Vereinbarung in Gemeinschaftsordnung aufnehmen

Eine Vereinbarung in der Gemeinschaftsordnung, nach welcher die Einladung als zugegangen gilt, wenn sie der Verwalter an die ihm zuletzt benannte Adresse versendet (Zugangsfiktion), ist zulässig und empfehlenswert.

Die Einberufungsfrist beträgt gemäß § 24 Abs. 4 WEG zwei Wochen. Wenn ein Fall besonderer Dringlichkeit vorliegt, kann die Zwei-Wochen-Frist verkürzt werden.

2-Wochen-Frist

Wird die Ladungsfrist nicht eingehalten, führt dies nicht zur Unwirksamkeit der Beschlüsse. Eine Beschlussanfechtung kann in diesem Fall mit der Begründung erfolgen, dass die Nichteinhaltung der Frist der Grund für das Zustandekommen eines bestimmten Beschlusses war. Diese Argumentation allein führt jedoch noch nicht zum Erfolg der Anfechtung. Es müssen noch weitere Gründe vorliegen, auf deren Verletzung die Ungültigerklärung des Beschlusses gestützt werden kann, da es sich bei der Zwei-Wochen-Frist nur um eine gesetzliche Soll-Vorschrift handelt, die daher nicht zwingend eingehalten werden muss.

5.1.4 Inhalt

In der Einladung sind der Ort, die Zeit und die Tagesordnung mitzuteilen. Über diese Punkte darf der Verwalter im Rahmen einer ordnungsgemäßen Verwaltung nach eigenem Ermessen entscheiden.

Die Wahl des Versammlungsortes darf die Teilnahme nicht erschweren. Der Ort muss für die Teilnehmer erreichbar sein (BGH NZM 2002, 450). Bei der Auswahl ist auf die Verkehrsüblichkeit und Zumutbarkeit, den Ort zu erreichen, zu achten. Daher sollte die Versammlung am Ort der Wohnanlage oder in der näheren Umgebung stattfinden. Wegen des Grundsatzes der Nichtöffentlichkeit der Versammlung ist zu beachten, dass die Versammlung unter Ausschluss Dritter abgehalten werden kann.

Ort

Tipp: Auf Abgeschlossenheit achten

Achten Sie als Verwalter oder als bei der Wahl des Versammlungsortes mitwirkender Eigentümer darauf, dass es sich um einen Raum handelt, der geschlossen werden kann, in Gaststätten beispielsweise ein abgetrennter Nebenraum. Ein Biergarten eignet sich also nicht.

Zeit

Bei der Wahl des Zeitpunkts ist auf berufstätige Wohnungseigentümer Rücksicht zu nehmen. Daher muss eine verkehrsübliche Zeit gewählt werden. Zulässig ist unter Abwägung der Belange aller Eigentümer grundsätzlich auch ein Sonn- oder Feiertag. Auf die Urlaubsplanung einzelner Eigentümer muss der Verwalter seine Terminierung nicht zwingend abstimmen. Wählt der Verwalter allerdings einen ungewöhnlichen Zeitpunkt, so kann dieser Einberufungsmangel dazu führen, dass der Beschluss angefochten und für ungültig erklärt wird.

Siehe CD-ROM

§ 23 Abs. 2 WEG

„Zur Gültigkeit eines Beschlusses ist erforderlich, dass der Gegenstand bei der Einberufung bezeichnet ist."

Tagesordnung

Für die Gültigkeit von Beschlüssen ist es erforderlich, dass ihr Gegenstand in der Einladung zur Versammlung ausreichend bezeichnet ist. Andernfalls kann dieser Mangel eine Beschlussanfechtung begründen. Ausreichend ist dabei meist eine schlagwortartige Bezeichnung des Beschlussgegenstands (vgl. BayObLG, 19.12.2002, 2Z BR 104/02), die jedoch klar verständlich erkennen lassen muss, worüber beraten und Beschluss gefasst werden soll. Die Wohnungseigentümer sollen so vor Überraschungen bewahrt werden und die Möglichkeit haben, sich vorzubereiten. Der Beschlussgegenstand ist umso genauer in der Einladung zu bezeichnen, je größer seine Bedeutung und je geringer der Wissensstand des einzelnen Eigentümers hierzu ist (OLG München, NZM 2006, 934).

Siehe CD-ROM

Die Auswahl und Bezeichnung der Tagesordnungspunkte (TOP) obliegt dem Verwalter. Der einzelne Eigentümer hat grundsätzlich keinen Anspruch auf die Aufnahme bestimmter Beschlussgegenstände. Eine Ausnahme gilt für die Fälle, bei denen es sich um Maßnahmen ordnungsmäßiger Verwaltung gemäß § 21 Abs. 4 WEG handelt (OLG Frankfurt, 18.8.08, 20 W 426/05). Weigert sich der Verwalter pflichtwidrig zur Aufnahme weiterer Tagesordnungspunkte, die ordnungsmäßiger Verwaltung entsprechen, so ist der Vorsitzende des Verwaltungsbeirats berechtigt, die Tagesordnung entsprechend zu ergänzen.

Beispiel: Beschlussfassung über Jahresabrechnung

Die Aufnahme der Beschlussfassung über die Jahresabrechnung auf die Tagesordnung kann von jedem einzelnen Eigentümer verlangt und notfalls gerichtlich geltend gemacht werden.

Weitere Beispiele für Maßnahmen ordnungsgemäßer Verwaltung

- Instandhaltung und Instandsetzung von Gemeinschaftseigentum
- Aufstellung einer Hausordnung
- Verfolgung von Hausgeldrückständen
- Ansammlung einer angemessenen Instandhaltungsrücklage
- Die Geltendmachung von Mängelansprüchen bei Mängeln am Gemeinschaftseigentum

Der Verwalter ist auch verpflichtet, einen bestimmten Punkt auf die Tagesordnung zu setzen, wenn ein Viertel aller Wohnungseigentümer die Aufnahme schriftlich beantragt. Weigert sich der Verwalter dennoch, so kann dieses Verlangen gerichtlich geltend gemacht werden und sogar zu einer Schadensersatzpflicht des Verwalters führen, wenn die Weigerung pflichtwidrig war.

Tipp: Schriftlichen Antrag stellen

Hat ein einzelner Eigentümer ein bestimmtes Anliegen, sollte er sich frühzeitig um die Aufnahme in die Tagesordnung bemühen und einen schriftlichen Antrag beim Verwalter stellen. Sollte dieser ablehnen, so kann die Aufnahme gegebenenfalls noch rechtzeitig gerichtlich erwirkt werden.

Wurde bei Einberufung der Versammlung die Nennung eines Tagesordnungspunkts vergessen oder wurde der TOP erst nachträglich beantragt, ist eine Ergänzung der Tagesordnung durch eine „Nach-   Nachtrags-
einladung

tragseinladung" grundsätzlich zulässig. Jedoch muss auch hier die zweiwöchige Ladungsfrist eingehalten werden.

TOP „Verschiedenes"/ „Sonstiges"

Unter dem Tagesordnungspunkt „Verschiedenes" oder „Sonstiges" kann die Wohnungseigentümergemeinschaft keine Beschlüsse fassen. Er dient vielmehr der Beratung von Angelegenheiten und der allgemeinen Aussprache. Werden dennoch Beschlüsse gefasst, so sind diese binnen eines Monats anfechtbar, da sie nicht ausreichend angekündigt wurden. Auf die Möglichkeit der Anfechtung muss der Verwalter hinweisen.

Muster einer Tagesordnung

Siehe CD-ROM

Tagesordnung

zur ordentlichen Eigentümerversammlung der Wohnungseigentümergemeinschaft Tannstr. 100, 80123 München am 29.03.2010, 18 Uhr

1. Begrüßung, Feststellung der ordnungsgemäßen Einberufung und der Beschlussfähigkeit der Versammlung

2. Bericht des Verwalters und des Verwaltungsbeirats über die Jahresabrechnung 2009/Genehmigung der Gesamt- und Einzelabrechnungen 2009

3. Entlastung der Verwaltung für das Wirtschaftsjahr 2009

4. Entlastung des Verwaltungsbeirats für das Wirtschaftsjahr 2009

5. Genehmigung des Wirtschaftsplans 2010

6. Sicherheitstechnische Bewertung durch TÜV/Mängelbeseitigung

7. Instandhaltungsmaßnahme hofseitige Fassade
   - Art, Umfang, Ausführungszeitraum und Auftragsvergabe der Maßnahme
   - Finanzierung der Maßnahme (evtl. Sonderumlage)

8. Streichen des Treppenhauses

9. Neuwahl/Wiederwahl des Verwalters zum 01.01.2011

10. Sonstiges

5.2 Die Beschlussfähigkeit

§ 25 Abs. 3 WEG
„Die Versammlung ist nur beschlussfähig, wenn die erschienenen stimmberechtigten Wohnungseigentümer mehr als die Hälfte aller Miteigentumsanteile, berechnet nach der im Grundbuch eingetragenen Größe dieser Anteile, vertreten."

Siehe CD-ROM

Zu Beginn einer jeden Versammlung sollte der Verwalter, der den Vorsitz der Versammlung führt, feststellen, ob diese ordnungsgemäß einberufen wurde. Außerdem muss er überprüfen, ob die Versammlung beschlussfähig ist. Dies ist gemäß § 25 Abs. 3 WEG dann der Fall, wenn die erschienenen stimmberechtigten Wohnungseigentümer mit mehr als der Hälfte der Miteigentumsanteile vertreten sind. Hierbei sind diejenigen Eigentümer, die nicht erschienen bzw. vertreten, aber nicht stimmberechtigt sind, nicht mitzuzählen.

Feststellung der Beschlussfähigkeit

Tipp: Beschlussfähigkeit auch während der Versammlung im Auge behalten

Es ist zu überwachen, ob Personen die laufende Versammlung verlassen, und dann erneut zu überprüfen, ob die Versammlung noch beschlussfähig ist (ohne deren Miteigentumsanteile). Werden Beschlüsse trotz mangelnder Beschlussfähigkeit gefasst, sind diese nicht nichtig, aber binnen Monatsfrist gerichtlich anfechtbar.

Sind bei Eröffnung der Versammlung nicht mehr als die Hälfte der stimmberechtigten Miteigentumsanteile vorhanden, so bestimmt § 24 Abs. 4 WEG, dass eine sog. Zweitversammlung oder Wiederholungsversammlung mit demselben Gegenstand einzuberufen ist. Diese ist dann ohne Rücksicht auf die Höhe der vertretenen Anteile beschlussfähig, worauf bei der Einberufung hinzuweisen ist.

Wiederholungsversammlung

Problematisch in der Praxis ist, dass in der Wiederholungsversammlung oftmals noch weniger Eigentümer erscheinen als zur Erstversammlung. Daher bietet es sich an, schon in der Einladung zur Erstversammlung vorsorglich zur Zweitversammlung einzuladen, für den Fall, dass die Erstversammlung nicht beschlussfähig ist (sog. Eventualeinladung). Die Zweitversammlung findet in diesen Fällen

Eventualeinladung

beispielsweise eine halbe Stunde nach Beginn der Erstversammlung statt.

Um die gesetzliche Regelung aber nicht vollständig auszuhöhlen, geht die Rechtsprechung davon aus, dass den in der ersten Versammlung nicht anwesenden Wohnungseigentümern die Teilnahme an der Wiederholungsversammlung ermöglicht werden muss, das heißt, für die Einberufung der Zweitversammlung müssen die regulären Einberufungsmodalitäten beachtet werden.

Anfechtungs-
grund: Form-
fehler bei der
Zweitver-
sammlung

Es ist daher unzulässig, ohne Einhaltung dieser Modalitäten für den Fall der fehlenden Beschlussfähigkeit der Erstversammlung kurzfristig eine Wiederholungsversammlung einzuberufen. Allerdings führt dieser Verstoß nur zur Anfechtbarkeit der gefassten Beschlüsse, wenn sich der Einberufungsmangel auf das Beschlussergebnis auswirkt.

Siehe CD-ROM

Eine abweichende Regelung in der Gemeinschaftsordnung, welche die Eventualeinladung vorsieht, ist zulässig, da eine vom § 24 Abs. 4 WEG abweichende Vereinbarung getroffen werden kann. Dies kann jedoch nur durch Vereinbarung und nicht durch Beschluss der Eigentümer erfolgen. Ein entsprechender Mehrheitsbeschluss wäre, selbst wenn er nicht angefochten wird, als gesetzesändernder Mehrheitsbeschluss nichtig (BGH 20.9.2000, V ZB 58/99).

5.3 Das Stimmrecht

Siehe CD-ROM

§ 25 Abs. 2 WEG
„Jeder Wohnungseigentümer hat eine Stimme. Steht ein Wohnungseigentum mehreren gemeinschaftlich zu, so können sie das Stimmrecht nur einheitlich ausüben."

Personen-
mehrheit

Das Stimmrecht der Wohnungseigentümer ist wesentlicher Bestandteil ihrer Mitgliedschaftsrechte in der WEG und zählt zum unabdingbaren Kernbereich des Wohnungseigentums. Mit ihrem Stimmrecht können die Wohnungseigentümer an der Gestaltung der Verwaltung der Wohnungseigentümergemeinschaft mitwirken und auf diese Einfluss nehmen.

5.3.1 Wer ist Inhaber des Stimmrechts?

Inhaber des Stimmrechts ist der zum Zeitpunkt der Eigentümerversammlung im Grundbuch eingetragene Wohnungseigentümer.

Maßgeblich: Grundbucheintrag

Der Erwerber einer Eigentumswohnung, der noch nicht im Grundbuch eingetragen ist, ist nicht stimmberechtigt, selbst dann nicht, wenn sein Anspruch auf Übereignung durch eine Vormerkung im Grundbuch gesichert ist und Besitz, Nutzen und Lasten auf ihn übergegangen sind (BGHZ 106, 113, 118). Denn der eingetragene Wohnungseigentümer bleibt bis zur Umschreibung des Eigentums nach § 16 Abs. 2 WEG verpflichtet, die Lasten und Kosten des gemeinschaftlichen Eigentums zu tragen. Aus diesem Grund muss er auch die Möglichkeit haben, mit seinem Stimmrecht auf die Verwaltung des gemeinschaftlichen Eigentums Einfluss zu nehmen. Jedoch kann der werdende Eigentümer vom Veräußerer mit der Vertretung und Ausübung des Stimmrechts bevollmächtigt werden.

Abweichendes gilt für den sogenannten Ersterwerber. Ein Ersterwerb liegt beim Kauf vom teilenden Alleineigentümer, z. B. von einem Bauträger, vor. Liegt zwischen dem Alleineigentümer und dem Erwerber ein gültiger Erwerbsvertrag vor, ist der Übergang von Nutzen und Lasten auf den Erwerber erfolgt und hat er die Wohnung in Besitz genommen, so ist auch dieser als Mitglied der werdenden Wohnungseigentümergemeinschaft bei der Eigentümerversammlung stimmberechtigt. Weitere Voraussetzung ist jedoch, dass die Wohnungsgrundbücher angelegt sind und für den Erwerber eine Auflassungsvormerkung darin eingetragen ist.

Ausnahme: Ersterwerber

Achtung:

Eine werdende Eigentümergemeinschaft kann erst entstehen, wenn der Anspruch mindestens eines Erwerbers auf Eigentumsverschaffung an einzelnen Einheiten durch Auflassungsvormerkung gesichert ist. Sie entsteht nicht, wenn das in Wohnungseigentum aufgeteilte Eigentum insgesamt an einen Erwerber übertragen wird (OLG München, 09.01.2006, 34 Wx 089/05).

Kein Stimmrecht besitzt der Nießbraucher (BGH, 07.03.2002, V ZB 24/01). Das Stimmrecht verbleibt hier allein beim Eigentümer. Glei-

Nießbrauch

ches dürfte daher bei anderen dinglichen Berechtigungen wie dem Wohnungsrecht (§ 1093 BGB) und dem Dauerwohnrecht (§§ 31 ff. WEG) gelten.

Zwangs-verwaltung

Dem Eigentümer, dessen Wohnung unter Zwangsverwaltung steht, ist es untersagt, die Verwaltung selbst vorzunehmen. Daher ist es erforderlich, den Zwangsverwalter einzuladen. Dem Zwangsverwalter steht grundsätzlich das Stimmrecht in der Eigentümerversammlung zu. Bislang ist nicht entschieden worden, ob eine Aufspaltung des Stimmrechts bei angeordneter Zwangsverwaltung jeweils danach vorzunehmen ist, ob die betreffende Handlung durch den Zweck der Zwangsverwaltung gedeckt ist. Jedenfalls besteht eine Vermutung, dass grundsätzlich die Beschlussgegenstände einer Wohnungseigentümerversammlung die Zwangsverwaltung berühren (BayObLG, 05.11.1998, 2Z BR 131/98).

Insolvenz, Nachlass

Wenn über das Vermögen des Eigentümers das Insolvenzverfahren beantragt oder eröffnet ist oder eine zum Nachlass gehörende Wohnung der Testamentsvollstreckung oder Nachlassverwaltung unterfällt, so übt der Insolvenzverwalter bzw. Testamentsvollstrecker bzw. Nachlassverwalter das Stimmrecht für den Wohnungseigentümer aus.

Übersicht Stimmrechtsinhaber

- der aktuell im Grundbuch eingetragene Wohnungseigentümer
- der werdende Eigentümer bei Ersterwerb; nicht bei Zweiterwerb
- neben dem jeweiligen Wohnungseigentümer: der Zwangsverwalter
- anstelle des jeweiligen Wohnungseigentümers: der Nachlassverwalter, Insolvenzverwalter oder Testamentsvollstrecker

Kein Stimmrecht haben:

- Grundschuld- und Hypothekengläubiger, Nießbraucher, Mieter oder Pächter

---

5.3.1.1 Was gilt, wenn eine Wohnung mehreren Eigentümern gehört?

Das Stimmrecht steht den im Grundbuch eingetragenen Eigentümern zu (§ 25 Abs. 2 WEG). Sind mehrere Personen gemeinsam als Eigentümer im Grundbuch eingetragen, so können diese ihr Stimmrecht nur einheitlich ausüben. Eine anteilige Aufspaltung des Stimmrechts ist nicht zulässig. Wird eine Einigung nicht erzielt, so entfällt die Stimme.

Einheitlich: Ausübung des Stimmrechts

Auch wenn eine Teilungserklärung bestimmt, dass jeder Miteigentümer eine Stimme hat, führt das Bruchteilseigentum mehrerer an einer Wohnungseigentumseinheit nicht zu einer Vermehrung der Stimmrechte.

Beispiele

Eine einheitliche Stimmrechtsausübung ist erforderlich bei
- Bruchteilsgemeinschaften,
- Erbengemeinschaften,
- ehelichen Gütergemeinschaften.

Die einheitliche Stimmrechtsausübung kann entweder durch übereinstimmende Mitwirkung aller Mitberechtigten in der Versammlung erfolgen oder aber dadurch, dass die Mitberechtigten einen gemeinsamen Vertreter benennen, welcher die Stimme abgibt.

Allerdings kann die Stimmabgabe ungültig sein, wenn an der Ermächtigung durch den oder die übrigen Mitberechtigten Zweifel bestehen und eine Vollmacht nicht vorgelegt wird.

5.3.2 Das Kopfprinzip

In § 25 Abs. 2 Satz 1 WEG ist das „Kopfprinzip" verankert. Dies bedeutet, dass die gesetzliche Regelung davon ausgeht, dass jedem Wohnungseigentümer unabhängig von der Größe und vom Wert seines Miteigentumsanteils eine Stimme zusteht. Ein Eigentümer hat hiernach auch dann nur eine Stimme, wenn er mehrere nach dem Grundbuch selbstständige Wohnungsrechte an einem Grundstück

Pro Kopf eine Stimme

besitzt. Veräußert er jedoch eine Wohnung an eine dritte Person, so kommt es zwangsweise zu einer „Stimmrechtsmehrung".

Beispiele für das Kopfprinzip

Sind mehrere Personen gemeinsam Eigentümer einer Eigentumswohnung (z. B. Eheleute), so können diese ihr Stimmrecht nur gemeinschaftlich ausüben, da ihnen nur eine Stimme zusteht. Gleiches gilt, wenn Eheleuten zwei Eigentumseinheiten als Mitberechtigte je zur Hälfte zustehen.

Ausnahme: Gehört eine Wohnung einem Ehegatten allein und eine andere je zur Hälfte beiden, so können zwei Stimmrechte geltend gemacht werden, da es sich um verschiedene Rechtsträger handelt.

Bei unterschiedlichen Auffassungen müssen sich die Berechtigten einigen, da eine Aufspaltung des Stimmrechts nicht möglich ist. Wird keine Einigung erzielt, so entfällt die Stimme.

5.3.3 Das Wertprinzip

Eine Abweichung vom gesetzlichen Kopfprinzip durch Vereinbarung in der Gemeinschaftsordnung ist zulässig. Ein Mehrheitsbeschluss ist hierfür jedoch nicht ausreichend.

Stimmrecht nach Miteigentumsanteilen

Wurde das „Wertprinzip" in der Teilungserklärung oder Gemeinschaftsordnung vereinbart, so richtet sich die Stimmkraft nach der Größe der im Grundbuch eingetragenen Miteigentumsanteile. Die Wahl des Wertprinzips ist in der Praxis der häufigste Fall und beruht vor allem darauf, dass der Eigentümer mit dem größeren Miteigentumsanteil auch einen höheren Anteil an den Lasten und Kosten des gemeinschaftlichen Eigentums zu tragen hat und ihm daher eine größere Stimmkraft zugebilligt werden soll.

5.3.4 Das Objektprinzip

Pro Sonder- oder Teileigentum eine Stimme

Es besteht die Möglichkeit, das Stimmrecht von der Anzahl der Wohnungs- und Teileigentumseinheiten abhängig zu machen („Objektprinzip"). Jeder Eigentümer hat dann so viele Stimmen, wie er Sondereigentumsrechte hat. Dies kann dazu führen, dass ein Garageneigentümer die gleiche Stimmkraft besitzt wie ein Eigentümer einer großen Wohnung. Obgleich dies zunächst ungerecht erscheint, da den Eigentümer der Wohnung eine erheblich größere Kostenlast trifft, ist die Vereinbarung des Objektprinzips zulässig, denn auch das gesetzliche Kopfprinzip trennt zwischen der wirtschaftlichen Belastung und dem Wert des Stimmrechts.

5.3.5 Majorisierung

Erfolgt die Stimmrechtsausübung nach dem Wert- oder Objektprinzip kann dies unter Umständen dazu führen, dass ein Eigentümer, der viele Sondereigentumsrechte besitzt, die Mehrheit der Stimmrechte allein innehat. In diesem Fall liegt eine „Majorisierung" vor. Wenn ein Mehrheitseigentümer seine Stimmenmehrheit rechtsmissbräuchlich ausübt, kann der Beschluss im Rahmen einer Anfechtung binnen Monatsfrist gerichtlich überprüft und gegebenenfalls für ungültig erklärt werden.

Beispiel für rechtsmissbräuchliche Stimmrechtsausübung

Von einer rechtsmissbräuchlichen Stimmrechtsausübung ist dann auszugehen, wenn ein Mehrheitseigentümer beispielsweise der erstveräußernde Bauträger, einen ihm verbundenen Verwalter bestellt, dessen persönliche und fachliche Ungeeignetheit ihm bekannt ist.

Ein Stimmrechtsmissbrauch liegt aber nicht schon deshalb vor, weil ein Großeigentümer bereits allein 90 Prozent der Stimmen innehat.

Tipp: Auf Gewicht des Stimmrechts achten

Achten Sie beim Erwerb von Sonder- oder Teileigentum stets darauf, welches Gewicht Ihr Stimmrecht hat. Je größer die Einheit ist, desto höher wird die wirtschaftliche Belastung sein und umso wichtiger ist die Beeinflussbarkeit von Beschlüssen.

5.3.6 Stimmrechtsausschluss

Siehe CD-ROM

In bestimmten Fällen schreibt § 25 Abs. 5 WEG vor, dass ein Wohnungseigentümer von der Ausübung seines Stimmrechts ausgeschlossen ist. Dies ist dann der Fall, wenn die Beschlussfassung

- die Vornahme eines auf die Verwaltung des gemeinschaftlichen Eigentums bezüglichen Rechtsgeschäfts mit ihm betrifft,
- die Einleitung oder Erledigung eines Rechtsstreits der anderen Wohnungseigentümer gegen ihn beinhaltet oder
- er gemäß § 18 WEG rechtskräftig zur Veräußerung seines Wohnungseigentums verurteilt ist.

Beispielsfälle für einen Stimmrechtsausschluss

- Beim Abschluss eines Rechtsgeschäfts, Kaufvertrags, Werkvertrags etc. mit einem Miteigentümer, welches auf die Vornahme von Instandsetzungs- und Instandhaltungsmaßnahmen am Gemeinschaftseigentum gerichtet ist, ist dieser Miteigentümer nicht stimmberechtigt.
- Bei Vermietung gemeinschaftlichen Eigentums an einen Miteigentümer ist dieser nicht stimmberechtigt.
- Wäre eine WEG-Verwalterin im Rahmen ordnungsgemäßer Verwaltung gehalten gewesen, ihre Abberufung aus wichtigem Grund in die Tagesordnung einer Eigentümerversammlung aufzunehmen, hat sie diese Verpflichtung aber durch die Beschlussfassung über ihre Weiterbestellung umgangen, unterliegt dieser Wohnungseigentümerbeschluss den für einen Abberufungsbeschluss maßgeblichen Beurteilungskriterien. In einem solchen Fall kann die Verwalterin bei dieser Beschlussfassung aufgrund des Stimmrechtsausschlusses die ihr von anderen Wohnungseigentümern übertragenen Stimmrechtsvollmachten nicht ausüben (LG Saarbrücken, 20.08.08, 5 T 363/07).
- Bei einem Antrag eines Eigentümers, eine bauliche Veränderung vornehmen zu dürfen, ist der Betroffene selbst nicht stimmberechtigt (BayObLG, 20.6.1974,2 Z 22/74).
- Bei Abschluss, Änderung und Auflösung des Verwaltervertrags mit einem Miteigentümer oder bei Abberufung aus wichtigem Grund und außerordentlicher Kündigung des Verwaltervertrags (BGH NZM 2002, 995) ist dieser Miteigentümer nicht stimmberechtigt.

- Bei der Entlastung des verwaltenden Miteigentümers (BayObLG WE 1996, 235; OLG Karlsruhe ZMR 2003, 289) ist dieser nicht stimmberechtigt.

- Der Verwalter, der einzelne Wohnungseigentümer vertritt, ist bei der Beschlussfassung über seine Entlastung nicht stimmrechtsberechtigt (OLG Köln, 18.11.06, 16 Wx 165/06).

- Bei einem Antrag über die Entlastung des Verwaltungsbeirats ist dieser von der Abstimmung ausgeschlossen (OLG Zweibrücken NZM 2002, 345).

- Bei gerichtlicher Geltendmachung von Gewährleistungsansprüchen gegen den Bauträger, wenn er zugleich Miteigentümer ist (BayObLG WE 1993, 27) oder bei der Einleitung eines Beweisverfahrens gegen ihn (BayObLG ZMR 1978, 248; OLG Köln NJW-RR 1991, 850) ist dieser Miteigentümer nicht stimmberechtigt.

- Bei der Einleitung eines Verfahrens auf Entziehung des Wohnungseigentums nach § 18 WEG (LG Hannover, NdsRpfl 1992, 119) ist der betroffene Miteigentümer nicht stimmberechtigt.

- Sind mehrere Personen nur gemeinsam stimmberechtigt und ist eine von der Stimmrechtsausübung ausgeschlossen, so gilt das auch für die anderen Miteigentümer.

Beispielsfälle, in denen kein Stimmrechtsausschluss vorliegt

- Antrag über Abstimmung, ob der verwaltende Miteigentümer abberufen werden soll oder ob ein Eigentümer zum Verwalter bestellt werden soll (BGH NZM 2002, 995; OLG Düsseldorf NZM 1999, 285). Anders jedoch, wenn rechtsmissbräuchliche Stimmausübung vorliegt.

- Kein Ausschluss des Verwalters von der Stimmrechtsausübung, wenn er einzelne Wohnungseigentümer bei der Beschlussfassung zu seiner Wiederbestellung vertritt (OLG Hamm, 20.07.06, 15 W 142/05; OLG Köln, 18.11.06, 16 Wx 165/06).

- Kein Ausschluss trotz bestehender Zahlungsverzüge mit dem Hausgeld (BayObLG, 05.11.1998, 2Z BR 131/98).

- Wenn ein Miteigentümer zum Verwaltungsbeirat bestellt werden soll (BayObLG WuM 1990, 322; ZMR 2001, 996), sowie bei dessen Abberufung, soweit sie nicht aus wichtigem Grund erfolgt, ist dieser Miteigentümer stimmberechtigt.

- Beim Beschluss über die Abrechnung, wenn der Verwalter auch Miteigentümer ist (BayObLG WE 1996, 234), ist dieser stimmberechtigt.

Siehe CD-ROM

Selbst wenn ein Eigentümer wegen § 25 Abs. 5 WEG kein Stimmrecht besitzt, schließt das nicht sein Teilnahme-, Rede- und Antragsrecht bei der Versammlung aus. Er ist auch berechtigt, die ohne seine Mitwirkung gefassten Beschlüsse gerichtlich anzufechten.

Anfechtungs-
grund:
ungültige
Stimme

Soweit ein Wohnungseigentümer von seinem Stimmrecht ausgeschlossen ist, kann er auch keine dritte Person mit der Ausübung seines Stimmrechts bevollmächtigen. Wirkt ein Eigentümer, der eigentlich von seinem Stimmrecht ausgeschlossen ist, dennoch an der Beschlussfassung mit, darf die Stimme nicht gezählt werden. Übersieht dies der Verwalter, so ist der Beschluss zunächst nicht nichtig, aber auf Anfechtung für ungültig zu erklären, wenn ohne die Stimme des Ausgeschlossenen keine Mehrheit zustande gekommen wäre.

Im umgekehrten Fall, dass einzelne Wohnungseigentümer zu Unrecht von der Beschlussfassung ausgeschlossen werden, so sind diese Beschlüsse im Falle der Anfechtung unabhängig von der Frage, ob sich die Stimmrechtsausübung des Ausgeschlossenen auf das Beschlussergebnis ausgewirkt hat, für ungültig zu erklären.

Ruhen des
Stimmrechts

Neben der gesetzlichen Regelung des § 25 Abs. 5 WEG über Stimmrechtsausschlüsse kann auch in der Teilungserklärung oder der Gemeinschaftsordnung für bestimmte Fälle das Ruhen des Stimmrechts vereinbart werden. Dies kommt in Betracht, wenn sich ein Wohnungseigentümer einer ernsthaften Verletzung der ihm obliegenden Pflichten schuldig macht.

Beispiel für das Ruhen des Stimmrechts

Der Wohnungseigentümer kommt seiner Verpflichtung zur Zahlung des Hausgeldes in erheblichem Umfang schuldhaft nicht nach.

Vertretung

Durch Vereinbarung kann eine Beschränkung des Stimmrechts dahin gehend erfolgen, dass zur Vertretung in der Eigentümerversammlung nur bestimmte Personen ermächtigt werden können. Dies lässt sich auf den Grundsatz der Nichtöffentlichkeit der Versammlung zurückführen. Insbesondere ist hier z. B. an den Mieter als Vertretungsberechtigten des Wohnungseigentümers zu denken.

Ein mehrheitlicher Beschluss reicht hierfür jedoch nicht aus und wäre als gesetzesändernder Mehrheitsbeschluss nichtig.

5.3.7 Stimmrechtsvertretung

Jeder Wohnungseigentümer ist berechtigt, sich durch eine frei wählbare dritte Person bei der Eigentümerversammlung vertreten zu lassen.

Ist die Person des Vertretenen ein Geschäftsunfähiger oder Minderjähriger, ist die Vertretung durch den Betreuer gemäß § 1902 BGB bzw. durch die Eltern gemäß §§ 1626, 1629 BGB bereits gesetzlich angeordnet. Minderjährige können ihr Stimmrecht selbst nur dann ausüben, wenn der Beschluss für sie lediglich rechtlich vorteilhaft ist (§ 107 BGB).

Geschäfts-
unfähige/
Minderjährige

Bei juristischen Personen wie der Aktiengesellschaft und der Gesellschaft mit beschränkter Haftung vertritt der gesetzliche Vertreter gemäß § 78 AktG, § 35 GmbHG die Gesellschaft, bei Personengesellschaften wie der KG, OHG und GbR der vertretungsberechtigte Gesellschafter oder ein Prokurist, der seine Vollmacht nachweist. Sind mehrere Personen zur Vertretung der Gesellschaft berechtigt, gilt auch hier, dass das Stimmrecht nur einheitlich ausgeübt werden kann.

Juristische
Personen/
Personen-
gesellschaften

Liegt eine gewillkürte Stellvertretung vor, so kann die Person des Vertreters frei gewählt werden. Die Gemeinschaftsordnung kann allerdings auch vorsehen, dass nur ein bestimmter Personenkreis, wie etwa Miteigentümer, Ehegatten oder Familienangehörige, vertretungsberechtigt sind. Eine solche Vertretungsbeschränkung gilt jedoch nicht in den Fällen der gesetzlichen Vertretung (Eltern bei minderjährigen Wohnungseigentümern oder der Betreuer eines Wohnungseigentümers) oder für juristische Personen. So kann sich eine Aktiengesellschaft durch einen beliebigen Firmenangehörigen vertreten lassen, da den Vorstandsmitgliedern einer Aktiengesellschaft nicht zugemutet werden kann, zu möglicherweise einer Vielzahl von Eigentümerversammlungen persönlich zu erscheinen.

Beispiele für Vertreter

Als Vertreter können bestimmt werden: der Ehegatte, der Verwalter, ein Mitglied des Verwaltungsbeirats oder sonstige Miteigentümer. Rechtsanwälte, Steuerberater, Vermögensverwalter. Sogar Mieter können bevollmächtigt werden, wobei dies nicht empfehlenswert ist, da hier Interessenkollisionen vorliegen können.

Vollmacht

Dem Vertreter ist eine Vollmacht zu erteilen. Dies kann grundsätzlich formfrei, also auch mündlich erfolgen. Jedoch kann in der Gemeinschaftsordnung vereinbart werden, dass im Falle der Vertretung eine schriftliche Vollmacht vorgelegt werden muss. Ist dies der Fall und wird auf Verlangen eines Versammlungsteilnehmers das Original der Vollmachtsurkunde nicht vorgelegt, so ist vom Nichtbestand der Vollmacht auszugehen. Eine gegenteilige Handhabung bedingt die Anfechtbarkeit der gefassten Beschlüsse, falls sich die Stimme auf das Beschlussergebnis ausgewirkt hat. Die einzelnen Wohnungseigentümer besitzen das Recht, die erteilten Vollmachten zu überprüfen (OLG München, 11.12.07, 34 Wx 91/07). Dieses Recht gilt gleichfalls für den Verwaltungsbeirat (OLG München, 31.10.07, 34 Wx 60/07).

Die Vollmacht umfasst üblicherweise nicht nur das Stimmrecht, sondern gibt dem Vertreter auch ein Rede- und Antragsrecht. Die Vollmacht sollte klar erkennen lassen, welchen Umfang sie zeitlich und inhaltlich hat. Dabei kann bestimmt werden, ob die Bevollmächtigung im Hinblick auf einzelne Tagesordnungspunkte, die ganze Versammlung oder ob eine sogenannte Dauervollmacht, also auch für alle künftigen Versammlungen, vorliegt.

Muster Vollmacht

Siehe CD-ROM

Vollmacht

Zur Vertretung meiner/unserer Rechte, insbesondere der Ausübung meines/unseres Stimmrechts bei der Eigentümerversammlung der Wohnungseigentümergemeinschaft Tannstr. 100, 80123 München

am Donnerstag, den 29.03.2010 um 18 Uhr in den Nebenräumen der Gaststätte „Zur Eiche", Tannstr. 1, 80123 München

bevollmächtige(n) ich/wir ....

Herrn/Frau .... ,

das Mitglied des Verwaltungsbeirats

Frau Isolde Müller, Müllerstr. 1, 80234 München,

Herrn Balduin Maier, Tannstr. 100, 80123 München,

Herrn Eduard Stein, Tannstr. 100, 80123 München

oder

den Verwalter

Mir/uns gehören folgende Einheiten

Wohnung: ....

Garage: ....

Ich/wir erteile/n folgende Weisung(en):

....

....

(Ort, Datum)   (Unterschrift)

In der Vollmacht können auch bestimmte Weisungen, wie der Vertreter zu stimmen hat, aufgenommen werden. Enthält sie jedoch keine ausdrücklichen Weisungen, ist davon auszugehen, dass sich die Vollmacht auf alle auf der Tagesordnung genannten Punkte erstreckt.

Weisungen

Tipp: Vollmachten schriftlich und klar formulieren

Erteilen Sie Vollmachten immer schriftlich und klar verständlich. Ist der Vertreter nicht in der Lage, seine Bevollmächtigung durch Vorlage einer Originalvollmachtsurkunde nachzuweisen, so kann der Verwalter seine Stimme zurückweisen. Dies kann auch durch den Widerspruch eines einzelnen Eigentümers erfolgen.

Ein Eigentümerbeschluss, durch den der Vertreter von der Teilnahme an der Versammlung ausgeschlossen wurde, ist als sogenannter

Ausschluss des Vertreters

Geschäftsordnungsbeschluss nicht anfechtbar. Jedoch kann der Ausschluss die Anfechtbarkeit der in der Versammlung gefassten Beschlüsse begründen, wenn er zu Unrecht erfolgte und die Teilnahme und Abstimmung des Vertreters möglicherweise zu einem anderen Beschlussergebnis hätte führen können.

Untervollmacht Es besteht die Möglichkeit, dass der Vertreter eine Untervollmacht erteilt. Dies ist grundsätzlich zulässig, wenn die Gemeinschaftsordnung keine abweichende Regelung enthält. Ob es jedoch aus der Vollmachtsurkunde ersichtlich sein muss, ob die Unterbevollmächtigung gestattet oder generell zulässig ist, wird in der Rechtsprechung nicht einheitlich beurteilt. Im Einzelfall wird dies durch Auslegung zu ermitteln sein, wobei der höchstpersönliche Charakter einer Vollmacht meist dazu führen wird, dass die Berechtigung zur Erteilung einer Untervollmacht verneint wird.

Sieht die Gemeinschaftsordnung eine begrenzte Anzahl von Vertretungsmöglichkeiten vor, so muss die Erteilung einer Untervollmacht auf jeden Fall gestattet werden, weil ansonsten das Stimmrecht des bevollmächtigenden Eigentümers in der Versammlung verloren gehen würde, wenn einem Eigentümer mehr Vollmachten als nach der Vereinbarung zulässig wäre, erteilt werden.

Siehe CD-ROM Ist ein Wohnungseigentümer von seinem Stimmrecht ausgeschlossen (siehe hierzu Kap. 5.3.5), kann dies nicht durch eine Vertretung umgangen werden. Der Vertreter hat nur die Rechte, die er vom Vertretenen ableiten kann. Ein Stimmrechtsverbot des Vertreters ergibt sich aus § 25 Abs. 5 WEG dann, wenn er selbst Miteigentümer ist und von der Stimmrechtsausübung ausgeschlossen ist.

Selbstkontrahierungsverbot Wird dem Verwalter die Vollmacht erteilt, ist das Selbstkontrahierungsverbot des § 181 BGB zu beachten. Vom „Selbstkontrahieren" spricht man, wenn jemand als Vertreter eines anderen im eigenen Namen mit sich selbst oder im Namen eines von ihm selbst vertretenen Dritten ein Rechtsgeschäft abschließt. Wenn der Verwalter nicht von § 181 BGB befreit ist, ist er bei Beschlussfassungen über die Abrechnung, die Entlastung, die Kündigung des Verwaltervertrags und anderen mit ihm abzuschließenden Rechtsgeschäften ausgeschlossen (siehe zum Stimmrechtsausschluss auch Kap. 5.3.5, Beispiele).

5.4 Teilnahme Dritter an der Versammlung

Lässt die Gemeinschaftsordnung nicht ausdrücklich die Teilnahme dritter Personen an der Eigentümerversammlung zu, so sind außenstehende Dritte und Berater wegen des Grundsatzes der Nichtöffentlichkeit von der Versammlung ausgeschlossen.

Grundsatz der Nichtöffentlichkeit

Liegt eine Vereinbarung vor, so ist die Einhaltung dieser vom Verwalter zwingend zu überprüfen, und er ist verpflichtet, im Rahmen seines Hausrechts Dritte von der Versammlung auszuschließen. Besteht keine Vereinbarung in der Gemeinschaftsordnung, so kann der Verwalter den Ausschluss von der Versammlung vornehmen oder die Wohnungseigentümergemeinschaft kann durch einen Antrag zur Geschäftsordnung entscheiden, ob die Teilnahme geduldet wird oder ob die dritte Person die Versammlung verlassen muss.

Hausrecht des Verwalters

Muster: Antrag auf Ausschluss einer dritten Person von der Versammlung

> „Ich stelle den Antrag, dass der Besucher A/der Rechtsanwalt B/die dritte Person C wegen des Grundsatzes der Nichtöffentlichkeit der Eigentümerversammlung von der weiteren Durchführung der Versammlung ausgeschlossen und des Saales verwiesen wird."

Siehe CD-ROM

Ein Ausschluss ist dann nicht möglich, wenn ein berechtigtes Interesse des Wohnungseigentümers an der Teilnahme der dritten Person besteht. Ob ein berechtigtes Interesse vorliegt, ist im Einzelfall nach Treu und Glauben und unter Abwägung der Interessen des einzelnen Wohnungseigentümers gegenüber dem Interesse der restlichen Wohnungseigentümer am Ausschluss der Öffentlichkeit zu beurteilen (BGH, NJW 1993, 1329; BayObLG, ZMR 2002, 844).

Berechtigtes Interesse

Beispiele: Liegt ein „berechtigtes Interesse" vor?

Ein berechtigtes Interesse des Wohnungseigentümers kann sich aus einem in der Person des Eigentümers liegenden Umstand ergeben – wie etwa hohes Alter, Blindheit, geistige Gebrechlichkeit, Krankheit oder dem besonderen Schwierigkeitsgrad der in der Tagesordnung angekündigten Beschlussgegenstände. Ein Ausländer hat ein berechtigtes Interesse daran, einen Dolmetscher mitzubringen.

Die Teilnahme eines Rechtsanwalts als Berater wird, selbst bei älteren Wohnungseigentümern, regelmäßig abgelehnt, wenn nicht ein besonderer Umstand – wie die besondere Schwierigkeit der Beratungsgegenstände – hinzukommt. Dem Wohnungseigentümer kann zugemutet werden, dass er sich bei Bedarf bereits im Vorfeld der Versammlung fachlichen Rat von einem Dritten einholt.

Die Zerstrittenheit einzelner Eigentümer in der Wohnungseigentümergemeinschaft allein begründet noch kein berechtigtes Interesse an der Zuziehung eines Rechtsbeistandes.

Ein Beschluss, der die grundsätzliche Teilnahme von Mietern in der Eigentümerversammlung zulässt, ist anfechtbar (AG Bochum, 30.10.08 C 26/08).

Mitarbeiter der Verwaltung

Eine Ausnahme zur Teilnahme dritter Personen lässt die Rechtsprechung im Hinblick auf Mitarbeiter des Verwalters oder einen ihn beratenden Dritten zu. So ist die Anwesenheit von Mitarbeitern der Verwaltung zulässig, da sie zum einen im Rahmen ihres Arbeitsverhältnisses zu Verschwiegenheit verpflichtet und zum anderen zum Führen einer ordnungsgemäßen Verwaltung insbesondere bei größeren Verwaltungsbüros erforderlich sind. So ist oftmals der für die Buchhaltung verantwortliche Mitarbeiter mit Einzelheiten der Jahresabrechnung besser vertraut und kann auch Fragen der Wohnungseigentümer beantworten.

Berater

Der Verwalter darf zur Versammlung auch sach- oder rechtskundige Personen als Berater hinzuziehen. Dies ist insbesondere dann der Fall, wenn aufgrund der Tagesordnung damit zu rechnen ist, dass Fragen an den Verwalter gestellt werden, zu deren Beantwortung er sachlicher oder rechtlicher Beratung bedarf. Der Grundsatz der Nichtöffentlichkeit der Wohnungseigentümerversammlung hindert den Verwalter nicht daran, im Interesse der Gesamtheit der Wohnungseigentümer zu bestimmten Tagesordnungspunkten einen Rechtsanwalt als Berater zur Information und Meinungsbildung hinzuzuziehen, solange nicht ein konkreter Interessengegensatz zwischen einem einzelnen Wohnungseigentümer hervorgetreten ist und kein Wohnungseigentümer der Anwesenheit des Dritten widerspricht. Notwendig, aber auch hinreichend für die Hinzuziehung ist, dass der Beratungsbedarf gerade in der Versammlung besteht, nur hier sachgerecht erfüllbar ist und die Beratung bei objektiver Betrachtung allen anwesenden Eigentümern zugute kommt (OLG Köln, Beschl. v. 22.6.09, 16 Wx 266/08; OLG München, Beschl. v. 18.9.06, 34 Wx 89/06). Darf der Verwalter aufgrund des Verwaltervertrags einen Rechtsanwalt beauftragen, so kann dieser nicht ausgeschlossen werden, selbst wenn er unangekündigt zur Eigentümerversammlung erscheint. In einem solchen Fall wird davon auszugehen sein, dass aus Gründen der „Waffengleichheit" dann auch der Berater eines einzelnen Eigentümers zur Versammlung zuzulassen ist.

Nimmt eine Person an der Versammlung teil, obwohl sie hierzu nicht berechtigt ist, sind sämtliche Beschlüsse, die auf der Versammlung gefasst werden, anfechtbar. Die Teilnahme allein reicht jedoch für eine erfolgreiche Anfechtung nicht aus: Die Anwesenheit dieser Person muss sich vielmehr konkret auf das Abstimmungsergebnis ausgewirkt haben. Dies kann bereits dann der Fall sein, wenn feststeht, dass sich die Anwesenheit des Nichteigentümers auf die Meinungsbildung der übrigen Eigentümer so ausgewirkt hat, dass sie hierdurch ihr Stimmverhalten verändert haben.

Anfechtungsgrund: Teilnahme nicht berechtigter Dritter

Wurde jedoch ein Vertreter oder Begleiter, der zuzulassen ist, ausgeschlossen und soll ein Eigentümer auf diese Weise gezielt von der Versammlung ausgeschlossen werden, kann jeder auf der Versammlung gefasste Beschluss angefochten und für nichtig erklärt werden (OLG Köln, NZM 2005, 149). Gleiches gilt, wenn ein Beschluss gefasst wird, der den Ausschluss auch für künftige Eigentümerversammlungen vorsieht (BayOLG, WuM 1996, 113).

Anfechtungsgrund: wenn Ausschluss zu Unrecht erfolgt

5.5 Wie läuft die Versammlung ab?

Der Verwalter führt gemäß § 25 Abs. 4 WEG den Vorsitz in der Wohnungseigentümerversammlung, sofern die Wohnungseigentümer nichts anderes beschließen. Die Wohnungseigentümer können auch eine andere Person zum Vorsitzenden wählen. Dies kann dann sinnvoll sein, wenn in der Versammlung Vorwürfe gegen den Ver-

Versammlungsleiter

walter erörtert werden sollen oder gar geplant ist, den Verwalter abzuberufen.

Pflichten des Versammlungsleiters Wie der Verwalter die Versammlung führt, liegt in seinem pflichtgemäßen Ermessen, das heißt, er muss für eine sachgerechte Behandlung der Tagesordnung und eine ungestörte Willensbildung der Wohnungseigentümer sorgen. Zu den Aufgaben des Vorsitzenden zählen die Eröffnung und die Schließung der Versammlung. Die Feststellung der Schließung der Versammlung ist insbesondere dann wichtig, wenn wegen Beschlussunfähigkeit der ersten Versammlung eine Zweitversammlung einberufen wird (OLG Frankfurt, ZWE 2007, 84, 90). Außerdem stellt der Verwalter fest, ob die Versammlung ordnungsgemäß einberufen wurde und ob mehr als die Hälfte der Repräsentanten der stimmberechtigten Miteigentumsanteile erschienen sind, die Versammlung damit beschlussfähig ist.

Tagesordnung Der Versammlungsleiter ruft die Punkte der Tagesordnung in der in der Einladung angekündigten Reihenfolge auf. Ein neuer Tagesordnungspunkt darf erst dann aufgerufen werden, wenn Diskussion und Abstimmung zum vorhergehenden Tagesordnungspunkt abgeschlossen sind.

Antragsrecht In der Versammlung ist jeder Wohnungseigentümer berechtigt, einen Antrag zur Beschlussfassung zu stellen. Das Antragsrecht sowie auch das Rederecht des Wohnungseigentümers gehören zum Inhalt seines auf dem Mitverwaltungsrecht beruhenden Teilnahmerechts.

Rederecht Durch ihr Rederecht können die Versammlungsteilnehmer Einfluss auf die Meinungsbildung nehmen. Jedem Teilnehmer muss es möglich sein, sich an der Diskussion und der Meinungsbildung zu beteiligen. Bei großen Wohnungseigentümergemeinschaften und vielen Wortmeldungen hat jedoch der Vorsitzende das Recht, die Redezeit des einzelnen Wohnungseigentümers zu begrenzen, um eine zumutbare Dauer der Versammlung sicherzustellen. Hierbei hat sich die Beschränkung der Redezeit an der Bedeutung und der Schwierigkeit des Diskussionsgegenstands zu orientieren.

Redezeitbeschränkung Hält sich ein Versammlungsteilnehmer nicht an seine Redezeit, so kann ihm nach vorheriger Abmahnung das Wort entzogen werden.

Weiterhin kommt ein Wortentzug dann in Betracht, wenn sich ein Teilnehmer in beleidigender oder offenkundig unsachlicher Art und Weise äußert. Unangemessenes Benehmen und ein Verstoß gegen allgemeine Anstandsregeln können nicht nur zum Wortentzug führen, sondern auch zum Ausschluss des Wohnungseigentümers von der Versammlung. Dies darf jedoch nur als letztes Mittel in Betracht kommen, denn die Störung der Versammlung muss erheblich sein.

> **Beispiel für einen Ausschluss von der Versammlung**
>
> Stört ein Wohnungseigentümer den Versammlungsablauf – etwa durch beleidigende Zwischenrufe, Lärm, Missachtung des Wortentzugs oder gar durch tätliche Angriffe gegenüber anderen Versammlungsteilnehmern –, so sollte er zunächst mündlich ermahnt werden. Wenn der weitere ordnungsgemäße Ablauf der Eigentümerversammlung gefährdet ist, sollte er nach Androhung des Ausschlusses der Versammlung verwiesen werden.

Ist die Meinungsbildung zu einem Tagesordnungspunkt abgeschlossen, so führt der Vorsitzende die Abstimmung zur Beschlussfassung durch. Er formuliert einen Beschlussvorschlag und lässt darüber abstimmen. Ist sich der Verwalter unschlüssig, zu welcher Meinung die Teilnehmer der Eigentümerversammlung neigen, kann er zunächst eine Probeabstimmung durchführen. Sie ist auch dann sinnvoll, wenn ein Beschluss nur mit qualifizierter Mehrheit gefasst werden kann. Dass es sich lediglich um eine Probeabstimmung handelt, sollte der Verwalter vorher zur Vermeidung von Unklarheiten ausdrücklich formulieren. *Abstimmung/ Probeabstimmung*

Nach Auszählung des Abstimmungsergebnisses stellt der Verwalter das Beschlussergebnis fest und gibt es bekannt. Außerdem muss er es in das Protokoll der Eigentümerversammlung aufnehmen. *Beschlussfeststellung*

Die Eigentümergemeinschaft kann über alle Angelegenheiten, die den Ablauf der Versammlung und die Geschäftsordnung betreffen – wie etwa die Reihenfolge der Behandlung der Tagesordnungspunkte, die Redezeit und die Abstimmungsmodalitäten – durch einen sogenannten Geschäftsordnungsbeschluss bestimmen (siehe hierzu auch Kap. 5.6.10). Regeln über die Geschäftsordnung können bereits in der Gemeinschaftsordnung enthalten sein oder mehrheitlich be- *Geschäftsordnungsbeschluss* schlossen werden. Ein Beschluss über die Geschäftsordnung muss nicht in der Tagesordnung angekündigt werden und ist nicht selbstständig anfechtbar (BayObLG, 10.7.1987, 2 Z 47/87, NJW-RR 1987, 1363).

Abstimmungs-modalitäten

In der Praxis kommt es häufig vor, dass Anträge zur Festlegung der Abstimmungsmodalitäten gestellt werden. Die Art der Abstimmung kann, soweit kein entgegenstehender Beschluss hierzu vorliegt, zunächst durch den Vorsitzenden festgelegt werden. Hierbei hat er jedoch darauf zu achten, ob die Abstimmung nach dem Kopf-, Wert- oder Objektprinzip zu erfolgen hat. Er hat die Wahl, ob er die Abstimmung offen durch Handzeichen oder geheim durch Stimmzettel durchführt. Der Vorsitzende stellt die Ja-Stimmen, die Nein-Stimmen und die Enthaltungen fest.

Nicht unbedenklich: Subtraktions-methode

Oftmals wird die zur Abstimmung gestellte Frage vom Vorsitzenden so gewählt, dass zur Ermittlung des Ergebnisses zunächst nach der Minderheit gefragt wird und dann eine Rückrechnung auf die verbliebene Mehrheit erfolgt. Diese „Subtraktionsmethode" ist zwar grundsätzlich zulässig (BGH, 19.9.2002, V ZB 37/02), solange ein Abstimmungsergebnis sicher festgestellt werden kann, sie ist jedoch nicht unbedenklich. Stimmrechtsverbote und Enthaltungen werden hier meist nicht berücksichtigt und oft wagen es einzelne zur Minderheit gehörende Wohnungseigentümer nicht, per Handzeichen gegen die Mehrheit zu stimmen.

Um solche Situationen zu vermeiden, kann ein Antrag gestellt werden, dass bestimmte Abstimmungsmodalitäten einzuhalten sind: beispielsweise dass erst alle Ja-Stimmen, dann die Nein-Stimmen und zuletzt die Enthaltungen gezählt werden. In Betracht kommt auch, vor der Abstimmung Stimmzettel zu verteilen und die Abstimmung geheim durchzuführen.

5.6 Die Beschlussfassung

§ 23 Abs. 1 WEG bestimmt, dass die Angelegenheiten, über die die Wohnungseigentümer nach dem Wohnungseigentumsgesetz oder nach einer Vereinbarung durch Beschluss entscheiden können, durch Beschlussfassung in einer Eigentümerversammlung geordnet werden. In seiner Rechtsnatur ist der Beschluss ein mehrseitiges Rechtsgeschäft eigener Art, ein „Gesamtakt" (BGH NZM 2002, 992; BayObLG NZM 2001, 1037). Er ist kein Vertrag, sondern das in Worte gefasste Ergebnis der internen, kollektiven Willensbildung der Wohnungseigentümer.

Siehe CD-ROM

5.6.1 Abgrenzung: Beschluss oder Vereinbarung?

Faustregel

Was zu vereinbaren ist, kann nicht beschlossen werden, es sei denn, es liegt eine Vereinbarung vor, die den Wohnungseigentümern Beschlusskompetenz zuweist.

Zunächst ist zwischen einer Vereinbarung im Sinne des § 10 WEG und Beschlüssen gem. § 23 WEG zu unterscheiden. Beschlüsse beruhen auf gleichgerichteten Willenserklärungen, Vereinbarungen haben gegenseitige (korrespondierende) Verpflichtungen zum Gegenstand. Bedeutung gewinnt die Frage der Abgrenzung dann, wenn ein allstimmiger Beschluss vorliegt. Ob nun eine von den Wohnungseigentümern einstimmig getroffene Regelung einen Beschluss oder eine Vereinbarung darstellt, ist durch Auslegung zu ermitteln. Hierbei ist nicht entscheidend, wie die Regelung bezeichnet ist („Beschluss" oder „Vereinbarung"), sondern maßgeblich ist ihr Inhalt.

Siehe CD-ROM

Eine Vereinbarung ist dann anzunehmen, wenn die Regelung eines Sachverhalts durch Mehrheitsbeschluss nicht möglich ist. Eine Vereinbarung wirkt aufgrund ihres schuldrechtlichen Charakters gegenüber in die Wohnungseigentümergemeinschaft neu eintretenden Wohnungseigentümern („Sonderrechtsnachfolger") nur dann, wenn sie in das Grundbuch eingetragen ist.

Vereinbarung: Grundbucheintragung

Siehe CD-ROM

Wirksame Beschlüsse der Wohnungseigentümer gem. § 23 WEG und gerichtliche Entscheidungen in einem Rechtsstreit gemäß § 43 WEG dagegen binden den Sonderrechtsnachfolger eines Wohnungseigentümers auch ohne Grundbucheintragung (§ 10 Abs. 4 S. 1 WEG).

Beispiele für Gegenstände, für die eine Vereinbarung erforderlich ist

- Änderungen der Gemeinschaftsordnung, z. B. Einführung der Eventualeinladung zu einer Zweitversammlung
- Begründung oder Entzug von Sondernutzungsrechten
- Veränderung der Zweckbestimmung von Gemeinschaftseigentum, z. B. Bestimmung der Nutzung des Fahrradkellers als Hobbyraum
- Aufstellung einer Mobilfunksendeanlage auf dem Gemeinschaftsdach
- Zählung von Stimmenthaltungen auf eine bestimmte Weise
- Einführung der „Zugangsfiktion" (siehe Kap. 5.1.3)
- Abänderung des Stimmkraftprinzips, z. B. vom Kopf- zum Wertprinzip

Beispiele für Gegenstände, für die Beschlusskompetenz besteht

- Angelegenheiten der ordnungsgemäßen Verwaltung wie die Jahresabrechnung, der Wirtschaftsplan, Reparaturen am Gemeinschaftseigentum, die Bestellung des Verwalters
- Regelungen des ordnungsgemäßen Gebrauchs gemäß § 15 Abs. 2 WEG wie Nutzungsregelungen für Gemeinschaftsflächen oder Regelungen der Hausordnung
- Benutzung von Waschküche, Spiel- und Hofflächen
- Einbau von Kaltwasserzählern und Einführung der verbrauchsabhängigen Abrechnung

Fehlt den Wohnungseigentümern die Beschlusskompetenz für einen bestimmten Sachverhalt, der eigentlich nur durch Vereinbarung geregelt werden kann, und trifft die Eigentümerversammlung hierzu dennoch Beschlüsse, so können diese Beschlüsse nichtig oder aber wirksam, jedoch anfechtbar sein.

5.6.2 Wichtige Beschlusskompetenzen

Im Zuge der WEG-Reform 2007 wurden für die Wohnungseigentümer erweiterte Beschlusskompetenzen geschaffen. Zu beachten ist, dass diese gem. § 16 Abs. 5 WEG nicht durch eine Vereinbarung der Wohnungseigentümer eingeschränkt oder ausgeschlossen werden können.

Siehe CD-ROM

5.6.2.1 Kostenverteilung der Betriebs- und Verwaltungskosten (§ 16 Abs. 3 WEG)

Wohnungseigentümer können durch Stimmenmehrheit beschließen, dass die Betriebskosten des gemeinschaftlichen Eigentums oder des Sondereigentums im Sinne des § 556 Abs. 1 BGB, die nicht unmittelbar gegenüber Dritten abgerechnet werden, und die Kosten der Verwaltung künftig nach Verbrauch oder Verursachung erfasst und nach diesem oder nach einem anderen Maßstab verteilt werden. Eine so mit Mehrheit zu beschließende Änderung der Kostenverteilung setzt zudem voraus, dass für die abweichende Kostenverteilung ein sachlicher Grund besteht und die Beschlussfassung ordnungsmäßiger Verwaltung entspricht.

Liegt ein sachlicher Grund nicht vor, so ist es nicht möglich, dass die Mehrheit eine Änderung des bislang vereinbarten Kostenverteilungsschlüssels nach Kopfanteilen in eine solche nach Miteigentumsanteilen nur deshalb beschließt, weil die Mehrheit dadurch auf Kosten der Minderheit finanziell entlastet würde. Andererseits ginge es zu weit, einen Beschluss nur dann zuzulassen, wenn sich die Umstände, die der ursprünglichen Kostenvereinbarung zugrunde lagen, nachträglich geändert hätten (LG München, 10.06.09, 1 S 10155/08).

Beispiele für eine zulässige Änderung der Kostenverteilung
Änderung der Umlage der Aufzugskosten nach Häusern und Stockwerken, verbrauchsabhängige Wasserkostenabrechnung, Kabelgebühren nach Einheiten, Umlage der Verwaltungsvergütung, Kosten des Geldverkehrs.

Unzulässig dagegen: Abänderung der Kostenverteilung für Hausmeister- und Hausreinigungskosten nach Einheiten.

5.6.2.2 Kostenverteilung bei Instandhaltung, Instandsetzung und baulichen Veränderungen (§ 16 Abs. 4 i. V. m. § 22 Abs. 1, 2 WEG)

Die Regelung des § 16 Abs. 4 WEG ermöglicht es den Wohnungseigentümern, eine von § 16 Abs. 2 WEG (nach Miteigentumsanteilen) abweichende Kostenverteilung bei konkreten Maßnahmen zur Instandhaltung, Instandsetzung und bei baulichen Veränderungen im Einzelfall zu beschließen. Hierzu zählen auch Maßnahmen der Modernisierung im Sinne von § 559 Abs. 1 BGB oder zur Anpassung des gemeinschaftlichen Eigentums an den Stand der Technik (§ 22 Abs. 1 S. 1, Abs. 2 WEG). Vom Begriff der Modernisierung sind solche Maßnahmen umfasst, die den Gebrauchswert des Wohnungseigentums nachhaltig erhöhen, die allgemeinen Wohnverhältnisse auf Dauer verbessern (z. B. der nachträgliche Einbau von Aufzügen, Errichtung von Balkonen) oder die Einsparungen von Energie und Wasser bewirken.

Beispiele

Anbringung von Markisen, Ersatz der Gemeinschaftsantennen durch Breitbandkabelanschluss, Änderung von Bodenbelägen und Wandanstrichen oder Verkleidungen in gemeinschaftlichen Räumen wie dem Treppenhaus.

Der abweichende Maßstab zur Kostenverteilung muss dem Gebrauch oder der Möglichkeit des Gebrauchs durch einzelne Miteigentümer Rechnung tragen. Außerdem darf die Maßnahme die Eigenart der Wohnanlage nicht verändern und keinen Wohnungseigentümer erheblich beeinträchtigen.

Dreiviertel-mehrheit

Erforderlich hierzu ist eine Dreiviertelmehrheit aller stimmberechtigten Wohnungseigentümer, und zwar entsprechend § 25 Abs. 2 WEG nach Köpfen, wobei diese Mehrheit mehr als die Hälfte aller Miteigentumsanteile repräsentieren muss. Wird ein Beschluss nach § 16 Abs. 4 WEG gefasst, so können, soweit die erforderliche Mehrheit zustande kommt, diejenigen Wohnungseigentümer, die der Maßnahme nicht zugestimmt haben, keine Kostenbefreiung in Anspruch nehmen (§ 16 Abs. 6 WEG).

5.6.2.3 Bauliche Veränderungen und instandhaltende/instandsetzende Aufwendungen (§ 22 Abs. 1 WEG)

Handelt es sich um bauliche Veränderungen oder Aufwendungen, die über die ordnungsmäßige Instandhaltung oder Instandsetzung des gemeinschaftlichen Eigentums hinausgehen und gerade keine Modernisierung oder Anpassung an den Stand der Technik darstellen, so können diese beschlossen oder verlangt werden, wenn jeder Wohnungseigentümer zustimmt, dessen Rechte durch die Maßnahme über das in § 14 WEG bestimmte Maß hinaus beeinträchtigt werden. Wichtig ist dabei, dass nur die Zustimmung derjenigen Eigentümer erforderlich ist, die in ihren Rechten beeinträchtigt werden. Durch diese Neuregelung wird klargestellt, dass bauliche Veränderungen regelmäßig der Beschlusskompetenz der Wohnungseigentümer unterliegen können.

Siehe CD-ROM

5.6.2.4 Beschluss über Veräußerungsbeschränkung

Existiert in der Gemeinschaftsordnung eine Vereinbarung gemäß § 12 Abs. 1 WEG, nach der ein Wohnungseigentümer für die Veräußerung seines Wohnungseigentums die Zustimmung aller anderen Wohnungseigentümer oder eines Dritten bedarf, so kann nun nach neuem Recht diese Veräußerungsbeschränkung durch Beschluss aufgehoben werden (§ 12 Abs. 4 WEG).

Beschränkung kann aufgehoben werden

5.6.2.5 Erweiterte Beschlusskompetenz in Zahlungsangelegenheiten

Die Neuregelung weist den Wohnungseigentümern eine Beschlusskompetenz zur Regelung bestimmter Geldangelegenheiten zu – wie Art und Weise von Zahlungen, Fälligkeit von Forderungen und Folgen des Verzugs sowie Erhebung von Kosten für eine besondere Inanspruchnahme des Gemeinschaftseigentums oder der Verwaltung (§ 21 Abs. 7 WEG).

Siehe CD-ROM

Konkret sind hierbei Beschlüsse denkbar über

- übergesetzliche Verzugszinsen bei Hausgeldrückständen,
- An- und Zurechenbarkeit von Kosten für besondere Verwaltungsmaßnahmen,

- An- und Zurechenbarkeit von Kosten für die besondere Nutzung von gemeinschaftlichem Eigentum,
- zusätzliche Vergütungsregelungen im Verwaltungsvertrag für Zusatzleistungen des Verwalters, z. B. für die Ausstellung von Bescheinigungen für haushaltsnahe Dienstleistungen oder für die Aufnahme von Beschlüssen in die Beschluss-Sammlung, die vor dem 01.07.2007 gefasst wurden, in die Beschluss-Sammlung
- Vertragsstrafen bei Verstoß gegen Vermietungsbeschränkungen.

5.6.3 Öffnungsklauseln

Qualifizierter
Mehrheits-
beschluss

Oftmals enthalten Gemeinschaftsordnungen „Öffnungsklauseln": Das bedeutet, dass durch qualifizierten Mehrheitsbeschluss (z. B. Zweidrittel- oder Dreiviertelmehrheit) von den abdingbaren gesetzlichen Bestimmungen oder den getroffenen Vereinbarungen in der Teilungserklärung oder der Gemeinschaftsordnung abgewichen werden kann.

Solche Öffnungsklauseln erleichtern die Neuregelung von Sachverhalten, die sonst nur durch Vereinbarung verändert werden dürfen und sind grundsätzlich zulässig. Erforderlich ist jedoch, dass die Öffnungsklausel hinreichend bestimmt ist, dass ein sachlicher Grund für die Änderung vorliegt und kein Eigentümer gegenüber der bisherigen Regelung unbillig benachteiligt wird (BGH, 27.06.1985, VII ZB 21/84; BayObLG, 21.10.1999 2Z BR 126/99). Ob die aufgrund einer Öffnungsklausel getroffene Vereinbarung billig ist, kann gerichtlich überprüft werden.

Beispiele

- Im Rahmen eines auf einer Öffnungsklausel beruhenden qualifizierten Mehrheitsbeschlusses wird dem Wohnungseigentümer A ein ihm eingeräumtes Sondernutzungsrecht entzogen. A hat jedoch im Vertrauen auf das ihm eingeräumte Sondernutzungsrecht erhebliche Vermögensdispositionen getroffen. A kann nun die Billigkeit, insbesondere die Verletzung von Treuepflichten und des Rücksichtnahmegebots der anderen Wohnungseigentümer, gerichtlich überprüfen lassen.
- Stimmrechtsfragen (Wert-/Kopfprinzip)

- Änderung der Kostenverteilung für die Fälle, die nicht bereits von
  § 16 Abs. 3, 4 WEG erfasst sind

§ 10 Abs. 4 S. 2 WEG stellt klar, dass aufgrund einer Vereinbarung gefasste Beschlüsse, die vom Gesetz abweichen oder eine Vereinbarung ändern, nicht ins Grundbuch eingetragen werden müssen. Sie sind weder eintragungsbedürftig noch eintragungsfähig (OLG München, 13.11.09, 34 Wx 100/09). Sie wirken auch ohne Eintragung für und gegen einen in die Wohnungseigentümergemeinschaft neu eintretenden Eigentümer. Dieser kann sich durch Einsichtnahme in die Beschluss-Sammlung von der neuen Rechtslage kundig machen.

Falls eine vorhandene Öffnungsklausel geringere Anforderungen (z. B. Zweidrittelmehrheit) an die Abänderung der Kostenverteilung stellt, ist bei einem Beschluss diese Regelung einschlägig (gem. § 16 Abs. 4 WEG). Werden jedoch nach der Öffnungsklausel höhere Anforderungen an eine Abänderung der Kostenverteilung gestellt, so ist die Bestimmung des § 16 Abs. 4 WEG vorrangig anzuwenden.

Öffnungsklauseln können auch nachträglich vereinbart werden, um eine leichtere Abänderbarkeit und Anpassung der Teilungserklärung oder Gemeinschaftsordnung zu ermöglichen. Diese bedarf der Zustimmung aller im Grundbuch eingetragenen Eigentümer und der Eintragung in das Grundbuch.

Formulierungsbeispiel für eine Öffnungsklausel

> „Liegt eine nach dem Gesetz oder dieser Gemeinschaftsordnung vereinbarungsbedürftige Angelegenheit vor, so können die Wohnungseigentümer die Angelegenheit durch Beschluss regeln, wenn eine Mehrheit von mindestens drei Vierteln der abgegebenen Stimmen und von mehr als der Hälfte der im Grundbuch eingetragenen Miteigentumsanteile (alternativ: eine Mehrheit von mindestens zwei Dritteln aller im Grundbuch eingetragenen Miteigentumsanteile) vorliegt, wenn für die Änderung ein sachlicher Grund besteht und kein Eigentümer unbillig benachteiligt wird."

Siehe CD-ROM

5.6.4 Der Mehrheitsbeschluss

Angelegenheiten des Gebrauchs des Gemeinschaftseigentums und der laufenden Verwaltung können grundsätzlich mit einfacher

Einfache
Mehrheit

Mehrheit beschlossen werden. Ein Mehrheitsbeschluss kommt dann zustande, wenn für einen Beschlussantrag mehr Ja- als Nein-Stimmen abgegeben werden. Die Abstimmung erfolgt durch

- Zustimmung = Ja-Stimme
- Ablehnung = Nein-Stimme
- Enthaltung

Stimm-enthaltungen

Bei der Feststellung des Abstimmungsergebnisses kommt es nur auf die abgegebenen Ja- und Nein-Stimmen an (BGH, 8. 12.1988, V ZB 3/88). Stimmenthaltungen bleiben hierbei außer Betracht, sie sind bei der Bestimmung der Mehrheit nicht mitzuzählen.

Einstimmigkeit

Ist für einen bestimmten Beschluss Einstimmigkeit im Sinne von Allstimmigkeit erforderlich, so scheitert ein Beschlussantrag bereits an einer einzigen Stimmenthaltung. Durch Vereinbarung kann abweichend geregelt werden, dass Stimmenthaltungen grundsätzlich als abgegebene Stimmen zu berücksichtigen und als Nein-Stimmen zu werten sind.

Beschluss-kompetenzen

Zu den Angelegenheiten, über die die Wohnungseigentümerversammlung nach dem WEG mit Stimmenmehrheit beschließen kann, zählen folgende Gegenstände:

Siehe CD-ROM

- Wirtschaftsplan, Genehmigung der Jahresabrechnung und Rechnungslegung des Verwalters (§ 28 Abs. 5 WEG)
- Verlangen der Rechnungslegung durch den Verwalter (§ 28 Abs. 4 WEG)
- Maßnahmen zur ordnungsgemäßen Instandhaltung und Instandsetzung des Gemeinschaftseigentums (§ 21 Abs. 3 WEG)
- Einleitung des Verfahrens zur Entziehung des Wohnungseigentums (§ 18 Abs. 3 WEG)
- Gebrauchsregeln bezüglich des Sondereigentums und des Gemeinschaftseigentums, wenn die Gemeinschaftsordnung keine entgegenstehende Regelung enthält (§ 15 WEG)
- Bestellung des Verwaltungsbeirats (§ 29 Abs. 1 S. 1 WEG)

- Maßnahmen ordnungsgemäßer Verwaltung des Gemeinschaftseigentums, z. B. Aufstellung der Hausordnung, Sach- und Haftpflichtversicherung der Wohnungseigentümer
- Bildung, Höhe und Anlage einer Instandhaltungsrücklage
- Bestellung und Abberufung des Verwalters (§ 26 Abs. 1 S. 1
  WEG)
- Beschlüsse zur Geschäftsordnung in der Eigentümerversammlung
- Beschlüsse über die Verfolgung und Durchsetzung von Bau-
  mängelgewährleistungsansprüchen bezüglich des Gemeinschaftseigentums

Über diese durch das WEG bestimmten Beschlussgegenstände hinaus ist es möglich, dass die Wohnungseigentümer durch eine entsprechende Vereinbarung bestimmen, in welchen weiteren Angelegenheiten Beschlusskompetenz bestehen soll (§ 10 Abs. 2 S. 2 WEG).

Die Gemeinschaftsordnung kann auch darüber bestimmen, bei
welchen Beschlüssen eine qualifizierte Mehrheit erforderlich ist – die
einfache Mehrheit reicht dann nicht aus.

Qualifizierte Mehrheit

Beispiel für Abstimmungsregelungen

In der Gemeinschaftsordnung können Vereinbarungen getroffen werden, dass bei einem bestimmten Beschlussgegenstand die Hälfte aller
Eigentümer oder eine Mehrheit von 2/3, 3/4 oder auch 4/5 zustimmen
muss, damit der Antrag als angenommen gelten kann. Außerdem
kann bestimmt werden, ob die erforderliche Anzahl der Stimmen aus-
gehend von 100 % aller Stimmen (Regelfall) oder von den Stimmen
der in der Eigentümerversammlung Anwesenden berechnet wird. In
jedem Falle ist darauf zu achten, dass die Regelung klar und deutlich
formuliert wird.

Bei den Beschlusskompetenzen der §§ 16 Abs. 4 und 22 Abs. 2 WEG
ist für das Zustandekommen eines Beschlusses eine sog. doppelt
qualifizierte Mehrheit erforderlich, das bedeutet, dass

- Drei Viertel aller im Grundbuch eingetragenen stimmberechtigten Eigentümer für den Beschlussgegenstand stimmen müssen
  und

* diese zugleich mehr als die Hälfte aller Miteigentumsanteile repräsentieren müssen.

Achtung

Bei der qualifizierten Beschlussfassung der §§ 16 Abs. 4 und 22 Abs. 2 WEG ist zwingend zu beachten, dass eine Dreiviertelmehrheit der in der Eigentümerversammlung erschienenen bzw. vertretenen Wohnungseigentümer nicht ausreicht, sondern vielmehr eine Dreiviertelmehrheit sämtlicher im Grundbuch eingetragenen und stimmberechtigten Wohnungseigentümer erforderlich ist, die gleichzeitig mehr als die Hälfte der Miteigentumsanteile repräsentieren müssen. Darüber hinaus muss die Abstimmung zwingend nach dem Kopfprinzip des § 25 Abs. 2 WEG erfolgen.

Tipp

Ist für eine bestimmte Beschlussfassung eine (doppelt) qualifizierte Mehrheit erforderlich, sollte der Verwalter in der Eigentümerversammlung vor der Abstimmung darüber aufklären, welche Mehrheit für das Zustandekommen eines Beschlusses vorausgesetzt wird.

Wird die erforderliche Mehrheit nicht erreicht, so liegt ein negativer Beschluss vor. Das Beschlussergebnis lautet dann z. B.: „Ein nach § 16 Abs. 4 WEG erforderlicher qualifizierter Mehrheitsbeschluss ist nicht zustande gekommen."

Selbst wenn alle in einer Eigentümerversammlung anwesenden Wohnungseigentümer dem Beschlussgegenstand zugestimmt haben und das Zustandekommen des Beschlusses ausdrücklich wünschen, ist der Verwalter berechtigt, die positive Verkündung des Beschlusses zu verweigern, wenn die erforderliche Mehrheit nicht vorliegt (LG München, 27.04.09, 1 S 19129/08).

5.6.4.1 Rechtsfolge bei fehlerhafter Beschlussfassung

Wurde die qualifizierte Mehrheit nicht erreicht oder entgegen § 25 Abs. 2 WEG nicht nach dem Kopfprinzip abgestimmt und wurde vom Versammlungsvorsitzenden ein positiver Beschluss festgestellt und verkündet, so ist der Beschluss nicht nichtig, sondern lediglich binnen Monatsfrist anfechtbar. Hingegen wäre ein auch mit qualifizierter Mehrheit zustande gekommener Beschluss nichtig, der die Kostenverteilung von Modernisierungsmaßnahmen, baulichen Veränderungen oder Instandsetzungsmaßnahmen dauerhaft abweichend vom Gesetz oder einer Vereinbarung regeln würde.

5.6.5 Der allstimmige Beschluss

Der allstimmige Beschluss ist von der Vereinbarung abzugrenzen (siehe Kap. 5.6.1). Er setzt die Zustimmung aller Wohnungseigentümer, nicht nur die der in der Versammlung anwesenden Eigentümer voraus. Falls eine Vereinbarung vorliegt, in der festgehalten ist, dass bestimmte Angelegenheiten nur durch einstimmigen Beschluss geregelt werden dürfen, muss diese beachtet werden.

Abgrenzung

Der allstimmige Beschluss ist erforderlich, wenn es sich um folgende Angelegenheiten handelt:

- Gebrauchsregelungen und Verwaltungsmaßnahmen, die über den ordnungsgemäßen Gebrauch im Sinne von § 15 Abs. 2 WEG bzw. über die ordnungsmäßige Verwaltung im Sinne von § 21 Abs. 3 WEG hinausgehen

Gebrauchs-regelungen

- Bauliche Veränderungen und Aufwendungen gemäß § 22 Abs. 1 WEG, die über die ordnungsgemäße Instandhaltung oder Instandsetzung des gemeinschaftlichen Eigentums hinausgehen, jedoch keine Modernisierung oder Anpassung an den Stand der Technik gemäß § 22 Abs. 2 WEG darstellen und alle Wohnungseigentümer in dem in § 14 WEG bestimmten Maß beeinträchtigen. Als Beeinträchtigung im Sinne des § 14 WEG gilt hier jeder nicht ganz unerhebliche Nachteil. Dies können beispielsweise Immissionen in Form von Gerüchen oder Geräuschen sein (BayObLG NZM 2001, 895), Beeinträchtigungen von Stabilität und konstruktiver Sicherheit (BGH, NJW 2001, 1212), deutliche und nachteilige Veränderungen des äußeren Erscheinungsbildes der Wohnanlage, auch ästhetische Kriterien sind mit einzubeziehen (BayObLG NJW-RR, 2002, 445), die Beeinträchtigung des Mitgebrauchs (BayObLG, NZM 98, 336; ZMR 2001, 640) und die Gefahr zusätzlicher Kostenbelastung.

Bauliche Veränderung

> **Achtung: Zustimmung bei baulichen Veränderungen**
> Bauliche Veränderungen, durch die nicht die Rechte aller Wohnungs-
> eigentümer beeinträchtigt werden, bedürfen gemäß § 22 Abs.
> 1 WEG der Zustimmung nur derjenigen Wohnungseigentümer, die von der be-
> absichtigten Maßnahme in ihren Rechten betroffen werden. Insofern
> ist ein allstimmiger Beschluss (nur) aller betroffenen Wohnungseigen-
> tümer erforderlich.

5.6.6 Die schriftliche Beschlussfassung

Siehe CD-ROM

§ 23 Abs. 3 WEG
„Auch ohne Versammlung ist ein Beschluss gültig, wenn alle Wohnungseigentümer ihre Zustimmung zu diesem Beschluss schriftlich erklären."

Umlauf-
verfahren

Die Wohnungseigentümergemeinschaft hat gemäß § 23 Abs. 3 WEG
die Möglichkeit, ihre Willensbildung auch außerhalb der Eigentümerversammlung vorzunehmen, und zwar im „Umlaufverfahren".
Diese schriftliche Beschlussfassung kann von jedem Eigentümer
oder dem Verwalter initiiert werden.

Alle Eigentümer
müssen unter-
schreiben

Rechtswirksam ist ein schriftlicher Beschluss dann, wenn alle Zu-
stimmungserklärungen in schriftlicher Form durch eigenhändige
Unterzeichnung dem Empfangsberechtigten (im Regelfall dem Verwalter) zugegangen sind. Die von § 23 Abs. 3 WEG geforderte Schriftform meint die gesetzliche Schriftform im Sinne des § 126 Abs. 1 BGB,
sodass die Übersendung der mit der Originalunterschrift versehenen
Zustimmungserklärung erforderlich ist. Ein Telefax reicht nicht.

Die Verkündung des Umlaufbeschlusses erfolgt durch Mitteilung
des Verwalters an die Eigentümer, beispielsweise in Form eines
Rundschreibens (BGH, NJW 2001, 3339).

> **Tipp: Wissenswertes zum Beschluss mitteilen**
> Dem schriftlichen Beschluss fehlt der Meinungsaustausch in der Eigen-
> tümerversammlung. Derjenige, der einen solchen Beschluss initiiert,
> sollte daher den Beschlussgegenstand und alles Wissenswerte hierzu
> möglichst konkret bezeichnen, damit es den Wohnungseigentümern
> möglich ist, sich eine Meinung zu bilden.

Im schriftlichen Verfahren ist es erforderlich, dass alle Wohnungseigentümer zustimmen. Liegt die Allstimmigkeit nicht vor, so ist der
Beschluss nicht existent. Es handelt sich dann um einen „Nicht-
Beschluss", der keiner gerichtlichen Anfechtung bedarf. Streitig ist,
wie sich ein Stimmrechtsverbot im schriftlichen Verfahren auswirkt.
Einerseits wird vertreten, dass die Teilnahme eines nicht Stimm-
rechtsberechtigten nicht erforderlich ist, da er auch im mündlichen
Beschlussverfahren nicht zur Abstimmung berechtigt sei. Jedoch
könne er hier wenigstens auf die allgemeine Willensbildung in der
Wohnungseigentümerversammlung Einfluss nehmen. Daher hält
die herrschende Rechsauffassung das Stimmrechtsverbot im schriftlichen Verfahren nicht für anwendbar (BayObLG ZMR 2002, 138).

Achtung: Allstimmigkeit in jedem Fall erforderlich

Bei der schriftlichen Beschlussfassung ist immer Allstimmigkeit erforderlich, selbst wenn die Angelegenheit in der Versammlung durch
Mehrheitsbeschluss geregelt werden kann. Alle Eigentümer, selbst die,
die bei einer Versammlung mit ihrem Stimmrecht ausgeschlossen wären, müssen zustimmen.

Muster: Beschlussfassung im schriftlichen Verfahren

Josef Steinmann	Arnoldstr. 30
Hausverwaltungs GmbH	80123 München
	Tel. 089-123456
	Fax. 089-123457

Siehe CD-ROM

Herrn
Max Mustereigentümer
Tannstr. 100
80123 München

München, den 23.04.2010

Wohnungseigentümergemeinschaft Tannstr. 100, 80123 München
Beschluss im schriftlichen Umlaufverfahren gemäß § 23 Abs. 3 WEG

Beschlussfassung im schriftlichen Verfahren

Begründung:

Den Wohnungseinheiten im Erdgeschoss der Wohnungseigentümergemeinschaft Tannstr. 100, 80123 München, sind gemäß Teilungserklärung Grünflächen als Sondernutzungsrecht zugeteilt. Wegen Eindringens von Personen und Tieren von der Straße auf die Grünflächen haben mehrfach Eigentümer in der Vergangenheit ihre Bereiche eingezäunt. Eine entsprechende Regelung ist in der Teilungserklärung/Gemeinschaftsordnung nicht vorgesehen. Eine Erlaubnis hierzu durch die Wohnungseigentümergemeinschaft liegt bislang nicht vor. Daher haben die Eigentümer Müller, Hauser und Kleingärtner folgenden Antrag gestellt:

„Die WEG duldet eine bislang nicht vorgesehene Einzäunung der den EG-Wohnungen zugeordneten Terrassenflächen (Sondernutzungsrecht) mit grünem Maschendrahtzaun. Die Kosten der erstmaligen Errichtung sowie der Instandsetzung und Instandhaltung trägt der jeweilige Sondernutzungsberechtigte."

Mit meiner/unserer Unterschrift erkläre(n) ich/wir die Zustimmung/Ablehnung zu dem vorstehenden Beschluss und zur Beschlussabgabe im schriftlichen Verfahren.

....
Ort, Datum   Wohnungseinheit(en)   Unterschrift(en)

Hinweise:

Ein Beschluss im schriftlichen Umlaufverfahren wird nur wirksam, wenn sämtliche Wohnungseigentümer diesem zustimmen. Die Rücksendung des unterzeichneten Beschlussantrags erbitten wir bis 09.06.10. Gehört eine Wohnungseinheit mehreren Eigentümern, müssen entweder alle von ihnen unterschreiben oder die Unterzeichner gemäß einer beizufügenden Originalvollmacht bevollmächtigt sein.

Kommt der Beschluss im schriftlichen Umlaufverfahren wirksam zustande, so bindet er die Wohnungseigentümer und ihre Rechtsnachfolger ebenso wie ein in einer Eigentümerversammlung gefasster Beschluss. Der Verwalter wird das Beschlussergebnis feststellen und an alle Wohnungseigentümer mittels Rundschreiben versenden.

Mit freundlichen Grüßen

Josef Steinmann Hausverwaltungs GmbH

Muster: Mitteilung des Umlaufbeschlusses

An	Sachbearbeiter	_____	
_____	Projekt	_____	
_____	Wohnungsnr.	_____	Siehe CD-ROM
_____	Wiedervorlage	. .20	

_____   Ort, Datum

Sehr geehrte Damen und Herren,

unter Bezugnahme auf unser Schreiben vom 23.04.2010 teilen wir Ihnen mit, dass alle Miteigentümer Ihre Zustimmung zu dem Beschlussantrag schriftlich erklärt haben.

Nachfolgend nochmals aufgeführter Umlaufbeschluss ist somit gemäß § 23 Abs. 3 WEG zu Stande gekommen:

Beschlussfassung

Der Verwalter wird beauftragt und bevollmächtigt auf Grundlage des vorliegenden Zusatzangebots der Fa. .... vom .... , die erforderlichen Mehrarbeiten namens und im Auftrag der Wohnungseigentümergemeinschaft freizugeben. Die Freigabe erfolgt nach Eingang der nachstehend beschlossenen Sonderumlage in Höhe von .... EUR.

Die Erhebung einer sofort fälligen Sonderumlage in Höhe von .... EUR, verteilt nach Miteigentumsanteilen, wird angenommen. Die Sonderumlage ist zum Verrechnungstermin .... (auf dem Konto der Eigentümergemeinschaft eingehend) zu bezahlen. Hat ein Wohnungseigentümer der Verwaltung eine Einzugsermächtigung erteilt, wird der Betrag zur Fälligkeit eingezogen. Die betroffenen Eigentümer werden diesbezüglich aufgefordert für ausreichende Kontodeckung zum Verrechnungstermin zu sorgen.

Stimmberechtigt sind	100 Eigentümer
davon Zustimmungen	100 Eigentümer
davon Ablehnungen	0 Eigentümer
davon Enthaltungen	0 Eigentümer

Mit freundlichen Grüßen

Hausverwaltung

Alternativ

An	Sachbearbeiter	_____
_____	Projekt	_____
_____	Wohnungsnr.	_____
_____	Wiedervorlage	. .2010
_____		

Ort, Datum

Sehr geehrte Damen und Herren,

unter Bezugnahme auf unser Schreiben vom 23.04.2010 haben wir Ihnen nachfolgend das Ergebnis des Umlaufbeschlusses aufgeführt:

Abstimmungsergebnis

Stimmberechtigt sind	100 Eigentümer
davon Zustimmungen	98 Eigentümer
davon Ablehnungen	0 Eigentümer
davon Enthaltungen	2 Eigentümer

Aufgrund der eingegangen Enthaltungen wurde die erforderliche Allstimmigkeit nicht erreicht. Der Beschlussantrag ist somit abgelehnt, da die Bestimmungen des § 23 Abs. 3 WEG nicht erfüllt sind.

Die Einberufung einer außerordentlichen Eigentümerversammlung ist somit unumgänglich. Eine entsprechende Einladung inklusive Tagesordnung wird Ihnen in den nächsten Tagen zugesandt.

Mit freundlichen Grüßen

Hausverwaltung

5.6.7 Der Nicht-Beschluss

Keine Anfechtung erforderlich

Im Falle des „Nicht-Beschlusses" oder „Scheinbeschlusses" liegt ein Beschluss gar nicht vor. Dies kann dann der Fall sein, wenn das Verfahren der Beschlussfassung unter erheblichen Mängeln leidet. Einer Anfechtung bedarf es hier nicht, da der Nicht-Beschluss keinerlei rechtliche Wirkung erzeugt (BayObLG, WuM 1997, 57).

Beispiele für das Vorliegen eines Nicht-Beschlusses

Ein Nicht-Beschluss liegt vor, wenn

- ein Beschluss außerhalb einer ordnungsgemäßen Eigentümerversammlung gefasst wurde, z. B. im Rahmen einer bloßen Zusammenkunft aller Wohnungseigentümer (OLG Hamm, WE 1993, 24),
- eine Abstimmung gar nicht durchgeführt wurde,
- nur zur Probe abgestimmt wurde oder
- im schriftlichen Verfahren nach § 23 Abs. 3 WEG die Zustimmung nicht von allen Wohnungseigentümern vorlag.

5.6.8 Positiver und negativer Beschluss

Ein positiver Beschluss liegt vor, wenn der zur Abstimmung gestellte Antrag mehrheitlich angenommen wurde. Ob eine Beschlussfassung jedoch tatsächlich zustande gekommen ist, hängt davon ab, ob der Beschluss die erforderliche Mehrheit (z. B. einfache oder qualifizierte Mehrheit) erreicht hat. *Positiver Beschluss*

Beispiel für einen positiven Beschluss (Wertprinzip)

Beschlussantrag: Die Gesamt- sowie die Einzelabrechnungen 2006 werden genehmigt.

Beschluss:	566/1.000stel	Ja-Stimmen
	142/1.000stel	Nein-Stimmen
	80/1.000stel	Enthaltungen

Der Beschluss ist mehrheitlich angenommen.

Vom Nicht-Beschluss muss der Negativ-Beschluss abgegrenzt werden. Hier fasst die Wohnungseigentümergemeinschaft einen echten Beschluss, nur hat die Willensbildung dazu geführt, dass der Antrag mehrheitlich abgelehnt wird. *Negativer Beschluss*

Beispiel für einen negativen Beschluss (Wertprinzip)

Beschlussantrag: Der Anstrich im Treppenhaus des Anwesens Tannstr. 100 wird erneuert. Die Kosten betragen ca. € 4.100,-. Die Finanzierung erfolgt aus der Instandhaltungsrücklage.

Beschluss: 21/1.000stel   Ja-Stimmen

767/1.000stel   Nein-Stimmen

keine Enthaltungen

Der Beschluss ist mehrheitlich abgelehnt.

Anfechtungs-
grund: Fehler
bei der
Auszählung

Wenn ein Wohnungseigentümer den Negativ-Beschluss aufgrund einer fehlerhaften Stimmenauszählung für unrichtig hält, kann er ihn anfechten. Die Anfechtung kann sogar mit dem Antrag verbunden werden, festzustellen, dass ein positiver Beschluss zustande gekommen ist (BGH, 23.08.2001, V ZB 10/01; 19.09.2002, V ZB 30/2).

Eine Anfechtung des Beschlusses ist auch dann möglich, wenn der Wohnungseigentümer geltend machen kann, dass die Ablehnung ordnungsgemäßer Verwaltung widerspricht und er einen Anspruch auf eine positive Beschlussfassung hat.

5.6.9 Der Wiederholungsbeschluss

Erneuter
Beschluss

Ein Wiederholungsbeschluss – oder auch Zweitbeschluss genannt – liegt vor, wenn die Wohnungseigentümer zu einer bereits durch Beschluss geregelten Angelegenheit erneut einen Beschluss fassen. Auch wenn bereits ein Beschluss vorliegt und Bestand hat, dürfen sich die Wohnungseigentümer über eine erneute Willensbildung Gedanken machen. Hierbei spielt es keine Rolle, aus welchen Gründen eine Wohnungseigentümergemeinschaft über die Angelegenheit erneut beschließen will (BGH, ZMR 1991, 146). Der neue Beschluss kann mit dem Erstbeschluss inhaltsgleich sein, er kann ihn ergänzen oder abändern.

Beispiel: Formale Fehler ausbügeln

Bei der Beschlussfassung zu einem bestimmten Antrag sind formale Fehler aufgetreten, z. B. ein Wohnungseigentümer wurde bei der Abstimmung ausgeschlossen, obwohl tatsächlich kein Stimmrechtsverbot vorlag. Die Wohnungseigentümer fassen daraufhin einen neuen

Beschluss gleichen Inhalts, um die Anfechtbarkeit des Erstbeschlusses zu beseitigen. Dieses Mal wird berücksichtigt, dass kein Stimmrechtsverbot vorliegt. Wird dieser Wiederholungsbeschluss bestandskräftig, so kann der Erstbeschlusses nicht mehr angefochten werden. Dem Antrag würde das Rechtsschutzbedürfnis fehlen (BGH ZMR, 2002, 930; BayObLG. ZflR 2005, 369).

Eine inhaltsgleiche Beschlussfassung ist jedoch dann nicht möglich, wenn der Erstbeschluss in einem gerichtlichen Anfechtungsverfahren rechtskräftig aufgehoben wurde und sich die tatsächlichen oder rechtlichen Umstände nicht wesentlich geändert haben.

Wird ein Erstbeschluss durch einen Wiederholungsbeschluss ergänzt oder abgeändert, so kann jeder Wohnungseigentümer verlangen, dass schutzwürdige Belange hinsichtlich Inhalt und Wirkung des Erstbeschlusses zu berücksichtigen sind. Das bedeutet, kein Eigentümer darf gegenüber der zunächst beschlossenen Regelung unzumutbar benachteiligt werden. Ob schutzwürdige Belange vorliegen, wird sich nach den Umständen des Einzelfalles richten, wobei auch der Grundsatz von Treu und Glauben nach § 242 BGB zu berücksichtigen ist.

Schutzwürdige Belange berücksichtigen

5.6.10 Der Geschäftsordnungsbeschluss

Enthält die Gemeinschaftsordnung keine Vereinbarungen über den Ablauf der Versammlung, so können sich die Wohnungseigentümer durch einfachen Mehrheitsbeschluss selbst eine Geschäftsordnung geben (siehe hierzu auch Kap. 5.6.10). Geregelt werden können insbesondere

- der Versammlungsvorsitz (§ 24 Abs. 5 WEG),
- Abstimmungsmodalitäten,
- der Ausschluss eines Wohnungseigentümers oder dritter Personen von der Teilnahme an der Eigentümerversammlung,
- die Reihenfolge der Behandlung der Tagesordnungspunkte,
- die Vertagung über die Beschlussfassung zu einem bestimmten Tagesordnungspunkt,

- das Rederecht und die Redezeit sowie
- das Ende der Versammlung.

Ein Beschluss über die Geschäftsordnung muss nicht in der Tages-ordnung angekündigt werden und ist nicht selbstständig anfechtbar, da er mit Beendigung der Eigentümerversammlung gegenstandslos wird (BayObLG, NJW-RR 1987, 1363 und NZM 2004, 794). Handelt es sich jedoch um einen Geschäftsordnungsbeschluss, der eine für die Wohnungseigentümerversammlung grundsätzliche Frage betrifft und auch für die Zukunft wirken soll, so kann dieser isoliert angefochten werden.

Im Übrigen sind alle sonstigen in der Versammlung gefassten Beschlüsse mit der Begründung anfechtbar, sie seien aufgrund von fehlerhaften Geschäftsordnungsbeschlüssen nicht rechtmäßig zustande gekommen (BayObLG ZWE 2001, 490).

Beispiele für fehlerhafte Geschäftsordnungsbeschlüsse

- Zulassung nicht teilnahmeberechtigter Personen an der Versammlung
- unrechtmäßiger Ausschluss von der Abstimmung
- Ergänzung der Tagesordnung durch Geschäftsordnungsbeschluss; die ergänzende Beschlussfassung ist anfechtbar, da nicht ordnungsgemäß angekündigt (OLG München, ZMR 2006, 68)

5.6.11 Der Bestimmtheitsgrundsatz

Ein Beschluss muss inhaltlich hinreichend bestimmt sein. Ein unbestimmter Beschluss entspricht nicht ordnungsgemäßer Verwaltung. Lässt sich mangels Klarheit und Bestimmtheit auch durch Auslegung nicht der Sinn des Beschlusses ermitteln, so wird die Frage, ob ein solcher Beschluss nichtig oder nur anfechtbar ist, in der Rechtsprechung unterschiedlich beantwortet. Um Schwierigkeiten hierbei zu vermeiden, ist darauf zu achten, dass

- der Beschluss klar, bestimmt, vollständig und möglichst auslegungsfrei formuliert wird,
- der Beschlussgegenstand exakt erfasst wird,
- die Art und Weise der Ausführung genau bestimmt wird,

- ein Kostenrahmen und die Finanzierung festgelegt werden sowie
- ggf. eine Kostentragungsregelung enthalten ist.

Beispiel

Die Wohnungseigentümergemeinschaft beabsichtigt die Erneuerung einiger Wohnungseingangstüren. Die Wohnungseigentümergemeinschaft beschließt, die Türen durch neue Türen, die eine geringere Durchgangsbreite haben, zu ersetzen. Das genaue Maß der neuen Türen wird dabei nicht festgelegt. Da der Beschluss die neue Mindestdurchgangsbreite nicht erkennen lässt, ist er zu unbestimmt und auf Anfechtung für ungültig zu erklären (OLG Düsseldorf, 26.05.08, I-3 Wx 44/08).

5.6.12 Rede- und Antragsrecht

Das Antrags- und Rederecht des Wohnungseigentümers oder dessen Vertreters gehören zum Inhalt seines auf dem Mitverwaltungsrecht beruhenden Teilnahmerechts.

In der Versammlung ist jeder Wohnungseigentümer berechtigt, einen Antrag zur Beschlussfassung zu stellen. Im Regelfall sollten die Wohnungseigentümer die Beschlussantragsformulierung aber dem Verwalter überlassen, da zumindest ein professioneller Verwalter Übung in der Abfassung von verständlichen und hinreichend bestimmten Beschlüssen haben sollte.

Durch ihr Rederecht können die Versammlungsteilnehmer Einfluss auf die Meinungsbildung nehmen. Jedem Teilnehmer muss es möglich sein, sich an der Diskussion und der Meinungsbildung zu beteiligen und die Argumente vorzutragen, die seiner Ansicht nach für oder gegen den Beschlussantrag sprechen. Auch Stimmrechtsvertreter und diejenigen Eigentümer, die mit ihrem Stimmrecht ausgeschlossen sind, haben das Antrags- und Rederecht. Letztere dürfen bei der Abstimmung allerdings nicht mitwirken.

Bei großen Wohnungseigentümergemeinschaften und vielen Wortmeldungen hat der Vorsitzende das Recht, die Redezeit des einzelnen Wohnungseigentümers zu beschränken, um eine zumutbare Dauer der Versammlung sicherzustellen. Hierbei hat sich die Beschränkung der Redezeit an der Bedeutung und der Schwierigkeit des Diskussionsgegenstands und auch an der Anzahl der Versammlungsteilnehmer zu orientieren. In seltenen Fällen enthält bereits die Gemeinschaftsordnung eine Vereinbarung über die Dauer der Redezeit.

> **Tipp**
>
> Eine Beschränkung der Redezeit zu einem einzelnen Tagesordnungspunkt auf fünf Minuten dürfte sachgerecht und zulässig sein.

Hält sich ein Versammlungsteilnehmer nicht an seine Redezeit, so kann ihm nach vorheriger Abmahnung das Wort entzogen werden. Des Weiteren kommt ein Wortentzug dann in Betracht, wenn sich ein Teilnehmer in beleidigender oder offenkundig unsachlicher Art und Weise äußert. Unangemessenes Benehmen und ein Verstoß gegen allgemeine Anstandsregeln können nicht nur zum Wortentzug führen, sondern der Wohnungseigentümer kann auch von der Teilnahme an der Wohnungseigentümerversammlung ausgeschlossen werden. Dies darf jedoch nur als letztes Mittel in Betracht gezogen werden und die Störung der Versammlung muss erheblich sein.

> **Beispiel**
>
> Stört ein Wohnungseigentümer den Versammlungsablauf, etwa durch beleidigende Zwischenrufe, Lärmen, Missachtung des Wortentzugs oder gar durch tätliche Angriffe gegenüber anderen Versammlungsteilnehmern, so kann er nach mündlichen Ermahnungen, wenn der weitere ordnungsgemäße Ablauf der Eigentümerversammlung gefährdet ist, bei vorheriger Androhung des Ausschlusses auch von der Versammlung verwiesen werden.
>
> Werden von einem Eigentümer heimlich Tonbandmitschnitte vorgenommen und weigert er sich, diese einzustellen und vorhandene nachprüfbar zu löschen, so kann er des Saales verwiesen werden. Die heimliche Vornahme von Mitschnitten ist unzulässig. Eine Aufzeichnung der Versammlung ist nur zulässig, wenn alle Versammlungsteilnehmer dem zustimmen. Liegt eine Zustimmung nicht vor, so kann der Vorsitzende die Aufnahme herausverlangen.

Der Saalverweis ist der schwerwiegendste Eingriff in die Rechte eines Wohnungseigentümers und sollte daher nur als letztes Mittel gewählt werden, wenn anders der störungsfreie Ablauf der Versammlung nicht gewährleistet werden kann.

5.7 Die Beschlussfeststellung und -verkündung

Ein Beschluss kommt nicht bereits dann wirksam zustande, wenn die Wohnungseigentümer über den Beschlussantrag abgestimmt haben, sondern erst wenn der Versammlungsleiter das Beschlussergebnis in der Versammlung gegenüber den Wohnungseigentümern feststellt und bekannt gibt. Zunächst ist darauf zu achten, dass ein Beschluss inhaltlich hinreichend bestimmt und klar verständlich formuliert ist; andernfalls ist er anfechtbar.

Inhaltliche Bestimmtheit

Für jeden Eigentümer soll bereits in der Versammlung klar erkennbar sein, ob und mit welchem Inhalt ein Beschluss zustande gekommen ist, der dann gegebenenfalls gemäß § 23 Abs. 4 WEG gerichtlich angefochten werden kann. Daher kommt es entscheidend darauf an, was der Verwalter als Ergebnis der Abstimmung feststellt und nicht wie die Abstimmung tatsächlich ausgefallen ist. Die konstitutive Wirkung der Feststellung und Verkündung des Beschlussergebnisses (BGH ZMR 2001, 809) erfordert große Sorgfalt des Versammlungsleiters bei der Ermittlung des richtigen Abstimmungsergebnisses und des hieraus folgenden Beschlussergebnisses.

Die Feststellung hat konstitutive Wirkung

Ist die Feststellung und Verkündung des Beschlussergebnisses in der Eigentümerversammlung unterblieben oder wurde der Beschluss falsch verkündet, so können die Wohnungseigentümer die Verkündung des Beschlusses gerichtlich durchsetzen. Erforderlich ist dies jedoch nicht, wenn ein eindeutiges Abstimmungsergebnis protokolliert wurde, da in diesem Falle von einer konkludenten Feststellung ausgegangen werden kann (BayObLG, 31.01.02, 2Z BR 165/01). Im Falle des Beschlussanfechtungsverfahrens bei Falschverkündung kann der Antrag auf Ungültigerklärung mit dem Antrag verbunden werden, dass wegen falscher Feststellung der Beschlussantrag als mehrheitlich angenommen gilt (BayObLG, 13.03.03, 2Z BR 85/02).

Keine oder falsche Verkündung

Beispiele für anfechtbare Beschlüsse

• Der Versammlungsleiter stellt einen Beschluss fest, obwohl objektiv kein wirksamer Beschluss zustande gekommen ist. Aufgrund der konstitutiven Wirkung der Verkündung des Beschlussergebnisses liegt ein vorläufig wirksamer, anfechtbarer Beschluss vor.

• Der Versammlungsleiter verkündet, dass ein Beschlussantrag abgelehnt ist, obwohl tatsächlich ein Beschluss zustande gekommen ist. Beim Wohnungseigentumsgericht kann ein Feststellungsantrag gestellt werden, dass ein Beschluss zustande gekommen ist.

Tipp: Abstimmungsergebnis vollständig dokumentieren

Um Fehler bei der Beschlussfeststellung zu vermeiden, ist es empfehlenswert, dass der Versammlungsleiter in jedem Fall das vollständige Abstimmungsergebnis dokumentiert, also die Ja-, Nein-Stimmen und die Enthaltungen entsprechend protokolliert. Besteht Unsicherheit darüber, ob der Beschluss tatsächlich wirksam zustande gekommen ist, so sollten vorsorglich ebenfalls die Namen der einzelnen Wohnungseigentümer und ihr Abstimmungsverhalten festgehalten werden.

5.8 Wann sind Beschlüsse nichtig oder anfechtbar?

Siehe CD-ROM

§ 23 Abs. 4 WEG

„Ein Beschluss, der gegen eine Rechtsvorschrift verstößt, auf deren Einhaltung rechtswirksam nicht verzichtet werden kann, ist nichtig. Im Übrigen ist ein Beschluss gültig, solange er nicht durch rechtskräftiges Urteil für ungültig erklärt ist."

Abgrenzung
Nichtigkeit und
Anfechtbarkeit

Es ist zu unterscheiden zwischen den Beschlüssen, die von vornherein nichtig sind und keiner Anfechtung bedürfen, und Beschlüssen, die erst im Rahmen eines gerichtlichen Anfechtungsverfahrens durch rechtskräftiges Urteil für ungültig erklärt werden müssen. § 23 Abs. 4 WEG stellt fest, dass ein Beschluss, der gegen eine Rechtsvorschrift verstößt, auf deren Einhaltung rechtswirksam nicht verzichtet werden kann, nichtig ist. Solche Beschlüsse verstoßen gegen unabdingbare Vorschriften und Grundsätze des Wohnungseigentumsgesetzes oder Regelungen des übrigen privaten oder öffentlichen Rechts. Sonstige Beschlüsse sind endgültig, solange sie nicht durch rechtskräftiges Urteil für ungültig erklärt sind.

5.8.1 Verstoß gegen gesetzliche Verbote

Verstöße gegen gesetzliche Verbote umfassen Verbote des privaten (§ 134 BGB) und des öffentlichen Rechts und insbesondere die unabdingbaren Vorschriften des Wohnungseigentumsgesetzes. Beschlüsse, die die nachfolgenden Vorschriften nicht einhalten, sind daher nichtig.

Vorschriften des WEG

- § 5 Abs. 2 WEG: zum Gemeinschaftseigentum gehörende Gebäudeteile

- § 6 WEG: keine Trennung von Sondereigentum und Grundstück

§
§
Siehe CD-ROM

- § 11 WEG: Unauflöslichkeit der Eigentümergemeinschaft, außer bei teilweiser oder völliger Zerstörung des Gebäudes

- § 12 Abs. 1, 2 WEG: Die Zustimmung zur Veräußerung von Wohnungseigentum darf nur aus wichtigem Grund verweigert werden. Keine Einschränkung der Beschlusskompetenz zur Aufhebung einer solchen Veräußerungsbeschränkung.

- § 16 Abs. 5 WEG: keine Einschränkung der Beschlusskompetenz zur Änderung der Kostenverteilung gemäß § 16 Abs. 3, 4 WEG n. F.

- § 18 WEG: keine Beschränkung des Anspruchs auf Entziehung von Wohnungseigentum bei schwerer Pflichtverletzung eines Wohnungseigentümers

- § 20 Abs. 2 WEG: kein Ausschluss der Verwalterbestellung

- § 22 Abs. 2 S. 4 WEG n. F.: keine Einschränkung der Beschlusskompetenz zu Modernisierungen

- § 23 Abs. 3 WEG: schriftliche Beschlussfassung

- § 24 Abs. 2 WEG: keine Einschränkung des Rechts auf eine Eigentümerversammlung auf Verlangen von einem Viertel aller Wohnungseigentümer

- § 26 WEG: Zeiträume für Bestellung und Abberufung des Verwalters
- § 27 Abs. 4 WEG: keine Einschränkung der Aufgaben und Befugnisse des Verwalters gem. § 27 Abs. 1 bis 3 WEG

Beispiele für sonstige Verbotsvorschriften
- Verstoß gegen Strafgesetze
- Verstoß gegen eine Baumschutzverordnung
- Verstoß gegen öffentlich-rechtliche Ruhezeiten
- Verstöße gegen baurechtliche Vorschriften, die Heizkosten- oder Energieeinsparverordnung

5.8.2 Sittenwidrigkeit

Verstößt ein Beschluss gegen die guten Sitten gemäß § 138 BGB, so ist er nichtig.

Beispiele für sittenwidrige Beschlüsse
- generelles Musizierverbot
- Beschluss mit unbestimmtem oder tatsächlich unmöglichem Inhalt
- Verbot des Abstellens eines Rollstuhls im Treppenhaus, wenn sonst keine Abstellmöglichkeit vorhanden ist

5.8.3 Fehlende Beschlusskompetenz

Mangelnde Beschlusskompetenz bei dauerhaft gesetzes- bzw. vereinbarungsändernden Beschlüssen führt zur Nichtigkeit der Beschlüsse. Siehe zur Abgrenzung von Beschluss und Vereinbarung auch Kap. 5.6.1.

Beispiele für fehlende Beschlusskompetenz
- Nachträgliche Umwandlung von Gemeinschaftseigentum in Sondereigentum
- Zweckbestimmungsänderungen des Gemeinschaftseigentums
- Begründung oder Beschränkung von Sondernutzungsrechten
- Zusammenfassung mehrerer Wohnungseigentümergemeinschaften zu einer

- Gebrauchsentzug von Gemeinschaftseigentum zulasten einzelner Wohnungseigentümer
- Dauerhafte Einführung einer Eventualeinberufung oder von Stimmrechtsbeschränkungen
- Generelle Regelung über eine vom Gesetzestext abweichende Anzahl von Beiräten (gesetzlich: drei) oder von Außenstehenden als Mitglieder des Beirats
- Bestimmung, Stimmenthaltungen in bestimmter Weise zu zählen, z. B. als Nein-Stimmen
- Dauerhafte Änderungen hinsichtlich Form und Frist der Einberufung von Eigentümerversammlungen und Einführung einer Ladungsfiktion
- Änderung der Beschlussfähigkeit
- Abänderung des Stimmkraftprinzips, z. B. von Kopf- zu Wertprinzip
- Nachträgliche Einführung oder Abschaffung einer Veräußerungs- oder Vermietungszustimmung
- Einschränkung der nach der Teilungserklärung erlaubten gewerblichen Nutzung eines Teileigentums

5.9 Die Versammlungsniederschrift

§ 24 Abs. 6 WEG
„Über die in der Versammlung gefassten Beschlüsse ist eine Niederschrift aufzunehmen. Die Niederschrift ist von dem Vorsitzenden und Siehe CD-ROM einem Wohnungseigentümer und, falls ein Verwaltungsbeirat bestellt ist, auch von dessen Vorsitzendem oder seinem Vertreter zu unterschreiben. Jeder Wohnungseigentümer ist berechtigt, die Niederschrift einzusehen."

Über die Wohnungseigentümerversammlung ist eine Niederschrift anzufertigen, jedoch ist die Protokollierung nicht für die Wirksamkeit der Beschlüsse erforderlich (BayObLG, ZMZ 2005, 462). Mangels anders lautender Regelung in der Gemeinschaftsordnung ist lediglich ein Ergebnisprotokoll zu erstellen, das heißt, der Verlauf oder etwa auch Wortbeiträge einzelner Wohnungseigentümer müssen nicht in das Protokoll aufgenommen werden.

Kein Wirksamkeitserfordernis

Wer für die Erstellung der Niederschrift zuständig ist, ist nicht gesetzlich geregelt. Jedoch ist anzunehmen, dass der Vorsitzende der Wohnungseigentümerversammlung zur Anfertigung der Niederschrift berechtigt und verpflichtet ist, solange die Wohnungseigentümer nicht durch Mehrheitsbeschluss eine andere Person bestimmt haben.

5.9.1 Inhalt

Die Niederschrift dient der Information über Inhalt und Zustandekommen von Beschlüssen. Sie hat Beweisfunktion und ist daher möglichst sorgfältig zu erstellen. Hierbei wird dem Versammlungsleiter ein Ermessensspielraum eingeräumt, solange die Protokollierung den Grundsätzen ordnungsgemäßer Verwaltung im Sinne von § 21 Abs. 4 WEG entspricht.

Folgende Punkte sollten in der Niederschrift festgehalten werden:

* Bezeichnung der Wohnungseigentümergemeinschaft
* Versammlungstag und -ort
* Zeitpunkt der Eröffnung der Versammlung
* Angabe des Versammlungsleiters
* Feststellung der ordnungsgemäßen Einberufung der Versammlung und Beschlussfähigkeit
* Bezeichnung des Tagesordnungspunkts
* Kurze Inhaltsangabe des Tagesordnungspunkts und zum Verständnis erforderliche Erläuterungen oder Diskussionsbeiträge
* Genaue Formulierung des Beschlussantrags
* Feststellung des Abstimmungsergebnisses (Ja-, Nein-Stimmen, Enthaltungen)
* Beschlussfeststellung durch den Versammlungsleiter
* Zeitpunkt der Schließung der Versammlung

> **Tipp: Bei schwierigen Abstimmungen Namen festhalten**
>
> Bei knappen oder schwierigen Abstimmungen sowie bei Beschlüssen über bauliche Veränderungen sollten die Namen der einzelnen Wohnungseigentümer und ihr Stimmverhalten genau festgehalten werden.

5.9.2 Form und Frist

Die Niederschrift ist gemäß § 24 Abs. 6 WEG vom Vorsitzenden der Eigentümerversammlung, einem Wohnungseigentümer und – soweit ein Verwaltungsbeirat vorhanden ist – von dessen Vorsitzendem oder seinem Vertreter zu unterschreiben. Durch die Unterschrift der genannten Personen soll die inhaltliche Richtigkeit der Niederschrift bestätigt werden.

Unterschrift

> **Tipps zur Unterzeichnung**
>
> - Nimmt der Verwalter oder der Verwaltungsbeiratsvorsitzende an der Versammlung nicht teil, so kann er auch nicht das Protokoll unterzeichnen.
> - Ist der Beiratsvorsitzende zugleich Versammlungsleiter so ist seine Unterschrift als Versammlungsleiter ausreichend, er muss nicht noch in seiner Funktion als Beiratsvorsitzender unterschreiben. Die Unterschrift kann in diesem Fall sein Stellvertreter leisten, sofern er an der Versammlung teilgenommen hat.

Fehlt die Unterschrift eines Wohnungseigentümers oder des Verwaltungsbeiratsvorsitzenden oder seines Stellvertreters, so kommt ein gefasster Beschluss dennoch zustande. Die Unterzeichnung der Niederschrift ist hierfür keine Wirksamkeitsvoraussetzung. Etwas anderes gilt dann, wenn die Gemeinschaftsordnung der WEG eine Vereinbarung darüber enthält, dass Protokollierung und Unterzeichnung notwendig sind, damit die gefassten Beschlüsse gültig sind. Ein Verstoß gegen diese Bestimmung führt dann zur Anfechtbarkeit und Ungültigerklärung des Beschlusses.

Gleichermaßen kann durch Vereinbarung geregelt werden, dass die Niederschrift notariell beurkundet werden muss oder die Unterschriften zu beglaubigen sind. Das Erfordernis der Beglaubigung der Unterschriften ist in Gemeinschaftsordnungen oftmals für den Fall

Notarielle Beurkundung/ Beglaubigung

der Neu- oder Wiederbestellung des Verwalters enthalten. Dies ist insbesondere dann erforderlich, wenn der Verwalter bei der Veräußerung des Wohnungseigentums nach der Gemeinschaftsordnung zustimmen muss.

Frist

Eine gesetzlich geregelte Frist, binnen derer die Niederschrift anzufertigen ist, existiert nicht. In der Rechtsprechung hat sich jedoch die Ansicht durchgesetzt, dass die Niederschrift in angemessener Frist vor Ablauf der Anfechtungsfrist gemäß § 46 Abs. 1 Satz 2 WEG, spätestens jedoch eine Woche vor deren Ablauf, vorzulegen ist.

Einsichtsrecht

Die Eigentümer haben gemäß § 24 Abs. 6 Satz 3 WEG jederzeit das Recht, die Niederschrift einzusehen. Dieses Recht kann auf Dritte – wie etwa Kaufinteressenten oder Mieter – übertragen werden und umfasst auch die Anfertigung von Abschriften. Erstellt der Verwalter Kopien der Niederschrift, so ist der Eigentümer zur Kostenerstattung verpflichtet.

Übersendung

Streitig ist, ob die Wohnungseigentümer lediglich ein Einsichtsrechts in die Niederschrift haben oder ob der Verwalter die Protokolle an die Wohnungseigentümer übersenden muss. Die gesetzliche Regelung des § 24 Abs. 6 WEG sieht nur vor, dass die Wohnungseigentümer berechtigt sind, die Niederschrift einzusehen. Eine Pflicht zur Versendung der Niederschrift hat der Verwalter jedenfalls dann, wenn die Gemeinschaftsordnung oder der Verwaltervertrag dies vorsehen, oder auch dann, wenn in der Vergangenheit eine entsprechende Praxis („Übung") bestand.

> **Tipp: Vereinbarung in Verwaltervertrag aufnehmen**
>
> Oftmals lassen sich Verwalter zur Erstellung der Niederschrift sehr lange Zeit, sodass die Wohnungseigentümer sie erst Wochen oder Monate nach der Versammlung erhalten. Zu diesem Zeitpunkt kann dann bereits die einmonatige Anfechtungsfrist abgelaufen sein. Sofern die Gemeinschaftsordnung keine Regelung über die Versendung der Niederschrift enthält, ist es empfehlenswert, eine Vereinbarung hierüber in den Verwaltervertrag aufzunehmen. Versendet der Verwalter die Niederschrift nicht bis spätestens eine Woche vor Ablauf der Anfechtungsfrist, kann jeder Wohnungseigentümer zunächst alle oder auch nur einzelne Beschlüsse anfechten. Aufgrund seiner Verspätung hat der Verwalter die

Kosten des Anfechtungsverfahrens, soweit es auf die Nichteinhaltung der Frist gestützt wird, zu tragen.

5.9.3 Fehlerhafte Niederschrift

Wird die Versammlungsniederschrift nicht richtig oder unvollständig erstellt, so kann jeder Wohnungseigentümer einen Anspruch auf Berichtigung geltend machen, falls erforderlich auch einen Berichtigungsantrag beim Wohnungseigentumsgericht stellen. Der Berichtigungsanspruch kann nicht wegen unerheblicher sprachlicher Feinheiten geltend gemacht werden, sondern nur dann, wenn der Wohnungseigentümer durch den Inhalt der Niederschrift rechtswidrig beeinträchtigt wird oder falls eine von ihm abgegebene rechtsgeschäftlich erhebliche Willenserklärung falsch protokolliert wurde.

Berichtigungsanspruch

Muster Niederschrift

Josef Steinmann Hausverwaltungs GmbH	Arnoldstr. 30 80123 München Tel. 089-123456 Fax. 089-123457

Siehe CD-ROM

An die
Eigentümer der WEG
Tannstr. 100
80123 München

München, 12.04.10

Niederschrift der ordentlichen Eigentümerversammlung der Wohnungseigentümergemeinschaft Tannstraße 100, 80123 München vom Donnerstag, 29.03.10 um 18.00 Uhr in der Gaststätte „Zur Eiche", Tannstr. 1, 80123 München.

Teilnehmer: die Josef Steinmann Hausverwaltungs GmbH als Verwalterin, vertreten durch Herrn Steinmann (Versammlungsleiter) und Frau Müller, sowie Teilnehmer gemäß Anwesenheitsliste und Vollmachten, welche der Originalniederschrift beiliegen.

Tagesordnung laut Einladung

1. Begrüßung, Feststellung der ordnungsgemäßen Einberufung und der Beschlussfähigkeit der Versammlung

2. Bericht des Verwalters und des Verwaltungsbeirats über die Jahresabrechnung 2009/Genehmigung der Gesamt- und Einzelabrechnungen 2009

3. Entlastung der Verwaltung für das Wirtschaftsjahr 2009
4. Entlastung des Verwaltungsbeirats für das Wirtschaftsjahr 2009
5. Genehmigung des Wirtschaftsplans 2010
6. Sicherheitstechnische Bewertung durch TÜV/Mängelbeseitigung
7. Instandhaltungsmaßnahme hofseitige Fassade
   - Art, Umfang, Ausführungszeitraum und Auftragsvergabe der Maßnahme
   - Finanzierung der Maßnahme (evtl. Sonderumlage)
8. Streichen des Treppenhauses
9. Neuwahl/Wiederwahl des Verwalters zum 01.01.2011
10. Sonstiges

Zu TOP 1

Herr Steinmann stellt fest, dass die Einladung zur Eigentümerversammlung form- und fristgerecht mit Schreiben vom 08.03.2010 erfolgte. Es sind 534/1000stel Miteigentumsanteile anwesend bzw. durch Vollmachten vertreten. Die Versammlung ist somit zu Beginn um 18.15 Uhr beschlussfähig. Ab 18.55 Uhr sind 590/1000stel Miteigentumsanteile vertreten.

Zu TOP 2

Der Verwaltungsbeiratsvorsitzende Herr Meier berichtet über die Prüfung der Abrechnungsunterlagen, welche am 01.02.10 vorgenommen wurde. Beanstandungen wurden, soweit vorhanden, von der Verwaltung berichtigt. Der Verwalter erläutert im Weiteren die Abrechnung und beantwortet Fragen einzelner Eigentümer.

Beschluss Nr. 1: Die Gesamt-und Einzelabrechnungen 2009 werden genehmigt.

Abstimmung:

- Ja-Stimmen: 543/1000stel
- Nein-Stimmen: 0
- Enthaltungen: 0

Damit ist der vorgenannte Beschluss einstimmig angenommen.

Zu TOP 3

Beschluss Nr. 2: Der Verwaltung wird für das Wirtschaftsjahr 2009 Entlastung erteilt.

Abstimmung:

- Ja-Stimmen: 543/1000stel
- Nein-Stimmen: 0
- Enthaltungen: 0

Damit ist der vorgenannte Beschluss einstimmig angenommen.

Zu TOP 4

Beschluss Nr. 3: Die Mitglieder des Verwaltungsbeirats werden für das Wirtschaftsjahr 2009 entlastet.

Abstimmung:

- Ja-Stimmen: 427/1000stel
- Nein-Stimmen: 28/1000stel
- Enthaltungen: 87/1000stel (Beirat)

Damit ist der vorgenannte Beschluss mehrheitlich angenommen.

Zu TOP 5

Gemäß dem vorliegenden Wirtschaftsplan für 2010 sind Einnahmen i. H. v.
€ 100.000,- vorgesehen, denen Ausgaben von ca. € 120.000,- gegenüberstehen.
Daraus ergibt sich ein Fehlbetrag i. H. v. € 20.000,-, welcher primär aus der Erhöhung der Heizkosten resultiert. Es wird empfohlen, das Wohngeld gemäß den
vorliegenden Einzelwirtschaftsplänen anzupassen.

Beschluss Nr. 4: Der Gesamtwirtschaftsplan und die Einzelwirtschaftspläne 2007
werden genehmigt. Das in diesen Einzelwirtschaftsplänen ausgewiesene Wohngeld
wird ab dem 01.04.10 fällig gestellt. Dieser Wirtschaftsplan bleibt so lange bestehen, bis ein neuer beschlossen wird.

Abstimmung:

- Ja-Stimmen: 571/1000stel
- Nein-Stimmen: 0
- Enthaltungen: 19/1000stel

Damit ist der vorgenannte Beschluss einstimmig angenommen.

Zu TOP 6

Die Empfehlung des TÜV zur Beseitigung der festgestellten Mängel sieht eine Frist
von fünf Jahren vor. In Betracht kommt eine Voll- oder Teilsanierung des Aufzugs.
Hierzu ist ein Ortstermin mit dem Aufzugsdienst zur Beratung der weiteren Vorgehensweise ratsam.

Beschluss Nr. 5: Noch in diesem Jahr wird mit dem Aufzugsdienst, dem Verwaltungsbeirat und der Verwaltung bei einem Ortstermin erörtert, welche Mängel
zwingend in diesem Jahr zu beheben sind. Diese Arbeiten werden in Absprache mit
dem Verwaltungsbeirat in Auftrag gegeben. Im Hinblick auf die übrigen Mängel
soll ein Zeitplan mit Kostenübersicht in der nächsten ordentlichen Eigentümerversammlung vorgelegt werden.

Abstimmung:

- Ja-Stimmen: 590/1000stel
- Nein-Stimmen: 0
- Enthaltungen: 0

Damit ist der vorgenannte Beschluss einstimmig angenommen.

Zu TOP 7

Die Verwaltung erläutert, dass die Sanierung der hofseitigen Fassade dringend
erforderlich ist. Herr Kober der Fa. Blitzsanierung wurde zur Versammlung eingeladen, um Fragen der Wohnungseigentümer zu erläutern. Laut Vorgabe in der letzten

Eigentümerversammlung liegt ein Angebot für die Sanierung in Höhe von ca. 65.000 € vor. Der Eigentümer Meier erläutert seine Ansicht, dass eine Sanierung erst in fünf Jahren fällig sei und bemängelt, dass keine weiteren Angebote eingeholt wurden. Nach eingehender Diskussion ergeht folgender Antrag:

Beschluss Nr. 6: Die Verwaltung wird beauftragt, die Fa. Blitzsanierung mit der Sanierung der hofseitigen Fassade laut vorliegendem Angebot zu beauftragen. Die Arbeiten sollen im Juni 2010 beginnen. Die Finanzierung der Maßnahme erfolgt aus der Rücklage.

Abstimmung:

- Ja-Stimmen: 512/1000stel
- Nein-Stimmen: 78/1000stel
- Enthaltungen: 0

Damit ist der vorgenannte Beschluss mehrheitlich angenommen.

Zu TOP 8

Das Treppenhaus bedarf eines neuen Anstrichs. Die Kosten für das Streichen von Decken und Wänden betragen ca. € 6.000,-. Seitens der Eigentümer wird angesprochen, dass primär eine Erneuerung der Haustüre notwendig ist. Aufgrund der derzeitigen finanziellen Lage der Eigentümergemeinschaft wäre die Durchführung der Arbeiten nur durch eine Sonderumlage finanzierbar.

Beschluss Nr. 7: Der Verwalter wird beauftragt, die Malerarbeiten zum Streichen des Treppenhauses bis zu einem Kostenaufwand i. H. v. € 6.000,- in Auftrag zu geben.

Abstimmung:

- Ja-Stimmen: 72/1000stel
- Nein-Stimmen: 498/1000stel
- Enthaltungen: 20/1000stel

Damit ist der vorgenannte Beschluss mehrheitlich abgelehnt.

Zu TOP 9

Der bestehende Verwaltervertrag läuft zum 31.12.2010 aus. Die Josef Steinmann Hausverwaltungs-GmbH würde die Verwaltung gerne weiter fortführen und bietet die Verlängerung zu folgenden Konditionen an: Verwaltervergütung i. H. v. € 17,30 pro Wohneinheit und € 3,50 pro Teileigentum zzgl. der gesetzl. MwSt. für die Zeit vom 01.01.11 bis 31.12.14. Einzelne Eigentümer äußern sich zur Arbeit der Verwaltung. Sie sind im Großen und Ganzen zufrieden, möchten jedoch die Verlängerung des Verwaltervertrags auf zwei Jahre beschränken. Die Verwaltung hat Vollmachten entsprechend 110/1000stel Miteigentumsanteilen für diese Eigentümerversammlung erhalten, welche sie für nachfolgenden Beschluss an den Wohnungseigentümer Herrn Hötzel abgibt.

Beschluss Nr. 8: Die Josef Steinmann Hausverwaltungs GmbH wird für die Zeit vom 01.01.11 bis 31.12.12 zu Kosten i. H. v. monatlich € 17,30 je Wohneigentum und € 3,50 je Teileigentum zzgl. MwSt. zum Verwalter bestellt. Der bestehende Verwaltervertrag verlängert sich entsprechend.

Abstimmung:

- Ja-Stimmen: 543/100stel
- Nein-Stimmen: 47/1000stel
- Enthaltungen: 0

Damit ist der vorgenannte Beschluss mehrheitlich angenommen.

Zu TOP 10

1. Es wird darum gebeten, alle drei Müllcontainer gleichmäßig zu befüllen und nicht den Müll neben den Containern abzustellen.

2. Die Eigentümer werden aufgefordert, die Ruhezeiten gemäß der Hausordnung einzuhalten. Dies gilt auch, wenn Wohnungen renoviert werden. Vermietende Eigentümer informieren bitte entsprechend ihre Mieter.

3. Der Eigentümer Herr Schlau weist darauf hin, dass mittelfristig die Sanierung der straßenseitigen Balkone erforderlich werden wird.

Eine Beschlussfassung erfolgt im TOP „Sonstiges" nicht.

Nachdem keine weiteren Wortmeldungen mehr erfolgen, bedankt sich der Verwalter bei den anwesenden Eigentümern für die rege Teilnahme an der Versammlung und schließt diese um 20.46 Uhr.

....

(Ort, Datum)   (Ort, Datum)   (Ort, Datum)

....

(Unterschrift Verwalter)   (Unterschrift Beiratsvorsitzender)   (Unterschrift Eigentümer)

5.10   Die Beschluss-Sammlung

Nach § 24 Abs. 7 und 8 WEG ist der Verwalter verpflichtet, die sog. Beschluss-Sammlung zu führen. Sie dient der Information und der besseren Übersicht über die in einer Wohnungseigentümergemeinschaft gefassten Beschlüsse. Insbesondere Rechtsnachfolger können sich durch die Beschluss-Sammlung vor ihrem Eintritt in die Wohnungseigentümergemeinschaft über ihre Rechte und Pflichten informieren. Dies ist umso wichtiger bei Beschlüssen, die die Gemeinschaftsordnung abgeändert haben oder aufgrund einer Öffnungsklausel gefasst wurden und mangels der Verpflichtung zur Eintragung in das Grundbuch für den Rechtsnachfolger nicht offensicht-

Pflicht des Verwalters

lich sind, z. B. Änderung der Kostenverteilung oder Regelungen über Zahlungsverpflichtungen.

Verwalter führt die Beschluss-Sammlung

Gemäß § 24 Abs. 8 WEG hat der Verwalter die Aufgabe, die Beschluss-Sammlung zu führen. Existiert kein Verwalter, so hat der Vorsitzende der Eigentümerversammlung die Beschluss-Sammlung zu führen, oder aber die Wohnungseigentümer bestimmen hierzu eine Person durch Mehrheitsbeschluss.

5.10.1 Inhalt

Siehe CD-ROM

In die Beschluss-Sammlung müssen gemäß § 24 Abs. 7 S. 2 WEG

- alle in Wohnungseigentümerversammlungen verkündeten Beschlüsse mit Angabe von Ort und Datum der Versammlung,
- alle schriftlichen Beschlüsse gemäß § 23 Abs. 3 WEG und
- alle Urteilsformeln wohnungseigentumsrechtlicher Entscheidungen gemäß § 43 WEG

eingetragen werden.

Fortlaufende Nummerierung

Die Beschlüsse und gerichtlichen Entscheidungen sind fortlaufend einzutragen und zu nummerieren. Sind Beschlüsse angefochten oder aufgehoben worden, ist dies anzumerken. Im Falle einer Aufhebung kann jedoch von einer Anmerkung abgesehen und der Eintrag gelöscht werden. Dies kommt dann in Betracht, wenn ein Beschluss rechtskräftig für ungültig oder nichtig erklärt wurde. Ein Eintrag kann auch gelöscht werden, wenn er aus anderen Gründen für die Wohnungseigentümer keine Bedeutung mehr hat, beispielsweise dann, wenn sich die Angelegenheit wegen Zeitablaufs erledigt hat.

Alte Beschlüsse

Die Verpflichtung zur Führung einer Beschluss-Sammlung begann erst mit Inkrafttreten des WEG-Reform-Gesetzes am 1.7.2007, dennoch empfiehlt es sich, auch in der Vergangenheit gefasste Beschlüsse in die Beschluss-Sammlung mit aufzunehmen. Hierzu kann sich die Wohnungseigentümergemeinschaft im Rahmen eines mit einfacher Mehrheit gefassten Beschlusses entschließen. Dem Verwalter kann für die Erfassung von Alt-Beschlüssen aufgrund des großen Zeitaufwands eine Aufwandsentschädigung zugebilligt werden.

5.10.2 Zeitpunkt und Form der Eintragung

Der Zeitpunkt, wann die Beschlüsse nach ihrer Entstehung in die Beschluss-Sammlung einzutragen sind, stellt die Neuregelung des § 24 Abs. 7 Satz 7 WEG nicht klar fest. Die erforderlichen Eintragungen sollen vom Verwalter (Abs. 8) „unverzüglich" vorgenommen werden. Ob dies bedeutet, dass der Beschluss noch am Tag der Versammlung, am darauf folgenden Werktag oder spätestens mehrere Tage danach eingetragen werden muss, wird daher im konkreten Einzelfall zu beurteilen sein. Die Eintragung der gefassten Beschlüsse nach Ablauf einer Woche ist jedenfalls nicht mehr unverzüglich (LG München I, 6.2.08, 1 T 22613/07). „Unverzüglich"

In der Beschluss-Sammlung sind folgende Einträge vorzunehmen: Formvorschriften

- Die Beschlüsse oder gerichtlichen Entscheidungen sind fortlaufend zu nummerieren (vgl. oben).
- Bei Beschlüssen ist der Beschlusswortlaut, die Angabe der Versammlung mit Art, Datum und die Angabe des Tagesordnungspunkts einzutragen. Nur die Bezeichnung des Tagesordnungspunktes reicht nicht aus (AG München, 28.6.08, 485 C 602/07). Handelt es sich um eine schriftliche Beschlussfassung, so ist dies mit Angabe des Zeitpunkts der Verkündung des Umlaufbeschlusses zu vermerken. Schließlich hat eine Eintragung zu erfolgen, ob der Beschluss angenommen oder abgelehnt, bestandskräftig, aufgehoben, gelöscht oder bedeutungslos ist.
- Im Falle einer gerichtlichen Entscheidung sind das Gericht, das Datum der Entscheidung, das Aktenzeichen, die Parteien und der Wortlaut des Urteils einzutragen.
- Es muss vermerkt werden, durch wen und zu welchem Zeitpunkt eine Eintragung vorgenommen wurde.

5.10.3 Einsichtsrecht

Jeder Wohnungseigentümer hat – wie bei der Versammlungsniederschrift – das Recht, die Beschluss-Sammlung einzusehen (§ 24 Abs. 7 S. 8 WEG). Dieses Recht kann er auf Dritte wie beispielsweise Kaufinteressenten übertragen. Von der Beschluss-Sammlung darf der

Wohnungseigentümer selbst Abschriften vornehmen oder Ablichtungen gegen Kostenerstattung vom Verwalter verlangen.

Muster Beschluss-Sammlung

Siehe CD-ROM

Lfd. Nr.	Beschluss	Eigentümerversammlung	Gerichtsentscheidung	Vermerke	Eintragungsvermerk
		Art, Ort, Datum, TOP bzw. bei Umlaufbeschluss Datum der Verkündung	Gericht, Datum, Az, Tenor, Parteien	angenommen, abgelehnt, bestandskräftig, aufgehoben, gelöscht, bedeutungslos, rechtskräftig	Name des Verwalters bzw. Versammlungsleiters, Datum, Unterschrift
1	„Die Gesamt- und Einzelabrechnungen 2009 werden genehmigt."	Ordentliche Eigentümerversammlung v. 29.3.2010, Tannstr. 1, 80123 München, zu TOP 2		Einstimmig angenommen	Verwalter (Name), 30.3.2010 (Datum), (Unterschrift)
2	„Der Verwaltung wird für das Wirtschaftsjahr 2009 Entlastung erteilt."	Ordentliche Eigentümerversammlung v. 29.3.2010, Tannstr. 1, 80123 München, zu TOP 3		Einstimmig angenommen	Verwalter (Name), 30.03.2010 (Datum), (Unterschrift)
3 bis 5	(...)	(...)	(...)	(...)	(...)

Lfd. Nr.	Beschluss	Eigentümerversammlung	Gerichtsentscheidung	Vermerke	Eintragungsvermerk
6	„Die Verwaltung wird beauftragt, die Fa. Blitzsanierung mit der Sanierung der hofseitigen Fassade lt. vorliegendem Angebot zu beauftragen.	Ordentliche Eigentümerversammlung v. 29.3.2010, Tannstr. 1, 80123 München, zu TOP 7		Mehrheitlich angenommen	Verwalter (Name), 30.03.2010 (Datum), (Unterschrift)
	Die Arbeiten sollen im Juni 2010 beginnen. Die Finanzierung der Maßnahme erfolgt aus der Rücklage."			Angefochten mit Klage vom 16.04.10 vor dem AG München, Az. 481 UR II 89/07, zugestellt am 26.04.10	Verwalter (Name), 26.04.10, (Unterschrift)
7	„Der Verwalter wird beauftragt, die Malerarbeiten zum Streichen des Treppenhauses bis zu einem Kostenaufwand i. H. v. € 6.000,00 in Auftrag zu geben."	Ordentliche Eigentümerversammlung v. 29.3.2010, Tannstr. 1, 80123 München, zu TOP 8		Mehrheitlich abgelehnt	Verwalter (Name), 30.03.2010 (Datum), (Unterschrift)
8	„Die J. Steinmann HHV GmbH wird für die Zeit vom 01.01.11 bis 31.12.12 zu Kosten i. H. v. mtl. € 17,30 je Wohneigentum und € 3,50 je Teileigentum zzgl. MwSt. zum Verwalter bestellt. Der bestehende Verwaltervertrag verlängert sich entsprechend."	Ordentliche Eigentümerversammlung v. 29.3.2010, Tannstr. 1, 80123 München, zu TOP 9		Mehrheitlich angenommen	Verwalter (Name), 30.03.2010 (Datum), (Unterschrift)
				Notarielle Beglaubigung der Unterschriften auf der Niederschrift erfolgt am 19.04.10	Verwalter (Name), 20.04.10 (Datum), (Unterschrift)

Lfd. Nr.	Beschluss	Eigentümer-versammlung	Gerichtsent-scheidung	Vermerke	Eintragungs-vermerk
9	zu lfd. Nr. 6		AG München, Urt. v. 28.06.10, Az. 481 UR II 89/10, in Sachen Meier ./. WEG Tannstr. 100, München, zuge-stellt am 06.07.10: I. Der Beschluss der Eigentümer-versammlung vom 29.03.10 zu TOP 7 wird für ungültig erklärt. II. Die Kosten des Verfahrens wer-den der Beklag-ten auferlegt. III. Das Urteil ist vorläufig voll-streckbar.	rechtskräftig	Verwalter (Name), 06.07.2010 (Datum), (Unterschrift) Verwalter (Name), 13.08.2010 (Datum), (Unterschrift)
10	„Die WEG duldet eine bislang nicht vorgesehe-ne Einzäunung der den EG-Woh-nungen zugeord-neten Terrassen-flächen (Sonder-nutzungsrecht) mit grünem Ma-schendrahtzaun. Die Kosten der erstmaligen Er-richtung sowie der Instandset-zung und In-standhaltung trägt der jeweili-ge Sondernut-zungsberechtig-te."	Umlaufbeschluss im schriftlichen Verfahren. Ver-kündet durch Schreiben an alle Wohnungseigen-tümer vom 27.08.10		Einstimmig angenommen	Verwalter (Name), 27.08.2010 (Datum), (Unterschrift)

5.11   Checkliste Eigentümerversammlung

Einberufung

Einberufungsberechtigte

- Der Verwalter muss einmal pro Jahr einberufen; unterlässt er dies, so kann der Verwaltungsbeiratsvorsitzende oder sein Stellvertreter einberufen.
- Ein einzelner Wohnungseigentümer hat kein Einberufungsrecht
- Ausnahme: Bei gerichtlicher Ermächtigung hierzu.
- Ein Viertel aller Wohnungseigentümer kann durch schriftlichen Antrag und unter Angabe der Gründe und des Zwecks die Einberufung verlangen.

Einberufungsfrist

Die Einberufungsfrist soll zwei Wochen betragen. Ein Verstoß dagegen führt nicht zwingend zur Ungültigerklärung von Beschlüssen. In dringenden Fällen ist eine kürzere Frist zulässig.

Ort und Zeitpunkt der Versammlung

Am Ort der Wohnanlage oder ihrer näheren Umgebung. Die Wahl des Zeitpunkts darf die Teilnahme an der Versammlung nicht erschweren, sollte daher verkehrsüblich sein.

Form und Inhalt der Einberufung

Die Einladung muss in Textform erfolgen (auch Kopie, Fax, E-Mail) und Angaben über den Ort, die Zeit und die Tagesordnung enthalten. Die Tagesordnung muss den Beschlussgegenstand genau bezeichnen, wobei eine stichpunktartige Formulierung ausreichend ist.

Sieht die Gemeinschaftsordnung eine Eventualeinberufung vor, so kann bei Beschlussunfähigkeit der ursprünglich einberufenen Versammlung z. B. eine halbe Stunde später die Zweitversammlung einberufen werden, welche dann in jedem Falle beschlussfähig ist. Ist eine dahin gehende Vereinbarung nicht vorhanden, müssen bei der Einberufung der Zweitversammlung sämtliche Formalia (z. B. Frist, Form) eingehalten werden.

Ablauf der Versammlung

Versammlungsleiter

Der Verwalter führt regelmäßig den Vorsitz in der Versammlung. Durch sog. Geschäftsordnungsbeschluss können die Wohnungseigentümer aber bestimmen, dass der Verwaltungsbeiratsvorsitzende, sein Stellvertreter oder ein Eigentümer den Vorsitz führt.

Teilnehmer der Versammlung

- Alle im Grundbuch eingetragenen Wohnungseigentümer oder deren Vertreter
- Der Verwalter und, wenn erforderlich, Angestellte der Verwaltung
- Dritte oder Berater haben grundsätzlich kein Teilnahmerecht an der Versammlung. Ausnahme: wenn ein berechtigtes Interesse an deren Teilnahme vorliegt.

Eröffnung und Feststellung der Beschlussfähigkeit

Stimmrechtsfragen

- Stimmrechtsprinzipien: Gesetzlich vorgesehen ist das Kopfprinzip (jeder Eigentümer hat eine Stimme). Es kann jedoch auch das Objektprinzip (pro Sonder-/Teileigentumseinheit je eine Stimme) oder das Wertprinzip (nach Miteigentumsanteilen) in der Gemeinschaftordnung vereinbart werden.
- Stimmrechtsausschlüsse oder -beschränkungen: Können vorliegen bei einem Rechtsgeschäft mit einem Wohnungseigentümer, wenn ein Rechtsstreit gegen einen Wohnungseigentümer geführt wird. Weiterhin wenn das Wohnungseigentum gem. § 18 WEG entzogen worden ist. Ist der Verwalter selbst Eigentümer oder vertritt er Eigentümer, so kann im konkreten Fall auch sein Stimmrecht ausgeschlossen sein. Durch Vereinbarung können bestimmte Fälle geregelt werden, in denen das Stimmrecht ruht, z. B. bei erheblichen Wohngeldschulden eines Eigentümers.

Jeder Teilnehmer hat ein Rede- und Antragsrecht

Beschlussfassung

- Beschlusskompetenz oder Vereinbarung erforderlich
- Einstimmiger Beschluss oder (qualifizierter) Mehrheitsbeschluss
- Abstimmung/ggf. Probeabstimmung
- Ja-Stimmen, Nein-Stimmen und Enthaltungen
- Beschlussfeststellung

Niederschrift

- Der Versammlungsleiter erstellt ein Ergebnisprotokoll.
- Die Niederschrift muss schriftlich erfolgen (Schriftform).
- Frist: bis spätestens eine Woche vor Ablauf der Anfechtungsfrist
  Achtung: Der Verwalter muss das Protokoll nicht zwingend versenden, sondern nur zur Einsicht zur Verfügung stellen. Etwas anderes gilt nur dann, wenn der Verwaltervertrag oder die Gemeinschaftsordnung die Versendung regelt oder dies jahrelange Übung in der Wohnungseigentümergemeinschaft ist.
- Jedem Eigentümer stehen ein Einsichtsrecht sowie das Recht zur Fertigung von Abschriften/Kopien (gegen Kostenerstattung) zu.
- Unterschriften: Vorsitzender der Versammlung, ein Eigentümer, Vorsitzender des Verwaltungsbeirats (falls Beirat vorhanden)

Beschluss-Sammlung

- Inhalt: alle Beschlüsse, auch Umlaufbeschlüsse und gerichtlichen Urteile
- Der Verwalter ist zur Erstellung verpflichtet.
- Angaben: laufende Nummerierung der Eintragungen, Eigentümerversammlung oder Umlaufbeschluss, Tenor der gerichtlichen Entscheidung, Vermerk der Rechtsfolge, Eintragungsvermerk mit Datum und Unterschrift.
- Jedem Eigentümer stehen ein Einsichtsrecht sowie das Recht zur Fertigung von Abschriften/Kopien (gegen Kostenerstattung) zu.

6 Teilrechtsfähigkeit, Haftung und Insolvenz

6.1 Teilrechtsfähigkeit

§ 10 Abs. 6 WEG

Siehe CD-ROM

regelt die beschränkte Rechtsfähigkeit der Wohnungseigentümergemeinschaft:

„Die Gemeinschaft der Wohnungseigentümer kann im Rahmen der gesamten Verwaltung des gemeinschaftlichen Eigentums gegenüber Dritten und Wohnungseigentümern selbst Rechte erwerben und Pflichten eingehen. Sie ist Inhaberin der als Gemeinschaft gesetzlich begründeten und rechtsgeschäftlich erworbenen Rechte und Pflichten. Sie übt die gemeinschaftsbezogenen Rechte der Wohnungseigentümer aus und nimmt die gemeinschaftsbezogenen Pflichten der Wohnungseigentümer wahr, ebenso sonstige Rechte und Pflichten der Wohnungseigentümer, soweit diese gemeinschaftlich geltend gemacht werden können oder zu erfüllen sind. Die Gemeinschaft muss die Bezeichnung ‚Wohnungseigentümergemeinschaft' gefolgt von der bestimmten Angabe des gemeinschaftlichen Grundstücks führen. Sie kann vor Gericht klagen und verklagt werden."

6.1.1 Was bedeutet Teilrechtsfähigkeit?

Teilrechtsfähigkeit bedeutet die Fähigkeit, als Rechtssubjekt am Rechtsverkehr aktiv teilnehmen zu können, Träger von Rechten und Pflichten zu sein, im gerichtlichen Verfahren klagen und verklagt werden zu können.

Definition

Vor der Entscheidung des BGH (02.06.2005, Az. V ZB 32/05) zur Teilrechtsfähigkeit der Wohnungseigentümergemeinschaft und ihrer gesetzlichen Verankerung im Rahmen der WEG-Reform waren die Wohnungseigentümer persönlich Träger sämtlicher Rechte und Pflichten, die sich aus der Verwaltung des gemeinschaftlichen Ver-

Bisherige Rechtslage

mögens einer Wohnungseigentümergemeinschaft ergaben. Die WEG als solche war als selbstständiges Rechtssubjekt nicht anerkannt. Dies führte häufig zu erheblichen Schwierigkeiten in der Praxis, z. B. bei der Bezeichnung der Parteien in gerichtlichen Verfahren, denn in einem Prozess gegen eine WEG musste der Kläger stets eine aktuelle Eigentümerliste vorlegen. Besonders bei großen Eigentümergemeinschaften erschwerte dies oftmals die Rechtsverfolgung. Im Falle eines Eigentümerwechsels war oft fraglich, ob gemeinschaftliche Forderungen der Wohnungseigentümer gegen Dritte noch dem Voreigentümer oder dem Rechtsnachfolger zustanden.

Durch die WEG-Reform 2007 wurde die Teilrechtsfähigkeit der Wohnungseigentümergemeinschaft nun gesetzlich geregelt. Sinn und Zweck ist es, die Verwaltung zu erleichtern. § 10 Abs. 1 WEG stellt zunächst klar, dass die Wohnungseigentümer Inhaber der Rechte und Pflichten nach den Vorschriften des WEG sind, insbesondere des Sondereigentums und des gemeinschaftlichen Eigentums, soweit nicht etwas anderes ausdrücklich bestimmt ist.

Siehe CD-ROM

Abweichend ausdrücklich bestimmt wird jedoch in § 10 Abs. 6 WEG, dass die Wohnungseigentümergemeinschaft

- im Rahmen der gesamten Verwaltung des gemeinschaftlichen Eigentums gegenüber Dritten und Wohnungseigentümern selbst Rechte erwerben und Pflichten eingehen kann,

- Inhaberin der von der Gemeinschaft gesetzlich begründeten und rechtsgeschäftlich erworbenen Rechte und Pflichten ist,

- die gemeinschaftsbezogenen Rechte der Wohnungseigentümer ausübt,

- die gemeinschaftsbezogenen Pflichten der Wohnungseigentümer wahrnimmt und

- sonstige Rechte und Pflichten der Wohnungseigentümer wahrnimmt, soweit diese gemeinschaftlich geltend gemacht werden können oder zu erfüllen sind.

Hiernach ist zwischen den folgenden Rechtssubjekten zu unterscheiden: Verschiedene Rechtssubjekte

- der teilrechtsfähigen Wohnungseigentümergemeinschaft als Verband,
- der nichtrechtsfähigen Wohnungseigentümergemeinschaft als Teileigentümergemeinschaft nach Bruchteilen und
- dem Wohnungseigentümer als rechtsfähiger Einzelperson.

Tritt die Wohnungseigentümergemeinschaft als Verband auf, so muss sie gemäß § 10 Abs. 6 S. 4 WEG die Bezeichnung „Wohnungseigentümergemeinschaft" gefolgt von der bestimmten Angabe des gemeinschaftlichen Grundstücks führen, z. B. Wohnungseigentümergemeinschaft Tannstr. 100, 80123 München.

6.1.2 Welche Rechte und Pflichten ergeben sich für die Wohnungseigentümergemeinschaft?

Die Rechte und Pflichten der Wohnungseigentümergemeinschaft beziehen sich auf die gesamte Verwaltung des gemeinschaftlichen Eigentums, des Gebrauchs des gemeinschaftlichen Eigentums (§ 15 WEG) sowie auch auf die gemeinschaftliche Verwaltung im Zusammenhang mit Maßnahmen zur Entziehung des Wohnungseigentums (§ 18 WEG). Dies betrifft zum einen das Außenverhältnis der Gemeinschaft zu Dritten und zum anderen das Innenverhältnis zu den Wohnungseigentümern.

Siehe CD-ROM

Mit Außenverhältnis sind diejenigen Rechtsverhältnisse gemeint, in denen die Wohnungseigentümergemeinschaft gegenüber Dritten auftritt. Hierzu zählen die von der Gemeinschaft gesetzlich begründeten und von ihr rechtsgeschäftlich erworbenen und eingegangenen Rechte und Pflichten. Vertragspartner sind nicht die einzelnen Wohnungseigentümer, sondern die Wohnungseigentümergemeinschaft als Verband. Dem Verwalter obliegt hierbei gemäß § 27 Abs. 3 WEG als Organ der Wohnungseigentümergemeinschaft deren Vertretung. Außenverhältnis

Angelegenheiten der WEG als Verband im Außenverhältnis sind insbesondere

- der Verwaltervertrag,
- die Beauftragung von Handwerkern im Rahmen von Maßnahmen der Instandhaltung, Instandsetzung oder Modernisierung des Gemeinschaftseigentums,
- die Einholung von Kostenvoranschlägen für Sanierungsmaßnahmen,
- der Abschluss von Darlehensverträgen zur Kreditaufnahme,
- der Abschluss von Wartungs- oder Dienstleistungsverträgen,
- die Bestellung von Heizöl bzw. der Abschluss von Energielieferverträgen,
- die Vermietung von Gemeinschaftsflächen,
- der Abschluss eines Hausmeistervertrags,
- die Mängelansprüche aus Erwerbsverträgen mit Bauträgern, soweit sie grundsätzlich der Gemeinschaft zustehen,
- die individuellen Mängelansprüche der Wohnungseigentümer, die die teilrechtsfähige Wohnungseigentümergemeinschaft durch Mehrheitsbeschluss an sich gezogen hat,
- die Mängelrechte bzw. Schadensersatzansprüche, die aus Verträgen resultieren, welche die WEG als Verband geschlossen hat, z. B. gegenüber dem Verwalter oder den Handwerkern,
- die Pflicht zur Verkehrssicherung des gemeinschaftlichen Eigentums, z. B. Räum- und Streupflicht und ausreichende Beleuchtung im Anwesen sowie
- nachbarrechtliche Verstöße.

Innenverhältnis Die teilrechtsfähige Gemeinschaft ist auch Inhaberin von Rechten und Pflichten im Innenverhältnis, also gegenüber einzelnen Mitgliedern der Wohnungseigentümergemeinschaft.

Angelegenheiten der WEG als Verband im Innenverhältnis sind insbesondere

- Ansprüche auf Zahlung anteiliger Lasten- und Kostenbeiträge (z. B. Hausgeld, Sonderumlagen, Beiträge zur Instandhaltungsrücklage, Nachzahlungen aus Jahresabrechnungen),
- die Rückforderung zu viel gezahlter Hausgeldbeiträge,
- Schadensersatzansprüche gegen den Verwalter,
- Klagen auf Entziehung des Wohnungseigentums gem. §§ 18, 19 WEG,
- Schadensersatzansprüche gegen einzelne Eigentümer wegen Beschädigung gemeinschaftlichen Eigentums, z. B. im Rahmen baulicher Veränderungen eines einzelnen Eigentümers,
- die Klage auf Beseitigung baulicher Veränderungen nach Mehrheitsbeschluss,
- die Klage auf Unterlassung einer zweckbestimmungswidrigen Nutzung nach Mehrheitsbeschluss,
- die Einhaltung von Gebrauchsregelungen in Bezug auf das Gemeinschaftseigentum wie auch auf das Sondereigentum, die sich in der Regel aus der Gemeinschaftsordnung ergeben oder gemäß § 15 Abs. 2 WEG auf einem Mehrheitsbeschluss der Wohnungseigentümergemeinschaft beruhen sowie
- z. B. Regelungen zur Tierhaltung, zu Ruhezeiten, zur Hausordnung allgemein, zum Musizieren, zur Beschränkung der Zeiten der Nutzung der gemeinschaftlichen Wasch- und Trockenmaschinen.

Achtung

Bei Unterlassungs- oder Beseitigungsansprüchen oder bei der Wiederherstellung bei Veränderung des gemeinschaftlichen Eigentums handelt es sich um Individualansprüche der Wohnungseigentümer. Das bedeutet, jeder einzelne Eigentümer als Mitglied der nichtrechtsfähigen Bruchteilsgemeinschaft kann diesen Anspruch geltend machen (OLG München, NJW 2005, 3006). Daneben kann jedoch auch die Wohnungseigentümergemeinschaft als Verband die Individualansprüche der Wohnungseigentümer durch Mehrheitsbeschluss geltend machen. Diese Ausübungsbefugnis der Wohnungseigentümergemeinschaft überlagert sodann die individuelle Rechtsverfolgung durch einzelne Miteigentümer und begründet ihre alleinige Zuständigkeit (BGH, 12.04.07, VII ZR 236/05).

6.1.3 Individualansprüche der Wohnungseigentümer

Neben den gemeinschaftsbezogenen Ansprüchen, die die Wohnungseigentümergemeinschaft nach entsprechender Mehrheitsbeschlussfassung geltend machen kann, gibt es die Individualansprüche der einzelnen Wohnungseigentümer. Ihre Geltendmachung unterliegt nicht der Beschlusskompetenz der Wohnungseigentümergemeinschaft.

Zu den Individualansprüchen der Wohnungseigentümer zählen:

Siehe CD-ROM

- Beschlussanfechtungen gemäß § 46 Abs. 1 WEG
- Beseitigungs- und Unterlassungsansprüche (§ 1004 BGB), soweit sie nicht vorrangig der Gemeinschaft zustehen oder ihr durch Beschlussfassung übertragen wurden.
- Schadensersatzansprüche gegen Miteigentümer oder Dritte, z. B. wenn die Beeinträchtigung des gemeinschaftlichen Eigentums nur einen einzelnen Wohnungseigentümer schädigt (BGHZ 115, 253)
- Ansprüche auf ordnungsmäßige Verwaltung im Sinne von § 21 Abs. 4 WEG
- Schadensersatzansprüche eines Eigentümers gegen den Verwalter, z. B. bei zu Unrecht verweigerter Zustimmung zur Veräußerung des Sondereigentums

6.1.4 Verwaltungsvermögen

Siehe CD-ROM

§ 10 Abs. 7 WEG:

„Das Verwaltungsvermögen gehört der Gemeinschaft der Wohnungseigentümer. Es besteht aus den im Rahmen der gesamten Verwaltung des gemeinschaftlichen Eigentums gesetzlich begründeten und rechtsgeschäftlich erworbenen Sachen und Rechten sowie den entstandenen Verbindlichkeiten. Zu dem Verwaltungsvermögen gehören insbesondere die Ansprüche und Befugnisse aus Rechtsverhältnissen mit Dritten und mit Wohnungseigentümern sowie die eingenommenen Gelder. Vereinigen sich sämtliche Wohnungseigentumsrechte in einer Person, geht das Verwaltungsvermögen auf den Eigentümer des Grundstücks über."

Zum Verwaltungsvermögen im Einzelnen zählen:

- Gegenstände wie z. B. Gartengeräte, Rasenmäher, Werkzeuge, Spielplatzgeräte, Schneeräummaschinen, Waschmaschinen und Trockner
- Waschmünzenerlöse
- Heizöl- und Gasvorräte
- gemeinschaftliches Geldvermögen, z. B. Guthaben bei Kreditinstituten, Instandhaltungsrücklagen, Festgelder, sonstige Geldanlagen, Zinserträge
- Einkünfte aus Vermietung des gemeinschaftlichen Eigentums
- gemeinschaftliche Verwaltungsunterlagen
- gemeinschaftliche Forderungen und Ansprüche gegenüber Dritten und gegenüber Wohnungseigentümern
- gemeinschaftliche Verbindlichkeiten

Achtung
Das Sondereigentum und das Gemeinschaftseigentum gehören nicht zum Verwaltungsvermögen.

Bei einem Eigentümerwechsel verbleiben die Gegenstände, Forderungen, Ansprüche und Verbindlichkeiten des Verwaltungsvermögens bei der Gemeinschaft der Wohnungseigentümer. Der Bestand des Verwaltungsvermögens ist unabhängig vom jeweiligen Mitgliederbestand der Wohnungseigentümergemeinschaft, d. h. eine gesonderte Übertragung auf den Sonderrechtsnachfolger findet nicht statt.

Bei Eigentümerwechsel

Um das Verwaltungsvermögen im Wege der Zwangsvollstreckung verwerten zu können, muss ein Titel gegen die Gemeinschaft als Verband erwirkt werden. Der vollstreckbare Anspruch eines Gläubigers der Wohnungseigentümergemeinschaft beschränkt sich auf das Verwaltungsvermögen.

Bei Zwangsvollstreckung

6.2 Haftung

In direktem Zusammenhang mit der Anerkennung der Teilrechtsfähigkeit der Wohnungseigentümergemeinschaft steht das geltende Haftungssystem. Hiernach ist zwischen der Haftung der Wohnungseigentümergemeinschaft als Verband und der einzelnen Eigentümer zu unterscheiden.

Siehe CD-ROM

§ 10 Abs. 8 WEG sieht die Haftung folgendermaßen vor:

„Jeder Wohnungseigentümer haftet einem Gläubiger nach dem Verhältnis seines Miteigentumsanteils (§ 16 Abs. 12) für Verbindlichkeiten der Gemeinschaft der Wohnungseigentümer, die während seiner Zugehörigkeit zur Gemeinschaft entstanden oder während dieses Zeitraums fällig geworden sind; für die Haftung nach Veräußerung des Wohnungseigentums ist § 160 des Handelsgesetzbuches entsprechend anzuwenden. Er kann gegenüber einem Gläubiger neben den in seiner Person begründeten auch die der Gemeinschaft zustehenden Einwendungen und Einreden geltend machen, nicht aber seine Einwendungen und Einreden gegenüber der Gemeinschaft. Für die Einrede der Anfechtbarkeit und Aufrechenbarkeit ist § 770 des Bürgerlichen Gesetzbuches entsprechend anzuwenden. Die Haftung eines Wohnungseigentümers gegenüber der Gemeinschaft wegen nicht ordnungsmäßiger Verwaltung bestimmt sich nach Satz 1."

6.2.1 Wann haftet die Wohnungseigentümergemeinschaft?

Haftungsmasse: Verwaltungsvermögen

Nachdem die Wohnungseigentümergemeinschaft als Rechtssubjekt anerkannt ist, können Gläubiger im Hinblick auf gemeinschaftsbezogene Forderungen das Verwaltungsvermögen in Anspruch nehmen und gegebenenfalls ihre Forderungen gegen die Wohnungseigentümergemeinschaft als solche gerichtlich geltend machen. Haftungsmasse ist hierbei nicht das Gemeinschafts- oder Sondereigentum, sondern das Verwaltungsvermögen (siehe hierzu Kap 6.1.4).

6.2.2 Wann haftet der einzelne Wohnungseigentümer?

Die Gläubiger der Wohnungseigentümergemeinschaft können auch einzelne Wohnungseigentümer für die Verwaltungsschulden der Gemeinschaft in Anspruch nehmen. Allerdings ist dieser Anspruch der Höhe nach begrenzt auf den jeweiligen Miteigentumsanteil des Miteigentümers. Die Möglichkeit deren Inanspruchnahme und der der Wohnungseigentümergemeinschaft besteht nebeneinander. Es ist nicht erforderlich, dass zuerst ein erfolgloses Verfahren gegen die Wohnungseigentümergemeinschaft durchgeführt wird. In einem Verfahren gegen die Wohnungseigentümergemeinschaft kann der einzelne Eigentümer neben seinen individuellen auch die die Gemeinschaft betreffenden Einwendungen und Einreden gegenüber dem Gläubiger geltend machen (Anfechtbarkeit und Aufrechenbarkeit, § 770 BGB). Nicht jedoch geltend gemacht werden können Einreden und Einwendungen, die das Verhältnis des einzelnen Wohnungseigentümers zur Wohnungseigentümergemeinschaft betreffen.

Die Haftung des einzelnen Wohnungseigentümers ist der Höhe nach anteilig beschränkt auf seinen Miteigentumsanteil am Gemeinschaftseigentum. Die Berechnung des Umfangs der Haftung bestimmt sich stets nach der Höhe des Miteigentumsanteils, selbst wenn innerhalb der Gemeinschaft ein abweichender Kostenverteilungsschlüssel vereinbart wurde. Für Verbindlichkeiten aus einem Vertrag mit der Gemeinschaft der Wohnungseigentümer haften die Wohnungseigentümer nur dann als Gesamtschuldner, wenn sie sich neben dem Verband klar und eindeutig auch persönlich verpflichtet haben (BGH, 20.1.2010, VIII ZR 329/08). *Haftungsbeschränkung auf Miteigentumsanteil*

Die Begrenzung der Haftung der einzelnen Wohnungseigentümer wurde zu deren Schutz eingeführt; allerdings wird hierdurch die Stellung von Gläubigern geschwächt. Gläubiger müssen gegen jeden einzelnen Wohnungseigentümer ein eigenes Verfahren anstrengen und erforderlichenfalls vollstrecken. *Schwächung der Gläubiger*

Beispiel: WEG gerät in Zahlungsschwierigkeiten

Eine WEG hat den Auftrag zur Reparatur der Heizungsanlage an die Fa. Blitztank erteilt. Nach entsprechendem Mehrheitsbeschluss sollte die Finanzierung der Maßnahme i. H. v. € 10.000,- durch Sonderumlage erfolgen, die ein Großteil der Wohnungseigentümer auch auf das gemeinschaftliche Girokonto der WEG geleistet hat.

Nach Ausführung der Arbeiten stellt sich die finanzielle Lage der Wohnungseigentümergemeinschaft jedoch als äußerst schwierig dar. Die Konten weisen bereits Minusstände auf und die Bank ist zu weiteren Krediten nicht bereit.

Die Fa. Blitztank befürchtet, dass eine Änderung der finanziellen Lage der Wohnungseigentümergemeinschaft kurzfristig nicht eintritt und entscheidet sich, zumindest die Hälfte der geschuldeten Vergütung bei den einzelnen Wohnungseigentümern einzuklagen. Die Fa. Blitztank richtet ihre Klage gegen die Wohnungseigentümer 1 bis 5, die jeweils zu 100/1.000stel Miteigentümer der Wohnungseigentümergemeinschaft sind. Die Wohnungseigentümer 1 bis 5 werden daraufhin jeweils zur Zahlung von € 1.000,- verurteilt. Im Laufe eines weiteren Jahres erfährt die Fa. Blitztank, dass die WEG wieder zahlungsfähig ist und kann so ihre Restforderung i. H. v. € 5.000,- erfolgreich gegen die Wohnungseigentümergemeinschaft geltend machen.

Die Wohnungseigentümer 1 und 2, welche die Sonderumlage bereits vor Auftragsvergabe der Maßnahme geleistet hatten, möchten natürlich nicht doppelt bezahlen. Sie können im Innenverhältnis gegenüber der Wohnungseigentümergemeinschaft jeweils einen Ausgleichsanspruch i. H. v. € 1.000,- geltend machen.

Ausgleichsanspruch

Wurde ein einzelner Wohnungseigentümer von einem Gläubiger auf Zahlung anteilig in Höhe seines Miteigentumsanteils in Anspruch genommen, so steht ihm im Innenverhältnis gegenüber der Wohnungseigentümergemeinschaft ein Ausgleichsanspruch zu, soweit er seiner Verpflichtung zur Zahlung der fälligen Gelder (Hausgeld, Sonderumlage, Instandhaltungsrücklage etc.) nachgekommen ist. Ist die Wohnungseigentümergemeinschaft weiterhin zahlungsunfähig, so kann er die anderen Wohnungseigentümer bis zur Höhe ihres Miteigentumsanteils in Anspruch nehmen.

Mitwirkungspflicht

Den umgekehrten Fall regelt § 10 Abs. 8 S. 4 WEG. Der einzelne Wohnungseigentümer hat gegenüber der Wohnungseigentümergemeinschaft die Mitwirkungspflicht zu einer ordnungsmäßigen Verwaltung. Verweigert beispielsweise ein Wohnungseigentümer schuldhaft seine Mitwirkung zur Beschlussfassung, mit der die Wohnungseigentümergemeinschaft wieder zahlungsfähig gemacht werden soll (wie etwa der Beschluss zu einer Sonderumlage), so macht er sich gegenüber der Wohnungseigentümergemeinschaft schadensersatzpflichtig. Der Umfang dieser Schadensersatzpflicht, also die Frage, ob auch diese auf die Höhe des Miteigentumsanteils beschränkt ist, ist zum jetzigen Zeitpunkt mangels klarer Regelung durch den Gesetzgeber noch nicht absehbar; die Beschränkung entspräche jedoch dem gesetzgeberischen Ziel der Haftungsbegrenzung einzelner Wohnungseigentümer. Es muss daher die Rechtsprechung zu diesem Problemkreis abgewartet werden. Fest steht jedenfalls, dass es sich bei diesem Schadensersatzanspruch gegen den einzelnen Wohnungseigentümer um einen Anspruch handelt, den ein Gläubiger im Rahmen einer Zwangsvollstreckung gegen die Wohnungseigentümergemeinschaft pfänden kann.

6.2.3 Haftung bei Eigentümerwechsel

Bei Austritt aus der Wohnungseigentümergemeinschaft ist die Haftung des ausscheidenden Wohnungseigentümers nicht sofort beendet. Er haftet gem. § 10 Abs. 8 S. 1 WEG weiterhin für die während des Zeitraums seiner Zugehörigkeit zur Gemeinschaft entstandenen oder fällig gewordenen Verbindlichkeiten.

Siehe CD-ROM

> **Beispiel: Rechnung für Reparatur der Heizungsanlage**
>
> Die WEG beauftragt die Fa. Blitztank mit der Reparatur der Heizungsanlage am 02.07.2010. Am 31.07.2010 veräußert Wohnungseigentümer 1 seine Wohnung. Die Eintragung des Erwerbers erfolgt sogleich. Am 10.08.2010 findet die Abnahme der Heizungsanlage statt. Die Fa. Blitztank übergibt am selben Tag die Rechnung. Zum Zeitpunkt der Entstehung der Verbindlichkeit war Wohnungseigentümer 1 noch Eigentümer, bei ihrer Fälligkeit ist er es jedoch nicht mehr.

Diese zum Schutz von Gläubigern der Wohnungseigentümergemeinschaft getroffene Regelung bewirkt, dass sich der Gläubiger in solch einem Fall mit seiner Forderung weiterhin an den Veräußerer, als auch an den Erwerber als Rechtsnachfolger halten kann. Veräu-

Erwerber und Veräußerer haften

ßerer und Erwerber haften hierbei gesamtschuldnerisch, jedoch kann der Veräußerer wiederum im Innenverhältnis den Erwerber gemäß § 426 Abs. 2 BGB auf Ausgleich in Anspruch nehmen. Auch hier gilt, dass der Gläubiger seine Forderung nur anteilig in Höhe des Miteigentumsanteils geltend machen kann.

Nachhaftung: max. fünf Jahre

Bei dieser zeitlich begrenzten „Nachhaftung" wird Bezug genommen auf § 160 des Handelsgesetzbuches (HGB). Die entsprechende Anwendung dieser Vorschrift hat zur Folge, dass der ausscheidende Wohnungseigentümer für die während des Zeitraums seiner Zugehörigkeit zur Gemeinschaft entstandenen Verbindlichkeiten weitere fünf Jahre nach seinem Ausscheiden anteilig in Höhe seines ehemaligen Miteigentumsanteils haftet. Voraussetzung hierfür ist, dass die Forderung binnen fünf Jahren nach seinem Austritt fällig und entsprechend tituliert wird oder nach § 160 Abs. 2 HGB schriftlich anerkannt wird. Nicht erfasst werden hiervon Verbindlichkeiten, die erst nach seinem Austritt aus der Wohnungseigentümergemeinschaft entstehen. Der maßgebliche Zeitpunkt ist die Eintragung des Erwerbers im Grundbuch.

> **Achtung: Verjährung**
>
> Für die Haftung des Veräußerers bleibt stets auch die Verjährungsfrist des eigentlichen Anspruchs maßgeblich. Die Fünfjahresfrist der Nachhaftung führt nicht zur Verlängerung der Verjährungsfrist dieses Anspruchs.

> **Beispiel (Fortsetzung)**
>
> Der Anspruch der Fa. Blitztank auf Zahlung des Werklohns gem. §§ 631 Abs. 1, 641 Abs. 1 BGB wäre nach §§ 195, 199 BGB zum 31.12.2013 verjährt. Über diesen Zeitpunkt hinaus muss der ausscheidende Wohnungseigentümer nicht haften. Er kann die Einrede der Verjährung geltend machen.

6.2.3.1   Sonderfall Hausgeld

Für die Lasten und Kosten haftet grundsätzlich der im Grundbuch eingetragene Eigentümer, und zwar derjenige, der zum Zeitpunkt der Beschlussfassung über die Zahlungsverpflichtung und die Fälligkeit der Forderung nach Wirtschaftsplan, Jahresabrechnung oder Sonderumlage als Wohnungseigentümer im Grundbuch eingetragen ist. Mit der Eintragung des Erwerbers im Grundbuch geht der Anspruch auf Abrechnung und Auszahlung von Guthaben auf den neuen Eigentümer über und kann folglich von dem früheren Eigentümer nicht mehr geltend gemacht werden. Ist allerdings der Veräußerer seiner Verpflichtung zur Hausgeldvorauszahlung nach einem beschlossenen Wirtschaftsplan nicht nachgekommen und sind daher Hausgeldrückstände aufgelaufen, so haftet er auch nach seinem Ausscheiden aus der Wohnungseigentümergemeinschaft für diese Rückstände. Der Erwerber muss Hausgeldvorschüsse erst ab erfolgter Eigentumsumschreibung bezahlen.

Von rückständigen Hausgeldvorschüssen ist die sogenannte Abrechnungsspitze zu unterscheiden. Ergibt sich aus der Jahresabrechnung ein Fehlbetrag, weil die tatsächlichen Kosten höher waren, als zunächst im Wirtschaftsplan veranschlagt, so haftet für diesen Fehlbetrag, wer zum Zeitpunkt der Beschlussfassung über die Jahresabrechnung als Wohnungseigentümer im Grundbuch eingetragen ist.

6.3 Insolvenz

Definition
Die Insolvenz beschreibt das auf Mangel an Zahlungsmitteln beruhende Unvermögen eines Schuldners, seine fälligen Verbindlichkeiten zu erfüllen. Nach der Insolvenzordnung ist sie in der Regel gegeben, wenn der Schuldner seine Zahlungen eingestellt hat. Ebenso wie die Überschuldung ist sie ein allgemeiner Grund für die Eröffnung des Insolvenzverfahrens. Die Eröffnung kann dabei auch vom Schuldner beantragt werden.

§ 11 Abs. 3 WEG stellt klar:
„Ein Insolvenzverfahren über das Verwaltungsvermögen der Gemeinschaft findet nicht statt."

Siehe CD-ROM

Keine Insolvenz der WEG Die Gemeinschaft der Wohnungseigentümer ist nicht insolvenzfähig. Die Auflösung der Eigentümergemeinschaft und auch die Aufhebung des Wohnungseigentums des Schuldners kann nicht verlangt werden.

7 Verwalter und Verwaltungsbeirat

7.1 Wie wird der Verwalter bestellt?

Gemäß § 20 WEG obliegt die Verwaltung des gemeinschaftlichen Eigentums den Wohnungseigentümern nach Maßgabe der §§ 21 bis 25 WEG und dem Verwalter nach Maßgabe der §§ 26 bis 28 WEG, im Falle der Bestellung eines Verwaltungsbeirats auch diesem nach Maßgabe des § 29 WEG.

Siehe CD-ROM

Gemäß § 20 Abs. 2 WEG kann die Bestellung eines Verwalters nicht ausgeschlossen werden. Auch bei einer Gemeinschaft von nur zwei Wohnungseigentümern kann also ein Wohnungseigentümer die Bestellung eines Verwalters durchsetzen. Grundsätzlich haben sich die Eigentümer zunächst mit der Bestellung des Verwalters in der Eigentümerversammlung zu befassen. Kommt hierüber keine Einigung zustande, kann ein Antrag an das Gericht auf Bestellung eines Verwalters gem. § 43 Abs. 1 Nr. 1 WEG gestellt werden. Dies ergibt sich daraus, dass jeder Eigentümer gem. § 21 Abs. 4 einen Anspruch auf ordnungsmäßige Verwaltung hat, worunter auch die Bestellung eines Verwalters fällt. In Fällen besonderer Dringlichkeit oder wenn eine Vorabbefassung in der Versammlung von vornherein keinen Erfolg verspricht, kann das Gericht direkt angerufen werden.

Bestellung kann nicht ausgeschlossen werden

Abgeschafft worden ist die Bestimmung des § 26 Abs. 3 WEG a. F. (Notverwalter). Danach konnte in dringenden Fällen bis zur Behebung des Mangels auf Antrag eines Wohnungseigentümers oder eines Dritten, der ein berechtigtes Interesse an der Bestellung eines Verwalters hatte, dieser durch den Richter bestellt werden. Außenstehende haben also im Gegensatz zur früheren Rechtslage nicht mehr die Möglichkeit, die Bestellung eines Verwalters gerichtlich durchzusetzen.

Notverwalter abgeschafft

Fehlt ein Verwalter oder ist er zur Vertretung nicht berechtigt, so vertreten gem. § 27 Abs. 3 Satz 2 WEG alle Wohnungseigentümer die Gemeinschaft. Die Wohnungseigentümer können durch Beschluss mit Stimmenmehrheit einen oder mehrere Wohnungseigentümer in diesem Fall zur Vertretung ermächtigen.

Fehlen Verwalter und Beirat, kann sich ein einzelner Eigentümer vom Gericht ermächtigen lassen, die Eigentümerversammlung zur Verwalterbestellung einzuberufen.

7.1.1 Erstbestellung

WEG-Reform: Erstbestellung nur für drei Jahre

Die Erstbestellung des Verwalters erfolgt i. d. R. in der Teilungserklärung bzw. in der Gemeinschaftsordnung. Hier hat die WEG-Reform eine wichtige Änderung gebracht. Gemäß § 26 Abs. 1 Satz 2 2. Halbsatz darf die erste Bestellung nach Begründung von Wohnungseigentum höchstens auf drei Jahre vorgenommen werden. Diese Regelung wurde eingeführt, da Bauträger oft sich selbst oder ihnen nahe stehende Verwaltungsunternehmen in der Teilungserklärung zum Verwalter bestellen. Regelmäßig drohen dann Interessenkonflikte bei der Durchsetzung von Gewährleistungsansprüchen wegen Baumängeln. Baumängel verjähren gem. § 634a Abs. 1 Nr. 2 BGB nach fünf Jahren. Durch die Neuregelung soll verhindert werden, dass sich aufgrund schleppender Durchsetzung der Gewährleistungsansprüche durch den Erstverwalter der Bauträger auf die Verjährung dieser Ansprüche berufen kann.

Diese Neuregelung greift erst für Erstverwalterbestellungen nach In-Kraft-Treten des WEG-Reformgesetzes. Bis zu diesem Zeitpunkt ist eine Erstverwalterbestellung bis zum Zeitraum von fünf Jahren möglich und wirksam.

7.1.2 Bestellung durch Beschluss

Wiederholte Bestellung zulässig

Die Regel ist nach wie vor die Bestellung des Verwalters durch Mehrheitsbeschluss gem. § 26 Abs. 1 WEG. Diese Bestellung darf auf höchstens fünf Jahre vorgenommen werden. Gemäß § 26 Abs. 2

WEG ist die wiederholte Bestellung zulässig; sie bedarf eines erneuten Beschlusses der Wohnungseigentümer, der frühestens ein Jahr vor Ablauf der Bestellungszeit gefasst werden kann.

Beispiel für wiederholte Bestellung

Ein Verwalter wurde vom 1.4.2002 bis 31.3.2007 bestellt. Ein erneuter Beschluss kann erst ab 31.3.2006 gefasst werden.

Strittig ist, ob Verlängerungsklauseln zulässig sind. Überwiegend bejaht wird dies für den Fall, dass die Grenze von fünf Jahren nicht überschritten wird. Sind die fünf Jahre abgelaufen, kann sich der Verwalter auf die Verlängerungsklausel nicht berufen. *(Verlängerungsklauseln)*

Der Beschluss wird mit einfacher Mehrheit gefasst. Erforderlich ist also mehr als die Hälfte der abgegebenen gültigen Stimmen der anwesenden oder vertretenen Wohnungseigentümer. Diese Vorschrift ist zwingend. Auch in einer Teilungserklärung kann hiervon nicht abgewichen werden, z. B. durch Vereinbarung anderer Mehrheitsverhältnisse oder Übertragung der Bestellung auf Dritte, z. B. den Verwaltungsbeirat. Solche Regelungen sind nichtig. Ebenso nichtig sind Bestimmungen, dass nur Wohnungseigentümer zum Verwalter bestellt werden dürfen. *(Einfache Mehrheit)*

Vom Grundsatz der einfachen Mehrheit darf nicht abgewichen werden: Die relative Stimmenmehrheit genügt auch dann nicht, wenn die Wohnungseigentümer über mehrere Bewerber gleichzeitig abstimmen (BayObLG WuM 2003, 410).

Beispiel: Relative Stimmenmehrheit genügt nicht

Elf Stimmen, drei Bewerber. Ein Bewerber erhält fünf Stimmen, zwei Bewerber je drei Stimmen. Kein Bewerber ist gewählt.

Gemäß § 26 Abs. 2 WEG hat jeder Wohnungseigentümer eine Stimme (Kopfprinzip). Vom Kopfprinzip abweichende Stimmrechtsregelungen in der Teilungserklärung sind zulässig, so z. B. nach Höhe der Miteigentumsanteile oder nach Zahl der Wohnungen (Objektprinzip). Verfügt somit ein Wohnungseigentümer über die Majorität, kann er einen Verwalter nach seinen Wünschen *(Kopf- oder Objektprinzip)* durchsetzen. Ein solcher Beschluss ist nur unter der Voraussetzung des Missbrauchs der Majorität anfechtbar (BGH, NZM 2002, 995).

Stimmrechts-missbrauch

Ein Wohnungseigentümer ist auch stimmberechtigt, wenn er sich selbst zum Verwalter wählen lassen will; ebenso kann ein Verwalter mit den durch Vollmacht übertragenen Stimmrechten seine Wahl betreiben. Das Stimmenübergewicht für sich allein führt noch nicht zum Stimmrechtsmissbrauch. Liegt aber ein solcher Stimmrechts-missbrauch vor, so sind die vom Wohnungseigentümer oder Verwalter abgegebenen Stimmen unwirksam und bei der Feststellung des Beschlussergebnisses nicht zu berücksichtigen (BGH a. a. O.).

„Ein-Mann-Beschlüsse" nicht möglich

Hat der teilende Eigentümer in der Teilungserklärung/Gemein-schaftsordnung keinen Verwalter bestimmt, so kann er vor Entstehen einer Eigentümergemeinschaft in Form eines „Ein-Mann-Beschlusses" nicht wirksam Regelungen für die künftigen Wohnungseigentümer treffen, insbesondere einen Verwalter bestimmen. Ein solcher „Beschluss" ist unwirksam (BayObLG NZM 2003, 317).

Konkurrenzan-gebote

Vor der Bestellung eines neuen Verwalters sollen i. d. R. Konkurrenzangebote eingeholt werden. Bei einer Wiederwahl müssen solche Angebote nicht unterbreitet werden. In diesem Fall besteht kein Anspruch darauf, dass Bewerber in der Versammlung angehört werden (OLG München Wx 2007 589).

Anfechtung nur bei wichtigem Grund erfolgreich

Hat sich die Mehrheit für einen Verwalter entschieden, werden des Öfteren solche Beschlüsse von der überstimmten Minderheit mit dem Argument angefochten, dies entspreche nicht ordnungsmä-ßiger Verwaltung. Eine solche Beschlussanfechtung hat nur Aussicht auf Erfolg, wenn ein wichtiger Grund gegen die Bestellung des Verwalters vorliegt. Hierbei ist anders als bei der Abberufung zu berücksichtigen, dass die Mehrheit den Verwalter in Kenntnis der Tatsachen, die gegen eine Wiederwahl sprechen könnten, gewählt hat (str. vgl. Kap. 7.3.2). Die Gerichte sind daher bei der Aufhebung solcher Beschlüsse eher zurückhaltend. Ein wichtiger Grund gegen die (Wieder-)Bestellung eines Verwalters liegt bei der Verurteilung eines Verwalters wegen eines Vermögens- oder Eigentumsdelikts vor, erst recht wenn das Vermögensdelikt vom Verwalter in seiner Eigenschaft als Verwalter einer anderen Wohnungseigentümergemeinschaft begangen wurde (OLG Köln, NZM 2002, 221).

7.1.3 Nachweis der Verwaltereigenschaft

Ist z. B. für die Veräußerung des Wohnungseigentums die Zustimmung des Verwalters erforderlich, so muss er die Verwaltereigenschaft gegenüber dem Grundbuchamt durch eine öffentlich beglaubigte Urkunde nachweisen. Gemäß § 26 Abs. 4 WEG genügt die Vorlage einer Niederschrift über den Bestellungsbeschluss, bei der die Unterschrift der in § 24 Abs. 6 bezeichneten Personen (Versammlungsvorsitzender, ein Wohnungseigentümer, Vorsitzender des Verwaltungsbeirats bzw. dessen Stellvertreter, soweit letztere bestellt sind) öffentlich beglaubigt sind. Die öffentliche Beglaubigung besteht darin, dass die Unterschriften von einem Notar beglaubigt werden (§ 129 BGB, § 40 BeurkG). Die in § 24 Abs. 6 WEG bezeichneten Personen müssen bei einem Notar erscheinen. Die Gebühren der Beglaubigung sind Kosten der Verwaltung und von den Wohnungseigentümern entsprechend den Miteigentumsanteilen zu tragen.

Beglaubigte Urkunde

7.2 Verwaltervertrag

7.2.1 Rechtsnatur

Rechtlich zu trennen von der Bestellung des Verwalters ist der Verwaltervertrag. Hierbei kann es sich um einen unentgeltlichen Auftrag handeln, wenn der Verwalter ohne Vergütung tätig wird. I. d. R. wird es sich jedoch um einen Dienstvertrag handeln, der auf eine Geschäftsbesorgung gerichtet ist (BGH NJW – RR 1993, 1227). Die Schriftform ist nicht Voraussetzung, jedoch empfehlenswert.

Schriftlicher Vertrag empfehlenswert

Aufgrund der Teilrechtsfähigkeit der Wohnungseigentümergemeinschaft (vgl. Kap. 6) hat der Verwalter eine Doppelstellung. Einerseits ist er Organ der rechtsfähigen Gemeinschaft, andererseits ist er Vertreter auch der einzelnen Wohnungseigentümer als Mitglieder einer Bruchteilsgemeinschaft. Teilweise wird die Auffassung vertreten,

Doppelstellung des Verwalters

dass der Verwaltervertrag zwischen der teilrechtsfähigen Gemeinschaft und dem Verwalter als Vertrag zugunsten Dritter – nämlich der Wohnungseigentümer – abzuschließen ist. Problematisch ist hier, wie sich die Zahlungsverpflichtung der einzelnen Eigentümer gegenüber dem Verwalter begründen lässt. Insoweit würde es sich um einen unzulässigen Vertrag zulasten Dritter handeln. Praxisgerechter ist die Auffassung, dass nach wie vor nur ein Vertrag geschlossen wird, der mit der rechtsfähigen Gemeinschaft zustande kommt. In diesen Vertrag ist die gesamte Geschäftsführungtätigkeit für die Gemeinschaft und die Wohnungseigentümer einbezogen (Vertrag mit Schutzwirkung zugunsten Dritter).

7.2.2 Stillschweigender Abschluss

Bestellungs-beschluss

Bereits im Bestellungsbeschluss kann das Angebot zum Abschluss eines Verwaltervertrags liegen. Dies ist der Fall, wenn in diesem Beschluss bereits die wesentlichen Inhalte des Verwaltervertrags wie Laufzeit und Vergütung geregelt sind (vgl. OLG Hamm, ZMR 2003, 51). Nimmt der Verwalter daraufhin seine Tätigkeit auf, ist der Verwaltervertrag geschlossen.

Angebot des Verwalters

Ebenso ist ein konkludenter Vertragsschluss erfolgt, wenn der Verwalter schriftlich ein Angebot zum Abschluss eines Verwaltervertrags gemacht hat und hierauf die Bestellung ohne Änderungen am Angebot des Verwalters erfolgt. Gleiches gilt bei einer Wiederbestellung, wenn im Beschluss festgehalten wird, dass der bisherige Vertrag weiter gelten soll (OLG Hamm, ZMR 1997, 94).

7.2.3 Abschluss durch Beirat

Verwalter-verträge siehe CD-ROM

Es ist zweifelhaft, ob die allgemeine Übertragung des Abschlusses eines Verwaltervertrags auf den Verwaltungsbeirat ordnungsgemäßer Verwaltung entspricht, ohne dass diesem abgesehen von der Laufzeit Vorgaben zu den Eckpunkten des abzuschließenden Vertrags gemacht werden (vgl. OLG Köln, NZM 2002, 1002). Wird ein derartiger Beschluss nicht angefochten, so ist ein auf seiner Grundlage abgeschlossener Verwaltervertrag wirksam (OLG Köln, a. a. O.;

KG ZMR 2008, 476). Empfehlenswert ist deshalb, dass entweder im Bestellungsbeschluss oder im Beschluss, in dem der Beirat zum Abschluss des Verwaltervertrags ermächtigt wird, detaillierte Vorgaben enthalten sind.

Die Ermächtigung bezieht sich aber immer nur auf eine ordnungsgemäßer Verwaltung entsprechende Vertragsgestaltung. Deshalb widerspricht es den Grundsätzen ordnungsmäßiger Verwaltung, den Verwaltungsbeirat mit dem Abschluss eines Verwaltervertrags zu betrauen, dessen Regelwerk im erheblichen Umfang den Grundsätzen ordnungsmäßiger Verwaltung nicht standhält. In einem solchen Fall ist ein Ermächtigungsbeschluss auf Anfechtung hin für ungültig zu erklären (OLG Düsseldorf, NZM 2006, 936), siehe hierzu Kap. 7.2.5. Erfolgt keine Anfechtung, ist der Beschluss, wonach der Beirat entsprechend beauftragt und bevollmächtigt wird, wirksam (OLG Hamm, NZM 2001, 49, 51). Eine nicht näher beschriebene Vollmacht ermächtigt den Verwaltungsbeirat jedoch lediglich zu einem Vertrag, der ordnungsgemäßer Verwaltung entspricht. Zur Verabredung von Haftungsbeschränkung bedarf es einer ausdrücklichen Ermächtigung im bevollmächtigenden Beschluss, da ein entsprechender Vertrag über die gesetzliche Regelung hinausgeht (OLG Frankfurt ZMR 2008, 985).

Ordnungsmäßige Vertragsgestaltung

Unproblematisch ist ein Beschluss, den Beirat zu ermächtigen, einen bereits schriftlich vorliegenden Verwaltervertrag mit dem Verwalter abzuschließen. Hier handelt der Beirat nicht selbstständig die Vertragsbedingungen aus.

7.2.4 Laufzeit

Die Laufzeit des Vertrags sollte mit der Dauer der Bestellung übereinstimmen. Zwingend ist dies nicht. Die Laufzeit darf allerdings nicht mehr als fünf Jahre betragen (§ 26 Abs. 1 Satz 2 WEG). Die Bestimmung in § 309 Ziff. 9a BGB, wonach die Laufzeit nicht mehr als zwei Jahre betragen darf, findet auf Verwalterverträge keine Anwendung (BGH NZM 2002, 788).

Laufzeit: max. fünf Jahre

Kündigung

In der Regel ist die ordentliche Kündigung des Verwaltervertrags während der Laufzeit ausgeschlossen. Die Kündigungsmöglichkeit ist analog der Abberufung aus wichtigem Grund ebenfalls auf die fristlose Kündigung aus wichtigem Grund beschränkt.

7.2.5 Inhalt

Vorsicht, nichtige Klauseln

Wird der Ermächtigungsbeschluss angefochten, ist der Verwaltervertrag inhaltlich zu prüfen (vgl. Kap. 7.2.3). Meist wird der Verwalter ein Vertragsformular vorlegen, sodass die Bestimmungen der §§ 305 ff. BGB (Allgemeine Geschäftsbedingungen) anwendbar sind. Unwirksam sind z. B. Formularklauseln, die dem Verwalter gestatten, mit sich selbst im Namen der Wohnungseigentümer Rechtsgeschäfte vorzunehmen. Hier liegt ein Verstoß gegen das Selbstkontrahierungsverbot des § 181 BGB vor. Eine solche Klausel ist unangemessen im Sinne des § 307 Abs. 1 Satz 1 in Verbindung mit Abs. 2 Nr. 2 BGB und daher nichtig (OLG Düsseldorf, NZM 2006, 936). Unwirksam ist eine Regelung, wonach eine Ladung zur Eigentümerversammlung wirksam ist, wenn sie an die dem Verwalter vom Eigentümer zuletzt genannte Anschrift verschickt wird (Verstoß gegen § 308 Nr.6 BGB). Ebenso unwirksam sind Klauseln, die die Regelverjährung von drei Jahren unterschreiten oder die den Beginn der Verjährungsfrist nicht an den Zeitpunkt der Kenntnis des Gläubigers knüpfen, sondern mit dem Tag der Zuwiderhandlung beginnen lassen (OLG Düsseldorf, a. a. O.). Nicht mit ordnungsmäßiger Verwaltung vereinbar ist die Festlegung eines Verwalterhonorars, das das vergleichbare übliche Honorar erheblich übersteigt oder eine Bestimmung, die den Verwalter berechtigt, jederzeit auf Kosten der Eigentümergemeinschaft Sonderfachleute zu beauftragen.

Hingegen ist der Verwalter berechtigt, die laufenden Maßnahmen der erforderlichen ordnungsmäßigen Instandhaltung und Instandsetzung gem. § 27 Abs. 1 Nr. 2 WEG zu treffen. Er kann also auch ohne Eigentümerbeschluss laufende Reparaturen bzw. Maßnahmen geringeren Umfangs in Auftrag geben (§ 27 Abs. 3 Satz 1 Nr. 3 WEG). Diese Befugnis kann auch durch den Verwaltervertrag nicht eingeschränkt werden (§ 27 Abs. 4 WEG). Vertragsklauseln, die nicht auf die laufenden Maßnahmen Bezug nehmen, sondern den Verwalter unbeschränkt zur Instandhaltung und Instandsetzung des gemeinschaftlichen Eigentums ermächtigen und berechtigen, dürften aber nach wie vor unwirksam sein (OLG München NZM 2009, 548 zum alten Recht). Für Instandhaltungen und Instandsetzungen sollten also in den Verwaltervertrag eine gegenständliche Beschränkung, eine Budgetierung oder eine Begrenzung der Höhe nach aufgenommen werden (OLG München a. a. O.; vgl. auch Merle ZMR 2010, 2 ff.).

Bei Kostenregelungen ist insbesondere das Transparenzgebot des § 307 Abs. 1 Satz 2 BGB zu beachten. Diese Klauseln müssen verständlich, richtig und klar sein. Dies gilt insbesondere für die Trennung von Grundleistungen und Sondervergütungen. So wurde eine Klausel beanstandet, die den Verwalter nur zur Abhaltung einer Eigentümerversammlung pro Wirtschaftsjahr als Grundleistung verpflichtet. Hier muss klargestellt werden, dass eine Zusatzvergütung für weitere Versammlungen dann nicht verlangt werden kann, wenn diese aus Gründen, die der Verwalter zu vertreten hat (z. B. Einberufungsmängel, Fehler der Jahresabrechnung), erforderlich sind (OLG Düsseldorf a. a. O.)

Kosten: Transparenzgebot

In der Grundleistung sollte auch eine jährliche Objektbegehung inbegriffen sein.

7.2.6 Vergütung

Die Verwaltervergütung ist i. d. R. im Verwaltervertrag geregelt. Andernfalls hat der Verwalter Anspruch auf die übliche Vergütung (§ 612 Abs. 2 BGB). Als Anhaltspunkt können die Verwaltungskosten im sozialen Wohnungsbau gem. §§ 41 Abs. 2, 26 Abs. 2 der II. BV dienen: Danach können jährlich für Eigentumswohnungen € 275 und für Garagen € 30 angesetzt werden, wobei eine Anpassung an die Erhöhung des Verbraucherpreisindex möglich ist (§26 Abs. 4 II BV).

Anhaltspunkt: sozialer Wohnungsbau

Ansonsten richtet sich die Vergütung nach der Größe der Anlage, der Anzahl der Einheiten, dem Alter (Renovierungsstau?) und dem Umfang der Leistungen des Verwalters. Die Preise bewegen sich in etwa zwischen € 15 und € 35 pro Einheit im Monat zuzüglich Mehrwertsteuer, bei Garagen zwischen € 2 und € 5. Üblich ist die Trennung von Grundleistungen und Sondervergütungen. Wie bereits ausgeführt, sollten diese Bestimmungen möglichst klar gefasst werden.

Beschluss von Sondervergütungen

Soweit auf den Verwalter neue Aufgaben zukommen (z. B. das Führen der Beschluss-Sammlung), können die Wohnungseigentümer jederzeit gem. § 21 Abs. 7 WEG eine Regelung für einen besonderen Verwaltungsaufwand mit Stimmenmehrheit beschließen. Sondervergütungen müssen sich der Höhe nach in angemessenem Rahmen halten und den voraussichtlichen zusätzlichen besonderen Zeit- und Arbeitsaufwand im Einzelfall berücksichtigen. Sondervergütungen dürfen nur Verwalterleistungen betreffen, die über die Wahrnehmung der gesetzlichen Aufgaben des Wohnungseigentumsverwalters hinausgehen, so z. B. die Erbringung von Architekten- bzw. Ingenieurleistungen, die Prüfung der Voraussetzungen für die Erteilung einer Veräußerungszustimmung und die Bearbeitung gerichtlicher Verfahren, die die Gemeinschaft betreffen (OLG Hamm, NZM 2001, 49).

Verwalterverträge siehe CD-ROM

Nicht im Verwaltervertrag vereinbart werden können Regelungen, die das Gemeinschaftsverhältnis der Wohnungseigentümer untereinander betreffen, z. B. Betretungsrecht des Sondereigentums durch den Verwalter ohne Anmeldung. Dies gilt auch für die Vereinbarung eines Sonderhonorars für Sonderleistungen des Verwalters gegenüber einzelnen Wohnungseigentümern. Solche Regelungen sind mangels Beschlusskompetenz nichtig.

Siehe CD-ROM

Nach altem Recht war fraglich, ob die Vereinbarung der Zahlung des Verwalterhonorars pro Einheit im Verwaltervertrag wirksam war, wenn in der Teilungserklärung/Gemeinschaftsordnung die Kostenverteilung nach Miteigentumsanteilen oder Fläche vereinbart war. Nach neuem Recht können die Wohnungseigentümer aufgrund der Öffnungsklausel in § 16 Abs. 3 WEG durch Stimmenmehrheit beschließen, dass die Kosten der Verwaltung nach Verbrauch oder Verursachung erfasst und nach diesem oder nach einem anderen Maßstab verteilt werden, soweit dies ordnungsmäßiger Verwaltung

Wann kann der Verwalter abberufen und der Verwaltervertrag gekündigt werden?

7

entspricht. Im Allgemeinen wird es ordnungsmäßiger Verwaltung entsprechen, das Verwalterhonorar nach Anzahl der Objekte zu verteilen (s. hierzu auch Kap. 4.1.7).

7.3 Wann kann der Verwalter abberufen und der Verwaltervertrag gekündigt werden?

Wie bei der Bestellung und dem Abschluss des Verwaltervertrags ist auch die Abberufung von der Kündigung des Vertrags rechtlich zu trennen. Gemäß § 26 Abs. 1 Satz 1 WEG beschließen die Wohnungseigentümer über die Abberufung des Verwalters mit Stimmenmehrheit. Soweit also in der Teilungserklärung/Gemeinschaftsordnung nichts anderes geregelt ist, ist eine Abberufung jederzeit möglich. Gemäß § 26 Abs. 1 Satz 3 WEG kann die Abberufung des Verwalters auf das Vorliegen eines wichtigen Grundes beschränkt werden. Eine solche Beschränkung ist in der Gemeinschaftsordnung i. d. R. enthalten. Andere Beschränkungen der Abberufung des Verwalters sind nicht zulässig (§ 26 Abs. 1 Satz 4 WEG). *Abberufung durch Beschluss*

Auch wenn die Abberufung des Verwalters aus wichtigem Grund und die außerordentliche Kündigung der Verwaltervertrags rechtlich zu trennen sind, so beinhaltet doch in der Regel die Abberufung des Verwalters zugleich die Kündigung des Verwaltervertrags. Der Verwalter verliert seine Organstellung mit dem Zugang der Abberufungserklärung (BayObLG NZM 2003, 243). Aus Gründen der Rechtsklarheit empfiehlt es sich trotzdem, zum einen einen Beschluss über die Abberufung aus wichtigem Grund und zum anderen einen Beschluss über die außerordentliche Kündigung aus wichtigem Grund zu fassen. Falls der Verwalter in der Versammlung nicht anwesend ist, müssen ihm diese Beschlüsse zugestellt werden. *Zwei Beschlüsse: Abberufung und Kündigung*

Ein Verwalter, der zugleich Wohnungseigentümer ist, ist grundsätzlich bei der Beschlussfassung über die Abberufung stimmberechtigt. Keine Stimmberechtigung besteht jedoch für den Fall der Abberufung aus wichtigem Grund (BGH NZM 2002, 995). Gleiches gilt für die Kündigung. Bei der ordentlichen Kündigung ist der Verwalter/Eigentümer stimmberechtigt, bei der außerordentlichen Kündigung *Verwalter = Wohnungseigentümer* aus wichtigem Grund nicht. Soweit ein Wohnungseigentümer/Verwalter vom Stimmrecht ausgeschlossen ist, kann er auch nicht das Stimmrecht anderer Wohnungseigentümer als deren Bevollmächtigter ausüben (umstritten, vgl. Weitnauer/Lüke § 25 WEG Rdn. 19 m. w. N.). Auch ein Verwalter, der nicht selbst Wohnungseigentümer ist, darf nicht als Bevollmächtigter anderer Wohnungseigentümer an der Abstimmung teilnehmen (OLG Düsseldorf, NZM 2001, 992). Er kann allerdings wirksam anderen Wohnungseigentümern Untervollmacht erteilen, sofern er selbst eine Weisung für das Abstimmungsverfahren unterlässt. Begründet wird dies damit, dass der Unterbevollmächtigte nicht den Bevollmächtigten, sondern den Vollmachtgeber, also den oder die Eigentümer, vertritt. Wollen Eigentümer, die den Verwalter für die Eigentümerversammlung bevollmächtigen, dies verhindern, so müssen sie die Vollmacht entsprechend einschränken, also z. B. dahin, dass Untervollmacht nicht erteilt werden darf.

Stimmt der Verwalter/Eigentümer trotzdem mit ab und kommt es deshalb zu keiner Mehrheit für den Abberufungsbeschluss, können die überstimmten Wohnungseigentümer den Beschluss anfechten und bei Gericht beantragen festzustellen, dass entgegen der Beschlussverkündung des Versammlungsleiters der Verwalter abberufen ist (BGH NZM 2002, 995).

7.3.1 Abberufung aus wichtigem Grund

Definition

Ein wichtiger Grund zur vorzeitigen Abberufung liegt vor, wenn den Wohnungseigentümern unter Berücksichtigung aller – nicht notwendig vom Verwalter verschuldeter Umstände – nach Treu und Glauben eine Fortsetzung der Zusammenarbeit mit dem Verwalter nicht mehr zugemutet werden kann und deshalb das Vertrauensverhältnis zerstört ist (OLG Düsseldorf, NZM 2002, 487).

Hier einige Beispiele für die Abberufung aus „wichtigem Grund".

Beschluss-Sammlung nicht ordnungsmäßig

- Ein wichtiger Grund liegt regelmäßig vor, wenn der Verwalter die Beschluss-Sammlung nicht ordnungsmäßig führt (§ 26 Abs. 1 Satz 4 WEG). Durch die Einführung dieses Regelbeispiels soll sichergestellt werden, dass eine fehlerhafte oder unvollständige Beschluss-Sammlung oder die nicht unverzügliche Aufnahme gefasster Beschlüsse in die Beschluss-Sammlung das Vorliegen eines wichtigen Grundes indiziert. Allerdings soll dies in Ausnahmefällen widerlegbar sein. Entscheidend ist die umfassende Abwägung aller Umstände (AG München ZMR 2009, 644).

- Ein wichtiger Grund kann vorliegen, wenn der Verwalter die ihm gem. § 28 Abs. 3 WEG obliegende Abrechnung nach Ablauf eines Kalenderjahres über die Maßen verzögert. Der Anspruch der Wohnungseigentümer auf Aufstellung und Vorlage der Abrechnung wird mangels gesetzlicher Regelung nach Ablauf einer angemessenen Frist fällig, die i. d. R. drei bis höchstens sechs Monate nach Ablauf des Wirtschaftsjahres beträgt (OLG Düsseldorf, NZM 2002, 487). *Keine rechtzeitige Abrechnung*

- Eine die Abberufung rechtfertigende Störung des Vertrauensverhältnisses kann auch auf dem Verhalten des Verwalters beruhen, das mit seiner Amtsführung nicht unmittelbar zusammenhängt. Im Einzelfall genügt auch die nachhaltige Störung des Vertrauensverhältnisses nicht nur zur Gesamtheit der Wohnungseigentümer, sondern auch zu einzelnen Wohnungseigentümern oder einer Gruppe von ihnen (OLG Hamm, NZM 2002, 295). *Störung des Vertrauensverhältnisses*

- Ein wichtiger Grund kann auch vorliegen, wenn der Verwalter die ihm obliegenden Aufgaben nicht oder nur unzulänglich erfüllt, insbesondere Beschlüsse der Gemeinschaft nicht ausführt. Besonders streng zu bewerten ist ein Fehlverhalten des vom Bauträger eingesetzten Verwalters (BayObLG ZMR 1972, 218). *Aufgaben werden nicht erfüllt*

- Auch die Verurteilung wegen eines Vermögens- oder Eigentumsdelikts spricht grundsätzlich gegen die Bestellung eines Verwalters und rechtfertigt seine Abberufung, auch wenn die Tat sich nicht gegen die Wohnungseigentümer gerichtet hatte (BayObLG NZM 1998, 486). *Delikte*

- Ein wichtiger Grund zur vorzeitigen Abberufung des Verwalters ist auch dann gegeben, wenn der Verwalter der Wohnungseigentümergemeinschaft verschweigt, dass er für den Abschluss der erforderlichen Versicherungsverträge für die Gemeinschaft von *Provision* der Versicherungsgesellschaft Provisionen in erheblichem Umfang erhalten hat (OLG Düsseldorf, NZM 1998, 487).

Einberufungs-verlangen

- Ein wichtiger Grund zur vorzeitigen Abberufung des Verwalters kann auch gegeben sein, wenn er sich weigert, einem Einberufungsverlangen der Wohnungseigentümer nach § 24 Abs. 2 WEG Folge zu leisten (OLG Düsseldorf, NZM 1998, 517).

Keine Versammlung

- Auch die Nichteinberufung einer Versammlung über einen längeren Zeitraum (eineinhalb bis zwei Jahre) kann einen wichtigen Grund darstellen (BayObLG ZMR 1999, 575).

Unberechtigte Zahlung

Auch eine unberechtigte Honorarvergütung des Verwalters an sich selbst kann ein wichtiger Grund sein (OLG Köln ZMR 2008, 904).

Einzelfall beachten

Trotz der ausgedehnten Rechtsprechung kommt es immer auf die Umstände des Einzelfalls an. Zu beachten ist, dass die Wohnungseigentümer, die sich auf das Vorliegen eines wichtigen Grundes berufen, hierfür auch die materielle Beweislast haben. Nicht jede Unhöflichkeit des Verwalters oder z. B. die verzögerte Beantwortung von Schreiben der Eigentümer stellen einen wichtigen Grund dar.

7.3.2 Mehrheitsbeschluss, gerichtliche Durchsetzung, Anfechtung

Siehe CD-ROM

Die Abberufung erfolgt, wie ausgeführt, durch Mehrheitsbeschluss. Weigert sich der Verwalter, den Antrag auf Abberufung als Tagesordnungspunkt in die Einladung zur Wohnungseigentümerversammlung aufzunehmen, können die Wohnungseigentümer unter den Voraussetzungen des § 24 Abs. 2 WEG eine außerordentliche Versammlung mit diesem Tagesordnungspunkt durchsetzen. Hierbei ist erforderlich, dass schriftlich von mehr als einem Viertel der Wohnungseigentümer unter Angabe der Gründe die Einberufung einer solchen außerordentlichen Versammlung verlangt wird. Weigert sich der Verwalter pflichtwidrig, die Versammlung der Wohnungseigentümer einzuberufen, so kann die Versammlung auch, falls ein Verwaltungsbeirat bestellt ist, von dessen Vorsitzendem oder seinem Vertreter einberufen werden (§ 24 Abs. 3 WEG).

Das Recht auf Abberufung kann verwirkt sein, wenn die Eigentümer trotz Kenntnis der Umstände nicht tätig werden. Die Abberufung sowie die außerordentliche Kündigung müssen innerhalb angemessener Zeit erfolgen.

Nicht zu viel Zeit verstreichen lassen!

Die Bestimmung des § 626 Abs. 2 BGB, wonach bei Dienstverhältnissen eine fristlose Kündigung aus wichtigem Grund nur innerhalb von zwei Wochen ab Kenntnis erfolgen kann, findet im Wohnungseigentumsrecht jedoch keine Anwendung. Vielmehr ist den Wohnungseigentümern je nach Größe der Gemeinschaft eine ausreichende Überlegungsfrist zuzubilligen (OLG Hamm, NZM 2002, 294; BayObLG ZMR 2000, 321).

Angemessene Überlegensfrist

Lehnen die Wohnungseigentümer den Beschlussantrag auf Abberufung und Kündigung aus wichtigem Grund ab, können die überstimmten Wohnungseigentümer den Beschluss anfechten und darüber hinaus einen Verpflichtungsantrag stellen mit dem Inhalt, dass die übrigen Wohnungseigentümer der Abberufung zustimmen. Erfolg wird ein solcher Antrag allerdings nur haben, wenn tatsächlich ein wichtiger Grund besteht. Grundsätzlich haben also die Eigentümer, die einen Verwalter abberufen wollen, zuerst zu versuchen, einen Beschluss der Wohnungseigentümergemeinschaft herbeizuführen.

Anfechtung bei Ablehnung

Bei der Wiederwahl des Verwalters sind allerdings strengere Maßstäbe als bei der Abberufung anzulegen, weil nicht ohne zwingenden Grund in die Mehrheitsentscheidung der Wohnungseigentümer eingegriffen werden darf (OLG Düsseldorf ZMR 2006, 872). Die Gegenmeinung stellt darauf ab, dass hier kein anderer Maßstab gelten kann, weil bei Vorliegen eines wichtigen Grundes das Festhalten am Verwalter regelmäßig nicht ordnungsmäßiger Verwaltung entsprechen dürfte (OLG Hamm ZMR 2004, 854).

Wenn sich der Verwalter allerdings weigert, eine außerordentliche Versammlung einzuberufen oder wenn ein entsprechender Antrag in der Versammlung offenkundig nicht die Mehrheit der Wohnungseigentümer finden wird, kann das Gericht direkt angerufen werden (BayObLG ZMR 2002, 946). Dies folgt daraus, dass jeder Wohnungseigentümer einen Anspruch auf ordnungsmäßige Ver-

Anrufung des Gerichts

waltung hat und diesen Anspruch auch vor Gericht durchsetzen kann.

Anfechtung durch den Verwalter

Haben die Wohnungseigentümer einen Mehrheitsbeschluss über die Abwahl des Verwalters gefasst, ist der Verwalter zur Anfechtung dieses Beschlusses berechtigt (BGH NZM 2002, 788). Wie ausgeführt, ist von dem Beschluss der Eigentümerversammlung über die Abberufung des Verwalters die Kündigung des Verwaltervertrags zu unterscheiden. Die Berechtigung der Wohnungseigentümer zur Kündigung des mit ihm geschlossenen Verwaltervertrags kann der Verwalter im Feststellungsverfahren gem. § 43 Nr. 3 WEG überprüfen lassen (BGH a. a. O.). Ein solcher Beschluss der Eigentümer besagt nämlich nur, dass nach Ansicht der Mehrheit der Eigentümer ein wichtiger Grund für eine fristlose Kündigung vorliegt. Ob die Kündigung auch berechtigt war oder nicht, ist dann im gerichtlichen Verfahren zu klären. Im Falle der Unwirksamkeit der Kündigung behält der Verwalter seinen Vergütungsanspruch für die Restlaufzeit des Verwaltervertrags unter Abzug der ersparten Kosten (allgemeine Bürokosten, Löhne und Gehälter etc.). Dieser Abzug ist von den Gerichten auf 20 bis 45 % geschätzt worden.

7.4 Welche Aufgaben und Befugnisse hat der Verwalter?

Doppelstellung des Verwalters

Die Anerkennung der Teilrechtsfähigkeit der Wohnungseigentümergemeinschaft führt dazu, dass der Verwalter eine Doppelstellung innehat: zum einen als Organ des Verbandes, nämlich der teilrechtsfähigen Wohnungseigentümergemeinschaft, zum anderen als Organ der Wohnungseigentümer in den Bereichen, die der Rechtsfähigkeit des Verbandes entzogen sind. Hier vertritt der Verwalter die einzelnen Wohnungseigentümer als Mitglieder der nicht rechtsfähigen Miteigentümergemeinschaft nach Bruchteilen. Diese Aufgaben und Befugnisse des Verwalters in seiner Doppelstellung sind in § 27 WEG im Einzelnen geregelt.

7.4.1 Innenverhältnis

§ 27 Abs. 1 WEG regelt die Rechte und Pflichten des Verwalters im Innenverhältnis gegenüber den Wohnungseigentümern und der Gemeinschaft. § 27 Abs. 2 WEG regelt die Vertretungsmacht nach außen für die Wohnungseigentümer. § 27 Abs. 3 WEG regelt die Vertretungsmacht des Verwalters für die teilrechtsfähige Gemeinschaft der Wohnungseigentümer.

Siehe CD-ROM

Gemäß § 27 Abs. 1 Nr. 1 WEG ist der Verwalter gegenüber den Wohnungseigentümern und gegenüber der Gemeinschaft der Wohnungseigentümer berechtigt und verpflichtet, deren Beschlüsse umzusetzen und für die Durchführung der Hausordnung zu sorgen. Grundsätzlich gilt dies auch für anfechtbare Beschlüsse. Hierauf hat der Verwalter allerdings hinzuweisen. Der Verwalter ist auch berechtigt, die Gültigkeit eines solchen Beschlusses gem. § 43 Nr. 3 WEG gerichtlich klären zu lassen.

Beschlüsse umsetzen

Nichtige Beschlüsse darf der Verwalter nicht durchführen. Die Abgrenzung ist im Einzelnen nicht immer einfach. In Zweifelsfällen wird das Gericht anzurufen sein, das dann im Beschlussanfechtungsverfahren die Nichtigkeit prüft.

Bezüglich der Durchführung der Hausordnung hat der Hausverwalter keine Überwachungspflicht, wohl aber eine Organisationspflicht (Bielefeld, Kap. 15.5.1.2). Bei Verstößen gegen die Hausordnung hat er die geeigneten Maßnahmen als Tagesordnungspunkte in die Einladung zur nächsten Versammlung aufzunehmen.

Hausordnung durchführen

Gemäß § 27 Abs. 1 Nr. 2 WEG hat der Verwalter die für die ordnungsmäßige Instandhaltung und Instandsetzung des gemeinschaftlichen Eigentums erforderlichen Maßnahmen zu treffen. Unter „laufende Maßnahmen" fallen Reparaturen des gemeinschaftlichen Eigentums, die durch Abnutzung regelmäßig erforderlich werden und daher alltäglich, nicht außergewöhnlich sind, z. B. Reparatur oder Ersatz von Verschleißteilen eines Aufzugs oder sonstige wiederkehrende Maßnahmen wie Rückschnitt von Gewächsen, Reinigung der Dachrinne, Ersatzbeschaffungen wie Glühbirnen, Reinigungsgeräte etc. (nach Merle, ZMR 2010, 2 ff.). In diesen Fällen benötigt der

Instandhaltung und -setzung

Verwalter also keinen Beschluss der Gemeinschaft. Hat allerdings die Gemeinschaft einen Beschluss gefasst, hat sich der Verwalter daran zu halten und den Beschluss auszuführen. Auch ist der Verwalter berechtigt, einen Hausmeister anzustellen oder ein Reinigungsunternehmen zu beauftragen. Im Übrigen beschränkt sich die Verpflichtung des Verwalters bezüglich der Instandhaltung und Instandsetzung gemeinschaftlichen Eigentums darauf, die Wohnungseigentümer über die notwendigen Maßnahmen zu unterrichten und eine Entscheidung über das weitere Vorgehen herbeizuführen (BayObLG NJW-RR 1999, 305). Hat die Gemeinschaft einen entsprechenden Beschluss gefasst, ist der Verwalter verpflichtet, unverzüglich für die Durchführung der Maßnahmen zu sorgen. Kommt er dieser Verpflichtung nicht nach und erleidet ein Wohnungseigentümer dadurch Schaden, so kann ein Ersatzanspruch gegen den Verwalter wegen Verletzung des Verwaltervertrags gegeben sein.

Beispiel: Mietminderung wegen Schimmelbefalls

Da die Außenfassade nicht mit einem Vollwärmeschutz versehen wurde, kommt es in einer Wohnung zu Schimmelbefall. Daraufhin mindert der Mieter die Miete. Dem Eigentümer der Wohnung entsteht ein nicht unerheblicher finanzieller Schaden (BayObLG NZM 2000, 501).

Prüfung des Zustands

Zur Ermittlung von Mängeln und Schäden ist der Verwalter grundsätzlich verpflichtet, das gemeinschaftliche Eigentum regelmäßig dahin gehend zu überprüfen, ob Maßnahmen der Instandsetzung und Instandhaltung notwendig sind. Der Verwalter ist hierbei nicht verpflichtet, die erforderlichen Kontrollen in eigener Person durchzuführen. Ob mit der Überprüfung im Rahmen eines Wartungsvertrags ein Fachunternehmen beauftragt werden soll, haben die Wohnungseigentümer zu entscheiden.

Beispiel: Dachrinnenreinigung

Die Hausverwaltung hat ein Fachunternehmen mit der Dachrinnenreinigung beauftragt. Eine Überprüfung durch den Verwalter in eigener Person muss daher nicht mehr vorgenommen werden (BayObLG NZM 1999, 840).

Ist die Schadensursache unklar, ist insbesondere nicht eindeutig, ob sie im Gemeinschafts- oder Sondereigentum liegt, ist der Verwalter aus eigenem Recht nicht berechtigt, einen Sachverständigen zu beauftragen. Hierfür benötigt er einen Beschluss der Wohnungseigentümergemeinschaft, es sei denn, es liegt ein Notfall vor (OLG Hamm, NJW-RR 1997, 908).

Sachverständiger nur nach Beschluss

Der Verwalter ist verpflichtet, die Wohnungseigentümer bei Baumängeln über den Ablauf von Gewährleistungsfristen zu unterrichten. Ferner gehört es zu den Aufgaben des Verwalters, eine Entscheidung der Wohnungseigentümer darüber herbeizuführen, ob und welche Maßnahmen im Hinblick auf den drohenden Ablauf der Gewährleistung für Baumängel zu ergreifen sind (BayObLG WuM 2001, 301 sowie WuM 2002, 633). Zu Recht weist das Gericht darauf hin, dass es einzelnen Wohnungseigentümern praktisch kaum möglich ist, ihrerseits darauf hinzuwirken, dass eine Entscheidung der Wohnungseigentümerversammlung über das weitere Vorgehen hinsichtlich der Baumängel getroffen wird. Es ist aus praktischen Gründen nicht primär Sache eines einzelnen Wohnungseigentümers, eine solche Entscheidung herbeizuführen, wenn hier ein Verwalter vorhanden ist. Dies gilt auch insbesondere für den Bauträger als Erstverwalter.

Über Gewährleistung informieren

Bei größeren Instandsetzungsvorhaben ist der Verwalter regelmäßig verpflichtet, Konkurrenzangebote einzuholen. Schaltet er zur Bauüberwachung und Objektbetreuung ein Ingenieurbüro ein, so haftet er regelmäßig nicht für etwaige Mängel bei der Rechnungsprüfung. Das eingeschaltete Fachbüro ist im Verhältnis des Verwalters zu den Wohnungseigentümern nicht dessen Erfüllungsgehilfe (BayObLG WuM 2002, 521). Soweit keine besondere Eilbedürftigkeit vorliegt, ist der Verwalter nicht berechtigt, außergewöhnliche Aufträge größeren Umfangs im Rahmen der Gemeinschaft zu vergeben (BGH NJW 1977, 44).

Kostenvoranschläge einholen

Gemäß § 27 Abs. 1 Nr. 3 WEG hat der Verwalter in dringenden Fällen zur Erhaltung des gemeinschaftlichen Eigentums erforderliche Maßnahmen zu treffen. Ein dringender Fall liegt vor, wenn die Eilbedürftigkeit die vorherige Einberufung einer Wohnungseigentümer-

Dringende Maßnahmen

versammlung und somit eine entsprechende Beschlussfassung nicht zulässt (BayObLG WuM 1997, 398). Entscheidend ist, ob die Erhaltung des gemeinschaftlichen Eigentums gefährdet wäre, wenn der Verwalter nicht umgehend handelt. Hierbei ist auch die Größe der Eigentümergemeinschaft zu berücksichtigen (BayObLG NZM 2004, 390). Liegen diese Voraussetzungen vor, hat der Verwalter eine Verpflichtung zum Handeln. Die gesetzliche Vertretungsmacht, für die Gemeinschaft der Wohnungseigentümer zu handeln, ergibt sich aus § 27 Abs. 3 Nr. 4 WEG. Die Abgrenzung ist im Einzelfall schwierig.

Beispiel: Sanierung der Dachterrasse

Eine kleine WEG von sieben Wohnungseigentümern hatte die Sanierung ihrer Dachterrasse mit Innenentwässerungssystem beschlossen. Die Arbeiten wurden in der zweiten Novemberhälfte durchgeführt. Nach Beseitigung der Abdichtung und Wärmedämmung teilte die beauftragte Firma dem Verwalter mit, dass die Entwässerung der Dachterrasse nur über eine Außenentwässerung möglich sei. Um die Arbeiten noch vor dem Winter abzuschließen, vergab die Verwaltung den entsprechenden Auftrag. Die Wohnungseigentümer klagten auf Feststellung der Schadensersatzpflicht der Verwaltung, da sie nachträglich ein Alternativangebot eingeholt hatten. Das Amtsgericht gab dem Antrag statt, das Landgericht wies ihn ab, das Bayerische Oberste Landesgericht hob die Entscheidung des Landgerichts wieder auf und wies das Landgericht an, mithilfe eines Sachverständigen die Eilbedürftigkeit zu klären (nach BayObLG NZM 2004, 390).

Tipp: Eigentümerversammlung einberufen

Insbesondere bei Kleingemeinschaften ist der Verwalter gut beraten, in Zweifelsfällen eine Eigentümerversammlung einzuberufen.

Wohngeld anfordern

Gemäß § 27 Abs. 1 Nr. 4 WEG hat der Verwalter das Recht und die Pflicht, Lasten- und Kostenbeiträge, Tilgungsbeträge und Hypothekenzinsen anzufordern, in Empfang zu nehmen und abzuführen, soweit es sich um gemeinschaftliche Angelegenheiten der Wohnungseigentümer handelt. Die Vertretungsmacht des Verwalters ist in § 27 Abs. 3 Nr. 4 geregelt. Zu Lasten und Kosten gem. § 16 Abs. 2 WEG darf auf Kap. 4 verwiesen werden. Der Verwalter hat insbesondere das gemäß Wirtschaftsplan zu zahlende Wohngeld anzufordern. Eine Ermächtigung zur gerichtlichen Geltendmachung ergibt sich aus dieser Bestimmung nicht. Hierfür bedarf es gem. § 27 Abs. 2 Nr. 3 WEG einer Vereinbarung oder eines Beschlusses der Wohnungseigentümer.

Der Verwalter ist gem. § 27 Abs. 1 Nr. 5 WEG berechtigt und verpflichtet, alle Zahlungen und Leistungen zu bewirken und entgegenzunehmen, die mit der laufenden Verwaltung des gemeinschaftlichen Eigentums zusammenhängen. Darunter fallen die Kosten für Versicherungen, für Heizung und Warmwasser, Hausmeistergehälter oder die Begleichung von Reparaturrechnungen. Zur Kreditaufnahme ist der Verwalter nicht berechtigt.

Zur Entgegennahme von Leistungen gehört auch die Abnahme von Werkvertragsleistungen gem. § 640 BGB sowie etwaige Mängelrügen oder Fristsetzungen gem. § 634 BGB bei Bauleistungen für das Gemeinschaftseigentum.

Gemäß § 27 Abs. 1 Nr. 6 WEG ist der Verwalter berechtigt und verpflichtet, eingenommene Gelder zu verwalten. In § 27 Abs. 1 Nr. 4 WEG a. F. war noch von „gemeinschaftliche[n] Gelder[n]" die Rede. Durch die Neufassung ist klargestellt, dass das Verwaltungsvermögen der teilrechtsfähigen Gemeinschaft zugeordnet ist. Hierbei handelt es sich um die Wohngeldzahlungen der Wohnungseigentümer, aber auch z. B. um Mietzahlungen aus der Vermietung von Gemeinschaftseigentum. Gemäß § 27 Abs. 5 WEG ist der Verwalter verpflichtet, eingenommene Gelder von seinem Vermögen gesondert zu halten. Die Verfügung über solche Gelder kann durch Vereinbarung oder Beschluss der Wohnungseigentümer mit Stimmenmehrheit von der Zustimmung eines Wohnungseigentümers oder eines Dritten abhängig gemacht werden.

Verwaltung der Gelder

Aufgrund der Teilrechtsfähigkeit der Gemeinschaft kann das Konto auf den Namen der Gemeinschaft geführt werden, also z. B. „Wohnungseigentümergemeinschaft x-Str. 12, 80331 München". Kontoinhaberin ist die teilrechtsfähige Wohnungseigentümergemeinschaft. Der Verwalter hat die Konten für mehrere Wohnungseigentümergemeinschaften getrennt zu führen. Laufende Gelder und Rücklagen können auf einem Konto geführt werden (KG NJW-RR 1987, 1160).

Konto der Eigentümergemeinschaft

Neu eingeführt ist die Bestimmung des § 27 Abs. 1 Nr. 7 WEG. Danach hat der Verwalter die Wohnungseigentümer unverzüglich
darüber zu unterrichten, dass ein Rechtsstreit gem. § 43 WEG anhängig ist. Die Vorschrift wurde eingeführt, weil das gerichtliche
Verfahren in WEG-Sachen nunmehr nach den Bestimmungen der
ZPO zu erfolgen hat. Die Unterrichtung ist deswegen erforderlich,
damit sich ein Wohnungseigentümer als Nebenintervenient am
Rechtsstreit beteiligen kann. Voraussetzung hierfür ist gemäß § 66
Abs. 1 ZPO ein rechtliches Interesse daran, dass die Partei, der bei-
getreten wird, den Rechtsstreit gewinnt. Gemäß § 67 ZPO kann der
Nebenintervenient alle Prozesshandlungen wirksam vornehmen,
solange diese nicht im Widerspruch zur Hauptpartei stehen.

Notwendige
Erklärungen
abgeben

Gemäß § 27 Abs. 1 Nr. 8 WEG hat der Verwalter die Erklärungen
abzugeben, die zur Ausführung der in § 21 Abs. 5 Nr. 6 bezeichneten
Maßnahmen erforderlich sind. § 21 Abs. 5 Nr. 6 WEG beinhaltet die
Duldung aller Maßnahmen, die zur Herstellung einer Fernsprech-
teilnehmereinrichtung, einer Rundfunkempfangsanlage oder eines
Energieversorgungsanschlusses zugunsten eines Wohnungseigentümers erforderlich sind. Der Verwalter hat also die Zustimmungser-
klärungen abzugeben, damit die entsprechenden Einrichtungen
vorgenommen werden können.

7.4.2 Vertretung der Wohnungseigentümer

In § 27 Abs. 2 WEG ist die gesetzliche Vertretung des Verwalters als
Vertreter der Wohnungseigentümer geregelt.

Entgegennahme
von Willens-
erklärungen und
Zustellungen

Gemäß § 27 Abs. 2 Nr. 1 WEG ist der Verwalter berechtigt, im Namen aller Wohnungseigentümer und mit Wirkung für und gegen sie
Willenserklärungen und Zustellungen entgegenzunehmen, soweit
sie an alle Wohnungseigentümer gerichtet sind. Im Gegensatz zum
früheren Recht fallen hierunter nicht mehr gerichtliche Zustellungen. Die Zustellungsvertretung in Prozessen gegen die Wohnungseigentümer, in denen diese Beklagte sind, soweit nicht die teilrechtsfähige Gemeinschaft betroffen ist, ist nunmehr in § 45 Abs. 1 WEG
geregelt, vgl. hierzu Kap. 9. § 27 Abs. 2 Nr. 1 WEG umfasst also nur
noch Willenserklärungen und Zustellungen im außergerichtlichen

Bereich, soweit nicht die teilrechtsfähige Gemeinschaft, sondern die einzelnen Wohnungseigentümer betroffen sind.

Gemäß § 27 Abs. 2 Nr. 2 WEG ist der Verwalter berechtigt, im Namen aller Wohnungseigentümer und mit Wirkung für und gegen sie Maßnahmen zu treffen, die zur Wahrung einer Frist oder zur Abwendung eines sonstigen Rechtsnachteils erforderlich sind. Insbesondere hat er das Recht, einen gegen die Wohnungseigentümer gerichteten Rechtsstreit gem. § 43 Nr. 1, Nr. 4 oder Nr. 5 WEG im Erkenntnis- und Vollstreckungsverfahren zu führen. Der Verwalter kann also im Vollstreckungsverfahren etwa auch die eidesstattliche Versicherung gem. den §§ 807, 899 ZPO abgeben. *Fristwahrung, Abwendung von Rechtsnachteilen*

In folgenden Verfahren kann der Verwalter bei Eilfällen auch ohne Beschluss tätig werden, insbesondere fristgebundene Rechtsmittel einlegen, gegen einen Mahnbescheid Widerspruch einlegen, aber auch Willenserklärungen abgeben, um Anfechtungs- oder Gewährleistungsfristen zu wahren: *In Eilfällen ohne Beschluss*

- Streitigkeiten, über die sich aus der Gemeinschaft der Wohnungseigentümer und aus der Verwaltung des gemeinschaftlichen Eigentums ergebenden Rechte und Pflichten der Wohnungseigentümer untereinander (§ 43 Nr. 1 WEG),

Siehe CD-ROM

- Streitigkeiten über die Gültigkeit von Beschlüssen der Wohnungseigentümer (§ 43 Nr. 4 WEG) und

- Klagen Dritter, die sich gegen die Gemeinschaft der Wohnungseigentümer oder gegen Wohnungseigentümer richten und sich auf das gemeinschaftliche Eigentum, seine Verwaltung oder das Sondereigentum beziehen (§ 43 Nr. 5 WEG).

Gemäß § 27 Abs. 2 Nr. 3 WEG ist der Verwalter berechtigt, im Namen aller Wohnungseigentümer und mit Wirkung für und gegen sie Ansprüche gerichtlich und außergerichtlich geltend zu machen, sofern er hierzu durch Vereinbarung oder Beschluss mit Stimmenmehrheit ermächtigt ist. Die Ermächtigung kann auch im Verwaltervertrag erteilt werden. Die allgemein durch Beschluss oder Verwaltervertrag erteilte Ermächtigung kann durch Mehrheitsbeschluss eingeschränkt oder widerrufen werden. Auch eine in der Gemeinschaftsordnung enthaltene Ermächtigung kann durch Mehrheitsbe- *Ermächtigung durch Vereinbarung oder Beschluss*

schluss der Wohnungseigentümer eingeschränkt oder widerrufen werden.

Generelle Ermächtigung

Ist dem Verwalter eine generelle Ermächtigung erteilt, ist ein gesonderter Beschluss hierzu entbehrlich. Die Ermächtigung gibt dem Verwalter auch das Recht, einem Rechtsanwalt Verfahrensvollmacht zu erteilen.

Hat ein Wohnungseigentümer einen individuellen Beseitigungsanspruch, kann er diesen selbst geltend machen. Die Wohnungseigentümer können aber auch beschließen, dass diese Ansprüche vom teilrechtsfähigem Verband gerichtlich durchgesetzt werden (BGH NZM 2006, 465; OLG München, NZM 2006, 345). Die teilrechtsfähige Gemeinschaft kann dann den Verwalter entsprechend ermächtigen. Ohne Beschlussfassung der Wohnungseigentümer kann der teilrechtsfähige Verband jedoch nicht tätig werden.

Beispiel: Balkonverglasung soll wieder entfernt werden

Ein Wohnungseigentümer hat eine Balkonverglasung angebracht. Das Amtsgericht hat festgestellt, dass es sich hierbei um eine bauliche Veränderung handelt, die den optischen und ästhetischen Gesamteindruck des Gebäudes beeinträchtigt. Ein anderer Eigentümer verlangt daraufhin von der Wohnungseigentümergemeinschaft, dass sie die Beseitigung gerichtlich durchsetzt. Damit hatte er keinen Erfolg.

Ein Anspruch gegen die Gemeinschaft auf Tätigwerden besteht nicht. Vielmehr steht dies im Ermessen der Gemeinschaft. Der Eigentümer, der die bauliche Veränderung beseitigt haben will, muss sein Beseitigungsverlangen als Individualanspruch gegen den Störer geltend machen, wenn die Gemeinschaft nicht tätig werden will (OLG Frankfurt, ZMR 2004, 290).

Rechtsanwaltsgebühren vereinbaren

Gemäß § 27 Abs. 2 Nr. 4 WEG ist der Verwalter berechtigt, im Namen aller Wohnungseigentümer mit Wirkung für und gegen sie mit einem Rechtsanwalt wegen eines Rechtsstreits gemäß § 43 Nr. 1, Nr. 4 oder Nr. 5 WEG zu vereinbaren, dass die Gebühren nach einem höheren als dem gesetzlichen Streitwert – höchstens nach einem gemäß § 49a Abs. 1 Satz 1 GKG bestimmten Streitwert – bemessen werden.

Die Vorschrift ist neu eingeführt. Danach soll der Streitwert grundsätzlich 50 % des Interesses der Parteien betragen, mindestens jedoch dem Wert des Interesses des Klägers und der auf seiner Seite Beigetretenen entsprechen, also z. B. bei Sonderumlagen der Höhe des zu zahlenden Betrags. Zu hohe Streitwerte führen jedoch dazu, dass einzelne Wohnungseigentümer von der Geltendmachung ihrer Rechte abgehalten werden. Der Streitwert ist daher in seiner Höhe generell begrenzt: Der Streitwert darf grundsätzlich den fünffachen Wert des Interesses des Klägers und der auf seiner Seite Beigetretenen sowie den Verkehrswert ihres im Grundbuch eingetragenen Wohnungseigentums nicht übersteigen.

WEG-Reform: Bemessung des Streitwerts

Dies führt aber dazu, dass die übrigen Wohnungseigentümer bei der Klage eines einzelnen Wohnungseigentümers gegen diese Probleme haben werden, einen Rechtsanwalt zu finden, der für einen möglicherweise niedrigen Streitwert bereit ist, das Mandat zu übernehmen.

Beispiel: Streitwert bei Sanierungskosten von € 100.000

Hierzu ein Beispiel (gemäß der Stellungnahme der Bundesregierung zu den Vorschlägen des Bundesrats, BR-Drs. 397/05):

Ein Eigentümer ficht einen Sanierungsbeschluss (Kosten € 100.000,-) an. Sanierungskosten für diesen Eigentümer: € 5.000,-. Die Gemeinschaft hat 100 Eigentümer. Der Streitwert beträgt nach § 49a GKG € 5.000,- auch für den Rechtsanwalt, der die übrigen, die Sanierungsmaßnahmen bejahenden Miteigentümer vertritt, obwohl deren Interesse an der gerichtlichen Entscheidung € 100.000,- entspricht. In solchen Fällen kann der Verwalter mit dem Rechtsanwalt für die übrigen Wohnungseigentümer eine Vergütung vereinbaren. Die Höhe der vereinbarten Vergütung ist begrenzt auf 50 % des Wertes des Interesses aller Beteiligten, im Beispielsfall also auf € 50.000,-.

Der Verwalter ist Kraft Gesetzes zu einer solchen Vereinbarung mit einem Rechtsanwalt ermächtigt. Ein Beschluss der Wohnungseigentümer hierzu ist nicht erforderlich. Um jedoch späteren Ärger mit den Eigentümern zu vermeiden, empfiehlt es sich, entweder im Verwaltervertrag oder im Beschlusswege festzulegen, dass der Verwalter in Abstimmung mit dem Verwaltungsbeirat eine Gebührenvereinbarung treffen kann (Blankenstein WEG-Reform 2007, S. 187).

7.4.3 Vertretung der Gemeinschaft

Siehe CD-ROM

§ 27 Abs. 3 WEG regelt, inwieweit der Verwalter Vertretungsmacht besitzt, im Namen der teilrechtsfähigen Gemeinschaft der Wohnungseigentümer Willenserklärungen abzugeben und Rechtshandlungen vorzunehmen. Auch hier bleibt es bei dem bisherigen Grundsatz, wonach die Entscheidungsmacht bei den Wohnungseigentümern bleibt und der Verwalter nur in bestimmten Angelegenheiten zur Vertretung ermächtigt ist. Um aber die Handlungsfähigkeit der Gemeinschaft sicherzustellen, kann der Verwalter die laufende Verwaltung und dringliche Geschäfte für die Gemeinschaft der Wohnungseigentümer aufgrund seiner Organstellung erledigen. Darüber hinaus können die Wohnungseigentümer dem Verwalter durch Mehrheitsbeschluss weitergehende Vertretungsbefugnisse einräumen.

Willenserklärungen und Zustellungen

Gemäß § 27 Abs. 3 Satz 1 Nr. 1 WEG ist der Verwalter berechtigt, im Namen der Gemeinschaft der Wohnungseigentümer und mit Wirkung für und gegen sie Willenserklärungen und Zustellungen entgegenzunehmen. Auf die Ausführungen zu § 27 Abs. 2 Nr. 1 WEG darf verwiesen werden. Gemäß § 27 Abs. 3 Nr. 1 WEG (vgl. dazu Kap. 7.4.2) hat der Verwalter eine umfassende Empfangsvertretung. Dies gilt auch für Aktiv- und Passivprozesse der Gemeinschaft.

Fristwahrung, Abwendung eines Rechtsnachteils

Gemäß § 27 Abs. 3 S. 1 Nr. 2 ist der Verwalter berechtigt, im Namen und mit Wirkung für die Gemeinschaft Maßnahmen zu treffen, die zur Wahrung einer Frist oder zur Abwendung eines sonstigen Rechtsnachteils erforderlich sind. Insbesondere hat er das Recht, einen gegen die Gemeinschaft gerichteten Rechtsstreit gemäß § 43 Nr. 2 oder Nr. 5 WEG im Erkenntnis- und Vollstreckungsverfahren zu führen. Auch hier darf auf die gleichlautende Bestimmung in § 27 Abs. 2 Nr. 2 WEG (vgl. Kap. 7.4.2) für die Wohnungseigentümer verwiesen werden. Der Verwalter ist somit auch in einem Passivprozess gemäß § 43 Nr. 2 WEG zur Vertretung der Gemeinschaft im Erkenntnis- und Vollstreckungsverfahren ermächtigt. Von Gesetzes wegen ist damit klargestellt, dass die Gemeinschaft auch in Passivprozessen prozessfähig ist.

Auch hier ist insbesondere an die Einlegung von fristgebundenen Rechtsmitteln zu denken. Da bei künftigen Berufungsverfahren vor dem Landgericht Anwaltszwang herrscht, ist der Verwalter gehalten, einen Rechtsanwalt mit der Vertretung der Gemeinschaft zu beauftragen. Vor dem Amtsgericht herrscht kein Anwaltszwang. Sinnvollerweise empfiehlt sich eine Regelung im Verwaltervertrag, ob und unter welchen Bedingungen der Verwalter einen Rechtsanwalt beauftragen darf.

Beauftragung eines Rechtsanwalts

In einfach gelagerten Fällen erscheint es zweifelhaft, ob der Verwalter berechtigt und bevollmächtigt ist, einen Rechtsanwalt mit der Vertretung der Gemeinschaft zu beauftragen. Bereits nach früherem Recht war der Verwalter berechtigt, zur Hemmung von Gewährleistungsansprüchen ein selbstständiges Beweisverfahren einzuleiten (BayObLG MDR 1976, 1023). Da dies jedoch mit nicht unerheblichen Sachverständigenkosten verbunden ist, sollte der Verwalter möglichst kurzfristig eine außerordentliche Versammlung einberufen. Andernfalls können auf ihn – falls sich nachträglich herausstellt, dass die Einleitung eines selbstständigen Beweisverfahrens nicht sinnvoll war – Schadensersatzansprüche zukommen.

Versammlung einberufen

§ 27 Abs. 3 Satz 1 Nr. 3 WEG regelt die Berechtigung des Verwalters, die laufenden Maßnahmen der erforderlichen ordnungsmäßigen Instandhaltung und Instandsetzung gemäß § 27 Abs. 1 Nr. 2 WEG im Namen der Gemeinschaft und der Wohnungseigentümer für sie zu treffen. Der Verpflichtung im Innenverhältnis gemäß § 27 Abs. 1 Nr. 2 WEG steht die Ermächtigung in § 27 Abs. 3 Satz 1 Nr. 3 WEG, für die Gemeinschaft zu handeln, gegenüber. Danach ist der Verwalter z. B. berechtigt, Werkverträge mit Unternehmern zu schließen. Diese Vertretungsmacht ist aber auf die erforderlichen Maßnahmen beschränkt, vgl. Kap. 7.4.1. Auch hier ist darauf zu achten, dass der Verwalter nur die geeigneten Maßnahmen zu treffen hat. Aufträge zur Beseitigung von größeren Schäden oder Baumängeln ohne Beschlussfassung der Gemeinschaft kann der Verwalter auch in Zukunft nur in Fällen besonderer Dringlichkeit erteilen. Auch hier empfiehlt es sich, im Verwaltervertrag festzulegen, bis zu welchem Betrag der Verwalter berechtigt ist, Instandhaltungs- und Instandsetzungsaufträge ohne Beschluss zu vergeben.

Instandhaltung und -setzung

Langfristige Wartungsverträge oder einen langfristigen Hausmeistervertrag darf der Verwalter nicht ohne spezielle Vollmacht oder entsprechenden Beschluss der Wohnungseigentümer abschließen (OLG Köln, NZM 2005, 345).

Sonstige Maßnahmen

Gemäß § 27 Abs. 3 Satz 1 Nr. 4 WEG ist der Verwalter berechtigt, für die Gemeinschaft die Maßnahmen gemäß Abs. 1 Nr. 3 bis 5 und Nr. 8 zu treffen. Der Verwalter kann also in dringenden Fällen sonstige zur Erhaltung des gemeinschaftlichen Eigentums erforderliche Maßnahmen treffen, insbesondere Reparaturaufträge zu erteilen. Er ist berechtigt, Lasten- und Kostenbeiträge, Tilgungsbeträge und Hypothekenzinsen anzufordern, in Empfang zu nehmen und abzuführen sowie alle Zahlungen und Leistungen zu bewirken und entgegenzunehmen, die mit der laufenden Verwaltung des gemeinschaftlichen Eigentums zusammenhängen. Außerdem darf er Erklärungen zur Vornahme der Telekommunikationseinrichtungen abgeben.

Kontenführung

Gemäß § 27 Abs. 3 S. 1 Nr. 5 WEG ist der Verwalter berechtigt, im Rahmen der Verwaltung der eingenommenen Gelder gemäß § 27 Abs. 1 Nr. 6 WEG Konten zu führen. Zum „Führen" gehören auch das Eröffnen und das Schließen eines Kontos (BT-Drucks. 16/887).

Rechtsanwaltsvergütung

So wie gemäß § 27 Abs. 2 Nr. 4 WEG für die Wohnungseigentümer kann der Verwalter gemäß § 27 Abs. 3 Satz 1 Nr. 6 für die Gemeinschaft mit einem Rechtsanwalt wegen eines Rechtsstreits eine Vergütung vereinbaren. Die Obergrenze entspricht der in § 27 Abs. 2 Nr. 4 WEG, vgl. Kap. 7.4.2. Auf die Ausführungen dort darf verwiesen werden.

Sonstige Rechtsgeschäfte

§ 27 Abs. 3 Satz 1 Nr. 7 WEG gibt dem Verwalter das Recht, sonstige Rechtsgeschäfte und Rechtshandlungen für die Gemeinschaft vorzunehmen, soweit er hierzu durch Vereinbarung oder Beschluss der Wohnungseigentümer mit Stimmenmehrheit ermächtigt ist. Diese Ermächtigung geht über die Ermächtigung gemäß § 27 Abs. 2 Nr. 3 WEG hinaus. Für die Wohnungseigentümer kann der Verwalter bei entsprechendem Beschluss Ansprüche geltend machen. Die Gemeinschaft kann dem Verwalter hingegen eine umfassendere Vertretungsmacht erteilen. Hiervon sollte jedoch zurückhaltend Gebrauch gemacht werden.

7.4.4 Fehlen eines Verwalters

§ 27 Abs. 3 Satz 2 WEG regelt den Fall, dass ein Verwalter fehlt oder er zur Vertretung nicht berechtigt ist. Hier vertreten alle Wohnungseigentümer die Gemeinschaft. Die Wohnungseigentümer können aber auch durch Beschluss mit Stimmenmehrheit einen oder mehrere Wohnungseigentümer zur Vertretung ermächtigen. Wichtig ist dies insbesondere bei Passivprozessen, die z. B. ein Gläubiger gegen die Gemeinschaft führt. Eine Klage gegen die Gemeinschaft wäre nämlich mangels Prozessfähigkeit der Gemeinschaft als unzulässig abzuweisen, wenn ein Vertreter fehlt.

Siehe CD-ROM

Gemäß § 27 Abs. 4 WEG können die dem Verwalter nach den Abs. 1 bis 3 zustehenden Aufgaben und Befugnisse nicht durch Vereinbarung der Wohnungseigentümer eingeschränkt oder ausgeschlossen werden. Bestimmungen in einer Teilungserklärung/Gemeinschaftsordnung, die davon abweichen, sind unwirksam. Dies gilt z. B. für eine Bestimmung in der Gemeinschaftsordnung, wonach der Verwalter nicht berechtigt ist, mit einem Rechtsanwalt einen höheren Streitwert innerhalb der Grenzen des § 27 Abs. 2 Nr. 4 WEG zu vereinbaren.

Einschränkung der Aufgaben/ Befugnisse

7.4.5 Weitere Aufgaben und Befugnisse des Verwalters

Gemäß § 27 Abs. 5 WEG ist der Verwalter verpflichtet, eingenommene Gelder von seinem Vermögen gesondert zu halten. Die Verfügung über solche Gelder kann durch Vereinbarung oder Beschluss der Wohnungseigentümer mit Stimmenmehrheit von der Zustimmung eines Wohnungseigentümers oder eines Dritten abhängig gemacht werden. Da der Verwalter gemäß § 27 Abs. 1 Nr. 6 WEG sowohl gegenüber den Wohnungseigentümern als auch gegenüber der Gemeinschaft verpflichtet ist, eingenommene Gelder zu verwalten, bezieht sich die Bestimmung des § 27 Abs. 5 hierauf, also auf Gelder der Eigentümer und der Gemeinschaft.

Verfügung über Gelder

WEG-Reform:
Vollmachts-/
Ermächtigungs-
urkunde

Gemäß § 27 Abs. 6 WEG kann der Verwalter von den Wohnungseigentümern die Ausstellung einer Vollmachts- und Ermächtigungsurkunde verlangen, aus der der Umfang seiner Vertretungsmacht ersichtlich ist. Die bisherige Regelung in § 27 Abs. 5 a. F. war gleichlautend bis auf den Anspruch auf eine Ermächtigungsurkunde. Die Neuregelung wurde erforderlich, da § 27 Abs. 3 WEG eine gesetzliche Ermächtigung des Verwalters enthält. Der Begriff der Ermächtigung ist im Gesetz nicht geregelt. Sie beinhaltet für den Ermächtigten die Befugnis, im eigenen Namen über das Recht des Ermächtigenden zu verfügen oder dieses Recht durch Einziehung oder in sonstiger Weise auszuüben (z. B. Einzugsermächtigung).

Führen der
Beschluss-
Sammlung

Eine weitere, wichtige Verpflichtung des Verwalters enthält § 24 Abs. 8 WEG. Danach hat der Verwalter die Beschluss-Sammlung gemäß § 24 Abs. 7 WEG zu führen. Die Verletzung dieser Verpflichtung durch den Verwalter stellt gemäß § 26 Abs. 1 Satz 4 WEG einen wichtigen Grund zur Abberufung dar. Zur Beschluss-Sammlung siehe Kap. 5.10.

Pflichten rund
um die
Versammlung

Im Wohnungseigentumsgesetz sind weitere Befugnisse und Aufgaben des Verwalters geregelt. So hat der Verwalter gemäß § 24 Abs. 1 WEG die Versammlung der Wohnungseigentümer einzuberufen. Gemäß § 24 Abs. 5 WEG führt er den Vorsitz in der Versammlung, soweit diese nichts anderes beschließt. Gemäß § 24 Abs. 6 WEG hat der Verwalter, soweit er Versammlungsvorsitzender ist, eine Niederschrift der Versammlung anzufertigen. Darüber hinaus hat der Verwalter, so er Versammlungsleiter ist, das Beschlussergebnis festzustellen und zu verkünden. Nähere Ausführungen hierzu finden sich in Kap. 5.1.1 und 5.7.

Wirtschafts-
plan, Jahres-
abrechnung

Des Weiteren hat der Verwalter den Wirtschaftsplan und die Jahresabrechnung aufzustellen und die Rechnungslegung vorzunehmen (§ 28 WEG), siehe hierzu Kap. 4.

Weitere
Aufgaben

Aus der Teilungserklärung/Gemeinschaftsordnung können sich weitere Aufgaben und Befugnisse des Verwalters ergeben, so z. B. die Zustimmungserklärung bei Veräußerung von Wohnungs- oder Teileigentum, vgl. hierzu Kap. 1.

Auch aus dem Verwaltervertrag können sich weitere Aufgaben und Pflichten des Verwalters ergeben. So können im Verwaltervertrag Fristen zur Vorlage des Wirtschaftsplans und der Jahresabrechnung vereinbart werden. Darüber hinaus kann der Verwalter im Vertrag weitere kaufmännische wie auch technische Aufgaben übernehmen (Bauleitung etc.).

Verwalterverträge siehe CD-ROM

Weitere Pflichten ergeben sich aus dem Auftragsrecht des BGB. So hat der Verwalter sämtliche Unterlagen der Wohnungseigentümer aufzubewahren. Gemäß § 147 AO sind Aufzeichnungen, Jahresabschlüsse, Inventare, Kontounterlagen und Buchungsbelege zehn Jahre aufzubewahren. Schriftverkehr und sonstige Verwaltungsunterlagen sind sechs Jahre aufzubewahren. Unbefristet aufzubewahren sind Teilungserklärung, Gemeinschaftsordnung, Abgeschlossenheitsbescheinigung, Aufteilungspläne, Niederschriften über die Beschlüsse und die Beschluss-Sammlung.

Aufbewahrungspflicht

7.4.6 Auskunftspflicht des Verwalters, Einsichtsrecht der Eigentümer

Der Verwalter ist zur Auskunft verpflichtet. Der Auskunftsanspruch ist in der Wohnungseigentümerversammlung geltend zu machen. Ein Individualanspruch eines einzelnen Eigentümers besteht nur, soweit die Eigentümergemeinschaft von ihrem Auskunftsanspruch keinen Gebrauch macht (OLG Celle, DWE 1984, 126). Ein Individualanspruch außerhalb der Eigentümerversammlung besteht nur, wenn an der Aufklärung für den Einzelfall ein berechtigtes und akutes Bedürfnis vorliegt, was nach Treu und Glauben zu prüfen ist (BayObLG NJW 1972, 1377; KG ZMR 1987, 100).

Auskunftsanspruch

Daneben besteht ein Einsichtsrecht in alle Verwaltungsunterlagen einschließlich der Abrechnungsunterlagen. Dieses Recht besteht auch noch nach dem Beschluss über die Genehmigung der Jahresabrechnung und über die Entlastung des Verwalters (BayObLG NZM 2000, 873; ZMR 2002, 946). Der einzelne Wohnungseigentümer hat auch einen Anspruch auf Anfertigung von Fotokopien gegen Kostenerstattung. Gemäß § 24 Abs. 7 Satz 8 ist einem Wohnungseigen-

Einsichtsrecht

273

tümer oder einem Dritten, den ein Wohnungseigentümer ermächtigt hat, auf Verlangen Einsicht in die Beschluss-Sammlung zu gewähren. Auch hier wird der Eigentümer das Recht haben, gegen Entgelt Kopien zu machen. Ein besonderes rechtliches Interesse muss der Eigentümer nicht nachweisen. Ein Anspruch auf Aushändigung von Originalunterlagen besteht dagegen nicht (BayObLG NZM 2003, 246). Die Verweigerung der Einsichtnahme durch den Verwalter kann einen wichtigen Grund zur Abberufung darstellen.

7.4.7 Herausgabe der Unterlagen

Herausgabe
bei Ende
der Tätigkeit

Bei Beendigung der Verwaltertätigkeit hat der Verwalter alle Verwaltungsunterlagen herauszugeben (§§ 675, 666, 667 BGB). Der ausgeschiedene „Bauträger-Verwalter" muss die Bauunterlagen herausgeben, die er als Bauträger im Besitz hat, soweit sie die Errichtung der Wohnanlage betreffen und für die Gewährleistungs- und sonstigen Ansprüche gegenüber den am Bau Beteiligten von Bedeutung sind (BayObLG NZM 2001, 469). Die Herausgabepflicht beschränkt sich nicht nur auf die Unterlagen, sondern bezieht sich auch auf Gelder und Guthaben auf Gemeinschaftskonten, Sparbücher und Wertpapiere, Geräte und Schlüssel etc.

Namens- und
Anschriftenliste

Jeder Eigentümer kann vom Verwalter eine Namens- und Anschriftenliste der Miteigentümer verlangen. Der Verwalter kann sich hier nicht auf den Datenschutz berufen.

Anspruch
gerichtlich
geltend machen

Der Anspruch auf Herausgabe der Unterlagen etc. steht der Gemeinschaft zu. Sie kann den neuen Verwalter durch Beschluss ermächtigen, den Anspruch gerichtlich geltend zu machen. Für die wichtigsten Unterlagen zur Fortführung der Verwaltung kann dies sogar im Wege der einstweiligen Verfügung geschehen (Vorlage von einzelnen, genau bezeichneten Fotokopien).

7.5   Haftung des Verwalters

Die Haftung des Verwalters kann sich gegenüber der Gemeinschaft, einzelnen Wohnungseigentümern oder Dritten ergeben.

7.5.1 Schadensersatzanspruch der Eigentümer

Verletzt der Verwalter seine Pflicht aus dem Verwaltervertrag, kön- **Pflicht-**
nen die Wohnungseigentümer Ersatz des hierdurch entstehenden **verletzung**
Schadens verlangen (§ 280 Abs. 1 Satz 1 BGB). Dies gilt nicht, wenn
der Verwalter die Pflichtverletzung nicht zu vertreten hat. Der
hauptberufliche Verwalter nimmt für sich besondere Sachkunde in
Anspruch. Dies ist bei der Verantwortlichkeit des Schuldners gemäß
§ 276 BGB zu berücksichtigen (BGH NJW 1996, 1216).

Wie ausgeführt, ist der Verwalter nicht verpflichtet, von Fällen der **Keine**
Dringlichkeit abgesehen, selbst Instandhaltungs- und Instandset- **Verpflichtung**
zungsmaßnahmen in Auftrag zu geben. Er hat jedoch die Mängel **zur Auftrags-**
festzustellen, die Wohnungseigentümer darüber zu unterrichten **erteilung**
und eine Entscheidung herbeizuführen. Kommt er diesen Verpflichtungen nicht oder nur unzureichend nach, so haftet er, und zwar
auch gegenüber einem einzelnen Wohnungseigentümer, der durch
die verzögerte Umsetzung der Maßnahmen einen Mietausfall erlit-
ten hat (OLG Köln, WE 1997, 198). Ein Mitverschulden des Verwalters ist schon dann zu bejahen, wenn bei Vorliegen von Baumängeln
den Wohnungseigentümern zwar der drohende Ablauf der Verjährung bekannt ist, der Verwalter es aber schuldhaft unterlässt, eine
Entscheidung über das weitere Vorgehen herbeizuführen (BayObLG
NZM 2002, 957). Hier kommt eine Haftung auf Schadensersatz
wegen positiver Vertragsverletzung des Verwalters in Betracht
(BayObLG NZM 2003, 319).

Führt der Verwalter selbst Instandsetzungsmaßnahmen ohne Be- **Maßnahmen**
schluss der Eigentümer durch, so haftet er für die Mehrkosten ge- **ohne Beschluss**
genüber der an sich notwendigen Maßnahmen (KG ZMR 2002,
546). Informativ hierzu ist ein vom OLG Celle entschiedener Fall:

Beispiel: Verwalter erteilt Auftrag ohne Beschluss
Gemäß Verwaltervertrag ist der Verwalter berechtigt, in Notfällen
Verträge bis zu DM 8.000,- ohne vorherige Zustimmung der Eigentümer einzugehen. Der Verwalter beauftragt ohne Beschluss der Eigentümer eine Firma mit der Planung und Ausschreibung von Sanie-
rungsarbeiten an der Fassade und vergütet hierfür DM 30.000,- aus
dem Gemeinschaftsvermögen. Die Wohnungseigentümer beauftragen

einen Sachverständigen. Auf der Grundlage seines Konzepts wird eine andere Art der Sanierung durchgeführt. Hier haftet der Verwalter den Wohnungseigentümern für die vergeblich aufgewandten Kosten (OLG Celle, NZM 2002, 169).

Bezahlung mangelhafter Leistungen

Eine Haftung des Verwalters kommt infrage, wenn er trotz mangelhafter Werkleistung die Rechnung der beauftragten Firma bezahlt, ohne Mängelrüge zu erheben oder ein Zurückbehaltungsrecht geltend machen (OLG Düsseldorf, ZMR 1997, 380). Er macht sich schadensersatzpflichtig, wenn er für erkennbar mangelhafte Werkleistungen Zahlungen erbringt und später Gewährleistungsansprüche gegen den Werkunternehmer nicht durchsetzbar sind (OLG Frankfurt ZMR 2009, 620).

Entlastung des Verwalters

Haben die Wohnungseigentümer den Verwalter entlastet, so beschränkt sich die Entlastung auf das Verwalterhandeln, das in der Abrechnung seinen Niederschlag gefunden hat. Insoweit bestehen keine Haftungsansprüche. Die Entlastung des Verwalters erfasst nur solche Vorgänge, die bei der Beschlussfassung darüber bekannt oder bei zumutbarer Sorgfalt für die Wohnungseigentümer erkennbar waren. Dabei ist der Kenntnisstand aller Wohnungseigentümer maßgeblich (BayObLG NZM 2003, 31).

Anspruch auf Entlastung?

Ein Anspruch des Verwalters auf Entlastung besteht grundsätzlich nicht, soweit nicht durch Vereinbarung (Gemeinschaftsordnung) oder im Verwaltervertrag ein solcher Anspruch vereinbart ist. Hierzu wird allerdings auch die Gegenmeinung vertreten, wonach der Verwalter einen solchen Anspruch hat. Ein Eigentümerbeschluss, mit dem einem Verwalter Entlastung erteilt wird, steht nicht grundsätzlich im Widerspruch zu einer ordnungsmäßigen Verwaltung sondern erst dann, wenn Ansprüche gegen den Verwalter erkennbar in Betracht kommen und nicht aus besonderen Gründen Anlass besteht, auf die hiernach möglichen Ansprüche zu verzichten (BGH NZM 2003, 764), s. hierzu auch Kap. 4.7.

Erfüllungsgehilfen

Der Verwalter kann sich bei der Ausübung seiner Verwaltertätigkeit dritter Personen bedienen. Für diese Personen haftet er gemäß § 278 BGB (Erfüllungsgehilfen). Die gesamte Verwaltungstätigkeit kann er allerdings nicht auf Dritte übertragen.

7.5.2 Haftungsbeschränkungen

Haftungsbeschränkungen sind im Verwaltervertrag grundsätzlich möglich. Bei solchen Verträgen wird es sich i. d. R. um Allgemeine Geschäftsbedingungen handeln. § 309 Nr. 7 BGB (Haftungsausschluss bei Verletzung von Leben, Körper, Gesundheit und bei grober Fahrlässigkeit) ist daher zu beachten. Darüber hinaus widerspricht es regelmäßig den Grundsätzen ordnungsmäßiger Verwaltung, Haftungsbeschränkungsklauseln zugunsten des Verwalters zu beschließen.

Verwalterverträge siehe CD-ROM

Beispiele für unwirksame Haftungsbeschränkungen

In einem Verfahren über den Antrag eines Wohnungseigentümers auf Feststellung der Unwirksamkeit des mit dem Verwalter geschlossenen Vertrages hat das OLG Hamm die Beschränkung der Haftung auf Vorsatz und grobe Fahrlässigkeit sowie die zeitliche Begrenzung der Haftung auf den Zeitraum von zwei Jahren nach Beendigung der Verwaltungstätigkeit beanstandet. Das Gericht hat ausgeführt, dass aus der Sicht der Interessenwahrnehmung der Gemeinschaft kein überzeugender Grund dafür zu erkennen ist, einen entgeltlich tätigen, gewerblichen Verwalter durch Haftungsbeschränkung von einer Haftung für Ansprüche der Gemeinschaft aus Vertragsverletzung weitgehend freizustellen (OLG Hamm, NZM 2001, 49, 53).

Ebenso hat das BayObLG für den Fall der Ergänzung eines laufenden Verwaltervertrags entschieden und ausgeführt, dass eine solche Haftungsbeschränkung nicht dem Interesse der Gesamtheit der Wohnungseigentümer entspreche. Es sei kein Grund zu erkennen, einen entgeltlich tätigen, gewerblichen Verwalter durch Beschränkung der gesetzlichen Haftung nach Dauer und Höhe einseitig zu begünstigen (BayObLG NZM 2003, 204).

Vergleiche zum Inhalt des Verwaltervertrags auch Kap. 7.2.3 und 7.2.5.

7.5.3 Verkehrssicherungspflicht

Im Kontext der Verletzung der Verkehrssicherungspflicht stellt sich häufig die Frage der Haftung. Anspruchsgrundlage ist hier eine Haftung aus unerlaubter Handlung gemäß §§ 823 ff. BGB. Grundsätzlich liegt die Verkehrssicherungspflicht bei den Eigentümern. Aufgrund seiner Organstellung ist der Verwalter den Wohnungseigentümern gegenüber verantwortlich für die Einhaltung der Verkehrssicherungspflicht. Dies gilt auch gegenüber Dritten (str. vgl. Niedenführ, WEG, § 27 Rn 114). Ferner haftet der Verwalter, wenn ihm die Verkehrssicherungspflicht durch Verwaltervertrag übertragen wurde, z. B. durch die Formulierung, „alles zu einer ordnungsmäßigen Verwaltung Notwendige zu tun" (OLG Karlsruhe ZMR 2009, 623).

Bei Sondernutzungsrechten

Soweit z. B. bei einem Zuweg zum Grundstück Sondernutzungsrechte bestehen, haftet der Sondernutzungsberechtigte zumindest dann, wenn die Delegation der Verkehrssicherungspflicht aus der Teilungserklärung eindeutig hervorgeht; andernfalls haften die Eigentümer (Gottschalg NZM 2002, 590).

Räum- und Streupflicht

Hat der Verwalter mit der Räum- und Streupflicht einen Hausmeisterdienst beauftragt, so hat er diesen zu beaufsichtigen. Hierbei ist ein strenger Maßstab anzulegen. Gemäß § 831 BGB besteht auch die Haftung für den Verrichtungsgehilfen. Hinzuweisen ist darauf, dass auch in diesen Fällen die Wohnungseigentümer überprüfungspflichtig bleiben.

Spielplätze

Gefahrenträchtig sind auch Kinderspielplätze. Spielgeräte etc. sind regelmäßig zu überprüfen. Drohende Gefahrenherde sind zu beseitigen, z. B. eine Dornenhecke (OLG Frankfurt, Rpfleger 1981, 399).

Beleuchtung

Auch die Beleuchtung der Zuwege oder der Kellerräume ist regelmäßig zu überwachen. Zu kurz eingestellte Beleuchtungsintervalle können zu Schadensersatzansprüchen führen (OLG Zweibrücken, WE 1995, 26).

Herabfallende Bauteile

Eine besondere Haftung besteht gemäß § 836 Abs. 1 BGB für herabfallende Bauteile: Wird durch den Einsturz eines Gebäudes oder durch die Ablösung von Teilen des Gebäudes ein Mensch getötet, der Körper oder die Gesundheit eines Menschen verletzt oder eine Sache beschädigt, so ist der Besitzer des Grundstücks verpflichtet, dem Verletzten den daraus entstehenden Schaden zu ersetzen. Dies gilt, sofern der Einsturz oder die Ablösung die Folge fehlerhafter Errichtung oder mangelhafter Unterhaltung ist. Die Ersatzpflicht tritt nicht ein, wenn der Besitzer zum Zwecke der Abwendung der Gefahr die erforderliche Sorgfalt beachtet hat. Den Verwalter trifft aufgrund seiner Organstellung eine Einstandspflicht gemäß § 838 BGB für den durch die Ablösung von Teilen des verwalteten Gebäudes verursachten Schaden (BGH NJW 1993, 1782). Im Allgemeinen genügt der Verwalter seiner Sorgfaltspflicht, wenn er zuverlässige Fachkräfte mit Instandhaltungsarbeiten und der im gebotenen Umfang erforderlichen Überprüfung betraut (Gottschalg a. a. O.). Gegenüber Dritten haften die Wohnungseigentümer und der Verwalter als Gesamtschuldner gemäß § 840 BGB.

Soweit die Gemeinschaft oder die Wohnungseigentümer Schadensersatzansprüche gegen den Verwalter haben, kann ein einzelner Wohnungseigentümer den Anspruch gegen den Verwalter erst geltend machen, wenn die Gemeinschaft einen entsprechenden Beschluss gefasst hat (BGH NJW 1989, 1091). Dies gilt nicht, wenn ein einzelner Wohnungseigentümer einen Schadensersatzanspruch als Einzelgläubiger gegen den Verwalter geltend macht (BGH NJW 1992, 182). Dies ist z. B. der Fall, wenn ein einzelner Wohnungseigentümer Ansprüche wegen Mietausfalls aufgrund verschleppter Instandhaltungsmaßnahmen geltend macht.

Schadensersatzanspruch gegen Verwalter

Wie ausgeführt, kommt eine Haftung des Verwalters nicht nur gegenüber den Wohnungseigentümern, sondern auch gegenüber Dritten in Betracht, so z. B. bei Verletzung der Verkehrssicherungspflicht. Auch kann sich der Verwalter gegenüber Dritten schadensersatzpflichtig machen, wenn er außerhalb seiner Vertretungsmacht handelt (§ 179 BGB).

Haftung gegenüber Dritten

7.6 Verwaltungsbeirat

Gemäß § 20 Abs. 1 WEG obliegt die Verwaltung des gemeinschaftlichen Eigentums den Wohnungseigentümern nach Maßgabe der §§ 21 bis 25 WEG und dem Verwalter nach Maßgabe der §§ 26 bis 28 WEG. Im Falle der Bestellung eines Verwaltungsbeirats ist auch dieser nach Maßgabe des § 29 WEG verantwortlich. Der Beirat ist also ein Organ der Wohnungseigentümergemeinschaft.

Siehe CD-ROM

7.6.1 Bestellung

Siehe CD-ROM

Gemäß § 29 Abs. 1 S. 1 WEG können die Wohnungseigentümer durch Stimmenmehrheit die Bestellung eines Verwaltungsbeirats beschließen. Durch Vereinbarung in der Teilungserklärung kann aber auch z. B. die Bestellung eines Verwaltungsbeirats auf Dauer ausgeschlossen sein. Enthält die Teilungserklärung/Gemeinschaftsordnung hingegen eine Bestimmung, dass ein Verwaltungsbeirat zu bestellen ist, hat jeder Wohnungseigentümer einen Anspruch auf die Bestellung des Beirats gemäß § 21 Abs. 4 WEG. Ist in der Teilungserklärung nichts geregelt, steht es im Belieben der Wohnungseigentümergemeinschaft, einen Beirat zu bestellen. Eine Verpflichtung besteht dann jedoch nicht.

Stimmenmehrheit

Gemäß § 29 Abs. 1 S. 1 WEG beschließen die Wohnungseigentümer die Bestellung eines Verwaltungsbeirats durch Stimmenmehrheit.

Einzelbeschluss oder Blockwahl?

Umstritten ist, ob die einzelnen Beiratsmitglieder durch einen jeweils eigenen Beschluss zu bestellen sind oder ob es genügt, den Beirat als Ganzes zu wählen („Blockwahl"). Da die Rechtsprechung nicht einheitlich ist, empfiehlt sich die Einzelwahl. Ein Beschluss durch Blockwahl ist nicht nichtig, sondern – falls man der Rechtsmeinung folgt, eine Blockwahl sei unzulässig – nur anfechtbar. Der Wohnungseigentümer, der sich zur Wahl stellt, kann bei der Wahl mitstimmen.

Zeitliche Begrenzung festlegen

Eine Bestellzeit ist im Gesetz nicht bestimmt. Es empfiehlt sich daher, im Beschluss die Bestellung auf eine bestimmte Zeit zu begrenzen. Andernfalls bleibt der Beirat so lange im Amt, bis eine Neuwahl erfolgt. In einer solchen Neuwahl wird die Abberufung des bisherigen Beirats zu sehen sein. Ist eine Dauer nicht vereinbart, kann der Beirat durch Mehrheitsbeschluss jederzeit abberufen werden. Mit dem Ausscheiden aus der Wohnungseigentümergemeinschaft endet auch die Eigenschaft als Beirat.

Aufwendungsersatz regeln

Die Beiratsmitglieder sind ehrenamtlich tätig. Gemäß § 670 BGB besteht ein Anspruch auf Aufwendungsersatz. Hierüber sollte bereits bei Bestellung des Beirats eine Regelung getroffen werden.

7.6.2 Zusammensetzung des Beirats

Gemäß § 29 Abs. 1 S. 2 WEG besteht der Beirat aus einem Wohnungseigentümer als Vorsitzenden und zwei weiteren Wohnungseigentümern als Beisitzern. Da nach § 24 Abs. 3 WEG der Vorsitzende des Beirats oder sein Vertreter unter bestimmten Voraussetzungen eine Eigentümergemeinschaft einberufen kann, empfiehlt es sich, einen Vertreter des Vorsitzenden zu bestimmen. Der Vorsitzende des Beirats kann bereits durch die Wohnungseigentümerversammlung gewählt werden. Es ist aber auch möglich, dass der Beirat den Vorsitzenden anschließend wählt. Gemäß § 29 Abs. 4 WEG wird der Verwaltungsbeirat vom Vorsitzenden nach Bedarf einberufen.

Vorsitzender + zwei Beisitzer

Sowohl von der Bestimmung, dass die Mitglieder des Beirats Wohnungseigentümer sein müssen als auch von der zahlenmäßigen Zusammensetzung kann durch Vereinbarung in der Teilungserklärung/Gemeinschaftsordnung abgewichen werden.

Abweichende Vereinbarung möglich

Werden Nichtmitglieder zum Beirat gewählt oder wird ein Beirat mit mehr oder weniger als drei Mitgliedern gewählt, ist der Beschluss auf Anfechtung hin wegen Verstoßes gegen § 29 Abs. 1 Satz 2 WEG für ungültig zu erklären (BayObLG ZMR 2003, 760). Wird der Beschluss hingegen nicht angefochten, so dürfte der Beschluss wirksam sein. Ein Nichtigkeitsgrund liegt nicht vor.

Scheidet ein Beiratsmitglied aus, ist die Gemeinschaft zur Nachwahl verpflichtet.

Nachwahl

Die Wahl eines Wohnungseigentümers zum Beirat kann dann mit Aussicht auf Erfolg angefochten werden, wenn schwerwiegende Gründe gegen die Person sprechen und zu befürchten ist, dass sie ihr Amt zum Nachteil der übrigen Miteigentümer missbrauchen wird (OLG Köln, NZM 1999, 1156).

Anfechtung der Wahl

7.6.3 Aufgaben und Befugnisse

Die Aufgaben und Befugnisse des Verwaltungsbeirats sind im Gesetz wie folgt geregelt: Gemäß § 29 Abs. 2 WEG unterstützt der Beirat den Verwalter bei Durchführung seiner Aufgaben.

- Der Verwaltungsbeirat kann die Aufgaben und Befugnisse des Verwalters nicht selbst ausüben. Er ist nur unterstützend tätig. Dies gilt insbesondere für die Einhaltung der Hausordnung, für die Vorbereitung der Tagesordnung für die Eigentümerversammlung und für die Abstimmung über Reparatur- und Modernisierungsarbeiten.

- Zur Kontrolle der laufenden Verwaltungstätigkeit ist der Beirat nicht verpflichtet (BayObLG NJW 1972, 1377).

Vertrauens-verhältnis

Ist eine vertrauensvolle Zusammenarbeit zwischen Verwalter und Beirat nicht mehr möglich, kann darin ein wichtiger Grund für die fristlose Kündigung des Verwaltervertrags und die Abberufung des Verwalters liegen. Hierbei ist zu prüfen, wer die Zerstörung der Vertrauensbasis verursacht und verschuldet hat. War dies nicht der Verwalter, sondern der Beirat, so ist den Wohnungseigentümern i. d. R. die Fortsetzung des Vertragsverhältnisses bis zu einer ordentlichen Beendigung durchaus zumutbar (BayObLG NZM 1999, 283).

Vorbereitung der Eigentümer-versammlung

Gemäß § 29 Abs. 3 WEG sollen der Wirtschaftsplan, die Abrechnung über den Wirtschaftsplan, die Rechnungslegung und die Kostenvoranschläge – bevor sie die Wohnungseigentümerversammlung beschließt – vom Verwaltungsbeirat überprüft und mit dessen Stellungnahme versehen werden. Die Stellungnahme des Beirats kann mündlich oder schriftlich noch in der Versammlung abgegeben werden. Zur Ausübung dieses Prüfungsrechts ist der Verwalter zu den entsprechenden Auskünften verpflichtet. Er hat insbesondere auch Einsicht in die Unterlagen zu gewähren. Ein gerichtlich durchsetzbarer Anspruch gegenüber dem Beirat auf Erstellung eines Prüfberichts besteht nicht. Falls der Beirat seiner Prüfungspflicht nicht nachkommt, empfiehlt es sich, ihn abzuwählen. Stellt der Beirat Unregelmäßigkeiten fest, ist er zu Nachforschungen verpflichtet.

Niederschrift abzeichnen

Darüber hinaus hat der Vorsitzende des Beirats oder sein Vertreter die Niederschrift über die Wohnungseigentümerversammlung zu unterschreiben (§ 24 Abs. 6 Satz 2 WEG).

Die Aufgaben und Befugnisse des Beirats können sowohl erweitert als auch beschränkt werden, allerdings nur durch Vereinbarung, üblicherweise in der Teilungserklärung/Gemeinschaftsordnung. Zu beachten ist jedoch, dass dem Beirat keine Aufgaben übertragen werden können, die zwingend dem Verwalter zugeordnet sind (§ 27 Abs. 4 WEG). Durch Vereinbarung, nicht aber durch Mehrheitsbeschluss können Befugnisse der Gemeinschaft auf den Beirat übertragen werden. Auch dies findet seine Grenze dort, wo diese Befugnisse zwingend den Wohnungseigentümern zustehen. *Erweiterung und Beschränkung der Aufgaben*

So kann z. B. die Genehmigung der Jahresabrechnung nicht durch Mehrheitsbeschluss dem Verwaltungsbeirat übertragen werden, ebenso wenig die Bestellung oder Abberufung des Verwalters. Zu trennen ist hiervon ein Beschluss, der den Beirat oder andere Eigentümer beauftragt und bevollmächtigt, den in den Hauptinhalten bereits festgelegten Vertrag mit dem Verwalter abzuschließen oder eine beschlossene Kündigung gegenüber dem Verwalter abzugeben. Ebenso kann der Beirat zur Abnahme des Gemeinschaftseigentums bevollmächtigt werden.

Ob die allgemeine Übertragung des Abschlusses eines Verwaltervertrags auf den Verwaltungsbeirat ohne weitere Vorgaben ordnungsgemäßer Verwaltung entspricht, ist zweifelhaft (vgl. OLG Köln, NZM 2002, 1002). Wird ein derartiger Beschluss jedoch nicht angefochten, so ist ein auf seiner Grundlage abgeschlossener Verwaltervertrag gleichwohl wirksam. Der Vertreter, also der Beirat, bleibt jedoch beim Abschluss des Vertrags an die Grundsätze ordnungsmäßiger Verwaltung gebunden. Bei einem Verstoß hiergegen überschreitet er seine Vertretungsmacht (siehe Kap. 7.2.3). Zur Vermeidung von Haftungsansprüchen gegen den Beirat als vollmachtslosen Vertreter (§ 179 Abs. 2 BGB) liegt es daher auch im Interesse des Beirats, dass die Wohnungseigentümer über die Eckdaten des Vertrags beschließen. *Abschluss eines Verwaltervertrags*

7.6.4 Haftung des Beirats

Die Tätigkeit des Verwaltungsbeirats ist durchaus haftungsträchtig. Zwischen Wohnungseigentümern und Beirat besteht ein Auftrags- *Haftungsmaßstab* verhältnis im Sinne des § 662 BGB. Verletzt der Beirat seine Verpflichtungen schuldhaft, haftet er für den dadurch verursachten Schaden. Haftungsmaßstab ist die im Geschäftsverkehr erforderliche Sorgfalt. Werden Wohnungseigentümer aufgrund ihrer beruflichen Tätigkeit (Architekt, Steuerberater oder Rechtsanwalt) bestellt, so ist der entsprechende berufsübliche Haftungsmaßstab zugrunde zu legen.

Vermögensschadenhaftpflichtversicherung

Bei der Übernahme von Zusatzaufgaben (z. B. Überwachung größerer Modernisierungsarbeiten) sollte der Beirat darauf bestehen, dass auf Kosten der Wohnungseigentümergemeinschaft eine Vermögensschadenhaftpflichtversicherung abgeschlossen wird. Des Weiteren soll die Beschränkung der Haftung auf Vorsatz und grobe Fahrlässigkeit im Beschluss, der den Beirat zu der entsprechenden Tätigkeit ermächtigt, zulässig sein (Müller Rdn. 1140).

Anspruch auf Entlastung?

Ebenso wenig wie der Verwalter hat auch der Verwaltungsbeirat einen Anspruch auf Entlastung. Ein Mitglied, das sich für den Beirat bewirbt, sollte daher darauf achten, dass bei der Bestellung auch beschlossen wird, dass der Beirat einen Anspruch auf Entlastung hat, sofern die Voraussetzungen hierfür gegeben sind (Müller Rdn. 1140). Bei Abstimmung über die Entlastung ist der Beirat nicht stimmberechtigt, auch nicht mit ihm erteilten Vollmachten (OLG Zweibrücken, NZM 2002, 345).

Ein Entlastungsbeschluss entspricht nicht ordnungsmäßiger Verwaltung, wenn Haftungsansprüche gegen die Mitglieder des Beirats im Zusammenhang mit der Prüfung von Jahresabrechnungen/Wirtschaftsplan möglich erscheinen. Dies ist z. B. der Fall, wenn der Verwaltungsbeirat bei der Prüfung der Jahresabrechnung auf die Kontrolle der Kontenbelege verzichtet (OLG Düsseldorf, ZMR 1998, 104) oder wenn die vom Beirat geprüfte Abrechnung fehlerhaft ist und geändert werden muss (BGH WuM 2010, 178, s. hierzu auch Kap. 4.8).

8 Die vermietete Eigentumswohnung

Wohnungseigentümer, die ihre Wohnung selbst nutzen, haben „nur" die Vorschriften des WEG sowie die zwischen den Wohnungseigentümern getroffenen Vereinbarungen (z. B. der Teilungserklärung oder Gemeinschaftsordnung) zu beachten. Wohnungseigentümer, die ihre Wohnung vermieten, müssen zusätzlich die Vorschriften des Mietrechts einschließlich der zugehörigen Rechtsprechung beachten.

Mietrecht und Rechtsprechung beachten

Probleme bereitet in der Praxis vor allem der Umstand, dass die beiden Rechtsgebiete – WEG und Mietrecht – nicht aufeinander abgestimmt und von unterschiedlichen Rechtsgedanken geprägt sind. Während der Gesetzgeber beim Wohnungseigentumsgesetz davon ausgeht, dass sich die Beteiligten „auf gleicher Augenhöhe" begegnen, sind das Mietrecht und seine Rechtsprechung zunehmend vom Gedanken des Mieterschutzes geprägt. Gesetzgeber und Rechtsprechung unterstellen hier, der Mieter sei immer der sozial Schwächere.

WEG und Mietrecht nicht aufeinander abgestimmt

Notwendige Anpassungen von mietvertraglichen Vereinbarungen (z. B. über die Tierhaltung) an geänderte Verhältnisse in der Wohnungseigentumsanlage stoßen daher in der Praxis oftmals auf erhebliche Schwierigkeiten. Regelungen zu Problemen, die sich für den Wohnungseigentümer aufgrund des Mietverhältnisses mit anderen Wohnungseigentümern in der Anlage ergeben, sind in den mietrechtlichen Bestimmungen nicht enthalten. Die Lösung wird – wie so oft – der Rechtsprechung überlassen.

Daran hat auch die am 01.09.2001 in Kraft getretene Mietrechtsreform nichts geändert, mit der ein „modernes" Mietrecht geschaffen werden sollte. Offensichtlich ging der Gesetzgeber auch noch im Jahr 2001 vom althergebrachten Bild des klassischen Mietshauses

Mietrechtsreform

aus, dessen Mieter alle denselben Vermieter haben, der in seinem Haus schalten und walten kann, ohne auf andere Eigentümer bzw. irgendwelche Beschlüsse Rücksicht nehmen zu müssen.

Beispiele: Widersprüchliche Regelungen in Mietrecht und WEG

- § 536a Abs. 2 BGB bestimmt, dass der Mieter einen Mangel der Mietsache selbst beseitigen und vom Vermieter Ersatz der erforderlichen Aufwendungen verlangen kann, wenn der Vermieter mit der Mangelbeseitigung in Verzug ist. In einer Wohnungseigentumsanlage ist aber der Mieter – ebenso wie der Vermieter – zur Selbstbeseitigung gar nicht berechtigt, wenn der Mangel nicht im Bereich des Sondereigentums, sondern im Bereich des Gemeinschaftseigentums liegt (z. B. Erneuern von alten, blind gewordenen Isolierglasscheiben, Behebung der Undichtigkeit von Außenfenstern) und das Einverständnis der Eigentümergemeinschaft nicht vorliegt.

- Geht es um die Frage, ob der Mieter zur Duldung einer Modernisierungsmaßnahme (z. B. Erneuerung der Außenfenster) verpflichtet ist, müssen bei der erforderlichen Interessenabwägung – auch nach der Neufassung der Vorschrift – zwar die Interessen „anderer **Mieter** in dem Gebäude" berücksichtigt werden, nicht aber die Interessen der anderen Eigentümer im Gebäude (§ 554 Abs. 2 BGB n. F.).

Eigentumsanlagen statt Mietshäuser

Die Realität sieht inzwischen völlig anders aus: Mietshäuser werden praktisch keine mehr gebaut. Ihr Bestand ist sogar rückläufig, da sie häufig in Eigentumswohnungen umgewandelt und diese dann an eine Vielzahl von Eigentümern verkauft werden. Auch im Neubaubereich werden fast ausschließlich Wohnungseigentumsanlagen erstellt, in denen nur selten ein Eigentümer mehrere Wohnungen erwirbt. Der Mieter einer solchen Wohnung hat daher in der Regel einen anderen Vermieter als seine Wohnungsnachbarn.

Mehrere Rechtsverhältnisse

Der Vermieter einer Eigentumswohnung ist somit in der Regel mit mehreren Rechtsverhältnissen konfrontiert: einerseits zu seinem Mieter, andererseits zu den anderen Wohnungseigentümern bzw. der Hausverwaltung und nicht zuletzt zu den Mietern der anderen Wohnungseigentümer, da auch diese „sein" Gemeinschaftseigentum (z. B. Lift, Treppenhaus) benutzen, für das er mitbezahlen muss. Diese komplexe Situation wirft in der Praxis zahlreiche Rechts- und

Streitfragen auf, mit denen sich – aufgrund fehlender Regelungen sowie der zunehmenden Zahl vermieteter Eigentumswohnungen – immer häufiger auch die Gerichte beschäftigen müssen. Die nachfolgende Darstellung zeigt, welche Sachverhalte in der Praxis am häufigsten zu Problemen führen, welche Rechtsfolgen sich daraus ergeben und wie solche Probleme gelöst oder vermieden werden können.

8.1 Gestaltung des Mietvertrags

Die Rechte und Pflichten von Wohnungseigentümern gegenüber der Gemeinschaft bestimmen sich insbesondere nach dem Wohnungseigentumsgesetz, der Teilungserklärung/Gemeinschaftsordnung sowie aus den Beschlüssen der Eigentümergemeinschaft. Die Rechte und Pflichten von Mietern gegenüber dem Vermieter richten sich dagegen nach den mietrechtlichen Vorschriften sowie den vertraglichen Vereinbarungen im Mietvertrag und in der Hausordnung.

Probleme treten in der Praxis insbesondere dann auf, wenn der Wohnungseigentümer bei Abschluss des Mietvertrags nicht darauf geachtet hat, die Rechte seines Mieters durch entsprechende Gestaltung des Vertrags auf den Umfang seiner Rechte gegenüber der Eigentümergemeinschaft zu beschränken. Das heißt, der Eigentümer erlaubt seinem Mieter unter Umständen mehr, als er selbst darf.

Beschränkung auf die Rechte des Vermieters

Beispiele für widersprüchliche Regelungen

- In der Wohnanlage ist durch Vereinbarung der Wohnungseigentümer bzw. durch nicht angefochtenen Mehrheitsbeschluss die Haltung von Hunden verboten. Einem Eigentümer, der die Wohnung erst erworben hat, ist dieser Beschluss, der auch aus dem Grundbuch nicht ersichtlich ist, nicht bekannt. Er erlaubt dem Mieter die Haltung eines Hundes.

- Dem Mieter mit ausländischer Staatsangehörigkeit wird zum Empfang von Heimatsendern die Montage einer Parabolantenne erlaubt, obwohl die Eigentümergemeinschaft das Anbringen von zusätzlichen Antennen durch Beschluss untersagt hat. Gleiches gilt z. B. auch für die Musikausübung in der Wohnung oder die Nutzung von Freiflächen (z. B. zum Abstellen von Fahrzeugen).

- Dem Mieter wird eine Wohnung als Büro oder – umgekehrt – das in der Teilungserklärung als „Büro" bezeichnete Teileigentum als Wohnung oder als Arztpraxis vermietet (vgl. OLG München, Urteil v. 27.4.2005, 3 U 4087/04; BayObLG ZWE 2000, 122).

In den oben genannten Fällen können die anderen Wohnungseigentümer sowohl gegen den Eigentümer/Vermieter als auch gegen den (störenden) Mieter vorgehen.

Eigentümer können Unterlassung verlangen

Vom Vermieter können die Wohnungseigentümer Unterlassung der vertragswidrigen Nutzung verlangen und ggf. vor dem Wohnungseigentumsgericht auf Unterlassung klagen. Aus der Entscheidung kann zwar grundsätzlich durch Festsetzung eines Ordnungsgeldes vollstreckt werden, wenn der Eigentümer der Entscheidung nicht nachkommt (§ 890 ZPO). Nachdem der Eigentümer jedoch trotz des Unterlassungsanspruchs der Eigentümergemeinschaft nicht zur Kündigung des Mietverhältnisses berechtigt ist (BGH, NJW 1996, 714) und die Verhängung des Ordnungsgeldes ein schuldhaftes Verhalten des Eigentümers voraussetzt, das wiederum nicht gegeben ist, wenn der Eigentümer alles getan hat, um den Mieter zur Unterlassung bzw. zu Räumung zu veranlassen, geht ein Vorgehen gegen den Eigentümer häufig ins Leere.

Ferner hat das wohnungseigentumsrechtliche Verfahren gegen den Vermieter für das Verfahren vor dem Zivilgericht gegen den Mieter keinerlei Bindungswirkung.

Mieter zur Unterlassung verpflichten

Zulässig und effektiver ist es daher, den (störenden) Mieter selbst auf Unterlassung vor dem zuständigen Zivilgericht in Anspruch zu nehmen (§ 1004 BGB). Allerdings kann der Mieter dann gegenüber seinem Vermieter die Zahlung der Miete verweigern, das Mietverhältnis wegen Vorliegen eines Rechtsmangels und dementsprechend wegen Nichtgewähren des vertragsgemäßen Gebrauchs fristlos kündigen (§ 543 Abs. 2 Nr. 1 BGB) und vom Vermieter Schadenersatz wegen Nichterfüllung, d. h. Ersatz des Kündigungsfolgeschadens, verlangen. Dies gilt für den Fall, dass z. B. ein anderer Wohnungseigentümer den Mieter unter Androhung gerichtlicher Schritte auffordert, die mietvertraglich vereinbarte Nutzung der Wohnung zu bestimmten Zwecken wegen Verstoßes gegen die Teilungserklärung zu unterlassen (so OLG Düsseldorf, Urteil v. 8.7.1998, 10 U 159/97; BGH, Beschluss v. 24.1.2001, XII ZR 213/98, ZMR 2001, 344).

Tipp: Gründliche Information im Vorfeld

Vor Abschluss des Mietvertrags sollte sich der Wohnungseigentümer umfassend über die zulässige Nutzung des Sondereigentums sowie über die Beschlüsse der Eigentümergemeinschaft informieren. Bei der Ausgestaltung des Mietvertrags ist darauf zu achten, durch entsprechende Vereinbarungen einen „Gleichlauf" herzustellen zwischen den Rechten und Pflichten des Vermieters gegenüber der Eigentümergemeinschaft und den Rechten und Pflichten gegenüber dem künftigen Mieter.

Dementsprechend sollte im Mietvertrag zum Ausdruck kommen, dass die Benutzung des Gemeinschaftseigentums durch den Mieter auf die dem Vermieter zustehenden Rechte beschränkt ist.

Ferner sollte der Mietvertrag eine Klausel enthalten, wonach die Bestimmungen der Gemeinschaftsordnung und die Beschlüsse der Wohnungseigentümer wesentlicher Bestandteil des Mietvertrags sind. Zur Sicherstellung sollten entsprechende Abschriften als Anlage fest mit dem Mietvertrag verbunden werden.

Beschlüsse und Gemeinschaftsordnung anheften

Außerdem sollte der Mietvertrag auch eine Regelung für den Fall vorsehen, dass sich die Rechtslage in der Eigentümergemeinschaft aufgrund von Beschlüssen ändert. Diese können häufig auch mehrheitlich, d. h. auch gegen die Stimme des betroffenen Wohnungseigentümers bzw. dessen Mieters erfolgen. Die Änderungen haben zunächst grundsätzlich keine Auswirkung auf das bestehende Mietverhältnis, d. h. Beschränkungen der Eigentümerrechte (z. B. Tierhaltung) in der Anlage bewirken nicht gleichzeitig eine entsprechende Beschränkung der Mieterrechte. Daher kann der Mieter trotz Beschlusses der Eigentümergemeinschaft, z. B. auf dem ihm vertraglich eingeräumten Recht zur Tierhaltung oder zu baulichen Änderungen (Montage einer Parabolantenne, Anbringen einer Markise), bestehen. Für den Fall, dass ihn die Eigentümergemeinschaft auf Unterlassung in Anspruch nimmt, kann er bei seinem Vermieter Mietminderung geltend machen oder Schadenersatz verlangen.

Änderungs-
vorbehalt

Diese unerwünschten Folgen können durch einen mietvertraglichen Änderungsvorbehalt ausgeschlossen werden. Wirksam ist ein Änderungsvorbehalt, wenn er in Formularform (z. B. vorgedruckt) erfolgt, allerdings nur dann, wenn die Änderung für den Mieter unter Abwägung der beiderseitigen Interessen zumutbar ist (§ 308 Nr. 4 BGB). Dies ist dann der Fall, wenn lediglich bereits bestehende Verpflichtungen des Mieters konkretisiert werden (z. B. Festlegung bestimmter Ruhezeiten im Haus), nicht aber bei Begründung neuer Pflichten des Mieters (z. B. zur Treppenreinigung). Gleiches gilt für die Beschränkung wesentlicher Mieterrechte (z. B. Tierhaltung). Solche Rechte können nicht durch einen Änderungsvorbehalt in Formularform, sondern nur durch einen individuell vereinbarten wieder beseitigt werden.

> **Achtung: Änderungsvorbehalt in Mietvertrag aufnehmen**
> Werden dem Mieter im Mietvertrag ausdrücklich Rechte eingeräumt (z. B. zur Haltung bestimmter Tiere, Anbringen von Blumenkästen am Balkon, Montage einer Markise oder Parabolantenne, Benutzung von Freiflächen zum Abstellen von Fahrzeugen oder Fahrrädern u. Ä.), sollte gleichzeitig auch ein klarer und individuell formulierter, d. h. auf die eingeräumten Rechte Bezug nehmender Änderungsvorbehalt aufgenommen werden. Danach sind diese Rechte im Falle eines widersprechenden bzw. entgegenstehenden oder einschränkenden Beschlusses der Eigentümergemeinschaft widerruflich.

8.2 Jahresabrechnung über Wohngeld und Betriebskosten

Siehe CD-ROM

Die Wohnungseigentümer sind verpflichtet, die im Wirtschaftsplan festgelegten Wohngeldvorschüsse zu leisten (§ 28 Abs. 2 WEG). Über die Vorschüsse muss der Verwalter jährlich abrechnen (§ 28 Abs. 3 WEG). Der jeweilige Wohnungseigentümer muss dann gegenüber seinem Mieter über die von diesem geleisteten Betriebskostenvorauszahlungen abrechnen.

Probleme
in der Praxis

Infolge der unterschiedlichen Kostenpositionen beim Wohngeld einerseits und bei den Betriebskosten andererseits sowie der unterschiedlichen Abrechnungsgrundsätze im Wohnungseigentumsrecht und Mietrecht ergeben sich in der Praxis folgende Problemkreise:

- Differenzen bei den umlegbaren Kosten
- Unterschiedliche Abrechnungsarten (Abfluss-/Leistungsprinzip)
- Verschiedenartige Abrechnungszeiträume und -fristen
- Unterschiedliche Abrechnungsmaßstäbe (Verteilerschlüssel)

> **Achtung: Nur Betriebskosten auf den Mieter umlegen**
> Der Vermieter darf auf den Mieter vertraglich nur solche Kosten umlegen, die unter den Begriff der „Betriebskosten" i. S. d. Betriebskostenverordnung fallen. Die Umlage erfordert eine klare und eindeutige Vereinbarung. Ausreichend ist jedoch die Verweisung auf den Betriebskostenkatalog der Betriebskostenverordnung. Eine zusätzliche Erläuterung oder Beifügung dieses Katalogs ist für eine wirksame Umlage zwar nicht erforderlich, aber zur Information des Mieters und zur Vermeidung von Rückfragen durchaus sinnvoll.

Nicht zu den Betriebskosten gehören:

Was nicht zu den Betriebskosten zählt

- Verwaltungskosten, d. h. die Kosten der zur Verwaltung des Gebäudes erforderlichen Arbeitskräfte und Einrichtungen, die Kosten der Aufsicht, der Wert der vom Vermieter persönlich geleisteten Verwaltungsarbeit, die Kosten für die gesetzlichen oder freiwilligen Prüfungen des Jahresabschlusses und die Kosten für die Geschäftsführung (§ 1 Abs. 2 Nr. 1 BetrKV)
- Instandhaltungs- und Instandsetzungskosten, d. h. die Kosten, die während der Nutzungsdauer zur Erhaltung des bestimmungsmäßigen Gebrauchs aufgewendet werden müssen, um die durch Abnutzung, Alterung und Witterungseinwirkung entstehenden baulichen oder sonstigen Mängel ordnungsgemäß zu beseitigen (§ 1 Abs. 2 Nr. 2 BetrKV).

Diese Kosten sind jedoch in der Regel in der Wohngeldabrechnung enthalten, dürfen aber in der Betriebskostenabrechnung gegenüber dem Mieter nicht angesetzt werden.

Wenn nicht umlagefähige Kosten enthalten sind

Schwieriger wird es, wenn solche Kosten in grundsätzlich umlegbaren Positionen der Wohngeldabrechnung enthalten sind. Sind z. B. in den Kosten des Aufzugs wegen eines Vollwartungsvertrags nicht nur Wartungs-, sondern auch Reparaturkosten enthalten oder erledigt der Hausmeister auch Verwaltungsarbeiten (z. B. Wohnungsabnahmen), müssen diese Positionen (Aufzug bzw. Hausmeister) vor Einstellung in die Betriebskostenabrechnung anteilig gekürzt werden. Gleiches gilt für Kosten von Feuerlöschgeräten, Müllschluckern, Dachrinnenreinigung, Gemeinschaftseinrichtungen (Sauna, Schwimmbad, Hobbyraum) etc. Solche Kosten gehören zu den „sonstigen Kosten" i. S. d. § 2 Nr. 17 BetrKV und sind nur dann umlagefähig, wenn der Kostengegenstand im Mietvertrag genau bezeichnet ist. Nicht ausreichend ist die pauschale Anführung von „sonstigen Betriebskosten" (BGH, Urteile v. 7.4.2004, VIII ZR 146/03, WuM 2004, 292 und VIII ZR 167/03, WuM 2004, 290).

> **Achtung: Wohngeldabrechnung genau prüfen**
>
> Bei Erstellung der Betriebskostenabrechnung ist daher zu prüfen, welche Positionen der Wohngeldabrechnung in welchem Umfang in die Betriebskostenabrechnung gemäß den mietvertraglichen Vereinbarungen eingestellt werden dürfen.

Abfluss- und Leistungsprinzip

Nach einem neuen Urteil des BGH vom 20.02.2008 (VIII ZR 49/07) muss der Vermieter die Betriebskosten – entgegen der überwiegenden Auffassung der Mietgerichte – nicht mehr zwingend nach dem sog. Leistungsprinzip abrechnen, sondern darf sie auch nach dem sog. Abflussprinzip ansetzen. Damit gelten im Mietrecht grundsätzlich dieselben Abrechnungsgrundsätze wie im Wohnungseigentumsrecht, da auch in der Wohngeldabrechnung die Kosten i. d. R. nach dem Abflussprinzip angesetzt werden (so z. B. BayObLG v. 10.07.1998, 2 ZBR 49/98, NZM 1999, 133).

Beim Abflussprinzip (Ausgabenrechnung) sind die im Abrechnungszeitraum getätigten Zahlungen anzusetzen unabhängig davon, ob die zugrunde liegenden Leistungen im Abrechnungszeitraum auch verbraucht bzw. in Anspruch genommen wurden. Beim Leistungsprinzip dürfen nur die Kosten angesetzt werden, die im Abrechnungszeitraum auch tatsächlich verbraucht bzw. in Anspruch genommen wurden.

Beispiel: Versicherungsprämie

Eine Versicherungsprämie (z. B. für die Feuerversicherung) für den Zeitraum vom 1.10. bis 30.9. des Folgejahres ist im Voraus jeweils am 1.10. d. J. zur Zahlung fällig. Am 1.10.2006 (für 1.10.2006 bis 30.9.2007) betrug die Prämie € 300,-. Ab 1.10.2007 (für 1.10.2007 bis 30.9.2008) hat sich die Prämie auf € 350,- erhöht.

- Beim Abflussprinzip (Wohngeldabrechnung gegenüber dem Eigentümer) kann in die Abrechnung des Kalenderjahres 2007 die neue erhöhte, am 1.10.2007 fällige Prämie von € 350,- angesetzt werden, da diese im Jahr 2007 gezahlt wurde.

- Beim Leistungsprinzip (Betriebskostenabrechnung für das Kalenderjahr 2007 an den Mieter) muss differenziert werden: Für den Zeitraum 1.1.2007 bis 30.9.2007 muss noch die alte Prämie anteilig angesetzt werden. Die neue erhöhte Prämie darf anteilig nur für den Zeitraum 1.10.2007 bis 31.12.2007 angesetzt werden.

Gleiches gilt für sämtliche anderen Betriebskostenpositionen (z. B. Wasser, Abwasser, Kaminkehrer), bei denen sich Abrechnungs- und Verbrauchs-/Leistungszeitraum nicht decken; so z. B. auch für Zahlungen, die der Verwalter noch am Ende eines Kalenderjahres im Voraus für das nachfolgende Kalenderjahr gezahlt hat. Da der Verwalter ohne gesonderte Vereinbarung nicht verpflichtet ist, für eine vermietete Wohnung eine Einzeljahresabrechnung zu erstellen, die unverändert als wirksame Betriebskostenabrechnung gegenüber dem Mieter verwendet werden kann (so z. B. BayObLG, Beschluss v. 4.4.2005, 2 ZBR 198/04, WuM 2005, 480), bringt das neue BGH-Urteil für vermietende Wohnungseigentümer eine wesentliche Erleichterung bei der Betriebskostenabrechnung. Der Vermieter darf nunmehr gegenüber dem Mieter auch nach dem Abflussprinzip abrechnen und kann dem Mieter die Kosten in Rechnung stellen, mit denen er vom Leistungserbringer bzw. vom Verwalter im Abrechnungszeitraum belastet worden ist. Zum Beispiel darf der Vermieter die an einen Wasserversorger geleisteten Zahlungen anteilig auf den Mieter umlegen, auch wenn die Zahlungen zum Teil noch für den Wasserverbrauch des Vorjahres bestimmt waren. Den Vorschriften der §§ 556 ff. BGB ist nämlich nicht zu entnehmen, dass der Gesetzgeber den Vermieter auf eine bestimmte zeitliche Zuordnung der Betriebskosten festlegen wollte.

Der Vermieter muss somit nicht den Gesamtverbrauch zum Jahresende ablesen oder schätzen und die Abrechnungen des Wasserversorgers auf die einzelnen Kalenderjahre aufteilen. Der damit verbundene zusätzliche Aufwand ist für den Vermieter nicht zumutbar und wird von den schutzwürdigen Interessen des Mieters auch nicht gefordert.

Offen: Verfahren bei Mieterwechsel

Offen gelassen hat der BGH die Frage, ob der Vermieter in besonders gelagerten Ausnahmefällen (z. B. bei einem Mieterwechsel) nach Treu und Glauben (§ 242 BGB) gehindert sein könnte, die Betriebskosten nach dem Abflussprinzip abzurechnen (BGH, Urteil v. 20.2.2008, VIII ZR 49/07).

Abrechnungszeitraum

Unproblematisch ist i. d. R. der Abrechnungszeitraum. Im Bereich des Wohnungseigentumsrechts ist das Wirtschaftsjahr das Kalenderjahr (§ 28 Abs. 3 WEG). Im Mietrecht gibt es keine zwingenden gesetzlichen Regelungen, sodass als Abrechnungszeitraum für die Betriebskostenabrechnung ebenfalls das Kalenderjahr vereinbart und damit der Regelung im WEG angepasst werden kann.

Frist für Betriebskostenabrechnung: ein Jahr

Seit Inkrafttreten der Mietrechtsreform am 01.09.2001 ist dem Mieter die Abrechnung über die von ihm geleisteten Betriebskostenvorauszahlungen spätestens bis zum Ablauf des 12. Monats nach Ende des Abrechnungszeitraums mitzuteilen (§ 556 Abs. 3 S. 2 BGB). Nach Ablauf dieser Frist ist die Geltendmachung einer Nachforderung durch den Vermieter ausgeschlossen, es sei denn, der Vermieter hat die verspätete Geltendmachung nicht zu vertreten, z. B. weil ihm noch keine Belege vorliegen (sog. Ausschlussfrist, § 556 Abs. 3 S. 3 BGB).

Keine gesetzliche Frist für Wohngeldabrechnung

Der Vermieter kann gegenüber dem Mieter aber erst abrechnen, wenn ihm die Wohngeldabrechnung der Verwaltung vorliegt. Für diese Abrechnung existieren keine gesetzlichen Fristen. Der Verwalter ist jedoch nach herrschender Meinung verpflichtet, spätestens sechs Monate nach Beendigung des Wirtschaftsjahres abzurechnen (so BayObLG, NJW-RR 1990, 659 sowie Bielefeld, Der Wohnungs-eigentümer – Ratgeber zum Wohnungseigentum, 7. Auflage, Haus und Grund Deutschland: Berlin 2003).

Strittig ist insofern, ob eine verspätete Abrechnung des Verwalters dem Vermieter zuzurechnen ist, d. h. der Vermieter für die Verspätung einzustehen hat. Nach überwiegender Meinung kann der WEG-Verwalter, der nicht zugleich Verwalter des Sondereigentums ist, nicht als Erfüllungsgehilfe (§ 278 BGB) der einzelnen Eigentümer angesehen werden (so Drasdo, NZM 2004, 374). Eine verspätete Abrechnung des Verwalters ist dem Vermieter daher jedenfalls dann nicht zuzurechnen, wenn er sich nachdrücklich um die Vorlage der WEG-Abrechnung bemüht hat.[2] In diesem Fall ist der Mieter zur Zahlung von Nachforderungen, die sich aus der Abrechnung ergeben, verpflichtet.

Der Vermieter/Eigentümer kann nach herrschender Meinung grundsätzlich nicht bereits auf Grundlage der Jahresabrechnung des Verwalters, die dieser den Eigentümern zur Vorbereitung der Eigentümerversammlung übermittelt hat, abrechnen, da es sich hierbei nur um eine Beschlussvorlage mit nur vorläufigem Charakter handelt, die zur Bestimmung des Guthabens des Mieters bzw. von Nachforderungen des Vermieters nicht geeignet ist.[3] Danach kann der Eigentümer/Vermieter über die Betriebskosten frühestens nach Beschluss der Eigentümergemeinschaft über die Wohngeldabrechnung des Verwalters abrechnen.

Nicht aufgrund der vorläufigen Abrechnung mit dem Mieter abrechnen

Insofern ist strittig, ob der Eigentümer/Vermieter auch noch abwarten muss, bis der Beschluss über die Gesamt- und Einzelabrechnung bestandskräftig ist (§ 28 Abs. 5 WEG). So z. B. OLG Düsseldorf (Urteil v. 23.3.2000, ZMR 2000, 453) mit der Begründung, dass erst

Muss Bestandskraft abgewartet werden?

---

[2] Langenberg, Betriebskostenrecht, 3. A G RN 85; Sternel, ZMR 2001, 940; ggf. muss der Eigentümer auf Erteilung der Abrechnung klagen – so Börstinghaus-Eisenschmidt, Arbeitskommentar, Neues Mietrecht 2001, 556; a. A.: Gies, NZM 2005, 514; Münstermann-Schlichtmann, Festschrift für Deckert, 2002, S. 271; Riecke, WuM 2003, 309.

[3] OLG Düsseldorf, NZM 2001, 48; Langenberg, NZM 2004, 362; a. A.: LG Itzehoe, ZMR 2003, 38; Drasdo, DWW 2001, 13.

dann die konkrete Betriebskostenbelastung des Eigentümers endgültig feststeht. Dagegen ist das LG Itzehoe (Urteil v. 19.9.2002, 4 S 61/02, ZMR 2003, 38) der Auffassung, dass ein wirksamer Beschluss der Eigentümergemeinschaft keine rechtliche Voraussetzung für eine Abrechnung gegenüber dem Mieter darstellt, da gem. § 27 Abs. 1 II. BV die tatsächlich entstandenen Betriebskosten in die Abrechnung einzustellen sind. Tatsächlich entstehen Betriebskosten bei Wohnungseigentum aber bereits mit der Tätigung von Ausgaben, d. h. schon bevor mit Beschluss nach § 28 Abs. 5 WEG eine Zahlungspflicht der Wohnungseigentümer festgestellt wird. Müsste erst die Bestandskraft des Beschlusses abgewartet werden, könnte bei einem langwierigen Rechtsstreit u. U. erst nach mehreren Jahren abgerechnet und das errechnete Saldo ausgezahlt werden.

Anfechtungsfrist abwarten

Praxisgerecht ist es daher, dem Vermieter die Abrechnung auch dann nach dem Beschluss der Eigentümerversammlung zu gestatten, wenn dieser angefochten wurde. Der Vermieter sollte den Mieter jedoch auf diesen Umstand hinweisen, um nicht wegen Vertrauensschutzgesichtspunkten etwaige Nachforderungen zu verlieren. Empfehlenswert ist aber, die Anfechtungsfrist von einem Monat (§ 23 Abs. 3 S. 2 WEG) vor Erteilung der Abrechnung abzuwarten. Die Ausschlussfrist des § 556 Abs. 3 S. 3 BGB steht einer späteren Korrektur und einem dadurch ggf. höheren Saldo zulasten des Mieters nicht entgegen, weil der Vermieter die verspätete zutreffende Abrechnung nicht zu vertreten hat (so Langenberg, a. a. O.).

Folgt man der Auffassung, dass der Eigentümer/Vermieter über die Betriebskosten erst nach Vorliegen des Beschlusses über die Wohngeldabrechnung abrechnen kann, haftet der Verwalter für alle Nachteile, die einem Eigentümer/Vermieter wegen einer verspätet vorgelegten Abrechnung entstehen.

Auf gleiche Verteilerschlüssel achten

Schwierigkeiten entstehen dem Vermieter bei der Betriebskostenabrechnung häufig auch, weil er bei Abschluss des Mietvertrags nicht auf eine Kongruenz der Umlagemaßstäbe (Verteilerschlüssel) geachtet hat, d. h. mit dem Mieter nicht denselben Umlagemaßstab vereinbart hat, der auch zwischen den Wohnungseigentümern gilt. Eine Verteilung der Betriebskosten nach Miteigentumsanteilen ist z. B.

dann unzulässig, wenn im Mietvertrag eine Verteilung der Betriebskosten nach der Nutzfläche vereinbart ist. Dies gilt selbst dann, wenn die Hausverwaltung gegenüber den Wohnungseigentümern nach Miteigentumsanteilen abrechnet (so LG München I, Urteil v. 17.4.2002, 14 S 17240/01, ZMR 2003, 431).

> **Achtung: Maßstab aus Teilungserklärung übernehmen**
> Bestimmt die Teilungserklärung eine Verteilung der Kosten und Lasten nach dem Verhältnis der Miteigentumsanteile, sollte dieser Maßstab daher auch im Mietvertrag ausdrücklich vereinbart werden.

Im Hinblick auf das BGH-Urteil v. 26.5.2004 (VIII ZR 169/03, WuM 2004, 403), wonach eine solche Vereinbarung auch für Betriebskosten gilt, die sich der Wohnung konkret zuordnen lassen (z. B. Grundsteuer bei Eigentumswohnungen, durch Zähler erfasste Betriebskosten), sollte in den Mietvertrag zusätzlich eine Regelung aufgenommen werden, wonach solche Betriebskosten vom vereinbarten Umlagemaßstab (Miteigentumsanteile) ausgenommen sind und mit ihrem konkreten Betrag in der Betriebskostenabrechnung angesetzt werden.

Eine mietvertragliche Vereinbarung, die Betriebskosten nach dem Verhältnis der Miteigentumsanteile umzulegen, ist zulässig (OLG Braunschweig, WuM 1999, 173; OLG Hamm, WuM 1981, 62). Dies gilt grundsätzlich selbst dann, wenn die Miteigentumsanteile nicht entsprechend der Wohnflächenanteile gebildet worden sind (LG Düsseldorf, DWW 1988, 210). Eine Ausnahme besteht nur dann, wenn dieser Maßstab offenbar unbillig ist, z. B. weil die Miteigentumsanteile nach dem für die einzelne Wohnung erforderlichen Kostenaufwand erstellt worden sind oder die Miteigentumsanteile unter Berücksichtigung von Sondernutzungsflächen gebildet wurden und dem Mieter nicht das gesamte Sondereigentum einschließlich der Sondernutzungsflächen vermietet worden ist (Schmidt-Futterer/Langenberg, Mietrecht, § 556a BGB, RN 31; Lützenkirchen, ZWE 2003, 99, 115).

Schlüssel nach Miteigentumsanteilen zulässig

Änderung des Verteilerschlüssels

Wird der Verteilerschlüssel durch Beschluss der Eigentümergemeinschaft geändert, kann auch der einzelne Wohnungs- bzw. Teileigentümer gegenüber seinem Mieter einen Anspruch auf entsprechende Änderung des Verteilerschlüssels nach den Grundsätzen von Treu und Glauben (§ 242 BGB) haben, da die Geschäftsgrundlage, die der mietvertraglichen Vereinbarung des Verteilerschlüssels zugrunde lag, entfallen ist (OLG Frankfurt/M., Urteil v. 12.3.2003, 7 U 50/02, ZMR 2004, 182). Allerdings ist die Änderung nur für die Zukunft möglich, nicht aber für bereits abgelaufene Abrechnungsperioden. Die Änderung des Verteilerschlüssels muss dem Mieter vorweg vor Beginn der Abrechnungsperiode mitgeteilt werden. Eine nachträgliche Mitteilung nur im Rahmen der Nebenkostenabrechnung ist nicht zulässig (OLG Frankfurt, a. a. O.).

8.3 Behebung von Mängeln am Gemeinschaftseigentum

Bei Vermietung einer Eigentumswohnung gehören zur Mietsache i. S. d. § 535 BGB nicht nur die im Sondereigentum des Vermieters stehenden Räumlichkeiten, sondern auch Teile des Gemeinschaftseigentums (z. B. Fenster, Treppenhaus, Lift), die für die vertragsgemäße Nutzung der Mietsache erforderlich sind (Schmidt-Futterer, Mietrecht, § 535 RN 21 ff.).

Anspruch des Mieters gegen Vermieter

Da der Mieter gem. § 535 BGB einen Anspruch darauf hat, dass der Vermieter „die Mietsache" während der Mietzeit in einem zum vertragsgemäßen Gebrauch geeigneten Zustand erhält, kann der Mieter auch die Beseitigung von Mängeln am Gemeinschaftseigentum (z. B. Undichtigkeit der Fenster) verlangen. Diesen Anspruch kann der Mieter nur gegen den Vermieter richten, da nur dieser sein Vertragspartner ist, während zwischen Mieter und Eigentümergemeinschaft keine schuldrechtlichen Beziehungen bestehen.

Vermieter muss Beschluss herbeiführen

Problematisch ist insofern, dass der Vermieter zu Eingriffen in das Gemeinschaftseigentum, d. h. auch zu Reparaturen am Gemeinschaftseigentum ohne entsprechenden Beschluss der Gemeinschaft nicht berechtigt ist. Dies steht aber nach Auffassung der Rechtsprechung dem Mangelbeseitigungsanspruch des Mieters nicht entgegen. Liegt ein Beschluss der Gemeinschaft über die Mängelbeseitigung nicht vor, ist der Eigentümer verpflichtet, alles zu tun, um einen solchen Instandsetzungsbeschluss herbeizuführen (BGH, Urteil v. 20.7.2005, VIII ZR 342/03, NZM 2005, 820; KG Berlin, ZMR 1990, 336).

Für den Fall, dass sich der Vermieter mit der Beseitigung des Mangels in Verzug befindet, bestimmt § 536a Abs. 2 BGB, dass der Mieter den Mangel selbst beseitigen und vom Vermieter Ersatz der erforderlichen Aufwendungen verlangen kann. Diesem Selbstbeseitigungsrecht des Mieters steht bei vermieteten Eigentumswohnungen allerdings der Umstand entgegen, dass der Mieter – ebenso wenig wie sein Vermieter – zu Eingriffen in das Gemeinschaftseigentum befugt ist, sofern die Gemeinschaft damit nicht einverstanden ist.

Kein Selbstbeseitigungsrecht des Mieters

Ist die Gemeinschaft mit der Mangelbeseitigung durch den Mieter einverstanden, darf der Mieter die erforderlichen Instandsetzungsmaßnahmen zwar auf eigene Kosten durchführen, er hat aber gegen die Gemeinschaft gleichwohl keinen Aufwendungsersatzanspruch. Diesen muss der Mieter gegen seinen Vertragspartner, den Vermieter richten, der seinerseits dann einen Ausgleichsanspruch gegen die Gemeinschaft nach den Regeln der Geschäftsführung ohne Auftrag (GoA, §§ 677 ff. BGB) geltend machen kann.

8.4 Modernisierung des Gemeinschaftseigentums

Bei einem Mietverhältnis über eine Eigentumswohnung erstreckt sich die „Mietsache" – wie bereits ausgeführt – auch auf Teile des Gemeinschaftseigentums. Somit gilt die Vorschrift des § 554 BGB über die grundsätzliche Verpflichtung des Mieters zur Duldung von Modernisierungsmaßnahmen auch für Modernisierungsmaßnahmen am Gemeinschaftseigentum, d. h. auch für Maßnahmen außerhalb der Wohnung. Diese muss der Mieter dulden, wenn sie zur Verbesserung der Mietsache, zur Einsparung von Energie oder Was-

Duldungsverpflichtung

ser oder zur Schaffung von neuem Wohnraum führen (§ 554 Abs. 2 BGB).

Ausnahme

Eine Ausnahme besteht, wenn die Maßnahme für den Mieter, für seine Familie oder seine Haushaltsangehörigen eine Härte bedeuten würde, z. B. wegen der Beeinträchtigung durch die vorzunehmenden Maßnahmen oder die zu erwartende Mieterhöhung. Bei der erforderlichen Interessenabwägung sind nach dem Wortlaut des § 554 Abs. 2 BGB nur die Interessen des Vermieters und anderer Mieter in dem Gebäude zu berücksichtigen, nicht aber die Interessen der anderen Wohnungseigentümer, d. h. der Eigentümergemeinschaft.

Interessen-abwägung

Nachdem Modernisierungsmaßnahmen jedoch regelmäßig zur Werterhaltung der Immobilie beitragen und häufig auch zu einer Wertsteigerung führen, können aber auch die übrigen Wohnungseigentümer ein berechtigtes Interesse an der Durchführung der Modernisierungsmaßnahmen haben. Bei der Interessenabwägung sind daher über den Wortlaut des § 554 Abs. 2 BGB hinaus auch die Interessen sämtlicher Eigentümer in der Anlage zu berücksichtigen.

Vermieter muss Anspruch geltend machen

Der Anspruch auf Duldung der Modernisierungsmaßnahmen kann allerdings nur innerhalb der bestehenden Mietverhältnisse, d. h. nur vom jeweiligen Eigentümer gegenüber seinem Mieter, nicht dagegen von der Eigentümergemeinschaft geltend gemacht werden. Der Vermieter ist aber gegenüber der Eigentümergemeinschaft gem. § 21 Abs. 4 WEG verpflichtet, den Duldungsanspruch gegen seinen Mieter geltend zu machen.

Vermieter muss Nachteile in Kauf nehmen

Dies gilt grundsätzlich auch dann, wenn dies für ihn als Eigentümer zu Nachteilen führt, z. B. der Mieter wegen der Modernisierung von seinem außerordentlichen Kündigungsrecht Gebrauch macht (§ 554 Abs. 3 S. 2 BGB). Gegebenenfalls ist der Vermieter auch verpflichtet, auf die geplante Mieterhöhung wegen der Modernisierungsmaßnahme (§ 559 BGB) zu verzichten, um den Mieter zur Duldung zu veranlassen bzw. zu verpflichten.

Ist der Eigentümer/Vermieter der Auffassung, der Modernisierungsbeschluss würde wegen der damit für ihn verbundenen Nachteile nicht mehr einer ordnungsgemäßen Verwaltung entsprechen, muss er diesen vor dem WEG-Gericht innerhalb eines Monats anfechten (§ 23 Abs. 4 WEG); andernfalls wird der Beschluss bestandskräftig und muss ohne Rücksicht auf die damit verbundenen Nachteile umgesetzt werden.

8.5 Anspruch der WEG auf Unterlassung bzw. Kündigung des Mietverhältnisses

Bei Störungen des Hausfriedens durch den Mieter (z. B. laufende Ruhestörungen) kann dem Eigentümer und Vermieter grundsätzlich nicht durch Beschluss der WEG vorgeschrieben werden, wie er dagegen vorzugehen hat. Nur ausnahmsweise kann sich der Unterlassungsanspruch der Wohnungseigentümer auf eine Kündigung des Mietverhältnisses mit anschließender möglicher Räumungsklage richten. Dies ist der Fall, wenn die Berufung des Vermieters auf ein Wahlrecht, wie er die Störungen abstellen will, rechtsmissbräuchlich wäre, weil angesichts der gesamten Umstände nur eine Räumung geeignet erscheint, die Störungen durch den Mieter zu beenden (OLG Düsseldorf, Beschluss v. 21.10.2008, 3 Wx 240/07, ZWE 7/8 2009, 279).

Ein „Durchgriff" des § 1004 BGB (Unterlassungsanspruch gegen Störer) auf das Mietverhältnis wird von der Rechtsprechung abgelehnt.

Beschließen z. B. die Wohnungseigentümer ein Verbot der Hundehaltung (mit Ausnahmen, z. B. Blindenhund) mit der Maßgabe, dass das Verbot von den vermietenden Wohnungseigentümern jeweils in die künftigen Mietverträge aufgenommen werden soll, und versäumt ein Eigentümer dies bei Abschluss des Mietvertrags, kann nach Auffassung des LG Nürnberg-Fürth (Urteil v. 31.7.2009, 19 S 2183/09, ZWE 1-2/2010, 26) vom Mieter nicht die Unterlassung einer (nicht störenden) Hundehaltung aufgrund des Beschlusses der Wohnungseigentümer verlangt werden, wonach die Hundehaltung generell untersagt wird. Dementsprechend ist es für Wohnungseigentümer problematisch, einen Unterlassungsanspruch gegen einen anderen Wohnungseigentümer gem. § 15 Abs. 3 WEG durchzuset-

Beispiel Hund

zen, wenn dieser nicht seinerseits einen Anspruch gegen seinen Mieter hat. Die kollidierenden Verpflichtungen müssen im jeweiligen Rechtsverhältnis Wohnungseigentümer/Wohnungseigentümer und Wohnungseigentümer/Mieter geklärt werden (so z. B. Köln, Urteil v. 22.11.1988, 10 S 198/88, wonach einem Wohnungseigentümer gegen den Mieter eines anderen Wohnungseigentümers unmittelbar kein Anspruch auf Unterlassung der Hundehaltung in der Wohnung zusteht). Der Beseitigungsanspruch wirkt nur zugunsten des Vermieters. Ein Anspruch auf Entfernung des Hundes aus der Mietwohnung kann dem (anderen) Wohnungseigentümer nur aus §§ 823 Abs. 1, 1004 Abs. 1 BGB zustehen. Die dafür erforderliche Eigentums- oder Besitzverletzung liegt jedoch nicht schon in der berechtigten oder unberechtigten Hundehaltung an sich, sondern allenfalls in einer Belästigung durch den Hund.

Gleiches gilt für einen Anspruch der übrigen Eigentümer gegen den Mieter aus § 1004 BGB auf Unterlassung einer beschlusswidrigen Nutzung, z. B. Entfernen der Parabolantenne. Insofern ist eine Beeinträchtigung der übrigen Eigentümer erforderlich, wobei im Beispielfall eine optische Beeinträchtigung des Gebäudes genügt (BGH, Urteil v. 27.01.2006, V ZR 26/05, NJW 2006, 992; BGH, Urteil v. 10.10.2007, VII ZR2 60/06, NJW 2008, 216).

8.6 Veräußerung von Wohnung und Nebenräumen/Garage an verschiedene Eigentümer

Probleme können auch entstehen, wenn eine Eigentumswohnung durch Umwandlung eines Mietshauses erst entstanden ist und die (vermietete) Wohnung und deren mitvermietete Nebenräume (z. B. Keller, Speicheranteil, Garage) als Sondereigentum bzw. Sondernutzungsrecht von verschiedenen Personen erworben werden, d. h. Teile der Mietsache, die ursprünglich Gegenstand eines einheitlichen Mietvertrags waren, an verschiedene Erwerber veräußert wurden.

In diesem Fall erfolgt nach der Rechtsprechung keine Aufspaltung der Mietverträge. Nach § 566 BGB geht der Mietvertrag einheitlich auf alle Erwerber über, d. h. es entsteht eine Mehrheit von Vermietern, deren Verhältnis sich dann nach den Regeln der Bruchteilsgemeinschaft bestimmt.

Keine Aufspaltung der Mietverträge

Dies bedeutet, dass die Erwerber die Verwaltung der Wohnung und der Nebenräume (z. B. Garage) gemeinschaftlich ausüben müssen (§ 745 Abs. 2 BGB). Auch die Kündigung eines Nebenraums kann daher nur gemeinschaftlich durch dessen (neuen) Eigentümer und den (neuen) Eigentümer der Wohnung erfolgen (OLG Celle, Urteil v. 11.10.1995, WuM 1996, 222; vgl. BayObLG, WuM 1991, 78). Gleiches gilt für die Durchsetzung von Mieterhöhungen oder Mietzahlungsansprüchen. Zahlt der Mieter keine Miete mehr, ist der jeweils andere Eigentümer verpflichtet, bei der Einziehung der Miete mitzuwirken (BGH, Urteil v. 28.9.2005, VIII ZR 319/03, ZMR 2006, 30).

Gemeinsame Verwaltung der neuen Eigentümer

Eine nachträgliche Aufspaltung des ursprünglich einheitlichen Mietverhältnisses in zwei getrennte Mietverträge kann im Einzelfall dadurch eintreten, dass der Mieter mit dem Erwerber der Garage ohne Beteiligung des ehemaligen Eigentümers gesonderte Vereinbarungen zur Miethöhe trifft (LG Baden-Baden, Urteil v. 09.02.1990, WuM 1991, 35). Entsprechendes kann auch gelten, wenn der Mieter die Garagenmiete unabhängig von der Wohnungsmiete an den Erwerber zahlt.

Weniger problematisch ist die Rechtslage, wenn der Nebenraum nach der Teilungserklärung lediglich im Gemeinschaftseigentum aller Wohnungseigentümer steht. In diesem Fall ist der Erwerber alleiniger Vermieter und kann die Wohnung einschließlich des Nebenraums auch alleine kündigen (BGH, RE v. 28.04.1999, NZM 1999, 553).

9 Das wohnungseigentums- rechtliche Verfahren vor Gericht

9.1 Die wichtigsten Änderungen im Überblick

9.1.1 Erkenntnisverfahren nach der Zivilprozessordnung

Das bisherige Verfahren vor dem Wohnungseigentumsgericht wurde mit der WEG-Novelle in das Verfahren der Zivilprozessordnung überführt. Bisher galt das sog. Amtsermittlungsprinzip. Danach musste das Gericht bisher ohne Bindung an den Vortrag der einzelnen Parteien von sich aus die entscheidungserheblichen Tatsachen erforschen und dazu eigene Ermittlungen anstellen.

Bisher: Amtsermittlungsprinzip

Durch Überführung des Verfahrens in das Erkenntnisverfahren der Zivilprozessordnung hat sich in Wohnungseigentumssachen die Gerichtsbarkeit vollständig geändert.

WEG-Reform: Erkenntnisverfahren

9.1.2 Beibringungslast für Tatsachen

Die Beteiligten haben sämtliche Tatsachen vorzutragen und unter Beweis zu stellen. Das Gericht hat nach der WEG-Novelle keine Verpflichtung mehr, von sich aus (von Amts wegen) zu ermitteln. Möchte der Kläger im Rahmen einer Beschlussanfechtungsklage z. B. rügen, dass das Abstimmungsergebnis falsch festgehalten wurde, so genügt es nicht, wenn er das Abstimmungsergebnis im Prozess lediglich pauschal bestreitet. Er muss darlegen und ggf. unter Beweis stellen, wer von den Wohnungseigentümern tatsächlich wie abgestimmt hat und weshalb die Feststellung des Mehrheitsverhältnisses fehlerhaft war. Auch wenn dem einzelnen Wohnungseigentümer die Umstände der Auszählung nicht einsehbar waren, billigt

Hinweispflicht des Gerichts

die Rechtsprechung keine Beweislastumkehr zu, da ansonsten ein Ausforschungsbeweis vorliegen würde, der nach der Zivilprozessordnung unzulässig ist (LG München I, Urteil v. 27.04.99 Az. 1 S 20171/08, NJW RR 2009, 1672). Das Gericht hat aber eine sog. Hinweispflicht. Es hat dahin zu wirken, dass die Parteien sich rechtzeitig und vollständig über alle erheblichen Tatsachen erklären, diese ergänzen, die Beweismittel bezeichnen und sachdienliche Anträge stellen. Das Gericht hat derartige Hinweise so früh wie möglich zu erteilen und aktenkundig zu machen (§ 139 Abs. 4 ZPO).

Tipp: Möglichst umfassend vortragen

Zwar besteht die richterliche Hinweispflicht, jedoch dient diese nicht dazu, neue Anspruchsgrundlagen, Einreden oder Anträge einzuführen, wenn sich dafür im streitigen Vorbringen der Parteien keine Ansätze finden. Tragen Sie deshalb in Ihren Schriftsätzen möglichst umfassend und vollständig vor.

Eine weitere Hinweispflicht ergibt sich aus § 26 Abs. 2 des neuen WEG. Hat der Kläger einer Anfechtungsklage erkennbar eine Tatsache übersehen, aus der sich nicht nur die Anfechtbarkeit, sondern sogar die Nichtigkeit des Beschlusses ergibt, so hat das Gericht darauf hinzuweisen.

9.1.3　Die Anfechtungsklage

Siehe CD-ROM

Die Anfechtungsklage auf Erklärung der Ungültigkeit eines Beschlusses der Wohnungseigentümer muss – wie bisher – innerhalb eines Monats nach der Beschlussfassung erhoben und – nach neuer Rechtslage – innerhalb von zwei Monaten nach der Beschlussfassung begründet werden. Eine Frist zur Begründung der Anfechtungsklage sah das Gesetz bisher nicht vor (§ 46 Abs. 1 WEG).

Die Klage richtet sich immer gegen die übrigen Wohnungseigentümer mit Ausnahme des Klägers/der Kläger und nie (!) gegen den teilrechtsfähigen Verband.

Bezeichnung der Wohnungseigentümer

Wird die Klage durch alle oder gegen alle Wohnungseigentümer erhoben, genügt in der Klageschrift die bestimmte Angabe des gemeinschaftlichen Grundstücks (Wohnungseigentümergemeinschaft XY).

Beispiel:

Wohnungseigentümergemeinschaft Frühlingsstraße in 20010 Hamburg.

Die namentliche Bezeichnung der einzelnen Wohnungseigentümer hat spätestens bis zum Schluss der mündlichen Verhandlung zu erfolgen (§ 44 Satz 1 WEG).

Richtet sich die Klage eines Wohnungseigentümers, der einen Individualanspruch geltend macht, nur gegen einen oder mehrere Wohnungseigentümer oder nur gegen den Verwalter, so sind die übrigen Wohnungseigentümer beizuladen (§ 48 Abs. 1 WEG). Eine Ausnahme gilt nur dann, wenn deren rechtliche Interessen offensichtlich nicht betroffen sind (§ 48 Abs. 1 WEG). Die Beiladung erfolgt durch die Zustellung der Klageschrift, der die Verfügungen des Gerichts beizufügen sind (§ 48 Abs. 2 WEG). Das Urteil wirkt für und gegen alle beigeladenen Wohnungseigentümer und deren Rechtsnachfolger sowie den Verwalter (§ 48 Abs. 3 WEG).

Beiladung

Im Rahmen einer Anfechtungsklage ist eine Beiladung der anderen Eigentümer nicht notwendig, weil bei der Beschlussanfechtung wie bisher auch alle übrigen Wohnungseigentümer Partei sind (§ 46 Abs. 1 WEG). Die beigeladenen Eigentümer können einer der Prozessparteien zu deren Unterstützung beitreten, müssen dies jedoch nicht. Haben mehrere Eigentümer denselben Beschluss der Wohnungseigentümergemeinschaft angegriffen, sind die Prozesse zur gleichzeitigen Verhandlung und Entscheidung zu verbinden (§ 47 WEG).

Keine Beiladung bei Beschlussanfechtung

9.1.4 Anträge

Das Gericht ist an die Anträge der Parteien gebunden. Es darf weder mehr noch weniger, als beantragt wurde, zusprechen.

9.1.5 Versäumnis- und Anerkenntnisurteile, Erledigung des Rechtsstreits, Klagerücknahme

Versäumnis-/
Anerkenntnis-
urteil

Es können Versäumnis- und Anerkenntnisurteile erlassen werden, wenn eine Partei zum Termin nicht erscheint oder keinen Antrag stellt oder den Anspruch anerkennt.

Nicht möglich ist, dass lediglich einzelne Eigentümer auf Beklagtenseite den Anspruch anerkennen. Die übrigen Wohnungseigentümer sind im Rahmen der Beschlussanfechtungsklage zwingend Beklagte und bilden eine sogenannte notwendige Streitgenossenschaft nach § 62 ZPO. Es ist daher nicht möglich, dass ein einzelner Wohnungseigentümer – der der Kostenlast entgehen will – ein sofortiges Anerkenntnis im Rechtstreit abgibt. Nur sämtliche Wohnungseigentümer auf der Beklagtenseite können daher einheitlich einen Antrag im Beschlussanfechtungsverfahren anerkennen.

Erledigung der
Hauptsache

Tritt eine sog. Erledigung der Hauptsache ein, so hat das Gericht nach übereinstimmender Erledigterklärung durch die Parteien des Rechtsstreits nur noch über die Kosten des Rechtsstreits zu entscheiden.

Beispiel: Beklagte heben Beschluss auf

Ein Wohnungseigentümer erhebt Anfechtungsklage gegen einen Beschluss zur Genehmigung einer baulichen Veränderung. Nach Zustellung der Klage holen die übrigen Miteigentümer – Beklagte – Rechtsrat ein und stellen fest, dass die Beschlussanfechtung des Eigentümers erfolgreich wäre, da nicht alle nachteilig beeinträchtigten Wohnungseigentümer der baulichen Veränderung zugestimmt haben (§§ 22, 14 WEG).

Zur Abkürzung des Verfahrens beruft der Verwalter eine neue Versammlung ein. Im Rahmen dieser Versammlung wird beschlossen, den Beschluss über die Genehmigung der baulichen Veränderung wieder aufzuheben.

Damit erledigt sich die Anfechtungsklage, da der ursprüngliche Beschluss zur Genehmigung der baulichen Veränderung nicht mehr existiert. In diesem Fall wird der Kläger den Rechtsstreit für erledigt erklären. Das Gericht hat dann nur noch über die Kosten des Rechtsstreits zu entscheiden. Nachdem die ursprünglich erhobene Klage wegen der unzulässigen baulichen Veränderung zulässig und begründet gewesen wäre, wird es den übrigen Wohnungseigentümern (Beklagten) die Kosten des Rechtsstreits auferlegen.

Wird eine Klage im Laufe des Verfahrens zurückgenommen, so wird der Rechtsstreit dadurch ebenfalls beendet. Die Kosten des Rechtsstreits hat derjenige Eigentümer zu tragen, der die Klage zurückgenommen hat.

Klagerücknahme

9.1.6 Anwaltspflicht

Im Verfahren vor dem Amtsgericht in erster Instanz besteht keine Anwaltspflicht, künftig jedoch in zweiter Instanz vor dem Landgericht als Berufungsgericht.

9.1.7 Der Verwalter als Zustellungsvertreter

Der Verwalter ist Zustellungsvertreter der Wohnungseigentümer, wenn diese Beklagte sind (§ 45 Abs. 1 WEG). Ist der Verwalter selbst Gegner eines entsprechenden Verfahrens oder besteht die Gefahr, dass der Verwalter die Wohnungseigentümer nicht sachgerecht unterrichten wird, haben die Wohnungseigentümer einen Ersatzzustellungsvertreter durch Mehrheitsbeschluss zu bestellen (§ 45 Abs. 2 WEG). Führen die Eigentümer keinen entsprechenden Mehrheitsbeschluss herbei, so kann das Gericht einen Ersatzzustellungsvertreter bestellen (§ 45 Abs. 3 WEG).

Ersatzzustellungsvertreter

9.1.8 Kostenentscheidung

Die gerichtliche Kostenentscheidung richtet sich grundsätzlich nach dem Verhältnis des Obsiegens und Unterliegens. Wer verliert, trägt die Kosten des gesamten Rechtsstreits einschließlich der Kosten des gegnerischen Rechtsanwalts. Hat die Klage nur teilweise Erfolg, werden die Kosten nach dem Verhältnis des Obsiegens und Unterliegens gequotelt.

Quotelung der Kosten

Bisher galt der Grundsatz, dass Wohnungseigentümer im Verfahren in erster Instanz vor dem Amtsgericht ihre außergerichtlichen Kos-

Bisherige Regelung

ten, insbesondere die Rechtsanwaltskosten, selbst zu tragen hatten, unabhängig davon, ob sie in dieser Instanz gewonnen oder verloren hatten. Die Gerichtskosten wurden in der Regel demjenigen Eigentümer auferlegt, der im Verfahren unterlag.

WEG-Reform: Kostenverteilung nach ZPO

Nach Überleitung des Verfahrens nach der freiwilligen Gerichtsbarkeit in das Verfahren nach den Vorschriften der Zivilprozessordnung richtet sich die Kostentragungspflicht nun nach den §§ 91 ff. ZPO, also nach dem Verhältnis des Obsiegens und Unterliegens im Verfahren. Die gesamten Kosten des Rechtsstreits, insbesondere die Anwaltskosten der Gegenseite, werden nun demjenigen Eigentümer auferlegt, der im Verfahren verliert.

Folgen der Änderung

Diese Änderung gegenüber dem bisherigen Recht hat einschneidende Folgen: Der Eigentümer hat künftig vor Einreichung einer entsprechenden Klage genau zu prüfen, ob seine Klage in der Sache auch hinreichende Aussicht auf Erfolg hat. Ansonsten läuft er Gefahr, mit erheblichen Kosten – den Gerichtskosten und Rechtsanwaltskosten der Gegenseite – belastet zu werden.

Ausnahme

Eine Ausnahme sieht § 50 WEG (neu) vor. Danach sind den Wohnungseigentümern grundsätzlich nur die Kosten eines einzigen bevollmächtigten Rechtsanwalts zu erstatten.

Beispiel:

Ein Eigentümer erhebt Anfechtungsklage gegen einen Sonderumlagebeschluss. Die Anfechtungsklage richtet sich gegen die übrigen Wohnungseigentümer. Die Eigentümergemeinschaft besteht aus 120 Eigentümern. Insgesamt 18 Eigentümer bestellen sich im Verfahren Rechtsanwälte. Dies ist möglich und zulässig. Die Eigentümergemeinschaft kann sich zwar durch einen einzigen Rechtsanwalt vertreten lassen, muss dies aber nicht.

In der Anfechtungsklage verliert der Wohnungseigentümer wider Erwarten. Ihm werden die Kosten des Rechtsstreits auferlegt. Grundsätzlich hätte dies zur Folge, dass der Wohnungseigentümer sämtliche Rechtsanwälte der Gegenseite bezahlen muss, in unserem Fall also die Gebühren von 18 Rechtsanwälten. Dazu käme noch die Gebühr für den eigenen Rechtsanwalt.

Dies würde zu einem unkalkulierbaren Risiko für den Wohnungseigentümer führen. Nach Artikel 19 Abs. 4 des Grundgesetzes besteht ein Recht auf effektiven Rechtsschutz. Dieses wäre ausgeschlossen, wenn in einem Verfahren übermäßig hohe Anwalts- und Gerichtskosten auf den Rechtssuchenden zukommen. Deshalb sieht § 50 WEG vor, dass nur die Kosten für einen bevollmächtigten Rechtsanwalt zu erstatten sind.

Der BGH hat durch den Beschluss vom 16.07.2009, Az. V ZB 11/09 entschieden, dass die Vertretung durch einen einzigen Rechtsanwalt auf Beklagtenseite ausreichend ist. Sofern sich weitere Eigentümer jeweils durch eigene Rechtsanwälte vertreten lassen, führt dies zu einer überflüssigen Mandatierung zusätzlicher Anwälte. Hat der Verwalter einen Rechtsanwalt beauftragt, die beklagten Wohnungseigentümer in einem Beschlussanfechtungsverfahren zu vertreten, und lassen sich einzelne dieser Eigentümer, ohne dass dies geboten ist, durch weitere Anwälte vertreten, sind die Kosten des von dem Verwalter beauftragten Anwalts vorrangig zu erstatten (BGH Beschluss vom 16.07.09 Az. V ZB 11/09). Daher müssen diejenigen Eigentümer, die sich einen „eigenen" Anwalt leisten, grundsätzlich dessen Kosten tragen, auch wenn sie im Verfahren obsiegt haben.

Treffen die Wohnungseigentümer eine nach dem Gesetz erforderliche Maßnahme nicht, so kann anstelle der Wohnungseigentümer das Gericht in einem Rechtsstreit nach billigem Ermessen auch ohne Bindung an die ZPO entscheiden (§ 21 Abs. 8 WEG). In diesem Fall können auch die Prozesskosten nach billigem Ermessen verteilt werden (§ 49 Abs. 1 WEG).

Ausnahme von der Bindung an ZPO

Beispiel: Kein Wirtschaftsplan, keine Jahresabrechnung

Die Wohnungseigentümergemeinschaft unterlässt es, einen Wirtschaftsplan oder eine Jahresabrechnung aufzustellen.

Durch Überleitung des Gerichtsverfahrens in die Zivilprozessordnung müsste ein Einzeleigentümer, der die Durchsetzung des Wirtschaftsplans verfolgt, dem Gericht einen exakt formulierten Wirtschaftsplan unterbreiten. Dazu ist er im Allgemeinen nicht in der Lage. Deshalb kann das Gericht künftig auch ohne die strenge Bindung an die Zivilprozessordnung nach billigem Ermessen entscheiden, z. B. die Erstellung eines Wirtschaftsplans anordnen und dabei bestimmte Kriterien vorgeben.

9.1.9 Die Kostenlast des Verwalters

Prozesskosten   Dem Verwalter können Prozesskosten auferlegt werden, soweit die Tätigkeit des Gerichts durch ihn veranlasst wurde und ihn ein grobes Verschulden trifft, selbst wenn er nicht Partei des Rechtsstreits ist (§ 49 Abs. 2 WEG).

Beispiele, wann Verwalter Prozesskosten übernehmen muss

- Der Verwalter lädt zur Meidung eines bestimmten Abstimmungsergebnisses einzelne Eigentümer bewusst nicht zur Versammlung ein.
- Der Verwalter wendet bewusst in der Jahresabrechnung und in Unkenntnis der Wohnungseigentümer einen falschen Kostenverteilungsschlüssel an.

Umstritten ist, ob dem Verwalter die Prozesskosten auch auferlegt werden können, wenn er das Protokoll der Eigentümerversammlung zu spät erstellt. Dazu folgendes Beispiel:

Beispiel: Verwalter erstellt Protokoll zu spät

Der Verwalter erstellt das Protokoll der Eigentümerversammlung erst sechs Wochen, nachdem die Versammlung stattgefunden hat. Ein Eigentümer ficht fristwahrend mit der Anfechtungsklage nach § 46 Abs. 1 WEG innerhalb eines Monats nach Beschlussfassung sämtliche in der Eigentümerversammlung gefassten Beschlüsse an, damit diese nicht bestandskräftig werden.

Innerhalb der Anfechtungsfrist hat der Eigentümer den Verwalter darauf hingewiesen, dass er – sofern er das Protokoll nicht kurzfristig erhalte – Anfechtungsklage erheben werde. Nach Erhebung der Anfechtungsklage erhält der Eigentümer das Protokoll. Er stellt nun anhand der Niederschrift fest, dass er doch nicht alle Beschlüsse angreifen will.

Nach bisheriger Rechtsprechung (BayObLG, NZM 2001, 754, 758) konnten dem Verwalter die Verfahrenskosten auferlegt werden. Diese Möglichkeit soll nun nach einer Auffassung nicht mehr gegeben sein, da ein Eigentümer sich auch anhand der Beschluss-Sammlung gem. § 24 Abs. 7 WEG vor einer Anfechtungsklage beim Verwalter erkundigen kann, ob er einen oder mehrere Beschlüsse vor Gericht anfechten will. Nach anderer Ansicht besteht diese Möglichkeit nach § 49 Abs. 2 WEG nach dem Willen des Gesetzgebers weiter, weil andernfalls die Wohnungseigentümer ihren gegen den Verwalter bestehenden Schadensersatzanspruch in einem gesonderten Verfahren durchsetzen müssten (Niedenführ/Kümmel/Vandenhouten, § 49 WEG, 8. Auflage, Rn. 17 unter Verweis auf BT-Drs. 16/887, Seite 41).

Die Kostenlast des Verwalters kommt im Übrigen nur bei einem groben Verschulden in Betracht. Der Haftungsumfang eines sogenannten Laienverwalters – z. B. eines Miteigentümers, der nicht als professioneller Verwalter tätig ist – ist deutlich niedriger als der eines professionellen Verwalters. Letzterem wird jedenfalls grobes Verschulden vorzuwerfen sein, wenn er sich über gerichtliche Entscheidungen oder bereits gefasste Eigentümerbeschlüsse hinwegsetzt. Dem Verwalter können die Prozesskosten z. B. auch dann auferlegt werden, wenn er in der Jahresabrechnung grob fahrlässig einen falschen Kostenverteilungsschlüssel anwendet und den Wohnungseigentümern dies nicht bekannt ist. Ein grobes Verschulden wird jedoch wiederum ausscheiden, wenn es bei der Anwendung des Kostenverteilungsschlüssels um Auslegungs- oder Rechtsfragen geht.

9.1.10 Streitwert

Nach dem neuen § 49a des Gerichtskostengesetzes (GKG) ist der Streitwert auf 50 % des Interesses der Parteien und aller Beigeladenen an der Entscheidung festzusetzen. Der Streitwert darf das Interesse des Klägers an der Entscheidung nicht unterschreiten. Der Streitwert darf ferner grundsätzlich den fünffachen Wert des Interesses des Klägers und der auf seiner Seite Beigetretenen nicht übersteigen. Durch § 49a GKG ist der Streitwert schließlich dahin gehend begrenzt, dass er in keinem Fall den Verkehrwert des Wohnungseigentums des Klägers überschreiten darf.

Festlegung des Streitwerts

Beispiel: Streitwertgrenzen bei Jahresabrechnung

Ein Miteigentümer erhebt Anfechtungsklage gegen die Jahresabrechnung. Das Gesamtvolumen der Jahresabrechnung beträgt € 180.000,-. Der auf den Miteigentumsanteil des Klägers entfallende Beitrag liegt bei € 6.500,-. Der Verkehrswert der Eigentumswohnung liegt bei € 70.000,-. Nach § 49a GKG gibt es folgende Streitwertgrenzen:

- Der Streitwert darf das Interesse des Klägers nicht unterschreiten, beträgt im Beispiel also mindestens € 6.500,-.
- Der Streitwert ist ferner begrenzt auf 50 % des Interesses der Parteien des Rechtsstreits. Bei dem Gesamtvolumen der Jahresabrechnung von € 180.000,- liegt die Obergrenze des Streitwerts bei € 90.000,-.
- Gleichzeitig ist der Streitwert durch den Verkehrswert des Wohnungseigentums begrenzt, somit auf den Wert der Wohnung des Klägers von € 70.000,-.
- Der Streitwert darf ferner das Fünffache des Werts des Interesses des Klägers nicht überschreiten.

Als Ergebnis kann also festgehalten werden: Im Beispielsfall ist der Streitwert auf € 32.500,- begrenzt (€ 6.500,- × 5).

Tipp: Streitwert begrenzen

Bei Anfechtungsklagen gegen die Jahresabrechnung kann die Anfechtung auf einzelne Kostenpositionen, z. B. die Heiz- und Warmwasserkosten, beschränkt werden. Hierdurch kann das Interesse des Klägers und somit der Streitwert nochmals begrenzt werden.

9.1.11 Berufung/Revision

WEG-Reform:
Berufung statt
Beschwerde

Auch nach der Reform des Wohnungseigentumsgesetzes ist künftig eine Überprüfung der Entscheidung des Amtsgerichts in zweiter Instanz möglich. Das bisherige Rechtsmittel der sofortigen Beschwerde ist weggefallen. Stattdessen ist künftig die Berufung gegen die erstinstanzliche Entscheidung der Amtsgerichte zulässig, wenn der Wert des Beschwerdegegenstands € 600,- übersteigt oder das Amtsgericht die Berufung im Urteil wegen grundsätzlicher Bedeutung, zur Fortbildung des Rechts oder zur Sicherung einer einheitlichen Rechtsprechung zugelassen hat. Zuständig ist das Landgericht für den Bezirk des Oberlandesgerichts, in dem das Amtsgericht seinen Sitz hat.

Im Berufungsverfahren vor den Landgerichten herrscht Anwaltszwang. Die Berufungsschrift muss innerhalb eines Monats nach Zustellung des vollständigen Urteils am Landgericht durch einen Rechtsanwalt eingereicht werden. Die Berufung muss innerhalb von zwei Monaten ab der Zustellung des amtsgerichtlichen Urteils begründet werden.

Berufungsverfahren: Fristen

Beispiel für Fristen im Berufungsverfahren

Das Urteil des Amtsgerichts wird am 15.08.07 zugestellt. Die Frist zur Einlegung der Berufung läuft am 15.09.07 um 24.00 Uhr ab. Die Frist zur Begründung der Berufung läuft am 15.10.07 um 24.00 Uhr ab.

Gegen die in der Berufungsinstanz erlassenen Endurteile gibt es als weiteres Rechtsmittel die Revision. Diese ist zulässig, wenn das Berufungsgericht sie in seinem Urteil zugelassen hat, oder im Rahmen der sogenannten Nichtzulassungsbeschwerde zum BGH, die grundsätzlich nicht vor Juli 2012 möglich sein wird.

Revision

9.2 Zuständiges Gericht

Gemäß § 43 Abs. 1 Nr. 1 WEG entscheidet das Amtsgericht, in dessen Bezirk das Grundstück liegt, über Streitigkeiten hinsichtlich der Rechte und Pflichten der Wohnungseigentümer untereinander, die sich aus der Gemeinschaft der Wohnungseigentümer und aus der Verwaltung des gemeinschaftlichen Eigentums ergeben.

Amtsgericht

Beispiele für mögliche Streitigkeiten

- Unterlassung von Ruhestörungen
- Einhaltung der Hausordnung
- Nutzungsentschädigung für den Gebrauch des gemeinschaftlichen Eigentums
- Streitigkeiten, ob eine Maßnahme ordnungsgemäßer Verwaltung entspricht
- Beseitigung einer unzulässigen baulichen Veränderung

Das Amtsgericht, Abteilung für Wohnungseigentumssachen, ist – unabhängig von der Höhe des Streitwerts – ferner zuständig für Streitigkeiten über die Rechte und Pflichten zwischen der Gemeinschaft der Wohnungseigentümer und den einzelnen Wohnungseigentümern. Es handelt sich hier um Streitigkeiten zwischen dem sogenannten teilrechtsfähigen Verband (vgl. zur Teilrechtsfähigkeit Kap. 6) und den einzelnen Wohnungseigentümern.

Beispiele für Streitigkeiten

- Klage auf Zahlung rückständiger Wohngelder
- Zahlungsklage aus Sonderumlagebeschlüssen
- Schadensersatzansprüche des einzelnen Wohnungseigentümers gegen die Gemeinschaft nach § 14 Nr. 4 WEG

Zuständigkeiten des Amtsgerichts

Das Amtsgericht ist auch zuständig für Streitigkeiten über die Rechte und Pflichten des Verwalters bei der Verwaltung des gemeinschaftlichen Eigentums (§ 43 Nr. 3 WEG). Das Amtsgericht entscheidet außerdem über die in der Praxis sehr häufig vorkommenden Beschlussanfechtungen, die nun nach dem neuen Wohnungseigentumsgesetz durch die sog. Anfechtungsklage (vgl. Kap. 9.1.3) geltend zu machen sind. Klagen Dritter, die sich gegen die teilrechtsfähige Gemeinschaft der Wohnungseigentümer richten, werden ebenfalls von dem Gericht, in dessen Bezirk das Grundstück liegt, entschieden. Beläuft sich der Streitwert auf über € 5.000,-, so ist das Landgericht zuständig.

Beispiel: Handwerker klagt Bezahlung ein

Ein Handwerker verklagt die Wohnungseigentümergemeinschaft auf Bezahlung seiner Rechnungen über € 7.000,-. Zuständig ist das Landgericht, in dessen Bezirk das Grundstück liegt (§ 43 Nr. 5 WEG).

Mahnverfahren

Das Amtsgericht, Abteilung für Wohnungseigentumssachen, ist schließlich zuständig für Mahnverfahren, wenn die teilrechtsfähige Gemeinschaft der Wohnungseigentümer Antragstellerin ist.

Beispiel: Mahnung rückständiger Wohngelder

Die Wohnungseigentümergemeinschaft macht als teilrechtsfähiger Verband rückständige Wohngelder gegen einen Wohnungseigentümer geltend. Auch hier ist ausschließlich das Amtsgericht, in dessen Bezirk das Grundstück liegt, unabhängig vom Streitwert zuständig. Rückständige Wohngelder sind daher auch bei Beträgen über € 5.000,- ausschließlich vor dem Amtsgericht, Abteilung für Wohnungseigentumssachen, geltend zu machen.

9.3 Die Anfechtungsklage

Eine der wichtigsten Klagearten in Wohnungseigentumssachen ist die Anfechtungsklage. Die Wohnungseigentümer entscheiden durch Beschluss (vgl. Kap. 5.6). Beschlüsse können formell (z. B. Einberufungsmängel) oder materiell (z. B. wenn sie gegen ordnungsgemäße Verwaltung verstoßen) fehlerhaft sein.

Fehlerhafte Beschlüsse

Möchte ein Eigentümer gegen einen Eigentümerbeschluss vorgehen und dessen Fehlerhaftigkeit geltend machen, so muss er ihn anfechten. Dazu genügt ein einfaches Schreiben an den Verwalter oder die Eigentümergemeinschaft nicht. Die Anfechtung eines Eigentümerbeschlusses kann nur durch die Anfechtungsklage nach § 46 WEG beim zuständigen Amtsgericht erhoben werden. Dazu ist eine Klageschrift beim Amtsgericht, in dessen Bezirk das Grundstück liegt, einzureichen (§ 43 WEG).

Klageschrift notwendig

9.3.1 Klagebefugnis

Die Anfechtungsklage nach § 46 Abs. 1 WEG kann von jedem Einzeleigentümer erhoben werden. Sie lautet auf Ungültigerklärung des Eigentümerbeschlusses. Auch der Verwalter kann die Anfechtungsklage erheben, soweit der Beschluss ihn in seinen Rechten beeinträchtigt.

Siehe CD-ROM

Beispiel: Verwalter klagt gegen Abberufung

Ein Verwalter ficht einen Beschluss zu seiner Abberufung an.

317

Jeder im Grundbuch eingetragene Eigentümer ist berechtigt, eine Anfechtungsklage zu erheben. Die Befugnis zur Anfechtung endet mit dem Ausscheiden des Eigentümers aus der Wohnungseigentümergemeinschaft.

Beispiel: Beschluss über Jahresabrechnung

Die Eigentümergemeinschaft beschließt über die Jahresabrechnung 2006 im Januar 2007. Zu diesem Zeitpunkt hat der Wohnungseigentümer seine Wohnung veräußert. Zum Zeitpunkt der Beschlussfassung ist der neue Eigentümer bereits im Grundbuch eingetragen.

Der ehemalige Eigentümer ist nicht berechtigt, den Beschluss über die Jahresabrechnung 2006 anzufechten, obwohl er im Jahr 2006 noch Eigentümer war und die Jahresabrechnung diesen Zeitraum betrifft.

9.3.2 Frist zur Klageerhebung

Frist: ein Monat Die Anfechtungsklage ist binnen eines Monats nach der Beschlussfassung zu erheben (§ 46 Abs. 1 Satz 2 WEG). Es handelt sich um eine sogenannte Ausschlussfrist. Dies bedeutet, dass ein Eigentümerbeschluss endgültig bestandskräftig wird, sofern er nicht innerhalb eines Monats nach der Beschlussfassung vor dem zuständigen Amtsgericht angefochten wird. Maßgeblich ist der Zeitpunkt der Beschlussfassung.

Beispiel für Anfechtungsfrist

Die Eigentümerversammlung fand am 12.06.07 statt. Die Frist zur Erhebung der Anfechtungsklage endet damit am 12.07.07.

Frist läuft ab Beschlussfassung Da Beschlüsse in aller Regel in der Eigentümerversammlung gefasst werden, läuft ab diesem Zeitpunkt die Monatsfrist, unabhängig davon, ob der anfechtende Eigentümer selbst in der Eigentümerversammlung anwesend war. Unerheblich ist auch, ob der Eigentümer bereits das Beschlussprotokoll erhalten hat. Die Monatsfrist läuft auch in diesem Fall ab der Beschlussfassung.

Tipp: Verwalter auffordern

Haben Sie das Protokoll der Eigentümerversammlung noch nicht erhalten, so ist der Verwalter mit Hinweis auf die Anfechtungsfrist zur Übersendung des Protokolls der Wohnungseigentümerversammlung aufzufordern.

Ein Verwalter kann sich, wenn er weder durch Beschluss noch durch Verwaltervertrag noch durch Regelungen in der Teilungserklärung/ Gemeinschaftsordnung verpflichtet ist, das Beschlussprotokoll zu übersenden, darauf berufen, dass er die Protokollübersendung nicht schuldet. In jedem Fall aber ist der Verwalter von Gesetzes wegen gehalten, eine Beschluss-Sammlung zu führen (§ 24 Abs. 7, Abs. 8 WEG). Jeder Wohnungseigentümer bzw. von ihm ermächtigte Dritte haben einen gerichtlich durchsetzbaren Anspruch auf Einsicht in die Beschluss-Sammlung. Nach der Gesetzesbegründung (BT-Drs. 16/887, Seite 84) hat der Verwalter auf entsprechende Anforderung hin auch Ablichtungen zu fertigen. Sofern ein Wohnungseigentümer beabsichtigt, eine Beschlussanfechtungsklage zu erheben, muss er sich entweder über den Inhalt der gefassten Beschlüsse durch Nachfrage bei anderen Miteigentümern Kenntnis verschaffen oder aber durch Einsicht in die Beschluss-Sammlung.

Stellt der Eigentümer dann fest, dass die Beschluss-Sammlung nicht ordnungsgemäß geführt wird, so stellt dies einen gesetzlich normierten Abberufungsgrund nach § 26 Abs. 1 Satz 4 WEG dar.

9.3.3 Exkurs: Wiedereinsetzung in den vorigen Stand

Wird die Klagefrist von einem Monat versäumt, so wird der Beschluss bestandskräftig und kann nicht mehr angefochten werden. Nur in Ausnahmefällen kann bei unverschuldeter Fristversäumnis die sog. Wiedereinsetzung in den vorigen Stand gewährt werden (§ 233 ff. ZPO). Als Wiedereinsetzungsgründe wurden anerkannt:

- plötzliche Erkrankung: wenn wegen der Krankheit die Fristwahrung nicht möglich war, insbesondere der Eigentümer wegen Krankheit nicht in der Lage war, sich an einen Anwalt oder an das Gericht zu wenden *(Wiedereinsetzungsgründe)*
- Versagen der Post/des Briefzustellers

**Nicht aner-
kannte Gründe**

Ein Wiedereinsetzungsgrund liegt nicht vor, wenn der Verwalter das Beschlussprotokoll nicht rechtzeitig übersandt hat. Hier wird vom Eigentümer verlangt, sich anderweitig über die gefassten Beschlüsse zu informieren, etwa bei Miteigentümern oder beim Verwalter. Ein Wiedereinsetzungsgrund liegt ebenfalls nicht darin, dass der Wohnungseigentümer die Anfechtungsfrist von einem Monat nicht kannte (Rechtsunkenntnis).

Antragsfrist

Der Antrag auf Wiedereinsetzung in den vorigen Stand ist beim zuständigen Wohnungseigentumsgericht zu stellen. Der Antrag muss binnen zwei Wochen nach Beseitigung des Hindernisses gestellt werden. In ihm müssen die Tatsachen, die die Wiedereinsetzung begründen, glaubhaft gemacht werden. Innerhalb der Antragsfrist von zwei Wochen muss die versäumte Prozesshandlung nachgeholt werden. Dies bedeutet, dass innerhalb der zweiwöchigen Frist auch die Anfechtungsklage erhoben und zumeist auch schon begründet werden muss. Stellt das Gericht fest, dass die Fristversäumnis unverschuldet war, so gewährt es dem Eigentümer Wiedereinsetzung in den vorigen Stand, die Anfechtungsklage wird dann trotz vormaliger Verfristung durchgeführt.

**Verschuldete
Fristversäumnis**

Eine verschuldete Fristversäumnis liegt allerdings vor, wenn der vom Eigentümer beauftragte Rechtsanwalt schuldhaft eine Frist versäumt hat. Das Verschulden eines Vertreters – hier des Rechtsanwalts – wird dann dem Eigentümer zugerechnet.

9.3.4 Frist zur Klagebegründung

Die Anfechtungsklage ist innerhalb zweier Monate nach der Beschlussfassung zu begründen.

**Keine aufschie-
bende Wirkung**

Die Anfechtungsklage hat keine aufschiebende Wirkung. Der Beschluss wird daher so lange als gültig behandelt, bis er von einem Gericht rechtskräftig für ungültig erklärt wird. Der Verwalter hat deshalb auch angefochtene Beschlüsse auszuführen.

Beispiel: Anfechtung der Jahresabrechnung

Ein Wohnungseigentümer erhebt Anfechtungsklage gegen den Wirtschaftsplan 2009. Die monatlichen Wohngelder müssen trotz Klageerhebung von allen Eigentümern bezahlt werden, da die Anfechtungsklage keine aufschiebende Wirkung hat.

Die Frist zur Klagebegründung kann nicht verlängert werden. Wird sie versäumt, so ist die Klage zwingend abzuweisen, da es sich um eine materielle Ausschlussfrist handelt. Spätestens mit der Klagebegründung sind sämtliche relevanten Tatsachen vorzutragen. Ein Nachschieben von Gründen ist ausgeschlossen. Allerdings reicht es aus, wenn der Lebenssachverhalt in seinem wesentlichen Kern geschildert wird. Innerhalb der Begründungsfrist sind sämtliche Gründe vorzutragen, auf die der Kläger seine Anfechtung stützt. Eine vertiefende Darlegung der in der Begründungsfrist vorgetragenen Kerntatsachen ist allerdings auch nach Ablauf der Begründungsfrist möglich. Die Ausschlussfrist unterliegt einer rigiden Handhabung. Deshalb ist es auch nicht möglich, dass – im Fall von mehreren Anfechtungsklägern – sich ein Kläger die fristgemäße Begründung des anderen Klägers zu eigen macht, auch wenn die Prozesse beider Kläger miteinander nach § 47 Satz 1 WEG verbunden worden sind (BGH-Urteil vom 27.03.09 Az. V ZR 196/08, NJW 2009, 2132).

Tipp:

Es empfiehlt sich daher, um etwaige Fristversäumnisse auszuschließen, bereits bei der Klageerhebung möglichst umfassend die Kerntatsachen vorzutragen, auf die der Kläger seine Anfechtungsgründe stützt.

9.3.5 Prozessparteien und Klageantrag

Die Klage auf Ungültigerklärung eines Eigentümerbeschlusses ist gegen sämtliche Wohnungseigentümer mit Ausnahme des Klägers zu richten. Die namentliche Bezeichnung aller Wohnungseigentümer hat spätestens bis zum Schluss der mündlichen Verhandlung zu erfolgen (§ 44 Abs. 1 Satz 2 WEG). Hier ist der BGH deutlich weniger streng als bei der Versäumnis der Klagebegründungsfrist. Nach einem Urteil vom 06.11.09, Az. V ZR 73/09 soll die Klagefrist des § 46 Abs. 1 Satz 2 WEG (ein Monat) sogar durch eine Klage gegen

Siehe CD-ROM

die Wohnungseigentümergemeinschaft gewahrt werden. Grundsätzlich wäre eine solche Klage unzulässig, da sie sich zwingend immer gegen die übrigen Wohnungseigentümer als Beklagte richten muss. Der BGH erachtete in dem zitierten Urteil jedoch als ausreichend, wenn innerhalb der Klagefrist der Verwalter angegeben und die namentliche Bezeichnung der einzelnen Wohnungseigentümer spätestens bis zum Schluss der mündlichen Verhandlung nachgeholt wird.

Der Antrag lautet auf Ungültigerklärung des Beschlusses.

Beispiel für einen Antrag auf Ungültigerklärung

Der in der Eigentümerversammlung vom 01.03.2010 zu TOP 1 gefasste Beschluss über die Genehmigung der Jahresabrechnung 2009 wird für ungültig erklärt. Die unter TOP 2 beschlossene Entlastung des Verwalters für das Wirtschaftsjahr 2009 wird für ungültig erklärt.

9.3.6 Fehlerhafte Eigentümerbeschlüsse

Eigentümerbeschlüsse können in formeller und in materieller Hinsicht fehlerhaft sein.

9.3.6.1 Formelle Mängel

Beispiele

Formelle Mängel, wegen denen Beschlüsse anfechtbar sind, können z. B. Einberufungsmängel, fehlende Ankündigung in der Tagesordnung, Vereitelung der Teilnahme eines Wohnungseigentümers an der Versammlung, fehlende Beschlussfähigkeit (vgl. zur Wohnungseigentümerversammlung auch Kap. 5) sein.

Nicht anfechtbar: Geschäftsordnungsbeschlüsse

Nicht anfechtbar sind so genannte Geschäftsordnungsbeschlüsse, die lediglich die Organisation der konkreten Eigentümerversammlung betreffen, z. B. Vorziehen eines Tagesordnungspunkts. Geschäftsordnungsbeschlüsse sind mit dem Ende der Versammlung gegenstandslos. Sie können daher nicht gesondert angefochten werden.

9.3.6.2 Materielle (inhaltliche) Mängel

Ein Beschluss ist anfechtbar und auf Anfechtungsklage hin für ungültig zu erklären, wenn er gegen die Grundsätze ordnungsgemäßer

Verwaltung verstößt (§ 21 Abs. 5 WEG). Zur ordnungsgemäßen Verwaltung gehören insbesondere

- das Aufstellen einer Hausordnung,
- die ordnungsgemäße Instandhaltung und Instandsetzung des gemeinschaftlichen Eigentums,
- die Ansammlung einer Instandhaltungsrücklage sowie
- die Aufstellung eines Wirtschaftsplans nach § 28 WEG.

Grundsatz ordnungsgemäßer Verwaltung

Beispiele für nicht ordnungsgemäße Verwaltung

- Es steht eine große Balkonsanierung an. Der Verwalter holt lediglich ein Angebot ein und lässt die Eigentümergemeinschaft über die Vergabe der Maßnahme beschließen. Dies entspricht nicht ordnungsgemäßer Verwaltung. Bei größeren Instandsetzungsvorhaben ist der Verwalter verpflichtet, Konkurrenzangebote einzuholen (BayObLG Beschluss vom 11.04.02, 2Z BR 85/01, NZM 2002, S. 564).

- Die Wohnungseigentümergemeinschaft beschließt, die Hausordnung so zu erweitern, dass künftig die Hundehaltung in Wohnungen nicht mehr gestattet ist. Ein generelles Verbot der Hundehaltung widerspricht ordnungsgemäßer Verwaltung. Es verstößt insbesondere gegen § 13 Abs. 1 WEG. Danach kann jeder Wohnungseigentümer mit seinem im Sondereigentum stehenden Gebäudeteil nach Belieben verfahren, wenn davon keine nachteiligen Beeinträchtigungen anderer Wohnungseigentümer ausgehen. Bei ordnungsgemäßer Hundehaltung können die Beeinträchtigungen für andere so gering gehalten werden, dass diesen kein nennenswerter Nachteil erwächst.

Ein Beschluss ist anfechtbar und auf Anfechtungsklage hin für ungültig zu erklären, wenn er gegen den Grundsatz der Gleichbehandlung oder gegen das allgemeine Persönlichkeitsrecht verstößt.

Gleichbehandlung/Persönlichkeitsrecht

Beispiel: Verstoß gegen das allgemeine Persönlichkeitsrecht

Das Kfz eines Wohnungseigentümers wird regelmäßig beschädigt. Die Eigentümergemeinschaft beschließt, eine Überwachungskamera aufzustellen. Diese Überwachungskamera erfasst auch den Hofbereich, der von einem anderen Eigentümer betreten werden muss, um zu seiner Wohnung zu gelangen.

Der Beschluss entspricht nicht ordnungsgemäßer Verwaltung. Die dauerhafte Videoüberwachung des Kfz-Stellplatzes stellt eine unzulässige Beeinträchtigung anderer Wohnungseigentümer dar, wenn die Überwachung auch angrenzende Gemeinschaftsflächen erfasst, die andere Wohnungseigentümer notwendigerweise betreten müssen. Sie verstößt gegen das allgemeine Persönlichkeitsrecht der übrigen Wohnungseigentümer. Sie können nicht vermeiden, von der Kamera gefilmt zu werden.

Gebot inhaltlicher Bestimmtheit

Eigentümerbeschlüsse müssen hinreichend klar und bestimmt und aus sich heraus verständlich sein. Fehlt es daran, so ist ein entsprechender Eigentümerbeschluss auf Anfechtungsklage hin für ungültig zu erklären.

Beispiel für mangelnde inhaltliche Bestimmtheit

- Die Eigentümergemeinschaft beschließt eine Hausordnung, in der sie den Verwalter unter anderem verpflichtet, „grobe Verstöße" gerichtlich zu ahnden. Diese Regelung lässt nicht mit der erforderlichen Bestimmtheit erkennen, wann ein grober Verstoß vorliegt und was unter einer gerichtlichen Ahndung im Einzelnen zu verstehen ist. Ein solcher Mehrheitsbeschluss ist wegen fehlender Bestimmtheit für ungültig zu erklären (BayObLG, Beschluss vom 13.12.01, 2Z BR 156/01, NZM 2002, Seite 171).

- Die Eigentümergemeinschaft genehmigt einem Miteigentümer die Anbringung eines Wintergartens an der Außenfassade, ohne Inhalt, Größe, farbliche Gestaltung und Material konkret festzulegen. Es fehlt an der inhaltlichen Bestimmtheit. Der Beschluss ist deshalb für ungültig zu erklären. Ein Eigentümerbeschluss, der eine bauliche Veränderung genehmigt, muss hinreichend bestimmt sein. Ergibt sich etwa aus dem Protokoll – z. B. durch Beifügung von Planskizzen – nicht eindeutig, welches Ausmaß die bauliche Veränderung hat, ist der Beschluss auf Antrag für ungültig zu erklären (OLG München, 34 Wx 56/05).

Beschlüsse zur persönlichen Dienstleistung

Ein Beschluss der vorsieht, dass in der Gartenanlage der Eigentümergemeinschaft einfache Pflegearbeiten wie Kehren, Unkraut-Jäten, Gießen etc. nicht von einer Fachfirma vorgenommen werden, sondern von den Hausbewohnern in Eigenregie unentgeltlich getätigt werden sollen, ist ebenfalls zu unbestimmt, da er nicht festlegt, wer wann, welche Arbeiten, in welchem Umfang zu erledigen hat (OLG Köln, Beschluss vom 12.11.04, 16 Wx 151/04, NZM 2005,

261). Der Beschluss wird im Übrigen nicht nur anfechtbar, sondern auch nichtig sein, da jede Verpflichtung des einzelnen Wohnungseigentümers zur Erbringung von Eigenleistungen in beträchtlichem Umfang im Allgemeinen für unzulässig gehalten wird (OLG Hamm, OLGZ 1980, 261). Die Beitragspflicht der Wohnungseigentümer ergibt sich aus § 16 Abs. 2 WEG: Sie besteht in der Bezahlung von Geld. Ein Eigentümerbeschluss über die Einführung einer persönlichen Dienstleistungsverpflichtung – etwa die Übernahme von Räum- und Streupflichten – ändert im Ergebnis auch den in der Gemeinschaftsordnung vorgesehenen Kostenverteilungsschlüssel. Ein solcher Beschluss ist als vereinbarungsändernder Beschluss nichtig.

9.3.7 Anfechtung eines Negativbeschlusses

Lehnt die Mehrheit in der Eigentümerversammlung einen Beschlussantrag ab, so handelt es sich um einen „Negativbeschluss". Ein Negativbeschluss entfaltet keine Sperrwirkung für die Zukunft, d. h. die Eigentümergemeinschaft kann erneut über denselben Gegenstand beschließen. Deshalb kann es an einem Rechtsschutzbedürfnis zur Anfechtung eines Negativbeschlusses fehlen, wenn die Eigentümer durch die Ablehnung des Beschlusses in ihren Rechten nicht beeinträchtigt sind.

Die Anfechtung eines Negativbeschlusses ist aber z. B. dann möglich, wenn der Verwalter in der Eigentümerversammlung ein ablehnendes Beschlussergebnis feststellt, obwohl der Beschluss in Wirklichkeit angenommen wurde.

Beispiel: Verwalter kommt zu falschem Ergebnis

Der Verwalter geht von einem Stimmrechtsverbot aus, berücksichtigt zu Unrecht verschiedene Ja-Stimmen nicht und stellt deshalb als Ergebnis fest, dass der Antrag auf Abwahl des Hausverwalters abgelehnt wird. In Wirklichkeit wäre bei Berücksichtigung der Ja-Stimmen der Verwalter mehrheitlich abgewählt worden.

In diesem Fall kann der Eigentümer seinen Antrag auf Beschlussanfechtung (des Negativbeschlusses) mit einem Antrag verbinden, festzustellen, dass der Beschluss auf Abwahl des Verwalters in Wirklichkeit zustande gekommen ist (BGH, Beschluss vom 19.09.02, V ZB 30/02 = NJW 2002, 3704).

Verpflichtungs-antrag Ein Negativbeschluss kann auch angefochten werden und mit einem Verpflichtungsantrag verbunden werden.

Nach bisheriger Rechtsprechung war die Anfechtung eines ablehnenden Negativbeschlusses zumeist nur dann möglich, wenn mit der Anfechtung gleichzeitig ein Antrag auf Feststellung eines positiven Beschlussergebnisses gestellt wurde. Diese Rechtsprechung wurde nun vom BGH aufgegeben. Die Ablehnung eines Beschlussantrags durch die Wohnungseigentümer (Negativbeschluss) unterliegt auch ohne Verbindung mit einem auf die Feststellung eines positiven Beschlussergebnisses gerichteten Antrag der gerichtlichen Anfechtung (BGH Urteil vom 15.01.2010 Az. V ZR 114/09).

> **Beispiel: Verpflichtung zur Mängelbeseitigung**
>
> Ein Wohnungseigentümer verlangt bestimmte Sanierungsmaßnahmen am Gemeinschaftseigentum. Die Eigentümergemeinschaft lehnt diese Maßnahmen durch Eigentümerbeschluss ab.
>
> Der Eigentümer kann Anfechtungsklage mit dem Ziel der Ungültigerklärung des Negativbeschlusses erheben und gleichzeitig beantragen, dass die Eigentümergemeinschaft verpflichtet wird, die abgelehnten Mängelbeseitigungsmaßnahmen durchzuführen, sofern die Mängelbeseitigung ordnungsgemäßer Verwaltung entspricht (OLG Hamm, Beschluss vom 20.11.06, 15 W 166/06).

9.3.8 Klage auf Feststellung der Nichtigkeit eines Beschlusses

Verstoß gegen Rechtsvorschrift Ein Beschluss, der gegen eine Rechtsvorschrift verstößt, auf deren Einhaltung nicht verzichtet werden kann, ist nichtig (§ 23 Abs. 4 WEG).

> **Beispiel: Dach muss Gemeinschaftseigentum bleiben**
>
> Konstruktive Teile des Gebäudes, die für dessen Bestand oder Sicherheit erforderlich sind, können nicht Gegenstand des Sondereigentums sein (§ 5 Abs. 2 WEG). Deshalb ist zum Beispiel das Dach eines Gebäudes zwingend Gemeinschaftseigentum. Ein Beschluss, der das Dach oder Teile des Daches dem Sondereigentum zuordnen soll, ist nichtig.

Nichtig sind auch „vereinbarungsändernde Mehrheitsbeschlüsse". Hiervon spricht man, wenn die Eigentümergemeinschaft durch Mehrheitsbeschluss Regelungen der Gemeinschaftsordnung nicht nur für den Einzelfall, sondern dauerhaft ändern will.

Vereinbarungsändernder Mehrheitsbeschluss

Beispiel

Die Gemeinschaftsordnung enthält eine Regelung, dass in der Eigentümerversammlung nach der Größe der im Grundbuch eingetragenen Miteigentumsanteile abgestimmt wird, z. B. nach 1000stel-Anteilen (Wertprinzip).

Die Eigentümergemeinschaft kann dieses Stimmrecht nicht durch Mehrheitsbeschluss ändern, etwa dass künftig nach dem sog. Kopfprinzip abgestimmt wird. Der Eigentümerbeschluss hierzu ist nichtig.

Jeder einzelne Eigentümer kann die Feststellung der Nichtigkeit durch das Wohnungseigentumsgericht beantragen. Der Antrag auf Feststellung der Nichtigkeit ist – im Gegensatz zu Anfechtungsklage – nicht fristgebunden.

Antrag zur Nichtigkeit

9.4 Klage auf Beseitigung baulicher Veränderungen

Nimmt ein Miteigentümer eigenmächtig Veränderungen am Gemeinschaftseigentum vor, so kann er auf Rückbau und Wiederherstellung des ursprünglichen Zustandes in Anspruch genommen werden.

Anspruch auf Rückbau

Beispiel für Anspruch auf Rückbau

Ein Wohnungseigentümer baut einen Balkon der Wohnung zu einem Wintergarten um. Es handelt sich hierbei um eine Änderung am Gemeinschaftseigentum. Diese ist ohne die erforderliche Zustimmung der übrigen Wohnungseigentümer nicht zulässig.

Sowohl die gesamte Wohnungseigentümergemeinschaft als auch der einzelne Eigentümer kann den Miteigentümer auf Rückbau und Wiederherstellung des ursprünglichen Zustandes in Anspruch nehmen. Die Wohnungseigentümer haben bei der Frage, ob sie gegen eine bauliche Veränderung vorgehen, allerdings ein Auswahlermes-

„Handlungsstörer"

327

sen. Lehnen die Wohnungseigentümer ein entsprechendes Vorgehen ab, so kann ein beeinträchtigter Wohnungseigentümer nicht mit Erfolg Anfechtungsklage auf Ungültigerklärung dieses Beschlusses erheben, da sich die WEG innerhalb ihres Ermessens bewegt. Allerdings bleibt es dem beeinträchtigten Wohnungseigentümer unbenommen, als Einzeleigentümer selbst eine Klage auf Beseitigung der baulichen Veränderung einzureichen oder zu erheben. Der „Handlungsstörer", d. h. der Miteigentümer, der die bauliche Veränderung vorgenommen hat, ist nach § 1004 Abs. 1 Satz 1 BGB verpflichtet, die Beeinträchtigung zu beseitigen und ist zum Rückbau und zur Wiederherstellung des ursprünglichen Zustandes verpflichtet.

„Zustands-
störer"

Gleichzeitig kann auch gegen den Mieter der Eigentumswohnung vorgegangen werden. Dieser ist zwar nicht Handlungsstörer, da er nicht selbst umgebaut hat. Der Mieter ist jedoch „Zustandsstörer", da er die Wohnung in Besitz hat und den rechtswidrigen baulichen Zustand der Wohnung aufrecht erhält. Deshalb kann auch der Mieter als Zustandsstörer in Anspruch genommen werden. Er wird verpflichtet, den Rückbau zu dulden. Obwohl der Mieter die Wohnung mit dem rechtswidrig angebauten Wintergarten angemietet hat, ist dies im Verhältnis zu den anderen Miteigentümern unerheblich, da der Vertrag schuldrechtlich nur zwischen Mieter und Vermieter wirkt und keine Auswirkung auf das Gemeinschaftsverhältnis hat (BGH Urteil vom 01.12.06, V ZR 112/06, NJW 2007, 432).

9.5   Geltendmachung von Schadensersatzansprüchen des teilrechtsfähigen Verbandes

Gemeinschafts-
bezogene
Ansprüche

Die Geltendmachung von Schadensersatzansprüchen wegen Beschädigung des Gemeinschaftseigentums kann ein einzelner Eigentümer grundsätzlich nur mit Ermächtigung der übrigen Wohnungseigentümer geltend machen. Es handelt sich dabei um gemeinschaftsbezogene Ansprüche des gesamten teilrechtsfähigen Verbandes der Wohnungseigentümer. Eine entsprechende Klage muss daher von dem Verband, z. B. der „Wohnungseigentümergemeinschaft Frühlingstraße 22 in 20010 Hamburg", erhoben werden. Nur wenn die Eigentümergemeinschaft einen Einzeleigentümer durch Beschluss ermächtigt, die Ansprüche der WEG geltend zu machen, ist er klagebefugt.

9.6 Klagen der Wohnungseigentümergemeinschaft wegen Ansprüchen aus einem Vertrag

Der teilrechtsfähige Verband der Wohnungseigentümergemeinschaft ist ferner bei allen mit Dritten zur Bewirtschaftung des gemeinschaftlichen Gebäudes geschlossenen Verträgen zuständig. Betroffen sind dabei diejenigen Kosten, die zur Bewirtschaftung des Gebäudes laufend erforderlich sind (z. B. Betriebskosten, Verwaltungskosten, Instandhaltungskosten. Das heißt, die Wohnungseigentümergemeinschaft – als Verband – muss klagen und kann verklagt werden.

Beispiel

Die Eigentümergemeinschaft gibt eine Fassadensanierung in Auftrag. Der Vertrag kommt zustande zwischen der Wohnungseigentümergemeinschaft Frühlingstraße 22 in 20010 Hamburg und dem Bauunternehmer. Die einzelnen Eigentümer werden nur Vertragspartner, wenn sie den Vertrag neben der Wohnungseigentümergemeinschaft persönlich mit unterzeichnet haben.

9.7 Klage auf Abberufung des Verwalters

Zur Klage auf Abberufung des Verwalters vgl. Kap. 7.3.

9.8 Bestellung eines Notverwalters

Fehlt ein Verwalter, so kann jeder Eigentümer in dringenden Fällen die Bestellung eines Notverwalters durch das Wohnungseigentumsgericht beantragen. Dies kann in dringenden Fällen und bei berechtigtem Interesse des Eigentümers auch im Wege der einstweiligen Verfügung durchgesetzt werden.

Beispiele für Antrag auf Notverwaltung

- Bereits vorhandene Schäden am Gemeinschaftseigentum drohen sich zu einem erheblichen Schaden auszuweiten, wenn keine Sanierungsmaßnahmen durchgeführt werden.
- Die Eigentümer sind heillos zerstritten und können sich nicht einigen. Ein Verwalter fehlt.

Hier kann jeder Eigentümer die Bestellung einer Notverwaltung durch das Gericht verlangen. Zwar wurde durch die Novellierung des Wohnungseigentumsgesetzes § 26 Abs. 3, der die Notverwalterbestellung ausdrücklich vorgesehen hat, gestrichen. Deshalb können nun außenstehende Dritte die Bestellung eines Notverwalters nicht mehr verlangen. Die Bestellung einer Notverwaltung kann jedoch von einzelnen Eigentümern gerichtlich nach § 43 Nr. 1 WEG durchgesetzt werden, wenn auch die Voraussetzungen der bisherigen Notverwalterbestellung gegeben sind. Diese liegen vor, wenn die Wohnungseigentümer nicht selbst in der Lage sind, im Rahmen einer Eigentümerversammlung einen Verwalter zu bestellen, oder wenn durch die gerichtliche Verwalterbestellung Schaden von einem Wohnungseigentümer oder einem Dritten abgewendet werden kann. Dennoch lehnen manche Instanzgerichte die Bestellung einer Notverwaltung ab, da insoweit in das Ermessen der Wohnungseigentümer eingegriffen würde. Stattdessen kann sich ein Einzeleigentümer in diesen Fällen vom Gericht ermächtigen lassen, eine Eigentümerversammlung zum Zwecke der Bestellung einer Verwaltung einzuberufen und durchzuführen. Nach einem Beschluss des LG Stuttgart (Az. 10 T 80/08) kann eine Neubestellung eines Verwalters sogar im Wege einer einstweiligen Verfügung erfolgen, wenn die Bestellungsdauer des bisherigen Verwalters endete und die Wahl eines neuen Verwalters gescheitert ist.

9.9 Anspruch auf Aufnahme von Tagesordnungspunkten

Der Verwalter hat bestimmte Punkte auf die Tagesordnung zu setzen, wenn es von mehr als einem Viertel der Wohnungseigentümer schriftlich und unter Angabe des Zwecks und der Gründe verlangt wird (§ 24 Abs. 2 WEG analog). Auch Einzeleigentümer haben einen Anspruch auf Aufnahme von Tagesordnungspunkten, wenn die Behandlung des Punktes ordnungsgemäßer Verwaltung entspricht (OLG Frankfurt a. Main, 20 W 103/01 Beschluss vom 01.09.03).

Siehe CD-ROM

Weigert sich der Verwalter dennoch, einen bestimmten Tagesordnungspunkt aufzunehmen, so kann dies je nach Eilbedürftigkeit gerichtlich im Wege des einstweiligen Rechtsschutzes (Eilverfahren) durchgesetzt werden.

Weigerung

Einzelheiten dazu vgl. auch Kap. 5.1.4.

9.10 Einstweiliger Rechtschutz

Durch die Überleitung des wohnungseigentumsrechtlichen Verfahrens in das Verfahren nach der Zivilprozessordnung kann in Fällen besonderer Dringlichkeit und bei Vorliegen eines Sicherungsinteresses nun auch in Wohnungseigentumssachen einstweiliger Rechtsschutz nach §§ 935 ff. ZPO beantragt werden.

Die einstweilige Verfügung ist eine vorläufige Entscheidung des Gerichts im Eilverfahren, die der Sicherung eines nicht auf Geld gerichteten Anspruchs bis zur endgültigen Entscheidung dient.

Einstweilige Verfügung

Beispiel

Ein Wohnungseigentümer nimmt Änderungen an tragenden Wänden im Inneren seiner Wohnung vor. Dadurch ist die Statik des Hauses gefährdet.

Das Gericht kann im Rahmen des Eilverfahrens durch eine einstweilige Verfügung die Baueinstellung verfügen.

Beispiel

Ein Miteigentümer kündigt öffentlich an, im Hausflur sowie in den Kellergewölben einer Wohnungseigentumsanlage eine größere öffentliche Party durchzuführen.

Das Gericht kann ihm die Durchführung der Veranstaltung untersagen, ggf. hohe Ordnungsgelder oder Zwangshaft androhen. Bisher war dies nur im Rahmen einer einstweiligen Anordnung, die regelmäßig gesondert nicht anfechtbar war, möglich.

Die einstweilige Verfügung nach der ZPO kann dagegen in einem isolierten Verfahren beantragt werden und zwar auch ohne Einleitung eines sogenannten Hauptsacheverfahrens, wie es bisher erforderlich war.

Kontrovers wird die Frage diskutiert, ob die Ausführung eines Eigentümerbeschlusses durch die Verwaltung während eines laufenden Beschlussanfechtungsverfahrens durch einstweilige Verfügung untersagt werden kann. Dazu hat das LG München I entschieden, dass eine einstweilige Verfügung zur Aussetzung des Vollzugs eines Eigentümerbeschlusses grundsätzlich nicht in Betracht kommt. Zwar könne die Umsetzung eines fehlerhaften Eigentümerbeschlusses zu erheblichen Nachteilen führen. Dies habe der Gesetzgeber jedoch grundsätzlich in Kauf genommen, nachdem er im Rahmen der Anfechtungsklage keine aufschiebende Wirkung angeordnet hat. Daher ist ein Verwalter verpflichtet, trotz eines laufenden Anfechtungsverfahrens den Beschluss zu vollziehen. Nur bei offenkundig nichtigen Beschlüssen oder dann, wenn einem Beschluss die Fehlerhaftigkeit „auf die Stirn geschrieben ist", kommt eine Aussetzung des Vollzugs des Beschlusses durch einstweilige Verfügung in Betracht. Dies stellt aber nach der Rechtsprechung des LG München I einen absoluten Ausnahmefall dar (jeweils LG München I, Az. 1 T 13169/08, bzw. 36 S 9508/08).

Diese Entscheidungen werden teilweise kritisiert, da hierdurch ein effektiver Rechtsschutz nicht gegeben sei. Vor allem im Rahmen größerer Sanierungsbeschlüsse führte die Rechtsprechung des LG München dazu, dass durch den Vollzug, d. h. durch die Ausführung der Sanierung, jeweils vollendete Tatsachen geschaffen werden, bevor eine Entscheidung des Gerichts in erster Instanz hierzu ergangen ist. Stellt sich dann im Rahmen des Anfechtungsverfahrens heraus, dass der Sanierungsbeschluss für ungültig zu erklären ist, bereitet die Rückabwicklung dieser Beschlüsse regelmäßig massive tatsächliche und rechtliche Schwierigkeiten.

9.11 Entziehung des Wohnungseigentums

Grundsätzlich ist die Wohnungseigentümergemeinschaft unauflöslich (§ 11 WEG). Um dennoch dauerhafte, schwerwiegende und unerträgliche Streitigkeiten zu vermeiden, sieht das Gesetz in § 18 WEG die „Eigentumsentziehung" vor. „Eigentums-entziehung"

Die Entziehung des Wohnungseigentums setzt voraus, dass sich der betroffene Wohnungseigentümer einer so schweren Verletzung seiner ihm gegenüber den anderen Wohnungseigentümern obliegenden Verpflichtungen schuldig gemacht hat, dass diesen die Fortsetzung der Gemeinschaft mit dem Eigentümer nicht mehr zugemutet werden kann (BGH-Urteil vom 17.01.07, V ZR 26/06). Die Entziehung des Wohnungseigentums kann betrieben werden, wenn der Wohnungseigentümer trotz Abmahnung wiederholt grob gegen die ihm nach § 14 WEG obliegenden Pflichten verstößt (§ 18 Abs. 2 Nr. 1 WEG). Dazu gehört insbesondere die Verletzung der Pflicht der Instandhaltung des Sondereigentums, d. h. der eigenen Wohnung. Voraussetzung

Beispiele für grobe Pflichtverletzung

Fäkalgeruch, erheblicher Ungezieferbefall, Messie-Problematik (zwanghafter Sammelwahn oder Vermüllung der Wohnung)

Der Wohnungseigentümer muss wiederholt trotz Abmahnung grob gegen seine Verpflichtungen verstoßen, d. h. es müssen mindestens drei Verstöße vorliegen, einer vor der Abmahnung und zwei nach der Abmahnung (wiederholt). Wiederholter Pflichtverstoß

Wohngeld-rückstände

Die Entziehung des Wohnungseigentums ist auch bei Wohngeld-rückständen möglich. Voraussetzung dafür ist, dass sich der Wohnungseigentümer in Höhe eines Betrags, der 3 % des Einheitswerts seines Wohnungseigentums übersteigt, länger als drei Monate in Zahlungsverzug befindet und diesen Rückstand auch nicht bis zur Erteilung des Zuschlags im Zwangsversteigerungsverfahren ausgeglichen hat. Erfolgt ein rechtzeitiger Ausgleich, so kann das Wohnungseigentum nicht mehr entzogen werden.

Unpünktliche Zahlung

Die Eigentümergemeinschaft kann allerdings auch wegen fortdauernder, unpünktlicher Bezahlung der Wohngelder die Entziehung des Wohnungseigentums betreiben. Dazu muss sich der betroffene Wohnungseigentümer einer so schweren Verletzung seiner ihm gegenüber den anderen Wohnungseigentümern obliegenden Verpflichtungen schuldig gemacht haben, dass diesen die Fortsetzung der Gemeinschaft mit ihm nicht mehr zugemutet werden kann. Im Falle der fortdauernden unpünktlichen Zahlung von Wohngeldern richtet sich die Entziehung des Wohnungseigentums nach § 18 Abs. 1 WEG.

Abmahnung erforderlich

Nach § 18 Abs. 1 WEG ist jedoch eine Abmahnung des Wohnungseigentümers erforderlich, d. h. der Eigentümer muss zur Einhaltung seiner Pflichten gemahnt werden, was auch durch den Verwalter oder einen Wohnungseigentümer geschehen kann (BGH, a. a. O). Die Abmahnung muss zeitlich vor der Beschlussfassung über die Entziehung des Wohnungseigentums erfolgen. Von der Abmahnung kann nur abgesehen werden, wenn sie unzumutbar ist oder keinen Erfolg verspricht.

> **Tipp: Immer Abmahnung aussprechen**
>
> Auch wenn die Abmahnung unzumutbar sein könnte oder keinen Erfolg verspricht, sollten Sie wegen der Tragweite der Entziehungsklage immer eine vorherige Abmahnung aussprechen.

Schwere Pflicht-verletzung

Als besonders schwere Pflichtverletzungen wurden von der Rechtsprechung im Übrigen anerkannt: schwere Beleidigungen, Verleumdungen, Nutzung der Wohnung als Bordell, Gewalttätigkeiten.

Nach § 18 Abs. 1 Satz 2 WEG steht die Ausübung des Entziehungs- rechts der Gemeinschaft der Wohnungseigentümer, d. h. dem teil- rechtsfähigen Verband, zu, soweit es sich nicht um eine Gemein- schaft handelt, die nur aus zwei Wohnungseigentümern besteht. Die Entziehung des Wohnungseigentums erfolgt durch Einreichung einer Klage des teilrechtsfähigen Verbandes. Auch die Vollstreckung aus dem Urteil über die Entziehung des Wohnungseigentums erfolgt künftig durch die teilrechtsfähige Eigentümergemeinschaft (§ 19 Abs. 1 Satz 1 und 2 WEG).

Teilrechts- fähiger Verband klagt und vollstreckt

9.12 Protokollberichtigung

Wird ein Eigentümerbeschluss nicht oder nicht richtig protokolliert oder fehlen erhebliche Umstände, die zum Verständnis des Beschlus- ses erforderlich sind, so kann jeder Wohnungseigentümer beim zu- ständigen Amtsgericht einen Antrag auf Protokollberichtigung stellen.

Zuständig: Amtsgericht

Die Berichtigung kann nur vom Ersteller des Protokolls verlangt werden und richtet sich daher regelmäßig gegen den Verwalter und nicht gegen die Wohnungseigentümergemeinschaft.

Anspruch gegen Ersteller

Der Antrag auf Protokollberichtigung ist nicht fristgebunden. Eine Protokollberichtigung kann ferner dann verlangt werden,

- wenn der Protokollersteller (Verwalter) das ihm bei Erstellung des Protokolls zustehende Ermessen überschritten hat und
- wenn das Protokoll beleidigende Inhalte hat.

10 Checkliste für den Erwerb einer Eigentumswohnung

10.1 Fragen zur Kurzbeurteilung einer Eigentumswohnung/Teileigentumseinheit

Bezeichnung/Adresse der ETW

Eigentümer/Bauherr	Adresse	Telefon

Makler	Adresse	Telefon

Hausmeister/Verwalter	Adresse	Telefon

Umgebung, Lage
(Beispiele: ruhig, gute Wohnanlage, Verkehrsverbindungen, Nachbarn, bei ETW auch Zahl der ETW im Gebäude)

_____

_____

_____

Grundstück/m²: _____ ETW/1000tel Anteil: _____ Nr. ETW: _____
Wohnfläche der ETW: _____ m² (Beispiel: Lage zur Sonne, Garten, Aussicht)

_____

_____

_____

ETW
Baujahr: _____ umbauter Raum: _____ m³ (Beispiele: Haustyp, Zustand von außen, Lage zur Sonne, Wohnungszuschnitt, Balkon)

_____

_____

_____

Bausubstanz
(Beispiele: Wärmedämmung, Schallschutz, Mauern, Fenster, Dach)

_____

_____

_____

Grundriss:
Zahl der Zimmer: _____ Wohnfläche: _____ m² Nutzfläche: _____m²

_____

_____

_____

Technische Einrichtungen
(Beispiele: Heizung, Sanitäranlagen, Elektroinstallation)

_____

_____

_____

Ausstattung
(Beispiele: Keller, Wohnräume, Dachgeschoss: Fußböden, Wände, Einbauten)

_____

_____

_____

Welche Einschränkungen gibt es?
(Beispiele: Denkmalschutz, Sanierungsgebiet etc.)

_____

_____

_____

Preis für die ETW/Teileigentumseinheit: _____ EUR

Ist der Preis fest?   Ja _____ Nein _____

Maklerprovision (inkl. MwSt.):   € _____

Monatliche Wohngeldzahlung: € _____

Brandversicherungswert: € _____

10.2 Besichtigung der Eigentumswohnung

Besichtigung Gemeinschaftseigentum _____

Außenanlagen

Stehen die Außenanlagen der Gemeinschaft zur Nutzung zur Verfügung oder wurden Sondernutzungsrechte zugunsten anderer Sondereigentümer eingeräumt?

_____

_____

Sind die Außenanlagen gepflegt, mit welchen Kosten ist für die Pflege der Außenanlagen zu rechnen?

_____

_____

Treppenhaus/Flure

Wie wirken Eingangsbereich, Flure und Treppenhaus?
(Beispiele: gepflegt, renovierungsbedürftig, vernachlässigt, repräsentativ):

_____

_____

Gibt es einen Aufzug?   Ja: _____ Nein: _____
Grenzt der Aufzug an die Eigentumswohnung Ihrer Wahl? Wenn ja, ist mit einer Lärmbelästigung durch den Aufzug zu rechnen?

_____

_____

Sauna/Schwimmbad

Ist das Gemeinschaftseigentum mit einer Sauna oder einem Schwimmbad ausgewiesen? Wenn ja, bitte überprüfen:

• Nutzungsmöglichkeiten durch den einzelnen Wohnungseigentümer

_____

_____

• Unter Umständen Regelung der Schwimmbad- und Saunabenutzung durch eine Hausordnung

_____

_____

• Monatliche Belastung des Wohngeldes überprüfen, die auf Sauna- und Schwimmbadnutzung entfällt

_____

_____

Gemeinschaftsräume/Anlagen

Sind Gemeinschaftswaschräume oder andere gemeinsame Einrichtungen vorhanden?

Wie sind die gemeinsamen Räume ausgestattet (z. B. Waschmaschinen, Trockner)?

Ist ausreichender Platz zum Abstellen von Fahrrädern oder Kinderwägen vorhanden?

Garage/Stellplatz

Welche Garage, welcher Stellplatz gehört zu der Wohnung?

Wie ist die Garage/der Stellplatz anfahrbar?

Heizung

Art der Heizungsanlage (Öl, Gas, Elektro, Fernwärme, Zentralheizung, Ofenheizung)

Alter der Anlage ?

Gibt es einen Öl-Außentank ?

Wenn ja, bitte nachfragen, ob vorgeschriebene Prüfzeugnisse vorliegen

Wärmeschutzverordnung

Ist das Haus besonders gut wärmegedämmt ?

• Isolierverglasung

• zusätzliche Wärmedämmung außen oder innen

Wurden die Wärmedämmmaßnahmen durch Fachfirmen ausgeführt?

Wasser/Abwasser

Ist eine zentrale Warmwasserbereitung vorhanden?

Ist diese Anlage unabhängig von der Heizung?

Wie alt sind die Leitungen der Wasser- und Abwasseranlage?

Gab es in der Vergangenheit Verstopfungen im Abwassersystem?

Erfolgt die Abwasserableitung in die Kanalisation oder in eine eigene Grube?

Sind Rückstauventile vorhanden? Wenn ja, wo?

Ist eine Hebeanlage erforderlich?

Elektrische Ausstattung

Wie alt ist die Elektrik?

Sind die Leitungen über Putz oder unter Putz verlegt?

Sind die Leitungen reparaturbedürftig oder komplett zu erneuern?

Reicht die Anzahl der Steckdosen?

Wohnräume

Aus welchem Material bestehen die Außenmauern?

Sind die Mauern noch zusätzlich wärmegedämmt, wenn ja: in welcher Form und durch welche Firmen wurde die Wärmedämmung ausgeführt?

Wie ist die Geräuschdämmung der Wände und Decken?

Ist die aktuelle Schallschutznorm eingehalten? Wenn nein, welche?

Hört man Treppensteigen oder Aufzugsgeräusche innerhalb der Wohnräume?

Sind Wasser- oder Abwassergeräusche bemerkbar?

Höhe der Wohnräume (cm-Angabe)

Gibt es Dachschrägen?

Fenster

Aus welchem Material bestehen die Fenster/-rahmen?

- einfache Verglasung
- Isolierverglasung
- Schallschutzverglasung
- Kunststoff
- Aluminium
- Sonstiges _____

Wie alt sind die Fenster (Jahre)?

Wie ist der Erhaltungszustand der Fenster?

Treppen

Wie ist der Erhaltungszustand der Treppen?

Türen

Aus welchem Material bestehen die Türen (Vollholz oder geleimte Platten)?

Wie ist der Erhaltungszustand der Türen?

Rollläden

Sind Rollläden vorhanden?

Heizkörper/Wohnräume

Welche Wohnräume sind mit einem Heizkörper ausgestattet?

Ist eine Fußbodenheizung vorhanden, wenn ja: Wie wird der Verbrauch erfasst?

Ausstattung Wohn-/Schlafräume, Flur

Bodenbeläge/Dekoration
Überprüfung der Bodenbeläge, der Dekoration der Decken und Wände

Ausrichtung
Ausrichtung der einzelnen Räume nach Süden oder Südwesten

Ist genügend Tageslicht vorhanden?

Bad/WC
Sind Wände und Böden voll verfliest?

Über welche Ausstattung verfügt das Bad?

Über welche Ausstattung verfügt das WC?

Gibt es eine Badewanne?

Ist eine separate Dusche vorhanden?

Gibt es ein oder zwei Waschbecken?

Wie ist die Belüftung im Bad?

Ist ein Fenster vorhanden?

Bei älteren Wohnungseigentumseinheiten bitte überprüfen, ob Wasserdruck ausreichend ist

Küche

Welcher Fußbodenbelag ist vorhanden?

Sind Küchen- und -einrichtungsgegenstände vorhanden? Wenn ja: Marke der Geräte der Einbauküche:

Siehe CD-ROM

10.3 Fragen an den Verkäufer/Hausverwalter vor Erwerb der Eigentumswohnung

In welchem Jahr wurde das Anwesen errichtet?
Steht das Anwesen unter Denkmalschutz oder liegt es in einem ausgewiesenen Sanierungsgebiet?

Gibt es Streitigkeiten mit Nachbarn?

Wie groß ist das Gesamtgrundstück und welcher Miteigentumsanteil (1000tel Anteil) entfällt auf die Eigentumswohnung?

Grundrissplan anfordern

Berechnung der Wohnfläche erläutern lassen

Nach den Gründen des Verkaufs fragen

Wurden in den letzten Jahren größere Reparaturen durchgeführt?
Wenn ja: Bitte nach Art und Umfang der Reparaturmaßnahmen fragen.

Nachfrage nach gesundheitsgefährdenden Materialien am Bau
(Beispiele: Asbest, Holzschutzmittel, formaldehydhaltige Materialien)

10.4 Unterlagen, die vor Erwerb der Eigentumswohnung in Abschrift vorliegen müssen

Teilungserklärung

> **Checkliste: Teilungserklärung**
> - Ist das von Ihnen zu erwerbende Sondereigentum im Aufteilungsplan eingezeichnet?
> - Wurden dem Sondereigentum Keller oder sonstige Nebenräume zugeordnet?
> - Steht der der Eigentumswohnung zugeordnete Kellerraum frei und wird nicht von einer fremden Person genutzt?

Gemeinschaftsordnung

> **Checkliste: Gemeinschaftsordnung**
> - Ist die Gemeinschaftsordnung im Grundbuch eingetragen?
> - Welche Sondernutzungsrechte gelten für Sie oder andere Eigentümer?
> - Wie ist die Kostenfrage dieser Sondernutzungsrechte geregelt?
> - Ist die berufliche Nutzung der Wohnung zulässig?
> - Wie ist das Stimmrecht der Wohnungseigentümer geregelt?
> - Wer ist Verwalter der Wohnungseigentümeranlage? Wann und für welchen Zeitraum wurde er bestellt?
> - Fordern Sie die Vorlage des Verwaltervertrags ein.
> - Wie hoch ist das Verwalterhonorar?
> - Sind selbstständig aufstehende Gebäude nach Wirtschaftseinheiten getrennt?

Checkliste: Gemeinschaftsordnung

- Wie sind die Abstimmungsmodalitäten der Beschlüsse der Wohnungseigentümergemeinschaft geregelt?
- Werden die Kosten und Lasten am Gemeinschaftseigentum nach Miteigentumsanteil verteilt? Wenn nein, welcher Verteilerschlüssel ist vereinbart?
- Gibt es eine Hausordnung?
- Vorlage der Jahresabrechnungen der letzten fünf Jahre einfordern. Hier überprüfen: Höhe der Instandhaltungsrücklage, Höhe der einzelnen Kostenpositionen. Welche Instandhaltungsmaßnahmen wurden in den letzten fünf Jahren durchgeführt?
- Vorlage der Protokolle der Eigentümerversammlung der letzten fünf Jahre: Sind sämtliche Beschlüsse der Wohnungseigentümergemeinschaft der letzten fünf Jahre durchgeführt worden, so z. B. Instandhaltungsmaßnahmen? Oder stehen diese noch aus?
- Muss mit der Erhebung von Sonderumlagen gerechnet werden?
- Gibt es Streitigkeiten zwischen der Wohnungseigentümergemeinschaft und einzelnen Wohnungseigentümern?

10.5 Kaufvertrag der Eigentumswohnung

Checkliste: Kaufvertrag der Eigentumswohnung

- Haben Sie den aktuellen Grundbuchauszug nach Eigentümerstellung und eingetragenen Belastungen überprüft?
- Ist der Kaufgegenstand korrekt wiedergegeben?
- Ist der Kaufpreis aufgeteilt in Anteil für den Grund und Boden und das aufstehende Gebäude?
- Sind zum Objekt gehörende Einrichtungsgegenstände, die von Ihnen übernommen werden, detailliert mit Preisen aufgeführt?
- Ist geklärt, wer die Maklerprovision entrichtet und in welcher Höhe?
- Enthält der Vertrag eine Zusage zur lastenfreien Übergabe der Eigentumswohnung?
- Ist im Vertrag geregelt, wer die Erschließungskosten trägt?
- Welche Grundpfandrechte Dritter sind im Grundbuch eingetragen und ist die Lastenfreistellung gesichert?

Checkliste: Kaufvertrag der Eigentumswohnung

- Welche Versicherungsverträge sind von der Wohnungseigentümergemeinschaft abgeschlossen worden?
- Ist die Eigentumswohnung vermietet? Wenn ja, liegen Ihnen sämtliche Mietverträge sowie Zusatzvereinbarungen vor? Zusätzlich anfordern: Mieterhöhungen und Betriebskostenabrechnungen.
- Bestehen Mietrückstände?
- Bestehen Rechtsstreitigkeiten zwischen Vermieter und Mieter?
- Ist die Höhe des monatlichen Wohngeldes im Vertrag festgehalten?
- Bestehen Restforderungen von Wohngeldern aus früherer Zeit?
- Wie wird der Übertrag der Kaution geregelt?
- Sichert der Verkäufer im Vertrag zu, dass keine versteckten Mängel bekannt sind?
- Liegt eine Zusicherung vor, wonach sämtliche bauordnungsrechtlichen Genehmigungen vorliegen?

Checkliste: Kauf vom Bauträger

- Liegen sämtliche Baugenehmigungen vor?
- Liegt die Abgeschlossenheitsbescheinigung vor?
- Sind die dem Vertragsentwurf beiliegenden Baubeschreibungen und Pläne identisch mit denen, die Ihnen vorgelegt wurden? Auch Freiflächenplan anfordern.
- Ist im Vertrag ausgeführt, dass die Bestimmungen der Makler- und Bauträgerverordnung für diesen Vertrag Geltung haben?
- Sind die Erschließungs- und Vermessungskosten im Festkaufpreis enthalten?
- Sind Sonderwünsche vereinbart?
- Wer erteilt die Vergabe und wie wird abgerechnet?
- Sind Baubeginn und Fertigstellung genau geregelt?
- Welche Zusicherungen erteilt der Bauträger nach Baumaterial und Beschaffenheit?
- Ist die Zahlung nach Baufortschritt vereinbart?
- Ist genau geregelt, in welche Art und Weise Sie Mängel zu rügen haben und in welcher Form der Bauträger haftet?
- Welche Gewährleistungsregelungen sind vorgesehen?

Checkliste: Kauf vom Bauträger

- Ist die Abnahme des Gemeinschaftseigentums durch einen neutralen Sachverständigen vereinbart?
- Wie wird das Sondereigentum abgenommen?
- Erteilen Sie Vollmachten in dem Vertrag zugunsten des Verkäufers/Bauträgers, Änderungen der Teilungserklärung vornehmen zu können?

Hier ist Vorsicht geboten!

- Dürfen bauliche Veränderungen durch den Bauträger nur nach schriftlicher Genehmigung durch den Käufer vorgenommen werden?
- Ist im Vertrag geregelt, ob und wann Sie vom Vertrag zurücktreten können, wenn z. B. der Bauträger nicht fristgerecht fertigstellt?

11 Steuern bei Wohnungs- und Teileigentum

11.1 Die selbstgenutzte Eigentumswohnung/ Eigenheimzulagengesetz

Die selbstgenutzte Eigentumswohnung kann nur in einigen Ausnahmefällen steuermindernd in Ansatz gebracht werden.

Die grundsätzliche Förderung der selbstgenutzten Eigentumswohnung wurde in der Vergangenheit durch ein Zulagensystem, das „Eigenheimzulagengesetz" (EigZulG), geleistet. Dabei gehörte die Eigenheimzulage mit über zehn Milliarden Euro pro Jahr zu den größten Einzelposten bei den Direktsubventionen.

Angesichts der Probleme der öffentlichen Haushalte wurde die Eigenheimzulage mit Wirkung zum 01.01.2006 völlig abgeschafft. Da das Eigenheimzulagengesetz somit an Bedeutung verloren hat, wird an dieser Stelle auf eine weitere Darstellung verzichtet.

11.2 Die selbstgenutzte Eigentumswohnung als Baudenkmal und in Sanierungsgebieten

Der Eigentümer, dessen Eigentumswohnung von der Denkmalschutzbehörde als Baudenkmal deklariert wurde oder dessen Eigentumswohnung in einem förmlich festgestellten Sanierungsgebiet oder städtebaulichen Entwicklungsgebiet liegt, kann seine Aufwendungen in der Steuererklärung als Sonderausgaben in Abzug bringen. Er muss seine Immobilie allerdings selbst nutzen und weitere Voraussetzungen erfüllen, die im Folgenden dargestellt werden.

Aufwendungen als Sonderabgaben abzugsfähig

Die Höhe des Sonderausgabenabzugs nach § 10f EStG beträgt:

Abschreibungszeitraum	Sonderausgabenabzug für Herstellungskosten und Erhaltungsaufwendungen = Aufwendungen
1 bis 10 Jahre	9 % p. a.

Die Steuerpflichtigen können den Sonderausgabenabzug nur einmal geltend machen (= Objektverbrauch).

11.2.1 Voraussetzungen des Sonderausgabenabzugs bei selbstgenutzten Baudenkmälern

Der Sonderausgabenabzug nach § 10f EStG wird für selbstgenutzte Baudenkmälern nur unter nachfolgenden Voraussetzungen gewährt:

Begünstigtes
Objekt

• Den Steuervorteil erhalten nur Baudenkmäler nach den landesrechtlichen Vorschriften über Denkmalschutz und Denkmalpflege.

> **Tipp: Abklären, ob Gebäude unter Denkmalschutz steht**
> Vor Durchführung einer Baumaßnahme ist abzuklären, ob es sich bei dem Gebäude um ein Baudenkmal im Sinne des Denkmalschutzes handelt.

Begünstigte
Baumaßnahmen

• Es sind nur Baumaßnahmen begünstigt, die Herstellungskosten oder Erhaltungsaufwendungen (siehe Kap. 11.3.10) darstellen und dem Erhalt der Eigentumswohnung als Baudenkmal dienen. Begünstigt sind wohl auch Baumaßnahmen nach Erwerb der Eigentumswohnung, die zu anschaffungsnahen Aufwendungen führen.[4]

> **Achtung: Anschaffungskosten nicht begünstigt**
> Nicht begünstigt sind Anschaffungskosten (siehe Kap. 11.3.10), z. B. der Kaufpreis der Eigentumswohnung.

---

[4] FG München, Urteil vom 02.03.1998, EFG 1998, S. 167.

> **Achtung: Ausbau des Speichers zu eigenen Wohnzwecken**
> Nicht begünstigt ist auch der Erstausbau eines Speichers zu eigenen Wohnzwecken. Nach Auffassung des Verwaltungsgerichts[5] und der Denkmalschutzbehörde handelt es sich hierbei um Maßnahmen, die nicht dem Erhalt des Gebäudes als Baudenkmal dienen.

- Damit der Sonderausgabenabzug geltend gemacht werden kann, ist es zwingend notwendig, dass die Baumaßnahmen vor deren Durchführung mit der Denkmalschutzbehörde abgestimmt werden. Die Denkmalschutzbehörde muss in der Lage sein, den Zustand des Gebäudes vor Durchführung der Baumaßnahmen zu ermitteln, um beurteilen zu können, ob die Aufwendungen zum Erhalt des Baudenkmals erforderlich sind.

Abstimmung mit Denkmalschutzbehörde

- Damit der Eigentümer die Förderung erhält, muss er eine Bescheinigung der Denkmalschutzbehörde nach § 7i EStG einholen. Nach Durchführung der Baumaßnahme hat der Steuerpflichtige zu diesem Zwecke die Rechnungen und Maßnahmen gegenüber der Denkmalschutzbehörde nachzuweisen. Diese erstellt für diejenigen Maßnahmen, die dem Erhalt des Baudenkmals dienen, eine Bescheinigung nach § 7i EStG. Diese Bescheinigung ist zwingend erforderlich, um den Sonderausgabenabzug zu erhalten.

Bescheinigung der Denkmalschutzbehörde

> **Tipp: Auf richtigen Zeitpunkt achten!**
> Der Steuerpflichtige kann den Sonderausgabenabzug nach § 10f EStG nur dann geltend machen, wenn ihm selbst Herstellungskosten oder Erhaltungsaufwendungen entstehen. Der Erwerber einer bereits erbauten, sanierten oder modernisierten Eigentumswohnung erhält diese Steuervergünstigungen nicht mehr. Die Herstellungskosten bzw. Erhaltungsaufwendungen dürfen erst nach Abschluss des Kaufvertrags entstehen und durchgeführt werden. Nur dann wird die oben beschriebene Förderung gewährt.

---

[55] Fundstelle: BayVGH vom 10.11.08 Az.: M 8 K 07.5911.
Informationen des Bayer. Landesamtes für Denkmalpflege 142, 2009, Heft 1
S. 46–49, 52.

11.2.2 Die selbstgenutzte Eigentumswohnung im Sanierungsgebiet

Der Sonderausgabenabzug für selbstgenutzte Eigentumswohnungen im Sanierungsgebiet wird nur unter folgenden Voraussetzungen gewährt:

Begünstigtes Objekt

- Die Eigentumswohnung muss in einem förmlich festgestellten Sanierungsgebiet oder städtebaulichen Entwicklungsgebiet liegen. Sanierungs- oder Entwicklungsgebiete werden von den jeweiligen Gemeinden durch Satzung festgesetzt.

Begünstigte Baumaßnahmen

- Es werden Baumaßnahmen gefördert, die aufgrund des Gebots nach § 177 Abs. 1 Baugesetzbuch durch ein Modernisierungs- oder Instandsetzungsgebot von der Gemeinde angeordnet wurden. Einzelheiten hierzu hat die Finanzverwaltung in eine Bescheinigungsrichtlinie[6] festgelegt.

> **Tipp: Zeitpunkt des Gebots beachten**
>
> Die auf freiwilliger Grundlage erbrachten Maßnahmen sind dann nicht begünstigt, wenn das Gebot der Gemeinde nach § 177 BauG erst nachträglich erteilt wird.

Anschaffungskosten

- Anschaffungskosten für eine Eigentumswohnung sind nur insoweit begünstigt, als sie zeitlich nach dem rechtswirksamen Abschluss eines obligatorischen Erwerbsvertrags oder eines gleichstehenden Rechtsaktes (z. B. Zuschlag in der Zwangsversteigerung) durchgeführt worden sind. Dabei liegen begünstigte Anschaffungskosten nur dann vor, wenn der Umstand der „anschaffungsnahen Aufwendungen" (siehe Kap. 11.3.10) gegeben ist, d. h. die Sanierungskosten 15 % der Anschaffungskosten des Gebäudes überschreiten.

> **Achtung: Reine Anschaffungskosten nicht begünstigt**
>
> Nicht begünstigt sind die reinen Anschaffungskosten, so z. B. der Kaufpreis für den Erwerb der Eigentumswohnung.

---

[6]   DB 1999, S. 308.

- Auch Herstellungskosten können in seltenen Ausnahmefällen steuerbegünstigt sein. Eine Förderung der Herstellungskosten ist nur dann möglich, wenn es sich um Maßnahmen handelt, die der Erhaltung, Erneuerung und funktionsgerechten Verwendung eines Gebäudes dienen, das wegen seiner geschichtlichen, künstlerischen oder städtebaulichen Bedeutung erhalten bleiben soll und zu deren Durchführung sich der Eigentümer gegenüber der Gemeinde verpflichtet hat. Nur in diesem Ausnahmefall wird eine Förderung der Herstellungskosten gewährt (zum Begriff der Herstellungskosten siehe Kap. 11.3.10).

Herstellungskosten

11.2.3 Haushaltsnahe Beschäftigungen und haushaltsnahe Dienstleistungen

Dienstleistungen vom 22.12.08 und das Gesetz zur Umsetzung steuerrechtlicher Regelungen des Maßnahmenpakets „Beschäftigungssicherung durch Wachstumsstärkung" vom 21.12.08 hat auch die Regelung zu den haushaltsnahen Beschäftigungen und haushaltsnahen Dienstleistungen eine Überarbeitung gefunden und höhere Abzugsbeträge für die Steuerpflichtigen gebracht.

Neu ist ab 1.1.2009

- Haushaltsnahe Beschäftigungsverhältnisse, für die Pflichtbeiträge zur gesetzlichen Sozialversicherung entrichtet werden, werden stärker gefördert.

- Die Steuerermäßigung für die Inanspruchnahme von Handwerkerleistungen für Renovierungs-, Erhaltungs- und Modernisierungsmaßnahmen wurde auf 20 % der Aufwendungen von maximal € 6.000,-, somit auf jährlich € 1.200,- erhöht.

- Im Rahmen der Zusammenfassung und Vereinheitlichung der Fördertatbestände ist die Zwölftelungsregelung entfallen.

Anwendung: Die Neuregelung findet auf Aufwendungen Anwendung, die nach dem 31.12.2008 erbracht worden sind.

> **Tipp: Alle Steuerabzüge ausschöpfen**
>
> Für alle Arten der haushaltsnahen Beschäftigungsverhältnisse und haushaltsnahen Dienstleistungen kann nebeneinander ein Steuerabzug beansprucht werden.

Wer die Förderung für haushaltsnahe Dienstleistungen und haushaltsnahe Beschäftigungen voll ausschöpft, kann eine Steuerersparnis von mehr als € 5.000,- erzielen. Einzelfragen sind im BMF-Schreiben vom 15.02.2010 geregelt.

11.2.3.1 Haushaltsnahe Beschäftigung

Der Begriff des haushaltsnahen Beschäftigungsverhältnisses (§ 35a Abs. 1 EStG) ist gesetzlich nicht definiert. Verlangt ist eine Tätigkeit, die einen engen Bezug zum Haushalt des Steuerpflichtigen hat. Zu den haushaltsnahen Tätigkeiten gehören unter anderem:

Begünstigte Tätigkeiten

- Zubereitung von Mahlzeiten im Haushalt
- Reinigung der Wohnung des Steuerpflichtigen
- Gartenpflege
- Versorgung und Betreuung von Kindern, sofern die Aufwendungen nicht unter den § 41, 9 Abs. 5 Satz 1 oder § 10 Abs. 1 Nr. 5 oder 8 EStG fallen.
- Pflege, Versorgung und Betreuung von kranken, alten oder pflegebedürftigen Personen
- Erteilung von Unterricht (z. B. Sprachunterricht)

Auch muss das haushaltsnahe Beschäftigungsverhältnis in einem inländischen oder in einem anderen Mitgliedstaat der Europäischen Union oder im Europäischen Wirtschaftsraum liegenden Haushalt ausgeübt werden.

Begünstigte Kosten

Begünstigt sind sämtliche mit der Beschäftigung anfallenden Kosten: sowohl die reinen Lohnkosten als auch die Sozialversicherungsbeiträge, Beiträge zur Verwaltungsberufsgenossenschaft oder die angefallene Lohnsteuer etc.

Achtung: Verträge mit nahen Angehörigen
Vereinbarungen zwischen Eheleuten in einem gemeinsamen Haushalt oder zwischen Eltern und Kindern in einem gemeinsamen Haushalt sind nicht steuerbegünstigt. Dies gilt entsprechend für die Partner einer eingetragenen Lebenspartnerschaft. Auch bei einem Haushalt zusammenlebender Partner einer nicht ehelichen Lebensgemeinschaft oder einer nicht eingetragenen Lebenspartnerschaft kann regelmäßig nicht von einem begünstigten Beschäftigungsverhältnis ausgegangen werden, da jeder Partner auch seinen eigenen Haushalt führt und es daher an dem für Beschäftigungsverhältnisse typischen Über- und Unterordnungsverhältnis fehlt.

Etwas anderes gilt nur dann, wenn haushaltsnahe Beschäftigungsverhältnisse mit Angehörigen abgeschlossen werden, die nicht im Haushalt des Steuerpflichtigen leben. Hier ist dringend auf einen zivilrechtlich wirksamen Vertrag zu achten, der dem Fremdvergleich standhält.

Bei Vorliegen eines haushaltsnahen Beschäftigungsverhältnisses vermindert sich die Steuerbelastung auf Antrag:

Verminderung der Steuerbelastung

- um 20 % der Aufwendungen, höchstens € 510,- p. a., bei geringfügiger Beschäftigung auf 400-Euro-Basis. Dabei muss es sich um ein angemeldetes, haushaltsnahes Beschäftigungsverhältnis handeln;

- um 20 % von maximal € 20.000,- der Aufwendungen, höchstens € 4.000,- p. a., bei anderen haushaltsnahen Beschäftigungsverhältnissen, für die aufgrund des Beschäftigungsverhältnisses Pflichtbeiträge zur gesetzlichen Sozialversicherung entrichtet werden und die keine Minijobs auf 400-Euro-Basis darstellen.

Als Nachweis der haushaltsnahen Beschäftigung dient bei geringfügig Beschäftigten allein die Anmeldung bei der Bundesknappschaft im „Haushaltsscheckverfahren". Dieses Verfahren ist nur Privatleuten zugänglich. Eine Teilnahme einer Wohnungseigentümergemeinschaft oder eines Vermieters im Rahmen seiner Vermietertätigkeit ist nicht zulässig. Vergleiche hierzu jedoch die Ausführungen unter 11.2.3.2, wonach geringfügige Beschäftigungen von Wohnungseigentümergemeinschaften und Vermietern als sogenannte haushaltsnahe Dienstleistungen begünstigt sind.

Nachweis der haushaltsnahen Beschäftigung

11.2.3.2 Haushaltsnahe Dienstleistungen

Nach § 35a Abs. 2 Satz 1 EStG sind haushaltsnahe Dienstleistungen begünstigt, die in einem inländischen oder in einem anderen in der europäischen Union oder im Europäischen Wirtschaftsraum liegenden Haushalt des Steuerpflichtigen erbracht werden und die nicht zu den handwerklichen Leistungen im Sinne des § 35a Abs. 3 n. F. EStG gehören. Gewöhnlich werden haushaltsnahe Dienstleistungen durch Mitglieder des privaten Haushalts selbst erledigt. Sollten diese Arbeiten an eine Dienstleistungsagentur oder einen selbstständigen Dienstleister vergeben werden, so gewährt § 35 Abs. 2 Satz 2 EStG die Möglichkeit, die Steuerlast zu mindern.

Achtung:

Dazu gehören auch geringfügige Beschäftigungsverhältnisse, die durch Wohnungseigentümergemeinschaften und Vermieter im Rahmen ihrer Vermietertätigkeit eingegangen werden.

Begünstigte Tätigkeiten

- Reinigung der Wohnung durch einen selbstständigen Dienstleister (z. B. selbstständiger Fensterputzter)
- Kochen und Waschen sowie sämtliche Tätigkeiten im Haushalt durch einen selbstständigen Dienstleister
- Pflege von Angehörigen durch Inanspruchnahme eines Pflegedienstes
- Gartenpflegearbeiten (z. B. Rasenmähen, Heckenschneiden etc.) durch einen selbstständigen Dienstleister
- Winterdienst durch einen selbstständigen Dienstleister
- Umzugsdienstleistungen für Privatpersonen

Die Aufzählung der begünstigten Tätigkeiten ist hier nur beispielhaft niedergelegt. Im Einzelnen wird auf den im Anhang abgedruckten Maßnahmenkatalog verwiesen.

Begünstigte Aufwendungen

Begünstigt sind nur die Aufwendungen für Arbeitszeit, Fahrtkosten und Geräteeinsatzkosten. Materialkosten oder sonstige im Zusammenhang mit der Dienstleistung gelieferte Waren bleiben außer Ansatz.

Die haushaltsnahen Dienstleistungen sind mit folgenden Beträgen steuerbegünstigt:

Haushaltsnahe Dienstleistung	Steuerermäßigung		
	Maximal begünstigte Aufwendungen (in €)	20 % der Aufwendungen	Maximaler Steuerabzug (in €)
Allgemeine haushaltsnahe Dienstleistung (§ 35a Abs. 2 Satz 1 EStG)	20.000,-	20 %	4.000,-
Pflege- und Betreuungsleistungen auch bei Heimunterbringung (Sonderfall der allgemeinen haushaltsnahen Dienstleistung) (§ 35 Abs. 2, Satz 1, 2. Halbsatz EStG)	20.000,-	20%	4.000,-

11.2.3.3 Ausschluss der Steuerbegünstigung

Die Steuerermäßigung für Aufwendungen ist ausgeschlossen, soweit diese zu den Betriebsausgaben oder Werbungskosten gehören. Auch Aufwendungen, die vorrangig als Sonderausgaben, so z. B. Erhaltungsmaßnahmen nach § 10f EStG, oder als außergewöhnliche Belastungen Berücksichtigung finden, sind als begünstigte Aufwendungen ausgeschlossen.

11.2.3.3.1 Au-pair

Bei der Aufnahme eines Au-pairs in eine Familie fallen in der Regel neben den Aufwendungen für die Betreuung der Kinder auch Aufwendungen für leichte Hausarbeit an. Wird der Umfang der Kinderbetreuungskosten nicht nachgewiesen, kann ein Anteil von 50 % der Gesamtaufwendungen im Rahmen der Steuerermäßigung für haushaltsnahe Dienstleistungen nach § 35a Abs. 2 Satz 1 EStG Berücksichtigung finden, wenn die übrigen Voraussetzungen des

§ 35a EStG, insbesondere die unbare Zahlung auf das Konto des Aupais, vorliegen.

11.2.3.3.2 Wohnen im Altenheim, Altenwohnheim, Pflegeheim oder Wohnstift

Eine Inanspruchnahme der Steuerermäßigung nach § 35a EStG ist auch möglich, wenn sich der eigenständige und abgeschlossene Haushalt in einem Heim, z. B. in einem Altenheim, einem Altenwohnheim, einem Pflegeheim oder in einem Wohnstift, befindet. Dies setzt voraus, dass die Räumlichkeiten im Altenheim so ausgestattet sind, dass eine eigene selbstständige Haushaltsführung möglich ist. Die Räumlichkeiten müssen daher abschließbar und mit einem Bad, einer Küche und einem Wohn-Schlaf-Bereich ausgestattet sein.

Zu den begünstigten haushaltsnahen Dienstleistungen bei einer Heimunterbringung gehören z. B. Reinigung des Apartments, Pflege- oder Handwerkerleistungen im Apartment und unter Umständen Hausmeisterarbeiten, Gartenpflege sowie Kleinreparaturen, Dienstleistungen des Haus- und Etagenpersonals sowie die Reinigung der Gemeinschaftsflächen, Flure, Treppenhäuser etc.

Handwerkerleistungen

Auch für die Inanspruchnahme von Handwerkerleistungen für Renovierungs-, Erhaltungs- und Modernisierungsmaßnahmen, die in einem inländischen, in der Europäischen Union oder im Europäischen Wirtschaftsraum liegenden Haushalt des Steuerpflichtigen erbracht werden, wird eine Steuerermäßigung nach § 35a Abs. 3 EStG n. F. gewährt.

Dies gilt unabhängig davon, ob es sich um regelmäßig vorzunehmende Renovierungsmaßnahmen, kleine Ausbesserungsarbeiten oder um Erhaltungs- und Modernisierungsarbeiten handelt. Das beauftragte Unternehmen muss nicht in der Handwerksrolle eingetragen sein. Es können auch Kleinunternehmer nach § 19 Abs. 1 UStG mit den Arbeiten beauftragt werden.

Die selbstgenutzte Eigentumswohnung als Baudenkmal und in Sanierungsgebieten **11**

Zu den handwerklichen Tätigkeiten zählen unter anderem: Begünstigte
Tätigkeiten

- Arbeiten an Innen- und Außenwänden
- Arbeiten an Dach, an der Fassade, an Garagen o. Ä.
- Reparatur oder Austausch von Fenstern und Türen
- Streichen/Lackieren von Türen, Fenstern (innen und außen), Wandschränken, Heizkörpern und Rohren
- Reparatur oder Austausch von Bodenbelägen (z. B. Teppichboden, Parkettfliesen)
- Reparatur, Wartung oder Austausch von Heizungsanlagen, Elektro-, Gas- und Wasserinstallation
- Modernisierung oder Austausch der Einbauküche
- Modernisierung des Badezimmers
- Reparatur und Wartung von Gegenständen im Haushalt des Steuerpflichtigen (z. B. Waschmaschine, Geschirrspüler, Herd, Fernseher, Computer)
- Gartengestaltung
- Pflasterarbeiten auf dem Wohngrundstück
- Kontroll- und Wartungsarbeiten (Schornsteinfeger, Heizungsanlage, Blitzschutzanlage etc.)
- Handwerkliche Leistungen für Hausanschlüsse (z. B. Kabel für Strom oder Fernsehen), soweit die Aufwendungen die Zuleitungen zum Haus oder zur Wohnung betreffen.

Eine Übersicht über die einzelnen begünstigten und nicht begünstigten Maßnahmen ist im Anhang abgedruckt.

> **Achtung: Handwerksleistungen am Neubau nicht abzugsfähig**
> Handwerkliche Tätigkeiten im Rahmen einer Neubaumaßnahme sind nicht begünstigt. Es muss sich um handwerkliche Tätigkeiten an einem bereits bestehenden Gebäude oder einer Eigentumswohnung handeln. Übrigens: Der beauftragte Handwerksbetrieb muss nicht in der Handwerksrolle eingetragen sein.

Nach § 35a Abs. 3 EStG sind nur die Aufwendungen für die Inanspruchnahme der haushaltsnahen Tätigkeit selbst (Arbeitskosten), einschließlich der in Rechnung gestellten Maschinen- und Fahrtkos- Begünstigte
Aufwendungen

ten begünstigt. Materialkosten oder sonstige im Zusammenhang mit der Dienst-/Handwerkerleistung gelieferte Waren (z. B. Fliesen, Tapeten, Farbe oder Pflastersteine) bleiben außer Ansatz.

> **Achtung: Anteil der Arbeitskosten extra ausweisen lassen**
> Der Anteil der Arbeitskosten muss in der Rechnung grundsätzlich gesondert ausgewiesen sein. Sollte ein Pauschalpreis vereinbart worden sein, so ist die Handwerkerrechnung vom Aussteller um folgenden Hinweis zu ergänzen:
> „Im Rechnungsbetrag in Höhe von € ____ sind Materialkosten in Höhe von € ____ enthalten".

Handwerkerleistungen sind in folgender Höhe steuerbegünstigt:

Ab 01.01.2009:

Haushaltsnahe Dienstleistungen	Steuerermäßigung		
	Maximal begünstigte Aufwendungen	20 % der Aufwendungen	Maximaler Steuerabzug
Handwerkerleistungen § 35a Abs. 3 EStG	€ 6.000,00	€ 1.200,00	€ 1.200,00

Nachweis der haushaltsnahen Dienstleistung

Sowohl bei Aufwendungen im Rahmen einer haushaltsnahen Dienstleistung als auch bei Handwerker- oder Pflege- und Betreuungsleistungen im Sinne des § 35a EStG ist die Steuerermäßigung davon abhängig, dass der Steuerpflichtige die Aufwendungen durch Vorlage einer Rechnung und die Zahlung auf das Konto des Leistungserbringers durch einen Beleg des Kreditinstituts nachweist (bis Verrechnungszeitraum 2007). Ab dem Verrechnungszeitraum 2008 genügt es, wenn der Steuerpflichtige die Nachweise auf Verlangen des Finanzamts vorlegen kann.

Was gilt für Wohnungseigentümer?

Bei Wohnungseigentümergemeinschaften gilt hier Folgendes: Besteht ein Beschäftigungsverhältnis zu einer Wohnungseigentümergemeinschaft (z. B. Reinigung und Pflege von Gemeinschaftsräumen) oder ist eine Wohnungseigentümergemeinschaft Auftraggeber der haushaltsnahen Dienstleistung bzw. der handwerklichen Leistung, kommt für den einzelnen Wohnungseigentümer eine Steuerermäßigung unter folgendem Nachweis in Betracht:

- In der Jahresabrechnung der Wohnungseigentümergemeinschaft sind die im Kalenderjahr unbar gezahlten Beträge nach den begünstigten haushaltsnahen Beschäftigungsverhältnissen und Dienstleistungen jeweils gesondert aufzuführen oder der Verwalter der Wohnungseigentümergemeinschaft erstellt eine entsprechende Bescheinigung.

- Der Anteil der steuerbegünstigten Kosten (Arbeits- und Fahrtkosten) muss gesondert ausgewiesen sein.

- Der Anteil des jeweiligen Wohnungseigentümers muss anhand seines Beteiligungsverhältnisses individuell errechnet worden sein.

Da die Wohnungseigentümergemeinschaft zur Wahrnehmung ihrer Aufgaben und Interessen in der Regel einen Verwalter bestellt hat, hat dieser zum Nachweis gegenüber dem Finanzamt eine Bescheinigung in oben genanntem Sinne zu erstellen oder die Jahresabrechnung an die oben genannten Vorgaben anzupassen.

Die Frage, ob der Verwalter aufgrund des bestehenden Verwaltervertrags verpflichtet ist, derartige Bescheinigungen zu erstellen, ist derzeit durch die Rechtsprechung noch nicht geklärt. Nach unserer rechtlichen Einschätzung hat jedoch der einzelne Wohnungseigentümer zumindest gegen Kostenerstattung einen Anspruch auf Erstellung einer Bescheinigung nach § 35a EStG gegenüber dem Verwalter. An dieser Stelle muss die aktuelle Entwicklung noch abgewartet werden, bis eindeutige Auskünfte erteilt werden können.

Muss der Verwalter Bescheinigung erstellen?

Muster für eine Bescheinigung der haushaltsnahen Dienstleistungen und Beschäftigungsverhältnisse

Siehe CD-ROM

Name und Anschrift des Verwalters/ Vermieters

Name und Anschrift des Eigentümers/ Mieters

Anlage zur Jahresabrechnung für das Jahr/Wirtschaftsjahr _____

Ggf. Datum der Beschlussfassung der Jahresabrechnung: _____

In der Jahresabrechnung für das nachfolgende Objekt

(Ort, Straße, Hausnummer und ggf. genaue Lagebezeichnung der Wohnung)

sind Ausgaben im Sinne des § 35a Einkommensteuergesetz (EStG) enthalten, die wie folgt zu verteilen sind:

a) Aufwendungen für sozialversicherungspflichtige Beschäftigungen
(§35a Abs. 2 Satz 1 Alt. 1 EStG, § 35a Abs. 1 Satz 1 Nr. 2 EStG a. F.)

Bezeichnung	Gesamtbetrag (in Euro)	Anteil des Miteigentümers/des Mieters

b) Aufwendungen für die Inanspruchnahme von haushaltsnahen Dienstleistungen (§35a Abs. 2 Satz 1 Alt. 2 EStG, § 35a Abs. 2 Satz 1, 1. Halbsatz EStG a. F.)

Bezeichnung	Gesamtbetrag (in Euro)	nicht zu berücksichtigende Materialkosten (in Euro)	Aufwendungen bzw. Arbeitskosten (in Euro)	Anteil des Miteigentümers/des Mieters

---

c) Aufwendungen für die Inanspruchnahme von Handwerkerleistungen für Renovierungs-, Erhaltungs- und Modernisierungsmaßnahmen (§35a Abs. 3 EStG, § 35a Abs. 2 Satz 2 EStG a. F.)

Bezeichnung	Gesamtbetrag (in Euro)	nicht zu berücksichtigende Materialkosten (in Euro)	Aufwendungen bzw. Arbeitskosten (in Euro)	Anteil des Miteigentümers/des Mieters

---

Ort und Datum   Unterschrift des Verwalters oder Vermieters

Hinweis: Die Entscheidung darüber, welche Positionen im Rahmen der Einkommensteuererklärung berücksichtigt werden können, obliegt ausschließlich der zuständigen Finanzbehörde.

11.3 Die vermietete Eigentumswohnung/ Teileigentumseinheit

11.3.1 Überschuss Einkünfte/Zufluss-Abfluss-Prinzip

Vermietet ein Wohnungseigentümer/Teileigentümer seine Wohnung bzw. gewerbliche Einheit an Dritte, so erzielt er Einnahmen aus Vermietung und Verpachtung (§ 21 EStG). Die mit der Vermietung ursächlich zusammenhängenden Aufwendungen werden als Werbungskosten steuermindernd bei der Einkunftsermittlung berücksichtigt. Bei den Einkünften aus Vermietung und Verpachtung handelt es sich um „Überschusseinkünfte", bei denen der zu versteuernde Gewinn oder zu berücksichtigende Verlust durch eine Gegenüberstellung der Einnahmen und Ausgaben ermittelt wird.

Einkünfte aus Vermietung/ Verpachtung

Einahmen – Ausgaben = Gewinn/Verlust

Zufluss-Abfluss-Prinzip

Bei den Einkünften aus Vermietung und Verpachtung werden sowohl die Einnahmen als auch die Ausgaben nach dem Zufluss- und Abfluss-Prinzip des § 11 EStG erfasst. Einnahmen (z. B. Miete), Betriebskostenvorauszahlung sowie Betriebskostennachzahlung sind zum Zeitpunkt des „Zuflusses" beim steuerpflichtigen Wohnungseigentümer zu erfassen. Aufwendungen für die vermietete Eigentumswohnung werden beim Steuerpflichtigen gewinnmindernd in Ansatz gebracht, sobald der „Abfluss" stattgefunden hat. Aufgrund des Zufluss- und Abflussprinzips kann der Wohnungseigentümer/Teileigentümer Einkünfte auf die Jahreswende verlagern, wenn dies steuerlich für ihn vorteilhaft ist.

11.3.2 Einnahmen verschieben

Es bringt keinen Vorteil, wenn die Miete für den Monat Januar bereits Ende Dezember des Vorjahres zufließt oder umgekehrt: die Dezembermiete erst im Januar des Folgejahres zufließt. Bei Mieteinnahmen handelt es sich um regelmäßig wiederkehrende Einnahmen. Sie sind dem Jahr zuzurechnen, zu dem sie wirtschaftlich gehören, wenn sie innerhalb von zehn Tagen vor oder nach dem Ende des jeweiligen Jahres zufließen.

11.3.3 Ausgaben verschieben

Rechnungen von Handwerkern etc. können entweder bis Jahresende oder erst im neuen Jahr bezahlt und damit steuerwirksam werden. Hier kann eine Verschiebung in das nächste Jahr sinnvoll sein, da es aufgrund des strengen Zufluss- und Abfluss-Prinzips grundsätzlich nicht auf das Leistungsdatum oder das Rechnungsdatum ankommt.

> **Achtung: Vorauszahlungen werden nicht anerkannt**
> Vorauszahlungen an einen Handwerker ohne wirtschaftlichen Hintergrund werden jedoch von der Finanzverwaltung nicht anerkannt, da es sich um einen Gestaltungsmissbrauch handelt.

Ausnahmen

Seit dem Jahr 2004 sind folgende Ausnahmen vom Zufluss-Abfluss-Prinzip zu beachten:

- Einnahmen, die auf einer Nutzungsüberlassung von mehr als fünf Jahren beruhen und in einem Betrag bezahlt werden, können auf die Jahre gleichmäßig verteilt werden. Der Steuerpflichtige hat hier ein Wahlrecht.

- Ausgaben, die auf einer Nutzungsüberlassung von mehr als fünf Jahren beruhen (z. B. Erbbauzinsen), sind zwingend gleichmäßig auf den betreffenden Zeitraum zu verteilen, auch wenn sie in einem Einmalbetrag abfließen.

Nach wie vor kann ein Damnum/Disagio im Jahr des Abflusses in voller Höhe als Werbungskosten abgesetzt werden, wenn es bei einer Zinsfestschreibung von fünf Jahren nicht mehr als 5 % der Darlehenssumme beträgt. Aus dem Vorziehen der Steuerersparnis ergibt sich ein Liquiditäts- und Zinsvorteil. Ein über 5 % hinausgehendes Damnum/Disagio ist auf den Zinsfestschreibungszeitraum bzw. auf die Darlehenslaufzeit zu verteilen.

Damnum/ Disagio

11.3.4 Einnahmen aus Vermietung und Verpachtung

Der Wohnungseigentümer/Teileigentümer muss sämtliche Einnahmen und Nutzungsvorteile aus der Überlassung von Wohnraum oder gewerblichen Teileigentumseinheiten versteuern. Die wesentlichen steuerpflichtigen Einnahmen bestehen in den monatlich zufließenden Mieten, Betriebskostenvorauszahlungen des Mieters und in den vom Mieter jährlich auszugleichenden Betriebskostenabrechnungen.

Ob Zuflüsse zu den Einnahmen aus Vermietung und Verpachtung gehören, sehen Sie hier:

Was gehört zu den Einnahmen aus Vermietung/ Verpachtung?

- *Abstandszahlungen* des Mieters für eine vorzeitige Entlassung aus dem Mietverhältnis

- *Abtretung einer Mietforderung* führt noch nicht zum Zufluss der Miete.

- *Aufwendungsbeihilfen* nach § 42 Abs. 6 des zweiten WBauG sind Einnahmen aus Vermietung und Verpachtung.

- *Baukostenzuschüsse*

– öffentliche Zuschüsse:

- zur Erhaltung, Erneuerung oder funktionsgerechten Verwendung des Wirtschaftsguts sind keine Einnahmen aus Vermietung und Verpachtung, sondern mindern die Herstellungs- bzw. Erhaltungsaufwendungen;

- für Gebrauchsüberlassung (z. B. Belegungsrecht oder Mietspreisbindung) sind Einnahmen aus Vermietung und Verpachtung;

- aus Mitteln des „3. Förderweges" sind Einnahmen aus Vermietung und Verpachtung. Eine Verteilung auf zehn Jahre ist möglich (R 163 Abs. 2 EStR).

– private Zuschüsse: Zuschüsse des Mieters als Mietvorauszahlung oder ein verlorener Zuschuss, der ohne Gegenleistung entrichtet wird, stellen stets Einnahmen aus Vermietung und Verpachtung dar.

Bausparguthabenzinsen sind Einnahmen aus Vermietung und Verpachtung, wenn sie in engem zeitlichen Zusammenhang mit dem Erwerb eines Hauses stehen.

Bausperre: Entschädigung für eine faktische Bausperre stellt keine Einnahme aus Vermietung und Verpachtung dar.

Beschlagnahme: Nutzungsentschädigungen für die Inanspruchnahme eines Grundstück (z. B. für die Wohnungseinweisung von Obdachlosen) sind Einnahmen aus Vermietung und Verpachtung.

Betriebskostenvorauszahlungen/Nachzahlung aus der Betriebskostenabrechnung sind Einnahmen aus Vermietung und Verpachtung. Betriebskostenerstattungen an den Mieter kürzen die zu versteuernden Einnahmen.

Darlehen, das dem Eigentümer vom Wohnungsnutzenden zinslos gewährt wird, kann in Höhe der üblichen Zinsen eine Einnahme aus Vermietung und Verpachtung sein. Sowohl die Ausreichung als auch die Tilgung des Darlehens sind steuerneutral und somit weder als Einnahmen noch als Ausgaben zu erfassen.

Dienstbarkeit: Das Entgelt für die Bestellung einer beschränkt persönlichen Dienstbarkeit oder Grunddienstbarkeit, die der Nutzungsmöglichkeit eines fremden Grundstücks dient, stellt – je nach wirtschaftlichem Gehalt der getroffenen Vereinbarung (z. B. Baulast zur Nutzung eines Grundstücks als Kfz-Stellplatz) – eine Einnahme aus Vermietung und Verpachtung dar.

Enteignung: Das Entgelt für den Ausgleich eines Vermögensverlustes ist keine Einnahme aus Vermietung und Verpachtung.

Entschädigungen:

- Nicht steuerbare Vermögenszuflüsse sind Entschädigungen, wenn sie als Vermögensentschädigung gezahlt werden.
- Nutzungsentschädigungen sind Einkünfte aus Vermietung und Verpachtung.
- Entschädigungen für die Duldung eines Bauvorhabens auf dem Nachbargrundstück sind steuerpflichtige Einnahmen aus § 22 Nr. 3 EStG.

Erbbaurecht: Der laufende Erbbauzins als Entgelt für die Duldung der Nutzung eines Grundstücks ist eine Einnahme aus Vermietung und Verpachtung. Wenn der Erbbauzins als Einmalzahlung erfolgt: Die Verteilung auf die Laufzeit des Erbbaurechts ist strittig.

Erschließungskosten im Erbbaurecht: Die Übernahme der Erschließungskosten und Straßenanliegerbeiträge durch den Erbbauberechtigten führen beim Erbbaurechtsbesteller zu Einnahmen aus Vermietung und Verpachtung (strittig).

Feuerversicherung: Entschädigungen aus der Feuerversicherung zählen nicht zu den Einnahmen aus Vermietung und Verpachtung, es sei denn, es werden Aufwendungen für Werbungskosten wie AfA oder Aufräumkosten ersetzt.

Kaufpreisraten: Die langfristige zinslose Stundung eines Kaufpreises führt beim Erwerber zur Abzinsung des Kaufpreises und damit zu geringeren Anschaffungskosten, die mit der Abschreibung steuermindernd in Ansatz gebracht werden.

Kautionen sind keine Einnahmen aus Vermietung und Verpachtung, da sie dem Mieter zuzurechnen sind. Wird die Kaution bei Beendigung des Mietverhältnisses für Reparaturen und Schadensbeseitigung einbehalten, so führt dies zu Einnahmen aus Vermietung und Verpachtung.

Mietzahlungen, gleich welcher Art und Höhe, gehören zu den Einnahmen aus Vermietung/Verpachtung.

Mietausfallversicherung: Einnahmen hieraus sind Einnahmen aus Vermietung und Verpachtung und Ersatz für entgangene Mieteinnahmen.

Mietaufwendungen: Instandhaltungsaufwendungen des Mieters, zu denen er verpflichtet ist, sind keine Einnahmen aus Vermietung und Verpachtung. Ist der Mieter verpflichtet, von ihm vorgenommene Verbesserungen des Mietgegenstandes bei Beendigung des Mietverhältnisses dem Vermieter unentgeltlich zu überlassen, so stellt der Wert der Verbesserung nach § 8 Abs. 2 EStG für den Vermieter eine Einnahme aus Vermietung und Verpachtung dar.

Nebenkosten: Das Entgelt für Nebenleistungen des Vermieters wie z. B. Überlassung eines Gartenanteils oder eines Schwimmbades, sind Einnahmen aus Vermietung und Verpachtung.

Nießbrauch: Die entgeltliche Einräumung eines Nießbrauchsrechts ist eine Einnahme aus Vermietung und Verpachtung.

Prozesszinsen: Prozesszinsen, die dem Wohnungseigentümer auf die erstatteten Rechtsanwalts- und Gerichtskosten bei einem obsiegenden Urteil bezahlt werden, sind Einnahmen aus Kapitalvermögen.

Sachleistungen: Erhält der Vermieter anstelle der vereinbarten Miete Sachleistungen (z. B. Hausmeistertätigkeiten), so sind die Sachleistungen als Einnahmen aus Vermietung und Verpachtung zu behandeln (§ 8 Abs. 2 EStG), sofern sie ihre Grundlage im Nutzungsverhältnis haben.

Schadensersatz:

- für Beschädigung oder Zerstörung der Mietsache: keine Einnahme aus Vermietung und Verpachtung.

- wegen Vorenthaltung der Mietsache durch den Mieter nach Vertragsablauf: Einnahme aus Vermietung und Verpachtung, da hier die Gebrauchsüberlassung im Vordergrund steht.

Umsatzsteuer: Mehrwertsteuererstattungen bei Option zur Mehrwertsteuer nach § 4 Nr. 12, Nr. 9 i. V. m. § 15 UStG sind Einnahmen aus Vermietung und Verpachtung.

Vertragsstrafe: Die Zahlung einer Vertragsstrafe wegen verspäteter Fertigstellung eines Mietwohngebäudes ist eine Einnahme aus Vermietung und Verpachtung, wenn dadurch entgangene Mieteinnahmen ausgeglichen werden.

Verzicht auf Mieteinnahmen oder Mieterhöhungen, sind keine (fiktiven) Einnahmen aus Vermietung und Verpachtung.

Verzugszinsen: Leistet der Mieter Verzugszinsen wegen verspäteter Zahlung der Miete so stellen diese Einnahmen aus Vermietung und Verpachtung dar.

Vormietrecht: Das Entgelt für die Einräumung eines Vormietrechts ist eine Einnahme aus Vermietung und Verpachtung.

Wohnrecht: Das Entgelt für die Einräumung eines Wohnrechts ist eine Einnahme aus Vermietung und Verpachtung.

Zinsen: Zinsen aus der Bildung von Instandhaltungsrücklagen einer Wohnungseigentümergemeinschaft führen zu Einnahmen aus Kapitalvermögen.

11.3.5 Werbungskosten

Werbungskosten sind Aufwendungen zur Erwerbung, Sicherung und Erhaltung der Einnahmen. Sie sind bei der jeweiligen Einkunftsart abzuziehen, soweit sie mit dieser in engem Zusammenhang stehen (§ 9 EStG). Bei den Einkünften aus Vermietung und

Verpachtung sind Werbungskosten alle Aufwendungen, bei denen objektiv ein wirtschaftlicher Zusammenhang mit der Vermietung besteht und die subjektiv zur Förderung der Nutzungsüberlassung getätigt werden.

> **Achtung: Keine Werbungskosten bei selbstgenutzter Wohnung**
> Werbungskosten können nicht vorliegen, wenn keine Einnahmen erzielt werden – so bei der selbstgenutzten Wohnung.

Was gehört zu den Werbungskosten?

Der Wohnungseigentümer/Teileigentümer kann folgende Aufwendungen steuermindernd als Werbungskosten in Ansatz bringen.

Abfindungen, Abstandszahlungen: Eine an den Mieter gezahlte Abfindung für die vorzeitige Räumung des Mietgegenstandes kann als Werbungskosten abgezogen werden, wenn die frei gemachte Wohnung anschließend wieder vermietet wird oder wenn die Abfindung für Erhaltungsmaßnahmen des Mieters bezahlt wird, zu denen er nicht verpflichtet war. Werbungskosten liegen nicht vor, wenn der Mietgegenstand veräußert oder vom Eigentümer selbst benutzt wird.

Abschlussgebühr für Bausparvertrag: Der Werbungskostenabzug ist möglich, wenn der Abschluss in engem Zusammenhang mit dem Erwerb des Grundstücks oder dessen Einrichtung stand.

> **Achtung: Guthabenzinsen versteuern**
> Die Guthabenszinsen aus dem Bausparvertrag sind als Einnahmen aus Vermietung und Verpachtung zu versteuern.

Anzeigen: Anzeigen in Tageszeitungen etc. wegen Mietersuche sind Werbungskosten.

Arbeitszimmer: Aufwendungen für ein Arbeitszimmer können Werbungskosten bei Vermietung und Verpachtung sein, wenn das Arbeitszimmer den Mittelpunkt der Mietverwaltung bildet.

Mögliche abzugsfähige Aufwendungen sind dann:

- Miete
- Gebäude-AfA, Sonder-AfA
- Schuldzinsen für Kredite, die zur Anschaffung, Herstellung oder Reparatur des Gebäudes verwendet worden sind
- Wasser- und Energiekosten
- Reinigungskosten
- Grundsteuer, Müllabfuhr, Kaminkehrer, Gebäudeversicherungen etc.
- Renovierungskosten

Außerdem fallen darunter auch die Aufwendungen für die Ausstattung des Zimmers, hierzu zählen insbesondere:

- Tapeten
- Teppiche
- Vorhänge und Gardinen
- Lampen

Die Aufwendungen für Arbeitsmittel (z. B. Schreibtisch, Regal, PC) sind voll abzugsfähig.

Bei der Höhe der anzusetzenden Aufwendungen für das Arbeitszimmer sind folgende Beschränkungen zu beachten:

Bis zum Veranlagungszeitraum 2006 gilt nachfolgende Skizze:

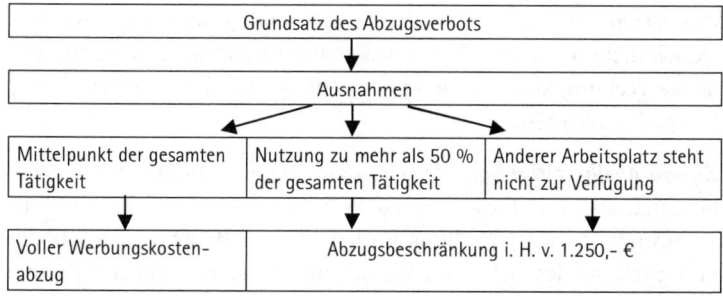

371

- Ab dem Veranlagungszeitraum 2007 kann das Arbeitszimmer nur noch in Ansatz gebracht werden, wenn es den Mittelpunkt der gesamten beruflichen und betrieblichen Betätigung bildet.

Achtung

Zur Frage der Absetzbarkeit des Arbeitszimmers sind derzeit Verfahren vor dem Bundesfinanzhof und dem Bundesverfassungsgericht anhängig. Mit Beschluss vom 25.08.09 hat der BFH unter dem Aktenzeichen Az. VI B 69/09 ernsthafte verfassungsrechtliche Zweifel an dem seit 2007 geltenden Abzugsverbot für die Kosten des Arbeitszimmers geäußert.

Bis zur Entscheidung des BFH und des Bundesverfassungsgerichts werden die Einkommensteuerbescheide mit einem Vorläufigkeitsvermerk versehen. Für den Steuerpflichtigen ist es daher wichtig, dass er die Kosten des Arbeitszimmers nach wie vor in Ansatz bringt. Nur in diesen Fällen wird das Finanzamt einen Vorläufigkeitsvermerk anbringen, sodass der Steuerpflichtige von den zukünftigen Entscheidungen profitieren kann.

Asbestsanierung: Aufwendungen sind Werbungskosten. Beim selbstgenutztem Wohnraum sind die Aufwendungen außergewöhnliche Belastungen nach § 33 EStG.

Außenanlagen: Laufende Unterhaltsleistungen für die Außenanlagen (z. B. Zaun, Grünflächenwege) sind Werbungskosten.

Außenputz: Die Erneuerung des Außenputzes stellt Erhaltungsaufwand und damit sofort anzugsfähige Werbungskosten dar.

Baubetreuungskosten: Von den Baubetreuungskosten können 1/8, jedoch nicht mehr als 0,5 % des Gesamtaufwandes als sofort abzugsfähige Webungskosten geltend gemacht werden. Der Restbetrag sind Herstellungskosten.

Baumängelbeseitigung: Werden Baumängel während der Bauzeit beseitigt, so führt dies nicht zu Werbungskosten sondern zu Anschaffungs- bzw. Herstellungskosten. Treten Baumängel nach der Fertigstellung des Gebäudes auf, so sind die Kosten der Beseitigung Erhaltungsaufwand.

Bewirtschaftungskosten wie z. B. die umlagefähigen Betriebskosten gem. § 2 BetrKV und die Verwalterhonorare sind sofort abzugsfähige Werbungskosten. Die vom Mieter über die Abrechnung der umlagefähigen Betriebskosten bezahlten Aufwendungen sind wiederum als Einnahmen aus Vermietung und Verpachtung zu versteuern (z. B. Vorauszahlungen auf die umlagefähigen Betriebskosten sowie Ausgleich der Jahresabrechnung).

Siehe CD-ROM

Computer: Die Kosten für die Anschaffung eines PCs sind entsprechend der Nutzung für Zwecke der Einkunftserzielung anteilig als Werbungskosten abziehbar.

Dacherneuerung: Die Erneuerung der Dachdeckung ist sofort abzugsfähiger Erhaltungsaufwand und zählt zu den Werbungskosten.

Damnum/Disagio sind grundsätzlich als Webungskosten abzugsfähig, aber bei Leistung des Damnum vor Auszahlung des Darlehens wird dies nur anerkannt, wenn die Darlehensauszahlung innerhalb von drei Monaten nach Zahlung des Damnum erfolgt. Bei einer Zinsbindung für fünf Jahre wird bei nach dem 31.12.2003 abgeschlossenen Darlehensverträgen nur noch max. ein Damnum von 5 % der Darlehenssumme als Werbungskosten anerkannt.

Eigenleistung: Eigenleistungen des Vermieters sind keine Werbungskosten, da keine Aufwendungen vorliegen. Die eingesetzten Material- oder Fahrtkosten sind jedoch abzugsfähig, siehe „Fahrtkosten".

Erhaltungsaufwand: Aufwendungen für die Erneuerung von bereits vorhandenen Teilen oder Anlagen sind Erhaltungsaufwand und grundsätzlich sofort abzugsfähige Webungskosten, z. B.

- Erneuerung der Bodenbeläge,
- Erneuerung des Anstrichs der Decken und Wände,
- Erneuerung der Sanitäreinrichtungen,
- Ausbessern des vorhandenen Verputzes,
- Dacherneuerung etc.

Erschließungskosten: Die Instandhaltung bereits vorhandener Erschließungseinrichtungen – z. B. der Anschluss eines mit Wasser versorgten Grundstücks an die öffentliche Wasserversorgung – ist

373

Erhaltungsaufwand und damit als Webungskosten sofort abzugsfähig. Entscheidend kommt es hierbei darauf an, dass bereits eine Wasserversorgung vorhanden war.

Fahrtkosten: Fahrtkosten im Zusammenhang mit Erhaltungsaufwendungen, der Kreditbeschaffung, der Verwaltung und Betreuung des Mietobjekts (z. B. Neuvermietung, steuerliche Beratung, Besuch der Wohnungseigentümerversammlung) können als Werbungskosten nach folgenden Regeln geltend gemacht werden.

Anzusetzen sind

- die tatsächlichen Aufwendungen für die persönliche Benutzung eines Beförderungsmittels,
- bei öffentlichen Verkehrsmitteln: der Fahrpreis einschließlich Zuschläge,
- für die Benutzung eines eigenen Fahrzeugs bei Einzelnachweis: der Kilometersatz auf die jährlichen Gesamtkosten

  Berechnung: Jährliche Gesamtkosten = Betriebsstoffkosten, Wartungs- und Reparaturkosten, Garage, Kfz-Steuer, Haftpflicht- und Fahrzeugversicherung, Zinsen für Anschaffungsdarlehen und Abschreibung.

  Die betriebsgewöhnliche Nutzungsdauer für Pkws beträgt bis Veranlagungszeitraum 2000 fünf Jahre, ab 2001 sechs Jahre, bei hohen Fahrleistungen ggf. bis zu drei Jahren.
- ohne Einzelnachweis gelten folgende Pauschalbeträge:

Fahrzeug	Kilometersatz (€ pro km) ab Veranlagungszeitraum 2002
Kraftwagen	0,30
Motorrad oder Motorroller	0,13
Moped/Mofa	0,08
Fahrrad	0,05

Finanzierungskosten/Geldbeschaffungskosten: wie z. B. Darlehensgebühren, Eintragung einer Grundschuld, Schätzungskosten der Bank sind sofort abzugsfähige Werbungskosten.

Fußböden: Die Erneuerung des vorhandenen Bodenbelags führt zu Werbungskosten. Dies gilt auch dann, wenn ein anderes Material verwendet wird.

Gartenanlagen: Die Pflege und Unterhaltung der Gartenanlage sowie die Anschaffung von Materialien wie z. B. Dünger, Schädlingsbekämpfung, Ersatz von Bäumen und Sträuchern, Gartengeräten sind Werbungskosten.

Grundbucheintragungsgebühr: Als Werbungskosten sind hier die Gebühren zur Eintragung einer Hypothek oder Grundschuld abzugsfähig. Die Gebühren für die Auflassungsvormerkung und Eigentumsumschreibung führen zu Anschaffungskosten und sind somit nur AfA-fähig.

Grunderwerbsteuer: Die Grunderwerbsteuer gehört zu den Anschaffungskosten und führt somit zur AfA. Sofort abzugsfähige Werbungskosten entstehen nicht.

Grundsteuer ist als Werbungskosten abzugsfähig.

Hausmeistervergütung: Die Vergütung eines Hausmeisters sind Werbungskosten, unabhängig davon, ob sie auf den Mieter umgelegt werden können.

Hausverwaltungskosten sind Werbungskosten.

Heizungsanlagen: Der Austausch einer Heizungsanlage ist grundsätzlich Erhaltungsaufwand, somit sofort abzugsfähige Werbungskosten.

Hofbefestigung: Die Erneuerung oder Ausbesserung der vorhandenen Hofbefestigung ist sofort abzugsfähiger Erhaltungsaufwand zählt damit zu den Werbungskosten.

Instandhaltungsrücklage bei Eigentumswohnungen: Die Bildung der Instandhaltungsrücklage führt nicht zu Werbungskosten, da dem Vermieter/Eigentümer dieser Betrag noch nicht endgültig abgeflossen ist.

Kabelgebühren sind Werbungskosten.

Kaminkehrergebühren sind Werbungskosten.

Kanalisation: Die Kosten für den Anschluss an die Kanalisation als Ersatz für eine bereits vorhandene Sickergrube oder an eine eigene Kläranlage sind Erhaltungsaufwendungen und sofort abzugsfähig.

Kontogebühren sind Werbungskosten, sofern auf dem Konto die Einnahmen und Ausgaben aus Vermietung und Verpachtung geführt werden.

Literaturkosten sind Werbungskosten, sofern es sich hier um Fachbücher rund um den Grundbesitz oder um Steuerliteratur handelt.

Maklerprovision für die Vermittlung von Mietern sind Werbungskosten. Die Maklerprovision für Kauf und Verkauf eines Grundstücks sind Anschaffungskosten.

Möbel: Die Anschaffungskosten für Möbel, die zur Vermietung und Verpachtung genutzt werden (z. B. Vermietung einer möblierten Wohnung), können in Höhe der Abschreibung als Werbungskosten geltend gemacht werden. Betragen die Anschaffungskosten für das einzelne Möbelstück nicht mehr als € 410,- ohne MwSt., so sind sie sofort in voller Höhe als Werbungskosten abzugsfähig. Für andere Möbel gilt eine Durchschnittsnutzungsdauer von acht bis zehn Jahren.

Müllabfuhrgebühren sind Werbungskosten.

Notargebühren: Soweit Notargebühren zum Erwerb einer Immobilie oder bei der Veräußerung anfallen, führt dies nicht zu Werbungskosten, sondern allenfalls zu Anschaffungskosten. Die Notargebühren für die Eintragung von Hypotheken oder einer Grundschuld sind sofort abzugsfähige Werbungskosten der Geldbeschaffung.

Prozesskosten: Aufwendungen für einen Prozess wegen Streitigkeiten mit den Mietern (z. B. Räumungs-, Mieterhöhungsklagen etc.) sind Werbungskosten. Kostenerstattungen der Gegenseite sind als Einnahmen zu versteuern.

Räumungskosten sind Werbungskosten, wenn die Wohnung anschließend wieder vermietet werden soll.

Rechtsanwaltskosten: Soweit Rechtsanwaltskosten im Zusammenhang mit Vermietung/Verpachtung für Klagen gegen Mieter oder beauftragte Handwerker anfallen, liegen sofort abzugsfähige Werbungskosten vor. Entstehen die Rechtsanwaltsgebühren jedoch für den Erwerb oder den Verkauf einer Immobilie, so handelt es sich allenfalls um Anschaffungskosten.

Reisekosten sind Werbungskosten, wenn sie ausschließlich mit der Vermietertätigkeit in Zusammenhang stehen, so z. B. Fahrten zur vermieteten Immobilie, Besuch der Eigentümerversammlungen etc. Neben der Möglichkeit, die Fahrtkosten anzusetzen, können bei längerer Abwesenheit für Dienstreisen im Inland ab Veranlagungszeitraum 2002 auch folgende Verpflegungspauschbeträge geltend gemacht werden:

Dauer	Je Kalendertag, Pauschbetrag
24 Stunden	€ 24,00
mind. 14 bis 24 Stunden	€ 12,00
mind. 8 bis 14 Stunden	€ 6,00

Auch diese Pauschbeträge können als Werbungskosten abgesetzt werden.

Daneben können auch Übernachtungskosten als Werbungskosten angesetzt werden. Im Inland werden hier die Übernachtungskosten nur nach Einzelnachweis anerkannt.

Verdienst- und Geschäftsreisen ins Ausland: Die jeweils gültigen Pauschbeträge für Verpflegungsmehraufwand und Übernachtungsgelder werden jährlich bekannt gegeben.

Rentenzahlungen bei Leibrenten, die im Zusammenhang mit dem Erwerb eines Grundstücks stehen, sind in Höhe des „Ertragsanteils", der zu ermitteln ist, nach § 22 Nr. 1 Satz 3 EStG als Werbungskosten abzugsfähig.

Schönheitsreparaturen: Soweit der Vermieter die Kosten für die Schönheitsreparaturen trägt, ist der Aufwand als sofort abzugsfähige Werbungskosten anzusetzen. Werden die Schönheitsreparaturen vom Mieter durchgeführt, so ergeben sich keinerlei steuerlichen Auswirkungen.

Sonderumlagen werden in der Regel für größere Erhaltungsaufwendungen am Gemeinschaftseigentum erhoben. Ob es sich hierbei tatsächlich um sofort abzugsfähige Werbungskosten (d. h. Erhaltungsaufwand) handelt, kann nur entschieden werden, wenn das Finanzamt Kenntnis über die Art und Weise der Baumaßnahme hat. Wurde durch die Sonderumlage z. B. der Neubau von Balkonen finanziert, so liegen darin nachträgliche Herstellungskosten, da das Anwesen vormals über keine Balkone verfügte und somit eine Substanzmehrung stattgefunden hat. Der einzelne Wohnungseigentümer kann eine derartige Sonderumlage nur als nachträgliche Herstellungskosten über die AfA absetzen. Gleiches gilt für den nachträglichen Einbau von Aufzugsanlagen.

> **Tipp: Beschluss beifügen**
>
> Es empfiehlt sich, der Steuererklärung den Beschluss der Wohnungseigentümer über die Erhebung der Sonderumlage beizufügen.

Telefonkosten: Die mit der Verwaltung, Vermietung und Instandhaltung des Gebäudes zusammenhängenden Telefonkosten sind Werbungskosten. Diese sind höhenmäßig anhand der Jahresrechnung zu schätzen.

Umsatzsteuer: Wird an das Finanzamt bei der Option zur umsatzsteuerpflichtigen Vermietung Umsatzsteuer abgeführt, so handelt es sich hierbei um Werbungskosten.

Versicherungen: Leistungen für Brand-, Glas-, Leitungswasser-, Sturm-, Grundstücks-, Rechtsschutz-, Gewässerschaden-, Öltank- und Haftpflicht- sowie andere Sachversicherungen sind Werbungskosten.

Vorfälligkeitsentschädigung: Die zu leistende Vorfälligkeitsentschädigung bei einer vorzeitigen Darlehensrückforderung ist wie folgt zu behandeln:

* Bei Verkauf der Immobilie kein Werbungskostenabzug im Zusammenhang mit Vermietung und Verpachtung (jedoch bei § 23 EStG – Spekulationsgewinne – zu berücksichtigen)
* Bei vorzeitiger Ablöse des Darlehens ist die geleistete Vorfälligkeitsentschädigung als Werbungskosten abzugsfähig

Werkzeuge: Werden Werkzeuge zur Durchführung von Reparaturen angeschafft, sind die Kosten als Werbungskosten ansetzbar, soweit die Anschaffungskosten unter € 100,- liegen. Liegen die Anschaffungskosten zwischen € 100,- und € 410,-, handelt es sich um geringwertige Wirtschaftsgüter, die im Jahr der Anschaffung in voller Höhe abgeschrieben werden. Bei Anschaffungskosten über € 410,- gilt die jährliche AfA nach Nutzungsdauer.

Wohngeld: Die Zahlungen des Wohnungseigentümers an die Wohnungseigentümergemeinschaft (= Wohngeld) sind als Werbungskosten sofort abzugsfähig. Dies gilt jedoch nicht in Höhe der Zuführung zur Instandhaltungsrücklage. Die Wohngeldzahlungen sind um die Zuführung zur Instandhaltungsrücklage zu kürzen und nur in dieser Höhe Werbungskosten. Auch Sonderumlagen sind sofort als Werbungskosten abziehbar.

Zinsen sind Werbungskosten, soweit sie mit dem Erwerb der Immobilie oder deren Instandhaltung im Zusammenhang stehen.

Zweitwohnungssteuer: Bei einer zeitweisen Vermietung von Ferienwohnungen kann die Zweitwohnungssteuer, anteilig entfallend auf die Vermietungszeit, als Werbungskosten in Abzug gebracht werden.

11.3.6 Absetzung für Abnutzung (AfA)

Die Absetzung für Abnutzung, kurz AfA genannt, kann vom Wohnungs- bzw. Teileigentümer für die Anschaffungs- und Herstellungskosten sowie den anschaffungsnahen Aufwand steuermindernd geltend gemacht werden. Diese Kosten können jedoch nicht im Jahr, in dem sie anfallen, zu 100 % abgezogen werden. Anschaffungskosten, Herstellungskosten und der anschaffungsnahe Aufwand kann nach den Vorschriften der §§ 7 ff. EStG nur auf mehrere Jahre verteilt werden (Ausnahme vom Zufluss-Abfluss-Prinzip).

Bemessungsgrundlage

Abschreibungsfähig sind nur die Kosten zum Erwerb der Eigentumswohnung, die Herstellungskosten für die Eigentumswohnung, sowie der angefallene anschaffungsnahe Aufwand.

> **Achtung**
> Grund und Boden sind nicht abschreibungsfähig.

Erwirbt der Wohnungseigentümer/Teileigentümer eine gebrauchte Immobilie oder eine Neubauimmobilie vom Bauträger, müssen zur Ermittlung der AfA-Bemessungsgrundlage Kaufpreis/Herstellungskosten, die auf die jeweilige Eigentumswohnung bzw. Teileigentumseinheit entfallen, ermittelt werden. Hier haben sich drei Methoden herausgebildet, um die Werte für das aufstehende Gebäude und den Grund und Boden zu ermitteln:

BFH-Methode
Ermittlung des Verhältnisses der Verkehrwerte des Grund und Bodens zum aufstehenden Gebäude bzw. der aufstehenden Eigentumswohnung/Teileigentumseinheit. Diese Methode erfordert ein Sachverständigengutachten und hat daher geringe Praxisrelevanz.

Restwertmethode
Kaufpreis/Herstellungskosten – Anteil Grund und Boden = Anteil Gebäude.

Der Anteil des Grund und Bodens wird dabei nach folgender Formel ermittelt: Gesamtgrundstücksgröße : 1000 × Anteil des jeweiligen Wohnungseigentümers × qm-Preis des unbebauten Grund und Bodens (Bodenrichtwerte nach Auskunft des jeweiligen Gutachterausschusses) abzgl. Abschlag je nach Baujahr des Gebäudes.

Prozentmethode

Hier wird ein pauschaler Abschlag, je nach Lage und Ort der jeweiligen Eigentumswohnung/Teileigentumseinheit von 20 bis 30 % des Gesamtkaufpreises bzw. der Gesamtherstellungskosten auf den Grund- und Bodenanteil ermittelt (je nach Handhabung der Finanzämter unterschiedlich).

> **Tipp: Grund- und Bodenanteil gesondert ausweisen**
>
> Es ist zu empfehlen, im notariellen Kaufvertrag bzw. Bauträgervertrag den Grund- und Bodenanteil sowie den darauf entfallenden Kaufpreis gesondert auszuweisen. Dies ermöglicht dem Steuerpflichtigen, unter Hinweis auf die notarielle Urkunde den Kaufpreis für den Grund- und Bodenanteil direkt zu ermitteln. Sollten die Angaben im Kaufvertrag nicht gänzlich von der Realität abweichen, so wird das Finanzamt diese Werte zur Ermittlung des Grund- und Bodenanteils berücksichtigen.

11.3.7 Ermittlung der Gesamtanschaffungskosten/ Gesamtherstellungskosten

Bei der Ermittlung der Anschaffungs- bzw. Herstellungskosten sind sämtliche Nebenerwerbskosten mit einzubeziehen. So gehören zu den Anschaffungs-/Herstellungskosten folgende Positionen:

- Kaufpreis
- Maklerprovision
- Grunderwerbsteuer
- Notarkosten
- Grundbucheintragungskosten
- Fahrtkosten zur Besichtigung des zu erwerbenden Wohnungseigentums

11.3.8 AfA-Tabellen

11.3.8.1 Absetzung für Abnutzung von Gebäuden im Privatvermögen

Gebäude, soweit sie Wohnzwecken dienen, § 7 Abs. 4 und Abs. 5 EStG	
Lineare Gebäude-Abschreibung, § 7 Abs. 4 EStG	
• Fertigstellung vor dem 01.01.1925	jeweils 2,5 %
• Fertigstellung nach dem 31.12.1924	jeweils 2 %
Degressive Gebäude-Abschreibung, § 7 Abs. 5 EStG	
• Der Bauantrag wurde nach dem 28.02.1989 und vor dem 01.01.1996 gestellt oder	
• die Anschaffung erfolgte durch einen rechtswirksam abgeschlossenen obligatorischen Vertrag (= notarieller Kaufvertrag) nach dem 28.02.1989 und vor dem 01.01.1996:	
• im Jahr der Fertigstellung und in den folgenden drei Jahren	jeweils 7 %
• in den darauf folgenden sechs Jahren	jeweils 5 %
• in den darauf folgenden sechs Jahren	jeweils 2 %
• in den darauf folgenden 24 Jahren	jeweils 1,25 %
• Bauantrag wurde nach dem 31.12.1995 und vor dem 01.01.2004 gestellt oder	
• die Anschaffung erfolgte durch einen rechtswirksam abgeschlossenen obligatorischen Vertrag und nach dem 31.12.1995 und vor dem 01.01.2004:	
• im Jahr der Fertigstellung und in den folgenden sieben Jahren	jeweils 5 %
• in den darauf folgenden sechs Jahren	jeweils 2,5 %
• in den darauf folgenden 36 Jahren	jeweils 1,25 %
• Bauantrag wurde nach dem 31.12.2003 und vor dem Ablauf des 31.12.2005 gestellt oder	
• die Anschaffung erfolgte durch einen rechtswirksam abgeschlossenen obligatorischen Vertrag nach dem 31.12.2003 und vor dem Ablauf des 31.12.2005:	
• im Jahr der Fertigstellung und in den folgenden neun Jahren	jeweils 4 %.
• in den darauf folgenden acht Jahren	jeweils 2,5 %
• in den darauf folgenden 32 Jahren	jeweils 1,25 %
• degressive AfA ab dem 01.01.2006 abgeschafft	

Absetzung für Abnutzung von Gebäuden ohne Wohnzwecke im Privatvermögen	
Lineare Gebäude-AfA, § 7 Abs. 4 EStG	
• Fertigstellung vor dem 01.01.195	jeweils 2,5 %
• Fertigstellung nach dem 31.12.1924	jeweils 2,0 %
Degressive Gebäude-AfA, § 7 Abs. 5 EStG	
• Bauantrag wurde nach dem 31.03.1985 und vor dem 01.01.1995 gestellt oder	
• die Anschaffung erfolgte durch einen rechtswirksam abgeschlossenen obligatorischen Vertrag nach dem 31.03.1985 und vor dem 01.01.1995:	
• im Jahr der Fertigstellung und in den folgenden sieben Jahren	jeweils 5 %
• in den darauf folgenden sechs Jahren	jeweils 2,5 %
• in den darauf folgenden 36 Jahren	jeweils 1,24 %
• Bauantrag wurde nach dem 31.12.1994 gestellt oder die Anschaffung erfolgte durch einen rechtswirksam abgeschlossenen obligatorischen Vertrag nach dem 31.12.1994	
• lineare AfA, wie oben	jeweils 2,0 v. H. bzw. 2,5 v. H.

11.3.8.1.1 Erhöhte Absetzungen für Baudenkmäler und Gebäude in ausgewiesenen Sanierungsgebieten im Privatvermögen

Wie auch bei selbstgenutztem Wohnungseigentum ist nach wie vor die Eigentumswohnung als Baudenkmal oder in einem ausgewiesenen Sanierungsgebiet steuerbegünstigt. Im Einzelnen gelten hier die Ausführungen zur selbstgenutzten Eigentumswohnung (Kap. 11.2.1 bis 11.2.2)

Achtung: Nur Herstellungs- und Erhaltungskosten begünstigt

Auch bei der vermieteten Eigentumswohnung sind mit den erhöhten AfA-Sätzen für Baudenkmäler oder Gebäude in Sanierungsgebieten nur Herstellungskosten und Erhaltungsaufwendungen steuerlich begünstigt. Die reinen Anschaffungskosten (z. B. der Kaufpreis) sind nur mit den üblichen AfA-Sätzen nach § 7 Abs. 4 und Abs. 5 EStG zu berücksichtigen. Vorsicht ist bei „Denkmalschutzmodellen" geboten. Hier bitte die Ausführungen zu Kap. 11.2.1 Hinweise unter Tipp beachten.

Übersicht: Erhöhte Absetzungen

§§ des EStG	Inhalt der Bestimmung	2003	2004
§ 7h	Sanierungsgebiete und städtebaulichen Entwicklungsbereiche: Die Herstellungskosten für Modernisierungs- und Instandsetzungsmaßnahmen in einem förmlich festgelegten Sanierungsgebiet.	zehn Jahre bis zu 10 %	acht Jahre bis zu 9 % und vier Jahre bis zu 7 %
	Eine Bescheinigung der zuständigen Gemeindebehörde ist zwingend erforderlich. Die Maßnahme ist vor deren Durchführung mit der Behörde abzustimmen.		
§ 7i	Erhöhte Absetzung bei Baudenkmalen		
	Die Herstellungskosten für Baumaßnahmen, die nach Art und Umfang zur Erhaltung des Gebäudes als Baudenkmal oder zu seiner sinnvollen Nutzung erforderlich sind.	zehn Jahre bis zu 10 %	acht Jahre bis zu 9 % und vier Jahre bis zu 7 %
	Eine Bescheinigung der zuständigen Landesbehörde ist zwingend erforderlich. Die Maßnahme muss vor ihrer Durchführung mit der Denkmalschutzbehörde abgestimmt werden.		
§ 7k	für Wohnungen mit Sozialbindung		
	Begünstigt sind Wohnungen, für die der Bauantrag nach dem 28.02.1989 gestellt worden ist und die • vom Steuerpflichtigen hergestellt worden sind oder • vom Steuerpflichtigen nach dem 28.02.1989 aufgrund eines nach diesem Zeitpunkt rechtswirksam abgeschlossenen obligatorischen Vertrags bis zum Ende des Jahres der Fertigstellung angeschafft und vor dem 1. Januar 1996 fertiggestellt worden sind, • im Jahr der Anschaffung oder Herstellung und in den folgenden neun Jahren dem Steuerpflichtigen nicht zu eigenen Wohnzwecken dienen. • AfA im Jahr der Fertigstellung und die folgenden vier Jahre jeweils bis zu 10 % die folgenden fünf Jahre jeweils bis zu 7 % Danach 3,5 % vom Restwert der Anschaffungs- oder Herstellungskosten, wenn weder AfA nach § 7 Abs. 5 noch erhöhte AfA oder Sonder-AfA in Anspruch genommen wurden.		

11.3.9 Abschreibung von einzelnen beweglichen Wirtschaftsgütern

Stattet der Wohnungseigentümer bzw. Teileigentümer die Eigentumswohnung mit weiteren beweglichen Wirtschaftsgütern aus (z. B. Einbau einer Küche oder die Anbringung einer Markise), können diese selbstständigen Wirtschaftsgüter unter Berücksichtigung der Nutzungsdauer ebenfalls abgeschrieben werden. Die folgende Liste gibt einen Überblick über die anzusetzende Nutzungsdauer. Die jährliche Abschreibung ist linear vorzunehmen.

Übersicht Nutzungsdauer von beweglichen Wirtschaftsgütern	
Außenbeleuchtung	19 bis 20 Jahre
Bepflanzungen in Gebäuden	10 Jahre
Büromöbel	10 bis 13 Jahre
PC, Drucker und Bildschirm	2 bis 3 Jahre
Fahrbahnen, Gehweg (Kies, Schotter und Schlacken)	19 Jahre
Faxgeräte	5 bis 6 Jahre
Gaststätteneinbauten	8 Jahre
Geschirrspülmaschinen	7 Jahre
Grünanlagen	15 Jahre
Handy	5 Jahre
Hofbefestigungen (Kies, Schotter, Schlacken)	9 Jahre
Holzzaun	5 Jahre
Kehrmaschinen	9 Jahre
Kopiergeräte	7 Jahre
Kücheneinrichtungen	5 Jahre
Kühlschränke	10 Jahre
Parkplatz (Kies, Schotter)	9 Jahre
Solaranlagen	10 Jahre
Sprinkleranlagen	20 Jahre
Teppiche, hochwertig (ab € 50,- pro qm)	15 Jahre
Teppiche, normal	7 Jahre
Wäschetrockner	8 Jahre
Waschmaschinen	10 Jahre
Wasseraufbereitungsanlagen	12 Jahre
Wasserenthärtungsanlagen	12 Jahre

11.3.10 Abgrenzung Anschaffungskosten/ Herstellungskosten/Erhaltungsaufwendungen/ anschaffungsnahe Aufwendungen

Anschaffungskosten, Herstellungskosten, anschaffungsnahe Aufwendungen und der Erhaltungsaufwand werden steuerlich unterschiedlich behandelt. Anschaffungskosten und Herstellungskosten sowie der anschaffungsnahe Aufwand können nur der Abschreibung zugeführt werden, Erhaltungsaufwendungen sind sofort abzugsfähige Werbungskosten oder können je nach Wahl des Steuerpflichtigen bei vermietetem Wohnraum auf zwei bis fünf Jahre verteilt werden.

Die nachfolgende Übersicht gibt einen Überblick über die jeweiligen Kostenarten sowie deren steuerliche Geltendmachung:

Unterscheidung: Erhaltungsaufwand/Anschaffungskosten/ Herstellungskosten		
	Aufwendungen	steuerliche Geltendmachung
Anschaffungskosten: § 255 Abs. I HGB	• zum Erwerb der Eigentumswohnung • um einen betriebsbereiten Zustand herzustellen • zur Hebung des Standards	Abschreibung
Herstellungskosten: § 255 Abs. II HGB	• zur Herstellung der Eigentumswohnung • Aufwendungen für die Erweiterung • zur Hebung des Standards	Abschreibung
Erhaltungsaufwendungen: § 9 EStG	• zur Instandhaltung und Instandsetzung	• sofort abzugsfähige Werbungskosten oder • Verteilung auf zwei bis fünf Jahre (§ 82b EStDV) bei Wohnraum ab VZ 2004
Anschaffungsnahe Aufwendungen: § 6 Abs. 1 Nr. 1a EStG	Aufwendungen, die in den ersten drei Jahren nach der Anschaffung des Gebäudes ohne MwSt. 15 % der Anschaffungskosten des Gebäudes übersteigen	Abschreibung

Die Abgrenzung Anschaffungskosten/Herstellungskosten und Erhaltungsaufwand ist im BMF-Schreiben vom 18.07.2003 niedergelegt.[7]

> **Achtung: Zwei Baumaßnahmenformen unterscheiden**
> Der Wohnungseigentümer muss zweierlei Arten von Baumaßnahmen abgrenzen: einerseits Baumaßnahmen am Gemeinschaftseigentum, andererseits Baumaßnahmen innerhalb des Sondereigentums.

Anschaffungskosten einer Eigentumswohnung/Teileigentumseinheit sind Aufwendungen, die geleistet werden, um das Gebäude zu erwerben und es in einen betriebsbereiten Zustand zu versetzen, soweit sie dem Gebäudeteil einzeln zugeordnet werden können. Ferner zählen dazu die Nebenkosten und die nachträglichen Anschaffungskosten (§ 255 Abs. 1 HGB). Zu den Anschaffungskosten werden auch diejenigen Aufwendungen gezählt, die aufgebracht werden, um die Eigentumswohnung bzw. Teileigentumseinheit auf einen höheren Standard anzuheben. Man unterscheidet dabei zwischen

Anschaffungskosten

- sehr einfachem Standard,
- mittlerem Standard und
- sehr anspruchsvollem Standard.

> **Achtung**
> Baumaßnahmen, die das Gebäude auf einen höheren Standard bringen, machen es betriebsbereit. Die Kosten solcher Maßnahmen sind Anschaffungskosten.

Der jeweilige Standard einer Wohnung bestimmt sich durch ihre Eigenschaften, wie z. B. Lage, Größe, Zustand, Anzahl der Räume und Ausstattung. Wesentlich sind hier vor allem die nachfolgender bestimmten zentralen Ausstattungsmerkmale.

Bestimmung des Standards

- Heizungsinstallation
- Sanitärinstallation
- Elektroinstallation
- Fenster

---

[7] BMF-Schreiben vom 18.07.2003 (www.bundesfinanzministerium.de).

Führt ein Bündel von Baumaßnahmen in mindestens drei Bereichen der oben benannten zentralen Ausstattungsmerkmale zu einer Erhöhung und Erweiterung des Gebrauchswerts, hebt sich der Standard eines Gebäudes und es liegen Anschaffungskosten bzw. nachträgliche Herstellungskosten vor. Das nachfolgend dargestellte Prüfungsschema gibt einen Überblick über die Ermittlung der Anschaffungskosten nach § 255 Abs. 1 HGB:

Kosten des Erwerbers z. B.	Versetzung in betriebsbereiten Zustand	Standardhebung oder Standardhebung und Erweiterung
• Kaufpreis • Notar • Makler • Eigentumseintragung	↓ Betriebsbereitschaft ist für jede einzelne Wohnung/Gewerbeeinheit in einem Mehrfamilienhaus zu prüfen ↓ Nutzung entsprechend der Zweckbestimmung ↓ Maßnahmen zur Herstellung der Nutzung und Herstellung der Funktionstüchtigkeit ↓ **Beispiele:** • Büroräume werden zu einer Zahnarztpraxis umgebaut • Elektroinstallation: Wohnräume werden der Nutzung als Büro angepasst • bei Erwerb ist der Boden durch Brandschaden zerstört	• von sehr einfachem auf mittleren Standard • von mittlerem Standard auf anspruchsvollen Standard Maßnahmen an mind. drei zentralen Ausstattungsmerkmalen: • Elektrik • Sanitär • Fenster • Heizung + Gebrauchswerterhöhung ↓ **Beispiele:** • Gaseinzelöfen werden durch Zentralheizung ersetzt • einfach verglaste Fenster werden durch Kunststofffenster ersetzt • Erneuerung der Elektrik mit Steigerung der Kapazität ↓ Erweiterung (z. B. Ausbau und Aufstockung) + Maßnahmen an zwei zentralen Ausstattungsmerkmalen mit Gebrauchswerterhöhung **Beispiel:** Dachgeschossausbau + Zentralheizung und Kunststofffenster

Der Begriff anschaffungsnahe Aufwendungen wurde ehemals durch die Rechtsprechung geprägt. Mit Wirkung zum 01.01.2004 wurde vom Gesetzgeber die Regelung des § 6 Abs. 1 Nr. 1a EStG eingeführt. Jetzt ist auch gesetzlich geregelt, dass sogenannte anschaffungsnahe Aufwendungen lediglich zu einer Abschreibung führen und nicht als sofort abzugsfähige Werbungskosten geltend gemacht werden können.

Anschaffungsnahe Aufwendungen

Anschaffungsnahe Aufwendungen liegen vor, wenn:

• Aufwendungen ohne Mehrwertsteuer in den ersten drei Jahren nach Erwerb/Anschaffung der Eigentumswohnung/Teileigentumseinheit (in der Regel Instandhaltungs- und Renovierungsmaßnahmen) mehr als 15 % der Anschaffungskosten der Eigentumswohnung betragen.

In die 15 %-Grenze sind nicht einzubeziehen:

• Erweiterungen im Sinne des § 255 Abs. 2, Satz 1 HGB (vgl. Tabelle Herstellungskosten, S. 392)

• Erhaltungsaufwendungen, die üblicherweise jährlich anfallen.

> **Achtung: 15 %-Grenze nicht überschreiten!**
> In den ersten drei Jahren nach Erwerb einer Eigentumswohnung/Teileigentumseinheit ist dringend darauf zu achten, dass die 15 %-Grenze der anschaffungsnahen Aufwendungen nicht überschritten wird. Führt eine Instandhaltungsmaßnahme im dritten Jahr nach Erwerb der Immobilie zur Überschreitung der 15 %-Grenze, so werden sämtliche Aufwendungen innerhalb der letzten drei Jahre nach Erwerb als anschaffungsnahe Aufwendungen behandelt. Auch ist zu beachten, dass sich die 15 %-Grenze anhand des Werts des aufstehenden Gebäudes (hier der Eigentumswohneinheit/Teileigentumseinheit) bemisst. Der Grund- und Bodenanteil wird in die Bemessungsgrundlage nicht einbezogen.

Herstellungskosten für eine Eigentumswohnung oder Teileigentumseinheit können sowohl bei einer Neuerrichtung bzw. beim Neubau als auch am Altbestand, der sich bereits seit Langem im Eigentum des Steuerpflichtigen befindet, entstehen. Die Herstellungskosten einer Eigentumswohnung/Teileigentumseinheit sind Aufwendungen,

(Nachträgliche) Herstellungskosten

- für die Herstellung eines Gebäudes sowie
- für die Erweiterung nach Fläche oder Substanz oder
- für die über den ursprünglichen Zustand hinausgehende wesentliche Verbesserung eines Gebäudeteils bzw. einer Eigentumswohnung oder
- für Reparaturkosten, die während der Herstellungsphase auf aufgetretene Baumängel entfallen.

Kosten der Herstellung eines Gebäudes

Die Kosten der Herstellung eines Gebäudes sind sämtliche Kosten, die aufgewandt werden, um das Gebäude in einen bezugsfertigen Zustand zu versetzen. Hierzu gehören insbesondere:

- Baukosten,
- Planungskosten,
- Baugenehmigungskosten und
- Fahrtkosten.

Erweiterung eines bestehenden Gebäudes

Die Erweiterung eines bestehenden Gebäudes liegt in den folgenden Fällen vor und führt zu Herstellungskosten:

- Aufstockung oder Anbau eines Gebäudes (z. B. Anbau eines Wintergartens)
- Vergrößerung der nutzbaren Flächen der Eigentumswohnung/Teileigentumseinheit (z. B. Vergrößerung der Nutzfläche durch Einbau einer Dachgaube, Anbau eines Balkons oder einer Terrasse, Umbau eines Kellerraums in ein Bad, Ausbau des Dachgeschosses).

Achtung: Auch geringfügige Vergrößerung betroffen
Eine Vergrößerung der nutzbaren Fläche liegt schon dann vor, wenn nur eine geringfügige Vergrößerung der Wohn- und Nutzfläche erreicht wird.

- Vermehrung der Substanz (z. B. Einsetzen von Trennwänden, Errichtung einer Außentreppe, Einbau einer Alarmanlage, Neubau einer Treppe zum Spitzboden, Einbau eines Kachelofens/Kamins, Einbau eines vorher nicht vorhandenen Bads, Ausbau des Dachgeschosses, Einbau eines Aufzugs, Anbringung einer Markise oder von Rollläden).

Baumaßnahmen, die zu einer wesentlichen Verbesserung des Gebäudes über den bisherigen Zustand hinaus führen, sind nachträgliche Herstellungskosten und können nur der AfA zugeführt werden. Wie auch bei den Anschaffungskosten liegt eine wesentliche Verbesserung erst dann vor, wenn die Maßnahme zur Instandsetzung und Modernisierung eines Gebäudes in ihrer Gesamtheit über eine zeitgemäße, Substanz erhaltende Erneuerung hinausgeht. Außerdem muss sie den Gebrauchswert des Gebäudes insgesamt deutlich erhöhen und damit für die Zukunft eine erweiterte Nutzungsmöglichkeit schaffen. Von einer deutlichen Erhöhung des Gebrauchswerts der Eigentumswohnung/Teileigentumseinheit ist dann auszugehen, wenn die Eigentumswohnung von einem sehr einfachen auf einen mittleren oder von einem mittleren auf einen sehr anspruchsvollen Standard gehoben wird.

Maßnahmen zur wesentlichen Verbesserung

Herstellungskosten liegen nur dann vor, wenn an mindestens drei zentralen Ausstattungsmerkmalen (Heizung, Installation, Elektrik und Fenster) Maßnahmen durchgeführt wurden, die eine Erhöhung und Erweiterung des Gebrauchswerts mit sich gebracht haben. Sollte eine Erweiterung des Gebäudes stattfinden, genügen zwei Maßnahmen an den zentralen Ausstattungsmerkmalen, um nachträgliche Herstellungskosten zu begründen.

Von der wesentlichen Verbesserung des Wohnstandards muss die Substanz erhaltende Erneuerung abgegrenzt werden. Letztere fällt unter sofort abzugsfähige Erhaltungsaufwendungen und kann nicht als nachträgliche Herstellungskosten behandelt werden.

Wesentliche Verbesserung vs. Substanz erhaltende Erneuerung

Eine Substanz erhaltende Erneuerung liegt vor, wenn ein Gebäude durch die Ersetzung einzelner Bestandteile oder Instandsetzungs- oder Modernisierungsmaßnahmen lediglich in einen ordnungsgemäßen Zustand entsprechend dem ursprünglichen Zustand in zeitgemäßer Form versetzt wird. Der Eigentumswohnung/Teileigentumseinheit wird in diesen Fällen nur der zeitgemäße Wohnkomfort wiedergegeben, den sie ursprünglich besessen hatte.

Beispiel für Substanz erhaltende Erneuerung

Substanz erhaltende Erneuerungen liegen z. B. vor, wenn bei einer Modernisierung des Bades lediglich die vorhandene Installation durch eine neue ersetzt oder die bereits vorhandene elektrische Ausstattung erneuert wird, ohne Erweiterungen der Kapazität oder Neuanschlüsse.

General-
überholung

Auch liegt noch keine wesentliche Verbesserung des Wohnstandards vor, wenn eine Eigentumswohnung/Teileigentumseinheit nur generalüberholt wird, d. h. wenn Aufwendungen für sich genommen als Erhaltungsaufwendungen zu beurteilen sind und geballt in einem Veranlagungszeitraum oder Wirtschaftsjahr anfallen.

Übersicht der Herstellungskosten nach § 255 Abs. 2 HGB

Vollverschleiß	Erweiterung	Standardhebung + Standardhebung und Erweiterung
Herstellung eines neuen WG, z. B. bei schweren Substanzschäden am Objekt	• Aufstockung • Anbau • Vergrößerung der Wohnnutzfläche • Substanzmehrung ↓ **Beispiele** • Dachgeschossausbau • Ersteinbau Aufzug • Ersteinbau eines Bades	• von sehr einfachem auf mittleren Standard • von mittlerem Standard auf anspruchsvollen Standard ↓ Maßnahmenbündel an mindestens drei zentralen Ausstattungsmerkmalen: • Elektrik • Sanitär • Fenster • Heizung + Gebrauchswerterhöhung **Beispiele:** ↓ • Gaseinzelöfen werden durch Zentralheizung ersetzt • einfach verglaste Fenster werden durch Kunststofffenster ersetzt • Erneuerung Elektrik mit Steigerung der Kapazität ↓ Erweiterung (z. B. Ausbau und Aufstockung) + Maßnahmen an zwei zentralen Ausstattungsmerkmalen mit Gebrauchswerterhöhung **Beispiel:** Dachgeschossausbau + Zentralheizung + Kunststofffenster

Erhaltungsaufwendungen liegen vor, wenn sie für die Erneuerung bereits vorhandener Teile oder Anlagen der Eigentumswohnung/ Teileigentumseinheit oder des Gemeinschaftseigentums aufgewandt werden. Erhaltungsaufwendungen können somit sowohl durch Instandhaltungsmaßnahmen am Gemeinschaftseigentum als auch durch Instandhaltungsmaßnahmen am jeweiligen Sondereigentum entstehen. Die Verwendung von besseren Materialien und die Berücksichtigung von modernen technischen Erkenntnissen stehen der Behandlung als Erhaltungsaufwand nicht entgegen. Auf den Zustand der erneuerten Teile kommt es ebenfalls nicht an, selbst wenn diese noch nicht verbraucht oder defekt waren. Ebenso spielt die Höhe der Aufwendungen keine Rolle. Erhaltungsaufwendungen am Gemeinschaftseigentum sowie am Sondereigentum können als sofort abzugsfähige Werbungskosten steuermindernd im Jahr des Anfalls geltend gemacht werden.

Erhaltungsaufwendungen

Größere Erhaltungsaufwendungen, die nach dem 31.12.2003 an vermieteten Eigentumswohnungen des Privatvermögens entstanden sind, können auf zwei bis fünf Jahre nach Wahl des Steuerpflichtigen verteilt werden (§ 82b EStDV). Diese Wahlmöglichkeit steht jedoch nur denjenigen Vermietern zu, die ihre Eigentumswohnung zu Wohnzwecken vermieten.

Wahlrecht

Im Rahmen einer umfassenden Instandsetzungs- und Modernisierungsmaßnahme am Gemeinschaftseigentum und am Sondereigentum fallen oft mehrere Kostenpositionen zusammen. So wird z. B. die Fassade im Zuge des Neueinbaus von Balkonen saniert. Hier trifft eine Maßnahme, die zu Herstellungskosten führt (Neubau der Balkone) mit einer reinen Erhaltungsmaßnahme zusammen (Fassadenanstrich oder Fassadensanierung).

Wenn mehrere Aufwendungsarten zusammentreffen

Aufwendungen für ein Bündel von Einzelmaßnahmen, die für sich genommen teils Anschaffungs- oder Herstellungskosten und teils Erhaltungsaufwand darstellen, sind insgesamt als Anschaffungskosten oder Herstellungskosten zu beurteilen, wenn die Arbeiten sachlich zusammenhängen.

Sachlicher Zusammenhang

Ein sachlicher Zusammenhang in diesem Sinne liegt vor, wenn die einzelnen Baumaßnahmen

- bautechnisch ineinander greifen oder
- Vorbedingung für die Schaffung des betriebsbereiten Zustands oder für die Herstellungsarbeiten sind oder
- durch Maßnahmen, die den betriebsbereiten Zustand schaffen, oder durch Herstellungsarbeiten veranlasst worden sind.

Beispiele: Liegt ein sachlicher Zusammenhang vor?

- Der erstmalige Einbau von Bädern macht das Verlegen von größeren Fallrohren bis zum Anschluss an das öffentliche Abwassernetz erforderlich. Da die Vergrößerung der Fallrohre Vorbedingung für die Schaffung der neuen Bäder ist, liegt hier ein sachlicher Zusammenhang vor, und sämtliche Kosten sind Anschaffungs- bzw. Herstellungskosten.

- Baumaßnahmen für einen Dachgeschossausbau und der Einbau von Dachgauben werden zum Anlass genommen, das sanierungsbedürftige Dach zu erneuern. Die Erneuerung der gesamten Dachziegel und Dachdeckung steht in keinem bautechnischen Zusammenhang mit der Erweiterungsmaßnahme. Die Aufwendung für die Dachziegel, die zur Eindeckung der neuen Gauben verwendet werden, sind Herstellungskosten – ebenso die Einbaukosten der Gauben und die Kosten des Dachgeschossausbaus. Die Aufwendungen für die Erneuerung der übrigen Dacheindeckung sind sofort abzugsfähige Erhaltungsaufwendungen.

Feststellungslast, Mitwirkungspflicht

Grundsätzlich trägt die Feststellung für die Tatsachen, die eine Behandlung als Anschaffungs-, Herstellungskosten oder Erhaltungsaufwand begründen, das Finanzamt. Den Steuerpflichtigen trifft jedoch eine erhöhte Mitwirkungspflicht nach § 90 Abs. 1 Satz 1 AO, wenn das Finanzamt nicht in der Lage ist, den Zustand des Gebäudes/der Eigentumswohnung zur Beurteilung der Abgrenzungsfrage festzustellen.

Kann der maßgebliche Zustand der Eigentumswohnung/Teileigentumseinheit nicht sicher festgestellt werden, ist das Finanzamt berechtigt, aus Indizien auf die Hebung des Standards eines Gebäudes bzw. Gebäudeteils und somit auf Anschaffungs- oder Herstellungskosten schließen.

Nach Auffassung der Finanzverwaltung liegen Indizien für die Hebung des Standards dann vor, wenn

Indizien für Hebung des Standards

- ein Gebäude in zeitlicher Nähe zum Erwerb im Ganzen oder von Grund auf modernisiert wird,
- hohe Aufwendungen für die Sanierung der zentralen Ausstattungsmerkmale getätigt werden,
- aufgrund der Baumaßnahmen der Mietzins erheblich erhöht wird.

Eine Prüfung der Hebung des Standards ist dann nicht vorzunehmen, wenn die Aufwendungen für die Instandsetzungs- und Modernisierungsmaßnahmen des Gebäudeteils/der Eigentumswohnung insgesamt 15 % der Anschaffungskosten nicht übersteigen.

Weniger als 15 % der Anschaffungskosten

Tipp: Ursprünglichen Zustand festhalten

Aufgrund der Feststellungslast ist es für den Steuerpflichtigen von besonderer Bedeutung, den ursprünglichen Zustand des Anwesens bei Erwerb bzw. Herstellung des Gebäudes festzuhalten und entsprechend zu dokumentieren, so z. B. durch Lichtbildaufnahmen, Erstellung eines Zustandsprotokolls durch einen Architekten o. Ä.

11.3.11 Vermietung der Eigentumswohnung bzw. der Teileigentumseinheit an nahe Angehörige

Die Vermietung der Eigentumswohnung an nahe Angehörige (z. B. das studierende Kind) findet sich in der Praxis häufig. Dabei werden die Eigentumswohnungen in der Regel verbilligt an die nahen Angehörigen überlassen. Sowohl bei einer Vermietung zur ortsüblichen Miethöhe als auch bei einer verbilligten Überlassung an nahe Angehörige müssen die Grundsätze der Verträge unter nahen Angehörigen beachtet werden.

Da es bei der Gestaltung von Verträgen unter nahen Angehörigen einen großen Spielraum gibt, werden solche Verträge – und damit auch Mietverträge – einer besonderen Prüfung unterzogen. Die Rechtsprechung des BFH und der Finanzgerichte hat insoweit zur steuerlichen Anerkennung der Vermietung an nahe Angehörige hohe Hürden gesetzt.

Voraussetzung der steuerlichen Anerkennung

Grundregel: Mietverträge unter nahen Angehörigen sind nur dann steuerrechtlich anzuerkennen, wenn

- ein bürgerlich-rechtlich wirksamer Mietvertrag geschlossen wurde,
- die Gestaltung des Vereinbarten dem zwischen fremden Dritten Üblichen entspricht (= Fremdvergleich) und
- die Vereinbarung auch tatsächlich durchgeführt wurde (tatsächliche Durchführung).

Bei der Prüfung der Verträge unter nahen Angehörigen wird der wesentliche Schwerpunkt auf den Fremdvergleich gelegt. Dabei wird die vertragliche Regelung in ihrer Gesamtheit beurteilt und – nach der neuesten Rechtsprechung – nicht mehr nach einzelnen vertraglichen Abreden. Nicht jede Abweichung vom Üblichen schließt die steuerliche Anerkennung aus.

Regelung der Hauptverpflichtungen

Für die steuerliche Anerkennung ist jedoch zwingende Voraussetzung, dass die Hauptverpflichtungen der Mietvertragsparteien geregelt sind:

- Die Überlassung der konkret benannten Eigentumswohnung gegen Entgelt und
- die Höhe der zu entrichtenden Miete

müssen klar und eindeutig vereinbart sein und auch tatsächlich durchgeführt werden.

Folgende Fallgestaltungen wurden als fremdüblich von der Rechtsprechung anerkannt:

- Barzahlungen ohne Quittung führen für sich allein noch nicht zur Nichtanerkennung des Mietvertrags.[8]

---

[8] FG Münster, EFG 1999, S. 836 oben (wohl noch umstritten in der Rechtsprechung).

- Unregelmäßige Mietzahlungen, keine Abrede oder Ungenauigkeiten bei den Nebenkosten führen nicht zur Nichtanerkennung des Mietvertrags.[9]
- Bei Mietverhältnissen zwischen Eltern mit einem unterhaltsberechtigten Kind ist die steuerliche Anerkennung nicht deshalb zu versagen, weil die Miete aus dem geleisteten Barunterhalt der Eltern bezahlt wird.[10]

> **Achtung: Lassen Sie sich beraten!**
> Vor Abschluss eines Mietvertrags mit einem nahen Angehörigen sollte dringend eine steuerliche Beratung eingeholt werden.

Weiterführend darf auf die Verfügung der OFD Frankfurt vom 17.09.1997, DStR 1997, S. 2022 verwiesen werden.

11.3.12 Einkunftserzielungsabsicht

Nach herrschender Meinung der Rechtsprechung und der Finanzverwaltung ist Voraussetzung für die steuerliche Berücksichtigung sowohl positiver als auch negativer Einkünfte, dass der Steuerpflichtige mit Einkunftserzielungsabsicht handelt. In bestimmten Fällen hat der Steuerpflichtige/Wohnungseigentümer seine Einkunftserzielungsabsicht durch Erstellung einer „Überschussprognose" nachzuweisen.[11]

Bei einer auf Dauer angelegten Vermietung ist grundsätzlich ohne weitere Prüfung von einer Einkunftserzielungsabsicht auszugehen. Dies gilt jedoch dann nicht, wenn eine verbilligte Wohnungsüberlassung stattfindet oder eine Ferienwohnung vermietet wird. Eine Vermietung ist auf Dauer angelegt, wenn sie zum Zeitpunkt des Abschlusses des Mietvertrags keiner Befristung unterliegt.

Grundregel bei Dauervermietung

---

[9] BFH vom 25.07.2000, IX R 6/97, BFH-NV 2001, S. 305.
[10] BFH vom 19.10.1999, Az: IX R 39/99, BStBl 2000/II, S. 224.
[11] Eine Übersicht der Gesamtproblematik ist im BMF-Schreiben vom 08.10.2004, BStBl 2004/I, S. 933, niedergelegt.

Vorsicht, Zeit-mietverträge

Beim Abschluss von Zeitmietverträgen muss der Steuerpflichtige nachweisen, dass er innerhalb des zur Vermietung festgelegten Zeitraums einen Überschuss aus der Vermietung zu erzielen vermag. Bei fremdfinanzierten, neu erworbenen Eigentumswohnungen wird dem Wohnungseigentümer/Teileigentümer dieser Nachweis in der Regel nicht gelingen. Vor Abschluss eines Zeitmietvertrags ist daher dringend steuerrechtlicher Rat einzuholen.

Bei der Frage zur Einkunftserzielungsabsicht haben sich folgende Fallvarianten herausgebildet:

Kurzfristige Vermietung und Veräußerung/ Selbstnutzung

Liegen Indizien vor, die auf eine Veräußerungs- oder Selbstnutzungsabsicht nach kurzfristiger Vermietung hinweisen, so wird die Finanzverwaltung die Einkunftserzielungsabsicht verneinen und den entstandenen Verlust steuermindernd nicht berücksichtigen.

Indizien

Indizien in diesen Fällen sind:

- Beteiligung an einen Mietkaufmodell
- Entscheidung für eine nur vorübergehende Vermietung und Beteiligung an einem Bauherrenmodell mit Rückkaufangebot oder Verkaufsgarantie
- Abschluss von kurzfristigen, befristeten Zeitmietverträgen
- Finanzierung des nötigen Fremdkapitals für nur kurze Zeit
- Käufersuche kurze Zeit nach Anschaffung oder Fertigstellung der Eigentumswohnung, dokumentiert durch eine Maklerbeauftragung
- Verkauf der Eigentumswohnung/Teileigentumseinheit innerhalb von fünf Jahren nach Erwerb

In den oben genannten Fällen ist der jeweilige Steuerzahler für das Vorliegen der Einkunftserzielungsabsicht objektiv beweisbelastet. Er kann die gegen die Einkunftserzielungsabsicht sprechenden Indizien nur erschüttern, indem er Umstände schlüssig darlegt und unter Beweis stellt, die dafür sprechen, dass er den Entschluss zur Veräußerung/Selbstnutzung erst nachträglich, d. h. nach Abschluss des Mietvertrags, gefasst hat. Diese Beweise sind oftmals schwer zu führen, da sowohl die Verkaufsabsicht als auch die Vermietungsabsicht in der Regel zu diesem Zeitpunkt nicht dokumentiert werden.

Bei der verbilligten Vermietung sind folgende Fallvarianten zu unterscheiden:

- Die Miete beträgt ohne umlagefähige Betriebskosten mindestens 75 % der ortsüblichen Miete. In diesem Fall wird von der Finanzverwaltung die Einkunftserzielungsabsicht vermutet und der Werbungskostenabzug in voller Höhe anerkannt.

- Die Miete beträgt ohne umlagefähige Betriebskosten mindestens 56 % und höchstens 74 % der ortsüblichen Miete. In diesem Fall liegt eine verbilligte Miete vor, sodass dieses Indiz gegen eine Einkunftserzielungsabsicht spricht.

Der steuerpflichtige Wohnungseigentümer hat eine „Überschussprognose" zu erstellen.

Die Grundsätze der Überschussprognose sind im BMF-Schreiben vom 08.10.2004 geregelt.[12] Im Einzelnen:

- Die zu erstellende Überschussprognose umfasst einen Prognosezeitraum von 30 Jahren, gerechnet seit Anschaffung der Eigentumswohnung.

- Innerhalb des 30-jährigen Prognosezeitraums muss sich ein Gesamtüberschuss der Einnahmen über die Ausgaben (= Totalüberschuss) ergeben.

- Die Ermittlung des Totalüberschusses ist nach einkommensteuerrechtlichen Vorschriften durchzuführen.

- Die Abschreibung (AfA) ist dabei regelmäßig mit 2 % einzuberechnen.

- Die Einkunftserzielungsabsicht ist für jedes einzelne Mietverhältnis gesondert zu prüfen.

- Die im Prognosezeitraum zu erwartenden Einnahmen und Ausgaben sind zu schätzen.

- Hierbei kann auf die Erfahrungen der letzten fünf Jahre zurückgegriffen werden.

- Wegen der Unsicherheitsfaktoren, denen eine Prognose unterliegt, lässt die Finanzverwaltung Zu- und Abschätzungen zu, die

---

[12] BMF-Schreiben vom 08.10.2004, BStBl 2004/I, S. 933, RnNr. 33 ff.

diese Unsicherheiten ausgleichen sollen. Die geschätzten (erwarteten) Einnahmen dürfen pauschal um 10 % erhöht und die geschätzte (erwartete) Werbungskostenpauschale um 10 % reduziert werden.

Ergibt die erstellte Überschussprognose einen Totalüberschuss, so werden die Werbungskosten in voller Höhe anerkannt. Ergibt sich jedoch bei der Erstellung der Überschussprognose ein negatives Ergebnis, so ist der Mietvertrag in ein entgeltliches und ein unentgeltliches Rechtsgeschäft aufzuteilen und der Werbungskostenabzug in Höhe des unentgeltlichen Teils zu kürzen.

Liegt die Miete unter 56 % der ortsüblichen Miete, so findet ohne nähere Prüfung eine Aufteilung des Rechtsgeschäfts in einen entgeltlichen und unentgeltlichen Teil statt. Die Werbungskosten sind nur in Höhe des entgeltlichen Teils abzugsfähig.

Ferienwohnungen werden von den Eigentümern oftmals selbst genutzt. Aus diesem Grund muss der Vermietung der Ferienwohnungen bei der Feststellung der Einkunftserzielungsabsicht besondere Beachtung zukommen.

Bei einer ausschließlich an wechselnde Feriengäste vermieteten und in der übrigen Zeit hierfür bereitgehaltenen Ferienwohnung ist ohne weitere Prüfung von der Einkunftserzielungsabsicht des Steuerpflichtigen auszugehen. Diese Grundsätze gelten unabhängig davon, ob der Steuerpflichtige die Ferienwohnung in Eigenregie oder durch Einschalten eines fremden Dritten vermietet.[13]

Dem Steuerpflichtigen obliegt jedoch die Feststellungslast, dass ausschließlich eine Vermietung der Ferienwohnung vorliegt. Davon kann ausgegangen werden, wenn der Steuerpflichtige eine der folgenden Umstände glaubhaft macht:

- Vergabe der Vermietung der Ferienwohnung an einen Reiseveranstalter oder an eine Kurverwaltung, die die Entscheidung über die Vermietung treffen. In diesen Verträgen ist dringend darauf

---

[13] BMF-Schreiben vom 08.10.2004, BStBl I, S. 933, RnNr. 16 ff.

zu achten, dass die Eigennutzung vertraglich für das gesamte fragliche Jahr ausgeschlossen ist.

- Verfügt der Vermieter am selben Ort über eine weitere Ferienwohnung, die er selbst nutzt, so kann nach Ansicht der Finanzverwaltung davon ausgegangen werden, dass eine der Wohnungen nach Ausstattung und Größe auf die besonderen Verhältnisse des Vermieters zugeschnitten ist und die andere Wohnung ausschließlich vermietet wird.

- Die Dauer der Vermietung der Ferienwohnung entspricht zumindest dem Durchschnitt der Vermietungen in der am Ferienort üblichen Saison.

Nutzt der Vermieter die Ferienwohnung auch zeitweise selbst und handelt es sich hierbei nicht nur um kurzfristige Aufenthalte zur Durchführung von Wartungsarbeiten oder Schlüsselübergaben an Feriengästen, ist er grundsätzlich verpflichtet, seine Einkunftserzielungsabsicht mithilfe einer Überschussprognose darzulegen. Zeitweilige Selbstnutzung

Gegen die Einkunftserzielungsabsicht sprechen längere Leerstandszeiten, in denen keine Einkünfte aus Vermietung und Verpachtung erzielt werden. Vielfach entstehen derartige Leerstandszeiten bei umfassenden Renovierungsmaßnahmen, vor allem wenn sie vom Vermieter selbst durchgeführt werden. Werden z. B. mehrjährige Renovierungsarbeiten vorgenommen und ist die Beendigung der Baumaßnahmen nicht erkennbar, so wird die Finanzverwaltung die Einkunftserzielungsabsicht nicht anerkennen. Leerstandszeiten

11.4 Veräußerung der Eigentumswohnung bzw. Teileigentumseinheit im Privatvermögen

Auch die Veräußerung der im Privatvermögen gehaltenen Eigentumswohnung bzw. Teileigentumseinheit kann beim Wohnungseigentümer eine Steuerpflicht auslösen. Die steuerpflichtige Veräußerung des Immobilienbesitzes tritt unter folgenden Voraussetzungen ein: Steuerpflichtige Veräußerung

Voraussetzung

- Es handelt sich um ein privates Veräußerungsgeschäft im Sinne des § 23 EStG (Spekulationsgeschäft).

- Innerhalb eines Zeitraums von etwa fünf Jahren werden mehr als drei Objekte (hierzu zählen auch Eigentumswohnungen/Teileigentumseinheiten) veräußert (gewerblicher Grundstückshandel).

11.4.1 Spekulationsgeschäft

Wenn zwischen Erwerb und Verkauf der Eigentumswohnung/Teileigentumseinheit nicht mehr als zehn Jahre vergangen sind, so wird die Veräußerung der Immobilie grundsätzlich der Spekulationsbesteuerung nach § 23 EStG unterworfen. Dabei handelt es sich um Einkünfte nach § 23 EStG, die nach dem persönlichen Steuersatz zu versteuern sind.

Berechnung des Zehnjahreszeitraums

Zur Berechnung der Zehnjahresfrist ist in der Regel das Datum der jeweiligen Kaufvertragsabschlüsse beim Notar entscheidend. Auf den Übergang von Besitz, Nutzen und Lasten sowie die Eigentumseintragung im Grundbuch kommt es dabei nicht an. Zur Vermeidung eines Spekulationsgeschäfts müssen zwischen Erwerb und Veräußerung (jeweils notarielle Kaufvertragsabschlüsse) mehr als zehn Jahre liegen.

> **Achtung: Vorvertrag kann auf Spekulationsgeschäft hinweisen**
> Auch der Abschluss eines bürgerlich-rechtlich wirksamen, beide Vertragsparteien bindenden Vorvertrags kann bereits für den Eintritt eines Spekulationsgewinns maßgebend sein.[14]

Durch reine Verkaufsbemühungen der Eigentumswohnung entsteht jedoch noch kein steuerrechtlicher Nachteil, es können somit Verkaufshandlungen geführt werden.

Selbstgenutzte Eigentumswohnungen

Eine Ausnahme von der Spekulationsversteuerung sieht das Gesetz für selbstgenutzte Eigentumswohnungen vor. Ein steuerpflichtiger Veräußerungsfall liegt nicht vor, wenn die Eigentumswohnung

---

[14] BFH-Urteil vom 13.12.1983, BStBl 1984/II, S. 311.

- im Zeitraum zwischen Anschaffung oder Fertigstellung und Veräußerung ausschließlich zu eigenen Wohnzwecken genutzt wurde oder

- im Jahr der Veräußerung und den beiden vorausgegangenen Jahren zu eigenen Wohnzwecken genutzt wurde.

| **Tipp: Überlassung an Kind entspricht Selbstnutzung**

Auch die unentgeltliche Überlassung der Eigentumswohnung an ein Kind, für das ein Anspruch auf Kindergeld oder auf Kinderfreibetrag besteht, wird als Selbstnutzung in oben genanntem Sinne gewertet. Andere unentgeltliche Überlassungen an nahe Angehörige im Sinne des § 15 AO werden nicht mehr als Eigennutzung gewertet.

Erwirbt der Steuerpflichtige die Eigentumswohnung/Teileigentumseinheit durch Erbfall oder durch vorweggenommene Erbfolge im Wege der Schenkung, so ist hierin keine Anschaffung oder Veräußerung im Sinne des § 23 EStG zu sehen. Etwas anderes gilt nur dann, wenn der Erwerber zu Gegenleistungen verpflichtet wird (z. B. Schuldübernahme).   *Unentgeltlicher Erwerb*

Zur Berechnung der Zehnjahresfrist muss sich der Beschenkte oder Erbe den Erwerbszeitpunkt des Schenkers bzw. Erblassers zurechnen lassen. Liegt der Erwerb des Schenkers bzw. des Erblassers also zehn Jahre vor der Veräußerung durch den Beschenkten oder Erben, muss dieser keine Spekulationsbesteuerung vornehmen.

Der Gewinn aus einem steuerpflichtigen Veräußerungsvorgang nach § 23 EStG ermittelt sich aus dem Unterschiedsbetrag zwischen Veräußerungserlös und den Anschaffungs- oder Herstellungskosten. Dieser Betrag ist um die Werbungskosten, die mit dem Veräußerungsgeschäft in ursächlichem Zusammenhang stehen, zu kürzen. Außerdem muss bei Erwerb einer Eigentumswohnung nach dem 31.07.1995 gewinnerhöhend die in Anspruch genommene Abschreibung hinzugerechnet werden. Zur Berechnung des Spekulationsgewinns ergibt sich folgende Formel: *Steuerpflichtiger Gewinn*

Veräußerungserlös – Anschaffungskosten + Abschreibung – Veräußerungskosten   *Formel*
= Spekulationsgewinn/-verlust

Veräußerungs-
kosten

Veräußerungskosen sind dabei z. B. Maklerhonorare, Anzeigekosten, Grundbuchgebühren für Eigentumsumschreibungen und eventuelle Löschungen sowie Notarkosten.

11.4.2 Gewerblicher Grundstückshandel

Die Regeln des gewerblichen Grundstückshandels sind von der Rechtsprechung entwickelt worden und daher vielfältig und vornehmlich durch Einzelfallrechtsprechung geprägt. An dieser Stelle seien daher nur die Grundzüge des gewerblichen Grundstückshandels dargestellt und die Thematik auf Wohnungseigentum begrenzt.

Allgemeiner
Grundsatz

In einer Reihe von Urteilen ab dem Jahre 1986 hat der Bundesfinanzhof folgenden Grundsatz zum gewerblichen Grundstückshandel entwickelt: Die Veräußerung von bis zu drei Objekten (Eigentumswohnungen/Teileigentumseinheiten) innerhalb eines Zeitraums von etwa fünf Jahren – gerechnet zwischen Anschaffung und Veräußerung – ist grundsätzlich nicht gewerblich und somit nicht steuerpflichtig. Diese Vereinfachungsregelung wurde von der Finanzverwaltung übernommen. Einzelfragen zum gewerblichen Grundstückhandel sind im BMF-Schreiben vom 26.03.2004 geregelt, BStBl 2004/I, S. 434.

Überschreitung
der Drei-
Objekt-Grenze

Die Überschreitung der sog. Drei-Objekt-Grenze gilt als Indiz für das Vorliegen eines gewerblichen Grundstückshandels. Die Veräußerung von mehr als drei Eigentumswohnungen/Teileigentumseinheiten innerhalb von fünf Jahren führt somit in der Regel zur Gewerblichkeit aller d. h. auch der ersten drei veräußerten Objekte.

> **Tipp: Fünfjahresgrenze nicht starr**
>
> Die zeitliche Grenze von fünf Jahren ist allerdings keine starre Regelung und ist durch die Einzelfallrechtsprechung aufgeweicht. Bei Eigentumswohnungen/Teileigentumseinheiten stellt jedes zivilrechtliche Wohnungseigentum ein selbstständiges Objekt dar, sodass die Drei-Objekt-Grenze auch überschritten werden kann, wenn mehrere Eigentumswohnungen nach Vertragsabschluss baulich zu einem Objekt zusammengefasst wurden. Auch Veräußerungen im Ausland sind in die Prüfung der Drei-Objekt-Grenze einzubeziehen.

Bei Ehegatten wird die Drei-Objekt-Grenze bei jedem Ehepartner gesondert gerechnet. Das bedeutet, dass jeder Ehegatte bis zu drei Objekte im Bereich der steuerfreien privaten Vermögensverwaltung veräußern kann. _Drei-Objekt-Grenze_

> **Achtung: Gemeinschaftliches Eigentum**
> Gemeinschaftliches Eigentum an einer Eigentumswohnung der Ehegatten oder Beteiligungen der Kinder daran führen bei jedem der Beteiligten zu einem Veräußerungsfall.

> **Achtung: Enge Wirtschaftsgemeinschaft**
> Der Grundsatz der getrennten Betrachtung der Eheleute bei gewerblichem Grundstückshandel gilt dann nicht, wenn die Ehegatten eine über ihre eheliche Lebensgemeinschaft hinausgehende, zusätzliche enge Wirtschaftsgemeinschaft (z. B. eine Gemeinschaft bürgerlichen Rechts) gebildet haben. Bereits durch den gemeinsamen Erwerb von Eigentumswohnungen kann eine derartige Wirtschaftsgemeinschaft zwischen den Eheleuten begründet werden.

Beträgt die Zeitspanne zwischen Erwerb und Veräußerung der Eigentumswohnung/Teileigentumseinheit mehr als zehn Jahre, besteht grundsätzlich kein enger zeitlicher Zusammenhang mehr zwischen Erwerb und Veräußerung. Die Eigentumswohnungen/Teileigentumseinheiten, die zehn Jahre lang vermietet oder selbst genutzt wurden, werden grundsätzlich für die Drei-Objekt-Grenze nicht mitgezählt. _Veräußerung nach zehn Jahren_

> **Achtung: Kontinuierlicher Kauf und Verkauf**
> Werden jedoch fortlaufend Immobilienobjekte gekauft und verkauft, führt die alleinige Tatsache der 10-jährigen Besitzdauer nicht dazu, dass die Veräußerung der privaten Vermögensverwaltung zugeordnet wird.[15]

In der Praxis werden oft Mehrfamilienhäuser, die bereits lange vom jeweiligen Eigentümer gehalten wurden, in Eigentumswohnungen _Umwandlung von Mehrfamilienhäusern_

---

[15] BFH-Urteil vom 17.02.1993 X R 108-90, BFH-NF 1994, S. 84.

bzw. Teileigentum umgewandelt und sodann veräußert. In derartigen Fällen ist folgender Grundsatz zu beachten:

Wird ein Mietwohngrundstück mindestens zehn Jahre durch Vermietung oder Verpachtung oder für eigene Wohnzwecke genutzt, nach Ablauf der Zehnjahresfrist in Eigentumswohnungen umgewandelt und werden diese anschließend verkauft, so liegt grundsätzlich keine gewerbliche Tätigkeit vor. Die Veräußerung stellt vielmehr noch den letzten Akt der privaten vermögensverwaltenden Tätigkeit dar.[16]

Achtung: Umfassende Modernisierungen
Werden die Eigentumswohnungen/Teileigentumseinheiten in einem engen zeitlichen Zusammenhang mit der Veräußerung umfassend modernisiert, so gilt der oben aufgestellte Grundsatz nicht. Umfassende Modernisierungen führen zu einem „Verkehrsgut anderer Marktgängigkeit", sodass hier bei der Veräußerung von mehr als drei Eigentumseinheiten eine Steuerpflicht nach den Grundsätzen des gewerblichen Grundstückshandels eintritt.

Die Grundsätze des gewerblichen Grundstückshandels sind in nachfolgendem Schaubild nochmals zusammengefasst.

---

[16] BFH-Urteil vom 08.09.1979 I R 186/78, BStBl II 1980, S. 106.

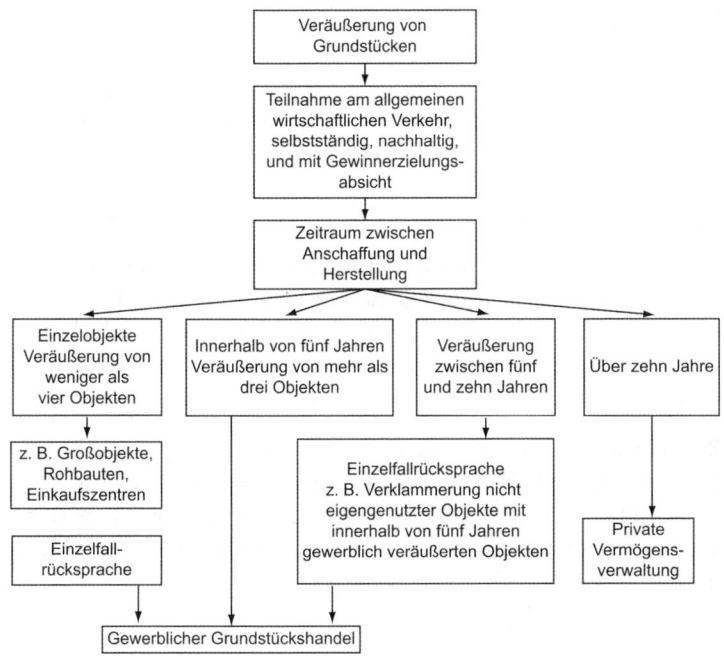

Tipp: Steuerberater hinzuziehen

Da die Fragen des gewerblichen Grundstückshandels in einer Vielzahl von Einzelrechtsprechungen und im BMF-Schreiben geregelt sind, ist vor jeder Veräußerung dringend steuerrechtlicher Rat einzuholen.

11.5 Bauleistungs- oder Bauabzugssteuer

Die Bauleistungssteuer, die zum 01.01.2002 eingeführt wurde, regelt, das der Bauherr grundsätzlich verpflichtet ist, bei der Vergabe von Bauleistungen lediglich 85 % der in Rechnung gestellten Arbeiten direkt an den Bauunternehmer auszubezahlen und die restlichen 15 % an das Finanzamt des Bauunternehmers abzuführen (§§ 48 ff. EStG).

Bauleistungs-
steuer

Die Regelung klingt einfach, ist jedoch in der tatsächlichen Durchführung sehr verwaltungsintensiv. Dies gilt umso mehr, wenn auf der Seite des Bauherrn eine Wohnungs-/Teileigentümergemeinschaft beteiligt ist. Die Einzelfragen zur Bauleistungssteuer werden im BMF-Schreiben vom 27.12.2002[17] behandelt.

11.5.1.1 Der Bauherr

Definition

Der Bauherr im Sinne der Bauleistungssteuer ist grundsätzlich diejenige Person, die den Auftrag zur Durchführung der Baumaßnahme erteilt. Bei Wohnungs-/Teileigentumsgemeinschaften ist bezüglich dieser Frage zu unterscheiden, ob Arbeiten am Sonder- oder am Gemeinschaftseigentum durchgeführt werden.

Bei Bauleistungen am Sondereigentum ist der jeweilige Sondereigentümer verpflichtet, die Abzugsvorschriften nach den §§ 48 ff. EStG zu beachten. Bei Bauleistungen am Gemeinschaftseigentum ist die Wohnungseigentümergemeinschaft zuständig. Diese Verpflichtung hat der Verwalter nach § 27 II Nr. 2 WEG zu erfüllen.

11.5.2 Bauleistungen

Definition

Bauleistungen sind alle Leistungen, die der Herstellung, Instandsetzung oder Instandhaltung, Änderung oder Beseitigung von Bauwerken dienen.

11.5.3 Befreiung vom Einbehalt des Steuerabzugs

Freistellungs-
bescheinigung

Legt der Bauunternehmer eine sog. Freistellungsbescheinigung vor, kann die von ihm vorgelegte Rechnung ohne Einbehalt von 15 % der Rechnungssumme, also vollständig bezahlt werden. Der Bauunternehmer erhält eine derartige Freistellungsbescheinigung von seinem Finanzamt.

---

[17] BStBl 2002/I, S. 139.

> **Achtung: Freistellungsbescheinigung vorlegen lassen**
> Vor Erteilung des Auftrags an einen Handwerker oder Bauunternehmer ist daher dringend darauf zu achten, dass dieser eine Freistellungsbescheinigung vorlegt. Eine Fotokopie dieser Freistellungsbescheinigung ist zu den Rechnungsunterlagen zu nehmen.

Die Kopie der Freistellungsbescheinigung muss vom Bauherrn, d. h. vom jeweiligen Sondereigentümer bzw. Verwalter der Wohnungseigentümergemeinschaft daraufhin überprüft werden, ob sie mit einem Dienstsiegel versehen ist und eine Sicherheitsnummer trägt. Im Zweifel ist dringend anzuraten, Rückfrage beim Bundesamt für Finanzen zu nehmen.

Bescheinigung prüfen

Dringend ist darauf zu achten, dass die Freistellungsbescheinigung noch Gültigkeit hat. Die Finanzverwaltung stellt Freistellungsbescheinigungen in der Regel für den Zeitraum von drei Jahren aus. Die Freistellungsbescheinigungen müssen somit vom Bauunternehmer aktualisiert werden.

Gültigkeit feststellen

Weiter kann vom Steuerabzug abgesehen werden, wenn die „Bagatellgrenze" nicht überschritten ist. Überschreitet die Rechnung des Bauunternehmers an den jeweiligen Sondereigentümer bzw. die Wohnungseigentümergemeinschaft für den Veranlagungszeitraum € 5.000,- nicht, so muss keine Bauabzugssteuer einbehalten werden.

Bagatellgrenze

Die Freigrenze beträgt € 15.000,-, wenn der Bauherr nicht mehr als zwei Wohnungen vermietet. Hierbei muss es sich um Eigentumswohnungen handeln, die ausschließlich der Wohnraumnutzung dienen. Teileigentumseinheiten sind von dieser Bagatellgrenze nicht erfasst. Für Arbeiten am Gemeinschaftseigentum greift die Zwei-Wohnungsregelung ebenfalls nicht.

Zwei-Wohnungs-regelung

Der jeweilige Steuerpflichtige – d. h. der Sondereigentümer oder der Verwalter der Wohnungseigentümergemeinschaft – hat von der Rechnungssumme 15 % einzubehalten und die Abführung beim Betriebsstätten-Finanzamt des Bauunternehmers anzumelden. Die Anmeldung muss bis zum 10. des Monats, der dem Monat der Einbehaltung folgt, erfolgen. Die einbehaltene Steuer muss zeitgleich bezahlt werden.

Abführen des Abzugsbetrags

Haftung

Geschehen Fehler beim Steuerabzug oder wird ein Steuerabzug gar nicht durchgeführt, so haftet der Bauherr, d. h. der jeweilige Sondereigentümer bzw. die Wohnungseigentümergemeinschaft, für den nicht oder zu niedrig abgeführten Abzugsbetrag. Hier ergeben sich auch für den WEG-Verwalter erhebliche Haftungsprobleme.

11.6 Umsatzsteuer

Bei den Fragen des Umsatzsteuerrechts ist zwischen der Wohnungseigentümergemeinschaft und dem Sondereigentümer bzw. Teileigentümer als jeweils eigene Steuersubjekte zu unterscheiden.

11.6.1 Leistungen der Gemeinschaft der Wohnungseigentümer

Nach § 4 Nr. 13 UStG sind bestimmte Leistungen der Wohnungseigentümergemeinschaft im Sinne des WEG an die jeweiligen Wohnungseigentümer und Teileigentümer steuerbefreit. Das gemeinschaftliche Eigentum wird von der Gemeinschaft der Wohnungseigentümer verwaltet. Im Rahmen ihrer Verwaltungsaufgaben erbringen die Wohnungseigentümergemeinschaften neben nicht steuerbaren Gemeinschaftsleistungen, die den Gesamtbelangen aller Mitgliedern dienen, auch steuerbare Sonderleistungen an einzelne Mitglieder. Die hierauf entfallende Umsatzsteuer muss von den Wohnungseigentümern getragen werden.

Umsatzsteuerbefreite Leistungen

Die Leistungen der Gemeinschaft an die einzelnen Wohnungs- und Teileigentümer sind umsatzsteuerbefreit, soweit sie in der Überlassung des gemeinschaftlichen Eigentums zum Gebrauch, in der Instandhaltung und Instandsetzung des gemeinschaftlichen Eigentums und in der sonstigen Verwaltung sowie der Lieferung von Wärme und Ähnlichem bestehen.

Aufgrund dieser gesetzlichen Steuerbefreiung nach § 4 Nr. 13 UStG kann der einzelne Teileigentümer, der sein Teileigentum umsatzsteuerpflichtig weitervermietet, nicht die in den Leistungen der Wohnungseigentümergemeinschaft enthaltene Mehrwertsteuer als Vorsteuer bei seiner eigenen Umsatzsteuererklärung geltend machen.

11.6.2 Optionsmöglichkeit: Vorsteuerabzug

Für Umsätze nach § 4 Nr. 13 UStG ist der Vorsteuerabzug durch den jeweiligen Teileigentümer ausgeschlossen (§ 15 II Nr. 1 UStG). Die Wohnungseigentümergemeinschaft kann jedoch nach § 9 I UStG ihre Umsätze als steuerpflichtig behandeln, wenn sie an die Wohnungseigentümer für deren Unternehmen ausgeführt werden (d. h. gewerbliche umsatzsteuerpflichtige Vermietung des Teileigentums), und sich so den Vorsteuerabzug ihrer Eingangsbezüge eröffnen.

> **Achtung: Einzelausweis nicht immer verpflichtend**
> Der Wohnungseigentumsverwalter ist nur dann den einzelnen Wohnungs- oder Teileigentümern zum gesonderten Ausweis der Umsatzsteuer in den jeweiligen Einzeljahresabrechnungen verpflichtet, wenn die Wohnungseigentümer auf die Steuerbefreiung ihrer Leistungen an die Wohnungs- und Teileigentümer verzichtet haben.

Dabei kann die Wohnungseigentümergemeinschaft die Option zur Steuerpflicht nur für steuerbare Umsätze ausüben, die an einen anderen Unternehmer für dessen Unternehmen ausgeführt werden (§ 9 I UStG).

> **Achtung: Nur für Unternehmer interessant**
> Unternehmer im Sinne dieser Bestimmung sind nur die Wohnungseigentümer, die ihr Teileigentum selbst für gewerbliche oder berufliche Zwecke nutzen oder es zu diesem Zweck an Dritte vermietet haben. Von Interesse ist die Option also nur für Eigentümer, die ihr Teileigentum selbst zur Ausführung von steuerpflichtigen Umsätzen nutzen d. h. selbst voll vorsteuerabzugsberechtigt sind.

Der Verwalter selbst kann eine Option zur Steuerpflicht für die Wohnungseigentümer nicht persönlich abgeben, da dies nicht zu den ihm zustehenden Verwaltungsaufgaben gem. §§ 27, 28 WEG gehört. Über die Option zur Mehrwertsteuerpflicht kann daher nur durch Beschluss der WEG entschieden werden.

Dem einzelnen Eigentümer ist ein Anspruch auf Ausübung der Option gegenüber der Wohnungseigentümergemeinschaft nur dann zuzubilligen, wenn er die übrigen Eigentümer von den Nachteilen freistellt, die sich aus der Mehrwertsteueroption ergeben.[18] Erst nachdem die Wohnungseigentümergemeinschaft durch mehrheitlichen Beschluss zur Mehrwertsteuerpflicht optiert hat, ist der Verwalter berechtigt, in den jeweiligen Jahresabrechnungen die entrichtete Vorsteuer für den einzelnen Teileigentümer, der seine Teileigentumseinheit umsatzsteuerpflichtig vermietet hat, auszuweisen.

---

[18] BayObLG vom 13.06.1996 2 Z BR 28/96, ZMR 1996, S. 574.

12 Versicherungen

Nach § 21 Abs. 5 Nr. 3 alte und neue Fassung des WEG gehört zur ordnungsgemäßen Verwaltung des Gemeinschaftseigentums

Siehe CD-ROM

- der Abschluss einer Feuerversicherung für das gemeinschaftliche Eigentum zu m Neuwert sowie
- die angemessene Versicherung der Wohnungseigentümer gegen Haus- und Grundbesitzerhaftungsfälle.

Die Versicherungen werden dabei vom Verwalter der Wohnungseigentümergemeinschaft im Namen der Wohnungseigentümer abgeschlossen.

> **Achtung: Keine bürgerlich-rechtliche Versicherungspflicht**
> § 21 Abs. 5 Nr. 3 alte und neue Fassung des WEG begründet keine öffentlich-rechtliche Versicherungspflicht, sondern nur eine Pflicht der Wohnungseigentümer untereinander, für den dort vorgesehenen Versicherungsschutz Sorge zu tragen. Die Regelung hat somit keine Drittschutzwirkung, sodass Mieter aus einem Verstoß gegen diese Pflicht grundsätzlich keine Rechte ableiten können.

12.1 Feuerversicherung

Die Regelung des § 21 Abs. 5 Nr. 3 alte und neue Fassung des WEG umfasst nur die Verpflichtung zum Abschluss einer Feuerversicherung für das gemeinschaftliche Eigentum. Der Begriff des gemeinschaftlichen Eigentums ist, wie bereits in Kap. 1.3 ausgeführt, durch die Regelungen des § 1 Abs. 3 und 5 WEG definiert.

Siehe CD-ROM

> **Tipp: Mitversicherung des Sondereigentums**
> Soll das Sondereigentum mitversichert werden, so bedarf dies einer Vereinbarung der Wohnungseigentümer und der Einbeziehung in den Versicherungsvertrag. Der Einbezug des Sondereigentums in den Versiche-

rungsschutz muss durch einen Beschluss der Wohnungseigentümergemeinschaft herbeigeführt werden. Die dadurch bedingten Prämienerhöhungen gehen ausschließlich zulasten des oder der begünstigten einzelnen Sondereigentümer.

Versicherungsschutz

Der Versicherer gewährt im Rahmen der Feuerversicherung in der Regel Versicherungsschutz gegen folgende Schäden: Brand, Blitzschlag, Explosion und Anprall und Absturz von Luftfahrzeugen oder Teilen davon sowie deren Folgeschäden, die durch Rauch, Ruß und Löschwasser, Niederreißen sowie Aufräumen der Gebäude oder Gebäudeteile entstehen.

> **Achtung: Gegenstände nicht mitversichert**
> Die Gegenstände in den Wohnungen werden von der Feuerversicherung nicht umfasst.

Hausratversicherung

Nutzt der Wohnungseigentümer seine Wohnung selbst, so kann er hier Versicherungsschutz schaffen, indem er eine Hausratversicherung abschließt.

Mietausfälle

Auch Mietausfälle für Wohnräume und gewerblich genutzte Räume sind in der Regel nicht umfasst. Dieser Schaden muss gesondert versichert werden.

Neuwertversicherung

Auch empfiehlt es sich, eine begleitende Neuwertversicherung abzuschließen, um den Verpflichtungen des § 21 Abs. 5 Nr. 3 WEG alte und neue Fassung zu genügen.

12.2 Haus- und Grundbesitzerhaftpflichtversicherung

Die Haus- und Grundbesitzerhaftpflichtversicherung gewährt der Wohnungseigentümergemeinschaft Versicherungsschutz im Falle der Verletzung der Verkehrssicherungspflicht oder von gesetzlichen Schadensersatzansprüchen gem. § 836 BGB (Einsturz eines Gebäudes).

Der Versicherungsschutz umfasst Schadensereignisse, die

- den Tod, die Verletzung oder die Gesundheitsschädigung von Menschen (Personenschaden) oder
- die Beschädigung oder die Vernichtung von Sachen (Sachschaden) zur Folge haben.

> **Achtung: Nur Schäden Dritter versichert**
> Im Rahmen der Haftpflichtversicherung sind nur die Schäden Dritter versichert, nicht aber der eigene Schaden. Schäden am Gemeinschafts- und Sondereigentum fallen somit nicht unter den Versicherungsschutz, ebenso wenig Haftpflichtansprüche der Wohnungseigentümergemeinschaft gegen den Sondereigentümer wegen Beschädigung des gemeinschaftlichen Eigentums.

Die Haus- und Grundbesitzerhaftpflichtversicherung kann durch gesonderte Vereinbarung um folgenden Versicherungsschutz erweitert werden:

- Ansprüche eines einzelnen Wohnungseigentümers gegen den Verwalter
- Ansprüche eines einzelnen Wohnungseigentümers gegen die Gemeinschaft der Wohnungseigentümer
- Gegenseitige Ansprüche von Wohnungseigentümern bei Betätigung im Interesse und für Zwecke der Gemeinschaft

Folgende Schäden sind durch die Haus- und Grundbesitzerhaftpflicht abgedeckt:

- Versäumnisse bei der Streu- und Räumpflicht
- Unzureichende Instandhaltung oder Instandsetzung oder mangelnde Pflege oder Wartung gemeinschaftlicher Anlagen und Einrichtungen wie z. B. Aufzug, Heizungs- und Warmwasseranlagen, fehlende Beleuchtung im Hauseingang, Hausflur oder Treppenhaus
- Bauschäden an Dach, Dachrinnen, Gebäudewänden, Gesimsen, Treppen und Treppengeländern etc.
- umfasst auch die persönliche gesetzliche Haftpflicht des Verwalters und sonstiger Dienstverpflichteten (z. B. Hausmeister) bei

deren Betätigung im Interesse und für den Zweck der Wohnungseigentümer.

Die Deckungssumme der Haus- und Grundbesitzerhaftpflichtversicherung wird im Regelfall für Personenschäden einen Betrag von € 1.000.000,- und für Sachschäden einen Betrag von € 250.000,- bis € 1.000.000,- umfassen.

12.3 Weitere Versicherungen der Wohnungseigentümergemeinschaft

Siehe CD-ROM

Die Wohnungseigentümergemeinschaft kann über die in § 21 Abs. 5 Nr. 3 WEG alte und neue Fassung genannten Versicherungen hinaus weitere Versicherungen abschließen, die auch das Sondereigentum umfassen. Der Abschluss weiterer Versicherungen entspricht ordnungsgemäßer Verwaltung, sodass jeder Wohnungseigentümer diesen Abschluss gem. § 21 Abs. 4 WEG verlangen kann. Im Einzelfall entscheidet die Wohnungseigentümergemeinschaft durch Mehrheitsbeschluss. Um einen erweiterten Versicherungsschutz zu erreichen, kommen folgende Versicherungsarten in Betracht:

Gewässerscha-
denhaftpflicht-
Versicherung

Gewässerschadenhaftpflichtversicherung: § 22 Wasserhaushaltsgesetz legt fest, dass unabhängig vom Verschulden jeder den Schaden zu ersetzen hat, den er durch die Verschmutzung von Fluss-, Bach-, See- oder Grundwasser hervorgerufen hat. Aufgrund dieser verschuldensunabhängigen Haftungsregelung ist es dringend anzuraten, für Wohnungseigentümergemeinschaften, die über eine Ölzentralheizung versorgt werden, eine Gewässerschadenhaftpflichtversicherung abzuschließen. Die Versicherung deckt Schäden ab, die durch die Verschmutzung von See-, Fluss-, Bach- und Grundwasser entstehen, so z. B. durch Eindringen von Heizöl in das Grundwasser wegen eines undichten Öltanks.

Leitungswasser-
schaden-
versicherung

Leitungswasserschadenversicherung: Auch der Abschluss einer Leitungswasserschadenversicherung entspricht der ordnungsgemäßen Verwaltung und kann somit mehrheitlich beschlossen werden. Durch die Leitungswasserschadenversicherung sind folgende Schäden versichert:

- Schäden innerhalb und außerhalb des Gebäudes an Zu- und Ableitungsrohren durch Rohrbruch und Frost
- Frostschäden an Badeinrichtungen, einschließlich Wasserarmaturen, Boilern, Heizkörpern, Heizkessel etc.

Versicherungsschutz

Versichert ist das Sachersatzinteresse des einzelnen Miteigentümers am Gemeinschaftseigentum und dem Sondereigentum der anderen Wohnungseigentümer, weshalb ein den Schaden fahrlässig verursachender Miteigentümer nicht in Regress genommen werden kann. Die Leitungswasserschadenversicherung deckt folgende Schäden nicht ab: Grundwasserschäden, Schäden aus stehenden und fließenden Gewässern, Hochwasser und Witterungsniederschläge sowie Reinigungswasser.

Sturmschaden- und Hagelversicherung: Auch hierbei handelt es sich um eine Versicherung, deren Abschluss der ordnungsgemäßen Verwaltung entspricht, sodass der Abschluss durch Mehrheitsbeschluss geregelt werden kann. Durch die Sturmschaden- und Hagelversicherung sind folgende Schäden versichert:

Sturmschaden- und Hagelversicherung

- Schäden aus unmittelbarer Sturm- oder Hageleinwirkungen auf das Gebäude
- Schäden durch Gebäudeteile, Bäume und andere Gegenstände, die durch die Sturmeinwirkung einen Schaden am Gebäude verursachen

Versicherungsschutz

Nicht abgedeckt ist das Eindringen von Feuchtigkeit bei Regen, Hagel und Schnee durch nicht sturmverursachte Schadenstellen.

Nicht abgedeckt

Glasversicherung: Durch den Abschluss einer Glasversicherung ist die Erneuerung zerbrochener Scheiben am gemeinschaftlichen Eigentum gesichert, soweit der Schaden nicht durch Feuer, Blitz oder Explosion entstanden ist. In der Regel wird auch hier ein Mehrheitsbeschluss über den Abschluss der Versicherung ausreichend sein. Zur Vermeidung von Doppelversicherungen ist vor Abschluss einer Glasversicherung zu prüfen, inwieweit die jeweiligen Sondereigentümer/Teileigentümer bereits einen Versicherungsschutz für Glasbruch abgeschlossen haben.

Glasversicherung

12.4 Sonstige Versicherungen

Privathaftpflichtversicherung: Der Abschluss einer Privathaftpflichtversicherung ist neben den allgemeinen Gründen, die für den
Abschluss sprechen, auch den Sonder-/Teileigentümern anzuraten,
da die Haus- und Grundbesitzerhaftpflichtversicherung Ansprüche
der Gemeinschaft gegen die einzelnen Wohnungseigentümer nicht
abdeckt. Von der Privathaftpflichtversicherung ist jedoch nur Versicherungsschutz für die selbstgenutzte Wohnung zu erlangen. Vermietete oder gewerblich genutzte Eigentumswohnungen werden
davon nicht umfasst.

Aus diesen Gründen ist die zusätzliche Haftpflichtversicherung als
Vermieter zu empfehlen, die in aller Regel im Rahmen der Privat-
haftpflichtversicherung angeboten wird. Sie muss jedoch mit dem
Versicherer gesondert vereinbart werden.

Rechtsschutzversicherung: Auch der Abschluss einer Rechtsschutzversicherung ist dem einzelnen Wohnungs- bzw. Teileigentümer zu
empfehlen. Diese deckt Risiken bei Rechtsstreitigkeiten innerhalb
bzw. gegen die Wohnungseigentümergemeinschaft ab und sollte
sämtliche Gerichts-, Anwalts- und Sachverständigenkosten für den
Fall eines Gerichtsverfahrens umfassen.

Vermögensschaden-Haftpflichtversicherung: Der Verwalter einer
Wohnungseigentümergemeinschaft sollte eine Vermögensschaden-
Haftpflichtversicherung abschließen, deren Prämien er allerdings
selbst zu entrichten hat. Die Wohnungseigentümergemeinschaft
sollte darauf achten, eine entsprechende Regelung in den Verwaltervertrag aufzunehmen, mit der der Verwalter verpflichtet wird, eine
solche Versicherung abzuschließen.

Bei größeren Wohnungseigentümergemeinschaften empfiehlt sich
zudem für die gewählten Verwaltungsbeiräte eine Vermögensschaden-Haftpflichtversicherung – hier jedoch zulasten der Gemeinschaft.

12.5 Abschluss und Kündigung von Versicherungsverträgen

Wie bereits ausgeführt, entscheidet die Wohnungseigentümergemeinschaft durch Mehrheitsbeschluss über den Abschluss der Versicherungsverträge sowie die Auswahl und den Umfang der Versicherung. Auch die Kündigung von Versicherungsverträgen, die das Gemeinschaftseigentum betreffen, ist von der Wohnungseigentümergemeinschaft durch Mehrheitsbeschluss zu regeln.

Erst nach vorliegendem Beschluss der Wohnungseigentümergemeinschaft ist der Verwalter überhaupt berechtigt und verpflichtet, Versicherungsverträge für die Wohnungseigentümergemeinschaft abzuschließen oder zu kündigen. Etwas anderes gilt nur dann, wenn ausdrückliche Regelungen im Verwaltervertrag, der Teilungserklärung bzw. Gemeinschaftsordnung getroffen wurden oder der Verwalter aufgrund anderer Vollmachten berechtigt ist, für die Wohnungseigentümergemeinschaft zu handeln.

Achtung: Verspätete Meldung von Versicherungsfällen
Eine verspätete Meldung eines Versicherungsfalls durch den Verwalter mit der Folge, dass der Versicherungsschutz entfällt, muss sich die Wohnungseigentümergemeinschaft zurechnen lassen, wenn der Verwalter Repräsentant der Eigentümer ist. Ist der Verwalter aufgrund des Verwaltervertrags berechtigt, Versicherungsangelegenheiten selbstständig abzuwickeln, wird er als Repräsentant der Eigentümer angesehen, sodass die Wohnungseigentümergemeinschaften das Fehlverhalten mit dem Wegfall des Versicherungsschutzes gegen sich gelten lassen muss.

Stichwortverzeichnis

Z

Anhang

Muster eines Gesamt- und Einzelwirtschaftsplans

Muster einer Jahresgesamtabrechnung

Muster einer Jahreseinzelabrechnung

Muster: Antrag auf Einberufung einer Eigentümerversammlung
von mehr als einem Viertel der Wohnungseigentümer

Muster: Einberufung durch den Verwaltungsbeiratsvorsitzenden
bei Fehlen eines Verwalters

Muster: Einladung zur Eigentümerversammlung

Muster: Tagesordnung

Muster: Stimmrechtsvollmacht

Muster: Antrag auf Ausschluss einer dritten Person
von der Versammlung

Formulierungsbeispiel für eine Öffnungsklausel

Muster: Beschlussfassung im schriftlichen Verfahren

Muster: Mitteilung des Umlaufbeschlusses

Muster: Niederschrift der Eigentümerversammlung

Muster: Beschluss-Sammlung

Checkliste: Eigentümerversammlung

Beispielhafte Aufzählung begünstigter und nicht begünstigter
haushaltsnaher Dienstleistungen und Handwerkerleistungen

Muster: Bescheinigung der haushaltsnahen
Dienstleistungen und Beschäftigungsverhältnisse

Absetzung für Abnutzung von Gebäuden im Privatvermögen

Übersicht: Erhöhte Absetzungen

Übersicht: Nutzungsdauer von beweglichen
Wirtschaftsgütern

Muster eines Gesamt- und Einzelwirtschaftsplans

Siehe CD-ROM

I. voraussichtliche Wohngeldeinnahmen					EUR
II. Kosten	**Betrag EUR**	**Schlüssel**	**Ihr Anteil**	**Gesamt**	**Betrag EUR**
Wasser					
Entwässerung					
Liftkosten					
Müllbeseitigung					
Gebäudereinigung					
Gartenpflege					
Allgemeinstrom					
Brandversicherung					
Haftpflichtversicherung					
Gebäudeversicherung					
Sonstige Versicherungen (Öltank)					
Hausmeister					
Hausreinigung					
Kabelanschluss					
Straßenreinigung					
Heizung/Warmwasser					
Bankspesen					
Verwaltungskosten					
Kleinreparaturen					
Sonstige Betriebskosten					
Gesamtkosten				Ihre Kosten	EUR
III. Instandhaltungs- rücklage					
			Jahr		EUR
		Wohngeld	Monat		EUR

Muster einer Jahresgesamtabrechnung

Siehe CD-ROM

Jahresabrechnung vom _____ bis _____
WEG _____

Einnahmen	EUR	EUR	EUR
Laufende Einnahmen aus Wohngeldern			
Laufende Zahlungen auf die Instandhaltungsrücklage			
Nachzahlungen auf die Abrechnung Kj. 2008			
Wohngelder insgesamt			
Weitere Einnahmen:			
• Zinserträge			
• Mieten			
• Versicherungsleistungen			
Zwischensumme			
Zufluss aus Instandhaltungs- rücklage			
Gesamteinnahmen			
Ausgaben			
Wasser			
Entwässerung			
Liftkosten			
Müllbeseitigung			
Gebäudereinigung			
Gartenpflege			
Allgemeinstrom			
Brandversicherung			
Haftpflichtversicherung			
Gebäudeversicherung			
Sonstige Versicherungen (Öltank)			
Hausmeister			

Hausreinigung			
Kabelanschluss			
Straßenreinigung			
Heizung und Warmwasser			
Bankspesen			
Verwaltungskosten			
Kleinreparaturen			
Sonstige Betriebskosten			
Betriebskosten gesamt			
(Beispiel) Balkonsanierung (aus Instandhaltungsrücklage gedeckt € 30.000,00)			
Auszahlung von Guthaben aus der Abrechnung 2008			
Heizung und Warmwasser 2008			
Tatsächlicher Abfluss in die Instandhaltungsrücklage			
Gesamtausgaben			
Saldo			
Kontenentwicklung:			
Girokonto Hausbank:			
Stand 01.01.09			
Stand 31.12.09			
Saldo			
Festgeldkonto Rücklage Hausbank			
Stand 01.01.09			
Zufluss auf das Rücklagenkonto			
Abfluss an das Girokonto für Balkonsanierung (Beispiel)			
Stand 31.12.2009			

Muster einer Jahreseinzelabrechnung

Siehe CD-ROM

Jahreseinzelabrechnung vom _____ bis _____

WEG _____

Verteilung der Ausgaben					
Wasser					
Entwässerung					
Liftkosten					
Müllbeseitigung					
Gebäudereinigung					
Gartenpflege					
Allgemeinstrom					
Brandversicherung					
Haftpflichtversicherung					
Gebäudeversicherung					
Sonstige Versicherungen (Öltank)					
Hausmeister					
Hausreinigung					
Kabelanschluss					
Straßenreinigung					
Heizung/Warmwasser					
Bankspesen					
Verwaltungskosten					
Kleinreparaturen					
Sonstige Betriebskosten					
Gesamtkosten					
Einnahmen					
Mieten					
Ihre Kosten					
Ihre Vorauszahlungen 570,00 × 12					
Guthaben					

Muster: Antrag auf Einberufung einer Eigentümerversammlung von mehr als einem Viertel der Wohnungseigentümer

Siehe CD-ROM

An den Verwalter

der Wohnungseigentümergemeinschaft ...

Anschrift

Einberufung außerordentliche Eigentümerversammlung

Sehr geehrter Herr ...,

als Eigentümer der Wohnungseigentümergemeinschaft ... fordern wir Sie gemäß § 24 Abs. 2 WEG auf, eine außerordentliche Eigentümerversammlung der Wohnungseigentümergemeinschaft ... bis spätestens ... einzuberufen.

Auf der Tagesordnung sollen folgende Angelegenheiten aufgenommen werden:

1. Kündigung des Hausmeistervertrags
2. Neubestellung eines Hausmeister

Begründung: In der Wohnungseigentumsanlage besteht seit längerer Zeit erhebliche Unzufriedenheit mit der Ausführung der Hausmeistertätigkeiten. Zudem wurde nun bekannt, dass der Hausmeister regelmäßig die Einnahmen aus Waschmünzen zum Teil veruntreut sowie seine eigene Waschmaschine an den Stromkreis der Eigentümergemeinschaft angeschlossen hat und dieser hiermit rechtswidrig Strom entzieht. Beide Sachverhalte haben strafrechtliche Relevanz und das Verhalten wird von der Eigentümergemeinschaft nicht länger hingenommen. Der Vertrag mit dem Hausmeister soll daher umgehend beendet werden.

Im Folgenden haben sechs von 20 Wohnungseigentümern unterzeichnet:

Unterschriften

Wohnungseigentümer 1 .... Wohnungseigentümer 2 ....

Wohnungseigentümer 3 .... Wohnungseigentümer 4 ....

Wohnungseigentümer 5 .... Wohnungseigentümer 6........................

Muster: Einberufung durch den Verwaltungsbeiratsvorsitzenden bei Fehlen eines Verwalters

An die Wohnungseigentümer
Name und Anschrift

Ort, Datum

Einladung zur Eigentümerversammlung der Wohnungseigentümergemeinschaft ...

Sehr geehrte Eigentümer,

das Amtsgericht ... hat den Beschluss der Wohnungseigentümerversammlung vom ... unter TOP ... über die Bestellung der Fa. ... zur Wohnungseigentumsverwalterin durch Urteil vom ... für unwirksam erklärt. Das Urteil ist bestandskräftig.

Da ein Verwalter fehlt, berufe ich daher als Vorsitzender des Verwaltungsbeirats gemäß § 24 Abs. 3 WEG eine Wohnungseigentümerversammlung ein. Die Versammlung findet statt am:

Datum und Zeit: ....

Ort: ....

Die Eigentümerversammlung hat folgende Tagesordnung:

TOP 1: Bestimmung des Versammlungsleiters

TOP 2: Bestellung eines Verwalters

TOP 3: Abschluss des Verwaltervertrags

Der Verwaltungsbeiratsvorsitzende weist darauf hin, dass die Versammlung nur beschlussfähig ist, wenn die erschienenen stimmberechtigten Wohnungseigentümer mehr als die Hälfte der Miteigentumsanteile vertreten.

Mit freundlichen Grüßen

Vorsitzender des Verwaltungsbeirats

Muster: Einladung zur Eigentümerversammlung

Siehe CD-ROM

Josef Steinmann	Arnoldstr. 30
Hausverwaltungs GmbH	80123 München
	Tel. 089-123456
	Fax. 089-123457

Herrn
Max Mustereigentümer
Tannstr. 100
80123 München

München, den 08.03.2010

Wohnungseigentümergemeinschaft Tannstr. 100, 80123 München
Einladung zur ordentlichen Eigentümerversammlung 2010

Sehr geehrter Herr Mustereigentümer,

als Verwalter laden wir Sie zu der

am **Donnerstag, dem 29.03.2010 um 18 Uhr**

in der **Gaststätte „Zur Eiche", Tannstr. 1, 80123 München, Nebenraum**

tagenden Eigentümerversammlung ein.

Die Tagesordnung ist rückseitig vermerkt. Wenn Sie an der Versammlung nicht
teilnehmen können, bitten wir mit dem beigefügtem Vordruck eine Vertretungsvollmacht zu erteilen.

Mit freundlichen Grüßen
Josef Steinmann Hausverwaltungs GmbH

Anlagen
Wohngeldgesamt- und Einzelabrechnung 2009
Wirtschaftsplan 2010
Vollmachtsvordruck

Muster: Tagesordnung

Siehe CD-ROM

Tagesordnung

zur ordentlichen Eigentümerversammlung der Wohnungseigentümergemeinschaft Tannstr. 100, 80123 München am 29.03.2010, 18 Uhr

1. Begrüßung, Feststellung der ordnungsgemäßen Einberufung und der Beschlussfähigkeit der Versammlung

2. Bericht des Verwalters und des Verwaltungsbeirats über die Jahresabrechnung 2009/Genehmigung der Gesamt- und Einzelabrechnungen 2009

3. Entlastung der Verwaltung für das Wirtschaftsjahr 2009

4. Entlastung des Verwaltungsbeirats für das Wirtschaftsjahr 2009

5. Genehmigung des Wirtschaftsplans 2010

6. Sicherheitstechnische Bewertung durch TÜV/Mängelbeseitigung

7. Instandhaltungsmaßnahme hofseitige Fassade
   - Art, Umfang, Ausführungszeitraum und Auftragsvergabe der Maßnahme
   - Finanzierung der Maßnahme (evtl. Sonderumlage)

8. Streichen des Treppenhauses

9. Neuwahl/Wiederwahl des Verwalters zum 01.01.2011

10. Sonstiges

Muster: Stimmrechtsvollmacht

Siehe CD-ROM

Vollmacht

Zur Vertretung meiner/unserer Rechte, insbesondere der Ausübung meines/unseres Stimmrechts bei der Eigentümerversammlung der Wohnungseigentümergemeinschaft Tannstr. 100, 80123 München

am Donnerstag, den 29.03.2010 um 18 Uhr in den Nebenräumen der Gaststätte „Zur Eiche", Tannstr. 1, 80123 München

bevollmächtige(n) ich/wir ....

Herrn/Frau .... ,

das Mitglied des Verwaltungsbeirats

Frau Isolde Müller, Müllerstr. 1, 80234 München,

Herrn Balduin Maier, Tannstr. 100, 80123 München,

Herrn Eduard Stein, Tannstr. 100, 80123 München

oder

den Verwalter

Mir/uns gehören folgende Einheiten

Wohnung: ....

Garage: ....

Ich/wir erteile/n folgende Weisung(en):

....

....

....

(Ort, Datum)   (Unterschrift)

Muster: Antrag auf Ausschluss einer dritten Person von der Versammlung

Siehe CD-ROM

„Ich stelle den Antrag, dass der Besucher A/der Rechtsanwalt B/die dritte Person C wegen des Grundsatzes der Nichtöffentlichkeit der Eigentümerversammlung von der weiteren Durchführung der Versammlung ausgeschlossen und des Saales verwiesen wird."

Formulierungsbeispiel für eine Öffnungsklausel

Siehe CD-ROM

„Liegt eine nach dem Gesetz oder dieser Gemeinschaftsordnung vereinbarungsbe-
dürftige Angelegenheit vor, so können die Wohnungseigentümer die Angelegenheit
durch Beschluss regeln, wenn eine Mehrheit von mindestens drei Vierteln der abgegebenen Stimmen und von mehr als der Hälfte der im Grundbuch eingetragenen
Miteigentumsanteile (alternativ: eine Mehrheit von mindestens zwei Dritteln aller
im Grundbuch eingetragenen Miteigentumsanteile) vorliegt, wenn für die Änderung
ein sachlicher Grund besteht und kein Eigentümer unbillig benachteiligt wird."

Muster: Beschlussfassung im schriftlichen Verfahren

Siehe CD-ROM

Josef Steinmann
Hausverwaltungs GmbH

Arnoldstr. 30
80123 München
Tel. 089-123456
Fax. 089-123457

Herrn
Max Mustereigentümer
Tannstr. 100
80123 München

München, den 23.04.2010

Wohnungseigentümergemeinschaft Tannstr. 100, 80123 München
Beschluss im schriftlichen Umlaufverfahren gemäß § 23 Abs. 3 WEG

Beschlussfassung im schriftlichen Verfahren

Begründung:
Den Wohnungseinheiten im Erdgeschoss der Wohnungseigentümergemeinschaft
Tannstr. 100, 80123 München, sind gemäß Teilungserklärung Grünflächen als Son-
dernutzungsrecht zugeteilt. Wegen Eindringens von Personen und Tieren von der
Straße auf die Grünflächen haben mehrfach Eigentümer in der Vergangenheit ihre
Bereiche eingezäunt. Eine entsprechende Regelung ist in der Teilungserklä-
rung/Gemeinschaftsordnung nicht vorgesehen. Eine Erlaubnis hierzu durch die Woh-
nungseigentümergemeinschaft liegt bislang nicht vor. Daher haben die Eigentümer
Müller, Hauser und Kleingärtner folgenden Antrag gestellt:

"Die WEG duldet eine bislang nicht vorgesehene Einzäunung der den EG-Wohnungen zugeordneten Terrassenflächen (Sondernutzungsrecht) mit grünem Maschendrahtzaun. Die Kosten der erstmaligen Errichtung sowie der Instandsetzung und Instandhaltung trägt der jeweilige Sondernutzungsberechtigte."

Mit meiner/unserer Unterschrift erkläre(n) ich/wir die Zustimmung/Ablehnung zu dem vorstehenden Beschluss und zur Beschlussabgabe im schriftlichen Verfahren.

....
Ort, Datum   Wohnungseinheit(en)   Unterschrift(en)

Hinweise:

Ein Beschluss im schriftlichen Umlaufverfahren wird nur wirksam, wenn sämtliche Wohnungseigentümer diesem zustimmen. Die Rücksendung des unterzeichneten Beschlussantrags erbitten wir bis 09.06.10. Gehört eine Wohnungseinheit mehreren Eigentümern, müssen entweder alle von ihnen unterschreiben oder die Unterzeichner gemäß einer beizufügenden Originalvollmacht bevollmächtigt sein.

Kommt der Beschluss im schriftlichen Umlaufverfahren wirksam zustande, so bindet er die Wohnungseigentümer und ihre Rechtsnachfolger ebenso wie ein in einer Eigentümerversammlung gefasster Beschluss. Der Verwalter wird das Beschlussergebnis feststellen und an alle Wohnungseigentümer mittels Rundschreiben versenden.

Mit freundlichen Grüßen

Josef Steinmann Hausverwaltungs GmbH

Muster: Mitteilung des Umlaufbeschlusses

Siehe CD-ROM

An		Sachbearbeiter	
		Projekt	
		Wohnungsnr.	
		Wiedervorlage	. .20

Ort, Datum

Sehr geehrte Damen und Herren,

unter Bezugnahme auf unser Schreiben vom 23.04.2010 teilen wir Ihnen mit, dass alle Miteigentümer Ihre Zustimmung zu dem Beschlussantrag schriftlich erklärt haben.

Nachfolgend nochmals aufgeführter Umlaufbeschluss ist somit gemäß § 23 Abs. 3 WEG zu Stande gekommen:

Beschlussfassung

Der Verwalter wird beauftragt und bevollmächtigt auf Grundlage des vorliegenden Zusatzangebots der Fa. .... vom .... , die erforderlichen Mehrarbeiten namens und im Auftrag der Wohnungseigentümergemeinschaft freizugeben. Die Freigabe erfolgt nach Eingang der nachstehend beschlossenen Sonderumlage in Höhe von .... EUR.

Die Erhebung einer sofort fälligen Sonderumlage in Höhe von .... EUR, verteilt nach Miteigentumsanteilen, wird angenommen. Die Sonderumlage ist zum Verrechnungstermin .... (auf dem Konto der Eigentümergemeinschaft eingehend) zu bezahlen. Hat ein Wohnungseigentümer der Verwaltung eine Einzugsermächtigung erteilt, wird der Betrag zur Fälligkeit eingezogen. Die betroffenen Eigentümer werden diesbezüglich aufgefordert für ausreichende Kontodeckung zum Verrechnungstermin zu sorgen.

Stimmberechtigt sind	100 Eigentümer
davon Zustimmungen	100 Eigentümer
davon Ablehnungen	0 Eigentümer
davon Enthaltungen	0 Eigentümer

Mit freundlichen Grüßen

Hausverwaltung

Alternativ:

An	Sachbearbeiter	_____
_____	Projekt	_____
_____	Wohnungsnr.	_____
_____	Wiedervorlage	. .20 _____

_____	Ort, Datum

Sehr geehrte Damen und Herren,

unter Bezugnahme auf unser Schreiben vom 23.04.2010 haben wir Ihnen nachfolgend das Ergebnis des Umlaufbeschlusses aufgeführt:

Abstimmungsergebnis

Stimmberechtigt sind	100 Eigentümer
davon Zustimmungen	98 Eigentümer
davon Ablehnungen	0 Eigentümer
davon Enthaltungen	2 Eigentümer

Aufgrund der eingegangen Enthaltungen wurde die erforderliche Allstimmigkeit nicht erreicht. Der Beschlussantrag ist somit abgelehnt, da die Bestimmungen des § 23 Abs. 3 WEG nicht erfüllt sind.

Die Einberufung einer außerordentlichen Eigentümerversammlung ist somit unumgänglich. Eine entsprechende Einladung inklusive Tagesordnung wird Ihnen in den nächsten Tagen zugesandt.

Mit freundlichen Grüßen

Hausverwaltung

Muster: Niederschrift der Eigentümerversammlung

Josef Steinmann	Arnoldstr. 30
Hausverwaltungs GmbH	80123 München
	Tel. 089-123456
	Fax. 089-123457

An die
Eigentümer der WEG
Tannstr. 100
80123 München

München, 12.04.10

Niederschrift der ordentlichen Eigentümerversammlung der Wohnungseigentümer-gemeinschaft Tannstraße 100, 80123 München vom Donnerstag, 29.03.10 um 18.00 Uhr in der Gaststätte „Zur Eiche", Tannstr. 1, 80123 München.

Teilnehmer: die Josef Steinmann Hausverwaltungs GmbH als Verwalterin, vertreten durch Herrn Steinmann (Versammlungsleiter) und Frau Müller, sowie Teilnehmer gemäß Anwesenheitsliste und Vollmachten, welche der Originalniederschrift beiliegen.

Tagesordnung laut Einladung

1. Begrüßung, Feststellung der ordnungsgemäßen Einberufung und der Beschluss-fähigkeit der Versammlung

2. Bericht des Verwalters und des Verwaltungsbeirats über die Jahresabrechnung 2006/Genehmigung der Gesamt- und Einzelabrechnungen 2009

3. Entlastung der Verwaltung für das Wirtschaftsjahr 2009

4. Entlastung des Verwaltungsbeirats für das Wirtschaftsjahr 2009

5. Genehmigung des Wirtschaftsplans 2010

6. Sicherheitstechnische Bewertung durch TÜV/Mängelbeseitigung

7. Instandhaltungsmaßnahme hofseitige Fassade
   – Art, Umfang, Ausführungszeitraum und Auftragsvergabe der Maßnahme
   – Finanzierung der Maßnahme (evtl. Sonderumlage)

8. Streichen des Treppenhauses

9. Neuwahl/Wiederwahl des Verwalters zum 01.01.2011

10. Sonstiges

Zu TOP 1

Herr Steinmann stellt fest, dass die Einladung zur Eigentümerversammlung form- und fristgerecht mit Schreiben vom 08.03.2010 erfolgte. Es sind 534/1000stel Miteigentumsanteile anwesend bzw. durch Vollmachten vertreten. Die Versammlung ist somit zu Beginn um 18.15 Uhr beschlussfähig. Ab 18.55 Uhr sind 590/1000stel Miteigentumsanteile vertreten.

Zu TOP 2

Der Verwaltungsbeiratsvorsitzende Herr Meier berichtet über die Prüfung der Abrechnungsunterlagen, welche am 01.02.10 vorgenommen wurde. Beanstandungen wurden, soweit vorhanden, von der Verwaltung berichtigt. Der Verwalter erläutert im Weiteren die Abrechnung und beantwortet Fragen einzelner Eigentümer.

Beschluss Nr. 1: Die Gesamt-und Einzelabrechnungen 2009 werden genehmigt.

Abstimmung:

- Ja-Stimmen: 543/1000stel
- Nein-Stimmen: 0
- Enthaltungen: 0

Damit ist der vorgenannte Beschluss einstimmig angenommen.

Zu TOP 3

Beschluss Nr. 2: Der Verwaltung wird für das Wirtschaftsjahr 2009 Entlastung erteilt.

Abstimmung:

- Ja-Stimmen: 543/1000stel
- Nein-Stimmen: 0
- Enthaltungen: 0

Damit ist der vorgenannte Beschluss einstimmig angenommen.

Zu TOP 4

Beschluss Nr. 3: Die Mitglieder des Verwaltungsbeirats werden für das Wirtschaftsjahr 2009 entlastet.

Abstimmung:

- Ja-Stimmen: 427/1000stel
- Nein-Stimmen: 28/1000stel
- Enthaltungen: 87/1000stel (Beirat)

Damit ist der vorgenannte Beschluss mehrheitlich angenommen.

Zu TOP 5

Gemäß dem vorliegenden Wirtschaftsplan für 2010 sind Einnahmen i. H. v. € 100.000,- vorgesehen, denen Ausgaben von ca. € 120.000,- gegenüberstehen. Daraus ergibt sich ein Fehlbetrag i. H. v. € 20.000,-, welcher primär aus der Erhöhung der Heizkosten resultiert. Es wird empfohlen, das Wohngeld gemäß den vorliegenden Einzelwirtschaftsplänen anzupassen.

Beschluss Nr. 4: Der Gesamtwirtschaftsplan und die Einzelwirtschaftspläne 2010 werden genehmigt. Das in diesen Einzelwirtschaftsplänen ausgewiesene Wohngeld wird ab dem 01.04.10 fällig gestellt. Dieser Wirtschaftsplan bleibt so lange bestehen, bis ein neuer beschlossen wird.

Abstimmung:

- Ja-Stimmen: 571/1000stel
- Nein-Stimmen: 0
- Enthaltungen: 19/1000stel

Damit ist der vorgenannte Beschluss einstimmig angenommen.

Zu TOP 6

Die Empfehlung des TÜV zur Beseitigung der festgestellten Mängel sieht eine Frist von fünf Jahren vor. In Betracht kommt eine Voll- oder Teilsanierung des Aufzugs. Hierzu ist ein Ortstermin mit dem Aufzugsdienst zur Beratung der weiteren Vorgehensweise ratsam.

Beschluss Nr. 5: Noch in diesem Jahr wird mit dem Aufzugsdienst, dem Verwaltungsbeirat und der Verwaltung bei einem Ortstermin erörtert, welche Mängel zwingend in diesem Jahr zu beheben sind. Diese Arbeiten werden in Absprache mit dem Verwaltungsbeirat in Auftrag gegeben. Im Hinblick auf die übrigen Mängel soll ein Zeitplan mit Kostenübersicht in der nächsten ordentlichen Eigentümerversammlung vorgelegt werden.

Abstimmung:

- Ja-Stimmen: 590/1000stel
- Nein-Stimmen: 0
- Enthaltungen: 0

Damit ist der vorgenannte Beschluss einstimmig angenommen.

Zu TOP 7

Die Verwaltung erläutert, dass die Sanierung der hofseitigen Fassade dringend erforderlich ist. Herr Kober der Fa. Blitzsanierung wurde zur Versammlung eingeladen, um Fragen der Wohnungseigentümer zu erläutern. Laut Vorgabe in der letzten Eigentümerversammlung liegt ein Angebot für die Sanierung in Höhe von ca. 65.000 € vor. Der Eigentümer Meier erläutert seine Ansicht, dass eine Sanierung erst in fünf Jahren fällig sei und bemängelt, dass keine weiteren Angebote eingeholt wurden. Nach eingehender Diskussion ergeht folgender Antrag:

Beschluss Nr. 6: Die Verwaltung wird beauftragt, die Fa. Blitzsanierung mit der Sanierung der hofseitigen Fassade laut vorliegendem Angebot zu beauftragen. Die Arbeiten sollen im Juni 2010 beginnen. Die Finanzierung der Maßnahme erfolgt aus der Rücklage.

Abstimmung:

- Ja-Stimmen: 512/1000stel

- Nein-Stimmen: 78/1000stel

- Enthaltungen: 0

Damit ist der vorgenannte Beschluss mehrheitlich angenommen.

Zu TOP 8

Das Treppenhaus bedarf eines neuen Anstrichs. Die Kosten für das Streichen von Decken und Wänden betragen ca. € 6.000,-. Seitens der Eigentümer wird angesprochen, dass primär eine Erneuerung der Haustüre notwendig ist. Aufgrund der derzeitigen finanziellen Lage der Eigentümergemeinschaft wäre die Durchführung der Arbeiten nur durch eine Sonderumlage finanzierbar.

Beschluss Nr. 7: Der Verwalter wird beauftragt, die Malerarbeiten zum Streichen des Treppenhauses bis zu einem Kostenaufwand i. H. v. € 6.000,- in Auftrag zu geben.

Abstimmung:

- Ja-Stimmen: 72/1000stel

- Nein-Stimmen: 498/1000stel

- Enthaltungen: 20/1000stel

Damit ist der vorgenannte Beschluss mehrheitlich abgelehnt.

Zu TOP 9

Der bestehende Verwaltervertrag läuft zum 31.12.2010 aus. Die Josef Steinmann Hausverwaltungs-GmbH würde die Verwaltung gerne weiter fortführen und bietet die Verlängerung zu folgenden Konditionen an: Verwaltervergütung i. H. v. € 17,30 pro Wohneinheit und € 3,50 pro Teileigentum zzgl. der gesetzl. MwSt. für die Zeit vom 01.01.11 bis 31.12.14. Einzelne Eigentümer äußern sich zur Arbeit der Verwaltung. Sie sind im Großen und Ganzen zufrieden, möchten jedoch die Verlängerung des Verwaltervertrags auf zwei Jahre beschränken. Die Verwaltung hat Vollmachten entsprechend 110/1000stel Miteigentumsanteilen für diese Eigentümerversammlung erhalten, welche sie für nachfolgenden Beschluss an den Wohnungseigentümer Herrn Hötzel abgibt.

Beschluss Nr. 8: Die Josef Steinmann Hausverwaltungs GmbH wird für die Zeit vom 01.01.11 bis 31.12.12 zu Kosten i. H. v. monatlich € 17,30 je Wohneigentum und € 3,50 je Teileigentum zzgl. MwSt. zum Verwalter bestellt. Der bestehende Verwaltervertrag verlängert sich entsprechend.

Abstimmung:

- Ja-Stimmen: 543/100stel
- Nein-Stimmen: 47/1000stel
- Enthaltungen: 0

Damit ist der vorgenannte Beschluss mehrheitlich angenommen.

Zu TOP 10

1. Es wird darum gebeten, alle drei Müllcontainer gleichmäßig zu befüllen und nicht den Müll neben den Containern abzustellen.

2. Die Eigentümer werden aufgefordert, die Ruhezeiten gemäß der Hausordnung einzuhalten. Dies gilt auch, wenn Wohnungen renoviert werden. Vermietende Eigentümer informieren bitte entsprechend ihre Mieter.

3. Der Eigentümer Herr Schlau weist darauf hin, dass mittelfristig die Sanierung der straßenseitigen Balkone erforderlich werden wird.

Eine Beschlussfassung erfolgt im TOP „Sonstiges" nicht.

Nachdem keine weiteren Wortmeldungen mehr erfolgen, bedankt sich der Verwalter bei den anwesenden Eigentümern für die rege Teilnahme an der Versammlung und schließt diese um 20.46 Uhr.

....

(Ort, Datum)   (Ort, Datum)   (Ort, Datum)

....

(Unterschrift Verwalter)   (Unterschrift Beiratsvorsitzender) (Unterschrift Eigentümer)

Muster: Beschluss-Sammlung

Siehe CD-ROM

Lfd. Nr.	Beschluss	Eigentümer- versammlung	Gerichtsent- scheidung	Vermerke	Eintragungs- vermerk
		Art, Ort, Datum, TOP bzw. bei Umlauf- beschluss Datum der Verkündung	Gericht, Datum, Az, Tenor, Parteien	angenommen, abgelehnt, be- standskräftig, aufgehoben, gelöscht, bedeu- tungslos, rechts- kräftig	Name des Ver- walters bzw. Versammlungs- leiters, Datum, Unterschrift
1					
2					
3					

Lfd. Nr.	Beschluss	Eigentümer-versammlung	Gerichtsent-scheidung	Vermerke	Eintragungs-vermerk
4					
5					
6					
7					
8					

Checkliste: Eigentümerversammlung

Einberufung

Einberufungsberechtigte

- Der Verwalter muss einmal pro Jahr einberufen; unterlässt er dies, so kann der Verwaltungsbeiratsvorsitzende oder sein Stellvertreter einberufen.
- Ein einzelner Wohnungseigentümer hat kein Einberufungsrecht
- Ausnahme: Bei gerichtlicher Ermächtigung hierzu.
- Ein Viertel aller Wohnungseigentümer kann durch schriftlichen Antrag und unter Angabe der Gründe und des Zwecks die Einberufung verlangen.

Einberufungsfrist

Die Einberufungsfrist soll zwei Wochen betragen. Ein Verstoß dagegen führt nicht zwingend zur Ungültigerklärung von Beschlüssen. In dringenden Fällen ist eine kürzere Frist zulässig.

Ort und Zeitpunkt der Versammlung

Am Ort der Wohnanlage oder ihrer näheren Umgebung. Die Wahl des Zeitpunkts darf die Teilnahme an der Versammlung nicht erschweren, sollte daher verkehrsüblich sein.

Form und Inhalt der Einberufung

Die Einladung muss in Textform erfolgen (auch Kopie, Fax, E-Mail) und Angaben über den Ort, die Zeit und die Tagesordnung enthalten. Die Tagesordnung muss den Beschlussgegenstand genau bezeichnen, wobei eine stichpunktartige Formulierung ausreichend ist.

Sieht die Gemeinschaftsordnung eine Eventualeinberufung vor, so kann bei Beschlussunfähigkeit der ursprünglich einberufenen Versammlung z. B. eine halbe Stunde später die Zweitversammlung einberufen werden, welche dann in jedem Falle beschlussfähig ist. Ist eine dahin gehende Vereinbarung nicht vorhanden, müssen bei der Einberufung der Zweitversammlung sämtliche Formalia (z. B. Frist, Form) eingehalten werden.

Ablauf der Versammlung

Versammlungsleiter

Der Verwalter führt regelmäßig den Vorsitz in der Versammlung. Durch sog. Geschäftsordnungsbeschluss können die Wohnungseigentümer aber bestimmen, dass der Verwaltungsbeiratsvorsitzende, sein Stellvertreter oder ein Eigentümer den Vorsitz führt.

Teilnehmer der Versammlung

- Alle im Grundbuch eingetragenen Wohnungseigentümer oder deren Vertreter
- Der Verwalter und, wenn erforderlich, Angestellte der Verwaltung
- Dritte oder Berater haben grundsätzlich kein Teilnahmerecht an der Versammlung. Ausnahme: wenn ein berechtigtes Interesse an deren Teilnahme vorliegt.

Eröffnung und Feststellung der Beschlussfähigkeit der Versammlung

Stimmrechtsfragen

- Stimmrechtsprinzipien: Gesetzlich vorgesehen ist das Kopfprinzip (jeder Eigentümer hat eine Stimme). Es kann jedoch auch das Objektprinzip (pro Sonder-/Teileigentumseinheit je eine Stimme) oder das Wertprinzip (nach Miteigentumsanteilen) in der Gemeinschaftsordnung vereinbart werden.
- Stimmrechtsausschlüsse oder -beschränkungen: Können vorliegen bei einem Rechtsgeschäft mit einem Wohnungseigentümer, wenn ein Rechtsstreit gegen einen Wohnungseigentümer geführt wird. Weiterhin wenn das Wohnungseigentum gem. § 18 WEG entzogen worden ist.
  Ist der Verwalter selbst Eigentümer oder vertritt er Eigentümer, so kann im konkreten Fall auch sein Stimmrecht ausgeschlossen sein. Durch Vereinbarung können bestimmte Fälle geregelt werden, in denen das Stimmrecht ruht, z. B. bei erheblichen Wohngeldschulden eines Eigentümers.

Jeder Teilnehmer hat in der Versammlung ein Rede- und Antragsrecht

Beschlussfassung

- Beschlusskompetenz oder Vereinbarung erforderlich
- Einstimmiger Beschluss oder (qualifizierter) Mehrheitsbeschluss
- Abstimmung/ggf. Probeabstimmung
- Ja-Stimmen, Nein-Stimmen und Enthaltungen
- Beschlussfeststellung

Niederschrift

- Der Versammlungsleiter erstellt ein Ergebnisprotokoll.
- Die Niederschrift muss schriftlich erfolgen (Schriftform).
- Frist: bis spätestens eine Woche vor Ablauf der Anfechtungsfrist
  Achtung: Der Verwalter muss das Protokoll nicht zwingend versenden, sondern nur zur Einsicht zur Verfügung stellen. Etwas anderes gilt nur dann, wenn der Verwaltervertrag oder die Gemeinschaftsordnung die Versendung regelt oder dies jahrelange Übung in der Wohnungseigentümergemeinschaft ist.
- Jedem Eigentümer stehen ein Einsichtsrecht sowie das Recht zur Fertigung von Abschriften/Kopien (gegen Kostenerstattung) zu.
- Unterschriften: Vorsitzender der Versammlung, ein Eigentümer, Vorsitzender des Verwaltungsbeirats (falls Beirat vorhanden)

Beschluss-Sammlung

- Inhalt: alle Beschlüsse, auch Umlaufbeschlüsse und gerichtlichen Urteile
- Der Verwalter ist zur Erstellung verpflichtet.
- Angaben: laufende Nummerierung der Eintragungen, Eigentümerversammlung oder Umlaufbeschluss, Tenor der gerichtlichen Entscheidung, Vermerk der Rechtsfolge, Eintragungsvermerk mit Datum und Unterschrift.
- Jedem Eigentümer stehen ein Einsichtsrecht sowie das Recht zur Fertigung von Abschriften/Kopien (gegen Kostenerstattung) zu.

Siehe CD-ROM

Beispielhafte Aufzählung begünstigter und nicht begünstigter haushaltsnaher Dienstleistungen und Handwerkerleistungen

Maßnahme	begünstigt	nicht begünstigt	Haushaltsnahe Dienstleistung	Handwerkerleistung
Abfallmanagement („Vorsortierung")	innerhalb d. Grundstücks	alle Maßnahmen außerhalb d. Grundstücks	X	
Abflussrohrreinigung	innerhalb d. Grundstücks	außerhalb d. Grundstücks		X
Ablesedienste und Abrechnung bei Verbrauchszählern (Strom, Gas, Wasser, Heizung usw.)		X		
Abriss eines baufälligen Gebäudes mit anschließendem Neubau		X		
Abwasserentsorgung	Wartung und Reinigung innerhalb d. Grundstücks	alle Maßnahmen außerhalb d. Grundstücks		X
Anliegerbeitrag		X		
Arbeiten 1. am Dach 2. an Bodenbelägen	X X			X X

3. an der Fassade	X			X
4. an Garagen	X			X
5. an Innen- und Außen- wänden	X			X
6. an Zu- und Ableitungen	soweit inner- halb d. Grund- stücks	alle Maß- nahmen außerhalb d. Grund- stücks		X
Architekten- leistung		X		
Asbest- sanierung	X			X
Aufstellen eines Bau- gerüsts	Arbeitskosten	Miete, Material		X
Aufzugnotruf		X		
Austausch oder Moderni- sierung				
1. der Einbau- küche	X			X
2. von Boden- belägen (z. B. Teppichboden, Parkett, Flie- sen)	X			X
3. von Fens- tern und Türen	X			X
Bereitschaft der Erbringung einer ansons- ten begünstig- ten Leistung im Bedarfsfall	als Neben- leistung einer ansonsten begünstigten Hauptleistung	nur Be- reitschaft	Abgren- zung im Einzelfall	Abgren- zung im Einzelfall
Brandschaden- sanierung	soweit nicht Versicherungs- leistung	soweit Versiche- rungs- leistung		X

Breitband-kabelnetz	Installation, Wartung u. Reparatur innerhalb d. Grundstücks	alle Maß-nahmen außerhalb d. Grund-stücks		X
Carport, Terrassenüber-dachung	Arbeitskosten auf dem Grundstück für die Überda-chung eines bereits vor-handenen Pkw-Stellplatzes oder einer bereits vor-handenen Terrasse	Material-kosten Neuerrich-tung eines Pkw-Stellplat-zes oder einer Terrasse ein-schließlich Überda-chung		X
Chauffeur		X		
Dachrinnen-reinigung	X			X
Daten-verbindungen	s. Haus-anschlüsse	s. Haus-anschlüsse		X
Deichabgaben		X		
Elektroanlagen	Wartung und Reparatur			X
Energiepass		X		
Entsorgungs-leistung	als Nebenleis-tung (z. B. Bau-schutt, Fliesen-abfuhr bei Neuverfliesung eines Bades , Grünschnittab-fuhr bei Gar-tenpflege)	als Haupt-leistung		X
Erhaltungs-maßnahmen	innerhalb d. Grundstücks	alle Maß-nahmen außerhalb d. Grund-stücks	Abgren-zung im Einzelfall	Abgren-zung im Einzelfall

Erstellung oder Hilfe bei der Erstellung der Steuererklärung		X		
Fäkalienabfuhr		X		
Fahrstuhlkosten	Wartung und Reparatur	Betriebskosten		X
Fertiggaragen		Neuerrichtung, wenn die Fläche vorher nicht als Pkw-Stellplatz genutzt wurde		
Feuerlöscher	Wartung			X
Fitnesstrainer		X		
Friseurleistungen	nur soweit sie zu den Pflege- u. Betreuungsleistungen gehören, wenn sie im Leistungskatalog d. Pflegeversicherung aufgeführt sind (u. der Behindertenpauschbetrag nicht geltend gemacht wird)	alle anderen Friseurleistungen	X	
Fußbodenheizung	Wartung, Spülung, Reparatur sowie nachträglicher Einbau			X

Gärtner	innerhalb d. Grundstücks	alle Maßnahmen außerhalb d. Grundstücks	Abgrenzung im Einzelfall	Abgrenzung im Einzelfall
Gartengestaltung	X			X
Gartenpflegearbeiten (z. B. Rasenmähen, Heckenschneiden)	innerhalb d. Grundstücks einschl. Grünschnittentsorgung als Nebenleistung	alle Maßnahmen außerhalb d. Grundstücks	X	
Gemeinschaftsmaschinen bei Mietern (z. B. Waschmaschine, Trockner)	Reparatur und Wartung	Miete		X
Gewerbeabfallentsorgung		X		
Graffitibeseitigung	X			X
Gutachtertätigkeiten		X		
Hand- und Fußpflege	nur soweit sie zu den Pflege- u. Betreuungsleistungen gehören, wenn sie im Leistungskatalog d. Pflegeversicherung aufgeführt sind (u. der Behindertenpauschbetrag nicht geltend gemacht wird)	alle anderen	X	

Hausanschlüsse	z. B. für d. Anschluss v. Stromkabeln, für d. Fernsehen, für Internet über Kabelfernsehen, Glasfaser oder per Satellitenempfangsanlage sowie Weiterführung d. Anschlüsse, jeweils innerhalb d. Grundstücks	alle Maßnahmen außerhalb d. Grundstücks		X
Hausarbeiten wie reinigen, Fenster putzen, bügeln usw.	X		X	
Haushaltsauflösung		X		
Hauslehrer		X		
Hausmeister, Hauswart	X		X	
Hausreinigung	X		X	
Hausschwammbeseitigung	X			X
Hausverwalterkosten oder -gebühren		X		
Heizkosten: 1. Verbrauch		X		
2. Gerätemiete für Zähler		X		
3. Garantiewartungsgebühren	X			X
4. Heizungswartung und Reparatur	X			X

5. Austausch der Zähler nach dem Eichgesetz	X			X
6. Schornsteinfeger	X			X
7. Kosten des Ablesediensts		X		
8. Kosten der Abrechnung an sich		X		
Insektenschutzgitter	Montage und Reparatur	Material		X
Kaminkehrer	X			X
Kellerschachtabdeckung	Montage und Reparatur	Material		X
Kfz – s. Reparatur		X		
Kinderbetreuungskosten	soweit sie nicht unter § 9c EStG (§ 4f, § 9 Abs. 5 Satz 1, § 10 Abs. 1 Nr. 5 oder 8 EStG a. F.) fallen und für eine Leistung im Haushalt des Steuerpflichtigen anfallen	i. S. von § 9c EStG (§ 4, § 9 Abs. 5 Satz 1, § 10 abs. 1 Nr. 5 oder 8 EStG a. F.); s. Rdnr. 30	X	
Klavierstimmer	X			X
Kleidungs- und Wäschepflege und -reinigung	im Haushalt des Steuerpflichtigen		X	
Kontrollaufwendungen des TÜV, z. B. für den Fahrstuhl oder den Treppenlift		X		

Kosmetik-leistungen	nur soweit sie zu den Pflege- und Betreu-ungsleistungen gehören, wenn sie im Leis-tungskatalog der Pflegever-sicherung aufgeführt sind (und der Behinderten-pauschbetrag nicht geltend gemacht wird)	alle ande-ren	X	
Laubentfer-nung	auf privatem Grundstück	auf öf-fentlichem Grund-stück	Abgren-zung im Einzelfall	Abgren-zung im Einzelfall
Leibwächter		X		
Material und sonstige im Zusammen-hang mit der Leistung gelie-ferte Waren einschl. darauf entfal-lende Umsatz-steuer		Rdnr. 34 Bsp.: Farbe, Fliesen, Pflaster-steine, Mörtel, Sand, Tapeten, Teppich-boden und andere Fußboden-beläge, Waren, Stütz-strümpfe		
Mauerwerk-sanierung	X			X
Miete von Verbrauchs-zählern (Strom, Gas, Wasser, Hei-zung usw.)		X		

Modernisierungsmaßnahmen (z. B. Badezimmer, Küche)	innerhalb des Grundstücks	alle Maßnahmen außerhalb d. Grundstücks		X
Montageleistung z. B. beim Erwerb neuer Möbel	X			X
Müllabfuhr		X		
Müllentsorgungsanlage (Müllschlucker)	Wartung und Reparatur			X
Müllschränke	Anlieferung und Aufstellen	Material		X
Nebenpflichten der Haushaltshilfe, wie kleine Botengänge oder Begleitung von Kindern, kranken, alten oder pflegebedürftigen Personen bei Einkäufen oder zum Arztbesuch	X		X	
Neubaumaßnahmen			Rdnr. 20	
Notbereitschaft/Notfalldienste	soweit es sich um eine nicht gesondert berechnete Nebenleistung z. B. im Rahmen eines Wartungsvertrags handelt	alle anderen Bereitschaftsdienste		

Pflasterarbeiten	innerhalb des Grundstücks	alle Maßnahmen außerhalb d. Grundstücks		X
Pflegebett		X		
Pflege der Außenanlagen	innerhalb des Grundstücks	alle Maßnahmen außerhalb d. Grundstücks	X	
Pilzbekämpfung	X			X
Prüfdienste/ Prüfleistung (z. B. bei Aufzügen)		X		
Rechtsberatung		X		
Reinigung	der Wohnung, des Treppenhauses und der Zubehörräume		X	
Reparatur, Wartung und Pflege				
1. v. Bodenbelägen (z. B. Teppichboden, Parkett, Fliesen)	X		Pflege	Reparatur und Wartung
2. von Fenstern u. Türen (innen u. außen)	X		Pflege	Reparatur und Wartung
3. von Gegenständen im Haushalt des Steuerpflichtigen (z. B. Waschmaschine, Geschirrspüler, Herd, Fernseher, PC)	soweit es sich um Gegenstände handelt, die in der Hausratversicherung mitversichert werden können	Arbeiten außerhalb des Grundstücks des Steuerpflichtigen	Pflege im Haushalt bzw. auf dem Grundstück des Steuerpflichtigen	Reparatur und Wartung im Haushalt bzw. auf d. Grundstück des Steuerpflichtigen

467

4. von Heizungsanlagen, Elektro-, Gas- und Wasserinstallationen	auf dem Grundstück des Steuerpflichtigen	außerhalb d. Grundstücks des Steuerpflichtigen		X
5. von Kraftfahrzeugen		X (einschl. TÜV-Gebühren)		X
6. von Wandschränken	X			X
Schadensfeststellung, Ursachenfeststellung (z. B. bei Wasserschaden, Rohrbruch usw.)		X		
Schadstoffsanierung	X			X
Schädlings- und Ungezieferbekämpfung	X		Abgrenzung im Einzelfall	Abgrenzung im Einzelfall
Schornsteinfeger	X			X
Sekretär		X		
Sperrmüllabfuhr		X		
Statikerleistung		X		
Straßenreinigung	auf privatem Grundstück	auf öffentlichem Grundstück	X	
Tagesmutter bei Betreuung im Haushalt des Steuerpflichtigen	soweit es sich bei den Aufwendungen nicht um Kinderbetreuungskosten (Rdnr. 30) handelt	Kinderbetreuungskosten (Rdnr. 30)	X	
Taubenabwehr	X		Abgrenzung im Einzelfall	Abgrenzung im Einzelfall

Technische Prüfdienste (z. B. bei Aufzügen)		X		
Trockeneisreinigung	X			X
Trockenlegung von Mauerwerk	Arbeiten mit Maschinen vor Ort	ausschließliche Maschinenanmietung		X
TÜV-Gebühren		X		
Überprüfung von Anlage (z. B. Gebühr für d. Schornsteinfeger oder für d. Kontrolle von Blitzschutzanlagen)	X	TÜV-Gebühren		X
Umzugsdienstleistungen	für Privatpersonen, soweit nicht Betriebsausgaben oder Werbungskosten (Rdnr. 27)	soweit durch Dritte erstattet	X	
Verarbeitung v. Gebrauchsgütern im Haushalt des Steuerpflichtigen	X		X	
Verbrauchsmittel, wie Schmier-, Reinigungs- o. Spülmittel sowie Streugut	X		als Nebenleistung (Rdnr. 35) – Abgrenzung im Einzelfall	als Nebenleistung (Rdnr. 35) – Abgrenzung im Einzelfall
Verwaltergebühr		X		
Wachdienst	innerhalb des Grundstücks	außerhalb d. Grundstücks	X	

Wärmedämm- maßnahmen	X			X
Wartung:				
1. Aufzug	X			X
2. Heizung u. Öltankanlagen (einschl. Tank- reinigung)	X			X
3. Feuerlöscher	X			X
4. CO_2- Warngeräte	X			X
5. Pumpen	X			X
6. Abwasser- Rückstau- Sicherungen	X			X
Wasserscha- densanierung	X	soweit Versiche- rungs- leistung		X
Wasser- versorgung	Wartung und Reparatur			X
Winterdienst	innerhalb des Grundstücks	alle Maß- nahmen außerhalb d. Grund- stücks	X	
Zubereitung von Mahlzei- ten im Haus- halt des Steu- erpflichtigen	X		X	

Muster für eine Bescheinigung der haushaltsnahen Dienstleistungen und Beschäftigungsverhältnisse

Siehe CD-ROM

Name und Anschrift des Verwalters/ Vermieters

Name und Anschrift des Eigentümers/ Mieters

Anlage zur Jahresabrechnung für das Jahr/Wirtschaftsjahr _____

Ggf. Datum der Beschlussfassung der Jahresabrechnung: _____

In der Jahresabrechnung für das nachfolgende Objekt

(Ort, Straße, Hausnummer und ggf. genaue Lagebezeichnung der Wohnung)

sind Ausgaben im Sinne des § 35a Einkommensteuergesetz (EStG) enthalten, die wie folgt zu verteilen sind:

a) Aufwendungen für sozialversicherungspflichtige Beschäftigungen
(§35a Abs. 2 Satz 1 Alt. 1 EStG, § 35a Abs. 1 Satz 1 Nr. 2 EStG a. F.)

Bezeichnung	Gesamtbetrag (in Euro)	Anteil des Miteigentümers/des Mieters

b) Aufwendungen für die Inanspruchnahme von haushaltsnahen Dienstleistungen (§35a Abs. 2 Satz 1 Alt. 2 EStG, § 35a Abs. 2 Satz 1, 1. Halbsatz EStG a. F.)

Bezeichnung	Gesamtbetrag (in Euro)	nicht zu berücksichtigende Materialkosten (in Euro)	Aufwendungen bzw. Arbeitskosten (in Euro)	Anteil des Miteigentümers/des Mieters

471

c) Aufwendungen für die Inanspruchnahme von Handwerkerleistungen für Renovierungs-, Erhaltungs- und Modernisierungsmaßnahmen (§35a Abs. 3 EStG, § 35a Abs. 2 Satz 2 EStG a. F.)

Bezeichnung	Gesamtbetrag (in Euro)	nicht zu berücksichtigende Materialkosten (in Euro)	Aufwendungen bzw. Arbeitskosten (in Euro)	Anteil des Miteigentümers/des Mieters

_____   _____
Ort und Datum   Unterschrift des Verwalters oder Vermieters

Hinweis: Die Entscheidung darüber, welche Positionen im Rahmen der Einkommensteuererklärung berücksichtigt werden können, obliegt ausschließlich der zuständigen Finanzbehörde.

Absetzung für Abnutzung von Gebäuden im Privatvermögen

Gebäude, soweit sie Wohnzwecken dienen, § 7 Abs. 4 und Abs. 5 EStG	
Lineare Gebäude-Abschreibung, § 7 Abs. 4 EStG	
• Fertigstellung vor dem 01.01.1925	jeweils 2,5 %
• Fertigstellung nach dem 31.12.1924	jeweils 2 %
Degressive Gebäude-Abschreibung, § 7 Abs. 5 EStG	
• Der Bauantrag wurde nach dem 28.02.1989 und vor dem 01.01.1996 gestellt oder	
• die Anschaffung erfolgte durch einen rechtswirksam abgeschlossenen obligatorischen Vertrag (= notarieller Kaufvertrag) nach dem 28.02.1989 und vor dem 01.01.1996:	
• im Jahr der Fertigstellung und in den folgenden drei Jahren	jeweils 7 %
• in den darauf folgenden sechs Jahren	jeweils 5 %
• in den darauf folgenden sechs Jahren	jeweils 2 %
• in den darauf folgenden 24 Jahren	jeweils 1,25 %
• Bauantrag wurde nach dem 31.12.1995 und vor dem 01.01.2004 gestellt oder	
• die Anschaffung erfolgte durch einen rechtswirksam abgeschlossenen obligatorischen Vertrag und nach dem 31.12.1995 und vor dem 01.01.2004:	
• im Jahr der Fertigstellung und in den folgenden sieben Jahren	jeweils 5 %
• in den darauf folgenden sechs Jahren	jeweils 2,5 %
• in den darauf folgenden 36 Jahren	jeweils 1,25 %
• Bauantrag wurde nach dem 31.12.2003 und vor dem Ablauf des 31.12.2005 gestellt oder	
• die Anschaffung erfolgte durch einen rechtswirksam abgeschlossenen obligatorischen Vertrag nach dem 31.12.2003 und vor dem Ablauf des 31.12.2005:	
• im Jahr der Fertigstellung und in den folgenden neun Jahren	jeweils 4 %.
• in den darauf folgenden acht Jahren	jeweils 2,5 %
• in den darauf folgenden 32 Jahren	jeweils 1,25 %
• degressive AfA ab dem 01.01.2006 abgeschafft	

Absetzung für Abnutzung von Gebäuden ohne Wohnzwecke im Privatvermögen	
Lineare Gebäude-AfA, § 7 Abs. 4 EStG	
• Fertigstellung vor dem 01.01.1925	jeweils 2,5 %
• Fertigstellung nach dem 31.12.1924	jeweils 2,0 %
Degressive Gebäude-AfA, § 7 Abs. 5 EStG	
• Bauantrag wurde nach dem 31.03.1995 und vor dem 01.01.1995 gestellt oder	
• die Anschaffung erfolgte durch einen rechtswirksam abgeschlossenen obligatorischen Vertrag nach dem 31.03.1995 und vor dem 01.01.1995:	
• im Jahr der Fertigstellung und in den folgenden sieben Jahren	jeweils 5 %
• in den darauf folgenden sechs Jahren	jeweils 2,5 %
• in den darauf folgenden 36 Jahren	jeweils 1,24 %
• Bauantrag wurde nach dem 31.12.1994 gestellt oder die Anschaffung erfolgte durch einen rechtswirksam abgeschlossenen obligatorischen Vertrag nach dem 31.12.1994	
• lineare AfA, wie oben	jeweils 2,0 v. H. bzw. 2,5 v. H.

Übersicht: Erhöhte Absetzungen

§§ des EStG	Inhalt der Bestimmung	2003	2004
§ 7h	Sanierungsgebiete und städtebauliche Entwicklungsbereiche: Die Herstellungskosten für Modernisierungs- und Instandsetzungsmaßnahmen in einem förmlich festgelegten Sanierungsgebiet.	zehn Jahre bis zu 10 %	acht Jahre bis zu 9 % und vier Jahre bis zu 7 %
	Eine Bescheinigung der zuständigen Gemeindebehörde ist zwingend erforderlich. Die Maßnahme ist vor deren Durchführung mit der Behörde abzustimmen.		
§ 7i	Erhöhte Absetzung bei Baudenkmalen		
	Die Herstellungskosten für Baumaßnahmen, die nach Art und Umfang zur Erhaltung des Gebäudes als Baudenkmal oder zu seiner sinnvollen Nutzung erforderlich sind.	zehn Jahre bis zu 10 %	acht Jahre bis zu 9 % und vier Jahre bis zu 7 %
	Eine Bescheinigung der zuständigen Landesbehörde ist zwingend erforderlich. Die Maßnahme muss vor ihrer Durchführung mit der Denkmalschutzbehörde abgestimmt werden.		
§ 7k	für Wohnungen mit Sozialbindung		

	Begünstigt sind Wohnungen, für die der Bauantrag nach dem 28.02.1989 gestellt worden ist und die
	
	• vom Steuerpflichtigen hergestellt worden sind oder
	• vom Steuerpflichtigen nach dem 28.02.1989 aufgrund eines nach diesem Zeitpunkt rechtswirksam abgeschlossenen obligatorischen Vertrags bis zum Ende des Jahres der Fertigstellung angeschafft und vor dem 1. Januar 1996 fertiggestellt worden sind,
	• im Jahr der Anschaffung oder Herstellung und in den folgenden neun Jahren dem Steuerpflichtigen nicht zu eigenen Wohnzwecken dienen.
	• AfA im Jahr der Fertigstellung
	  und die folgenden vier Jahre jeweils bis zu 10 %
	  die folgenden fünf Jahre jeweils bis zu 7 %
	  Danach 3,5 % vom Restwert der Anschaffungs- oder Herstellungskosten, wenn weder AfA nach § 7 Abs. 5 noch erhöhte AfA oder Sonder-AfA in Anspruch genommen wurden.		

Übersicht: Nutzungsdauer von beweglichen Wirtschaftsgütern

Außenbeleuchtung	19 bis 20 Jahre
Bepflanzungen in Gebäuden	10 Jahre
Büromöbel	10 bis 13 Jahre
PC, Drucker und Bildschirm	2 bis 3 Jahre
Fahrbahnen, Gehweg (Kies, Schotter und Schlacken)	19 Jahre
Faxgeräte	5 bis 6 Jahre
Gaststätteneinbauten	8 Jahre
Geschirrspülmaschinen	7 Jahre
Grünanlagen	15 Jahre
Handy	5 Jahre
Hofbefestigungen (Kies, Schotter, Schlacken)	9 Jahre
Holzzaun	5 Jahre
Kehrmaschinen	9 Jahre
Kopiergeräte	7 Jahre
Kücheneinrichtungen	5 Jahre
Kühlschränke	10 Jahre
Parkplatz (Kies, Schotter)	9 Jahre
Solaranlagen	10 Jahre
Sprinkleranlagen	20 Jahre
Teppiche, hochwertig (ab € 50,- pro qm)	15 Jahre
Teppiche, normal	7 Jahre
Wäschetrockner	8 Jahre
Waschmaschinen	10 Jahre
Wasseraufbereitungsanlagen	12 Jahre
Wasserenthärtungsanlagen	12 Jahre

Notizen

Notizen

Notizen

_____

_____

_____

_____

_____

_____

_____

_____

_____

_____

_____

_____

_____

_____

_____

_____

_____

Notizen